국제
테러리즘
연구

A STUDY OF INTERNATIONAL TERRORISM

국제 테러리즘 연구

함중영 지음

한양대학교 출판부

서문

유엔에서는 테러리즘의 정의를 만들어내지 못했다. 따라서 테러단체에 대한 정의도 내릴 수 없으며, 당연히 어떤 단체를 테러단체로 지정할 수도 없다. 유엔 안전보장이사회에서 제재조치 대상으로 지정한 명단은 있는데, 이것은 유엔헌장에 위배된 활동을 하였다는 이유로 개인·단체·국가에 대해서 제재대상을 지정한 것이다. 일반적으로 테러단체로 알려진 알-카이다, 알-샤바브, ISIS, 보코하람 등의 조직이 유엔 안보리 제재대상에 포함되어 있지만, 유엔 회원국이 국제평화와 안전을 유지하기 위해 제재를 취하도록 결의하여 지정한 것이며, 유엔이 이 단체들을 테러단체로 지정한 것은 아니다.

2016년 우리나라에서 제정된 테러방지법(국민보호와공공안전을위한테러방지법) 제2조 2항에 '테러단체'의 정의는 "테러단체란 국제연합(UN)이 지정한 테러단체를 말한다"라고 명시하였는데, 유엔이 지정한 테러단체는 존재하지 아니하며, 따라서 우리나라가 지정하는 테러단체는 존재하지 않는 셈이 된다. 이와 관련하여 제2조 3항 '테러위험인물'과 4항 '외국인테러전투원'의 정의, 제17조(테러단체 구성죄 등)에서도 테러단체의 정의가 적용될 수 없어, 해당 조항의 내용이 무의미해지는 결과를 초래한다. 몇 차례의 법 개정이 있었음에도 불구하고 9년이 지난 지금도 이 모호한 조항은 여전히 남아 있다.

유엔 193개국 회원국 각각의 입장이 다르기 때문에 회원국이 공감하는 테러리즘의 정의를 도출해내기는 어렵다. 심지어 코피 아난(Kofi Annan) 전 유엔 사무총장은 "어떠한 명분이든 간에 무고한 시민과 비전투원을 살상하는 행위를 테러리즘이라고 정의하자"라고 호소했지만, 그마저 받아들여지지 않았다. 그 이유는 덩치 큰 세력이 이미 모든 것을 무자비하게 강탈하고 피해를 준 후에, 빼앗기고 피해를 당한 약소 민족과 국가에 대해 "이제 그만 싸우자"라고 하는 형태이기 때문이다.

테러리즘이란 "폭력과 공포를 수단으로 삼아 목적을 강제적으로 성취하는 조직적인 행위"라는 개념으로 알려져 있으며, 우리 사회의 커다란 위협으로 인식된다. 그러나 "한 사람의 테러리스트는 반대편의 자유의 투사(One man's terrorist is another man's freedom fighters.)"라는 현상이 존재하며, 국가, 민족, 공동체, 개인 간의 분쟁이 종식되지 않는 한 테러리즘은 사라지지 않을 것이다. 따라서 테러리즘의 정의는 유엔에서 만들어낼 수 없고, 각 국가에서 자국의 상황에 맞춰 실정법에 명시할 수밖에 없다. 우리나라 테러방지법상 테러의 정의는 유엔에서 1963년부터 제정한 19개의 국제협약을 바탕으로 만들어진 것으로 보여진다. 유엔과 국제사회에서 전개하고 있는 테러리즘 대응 활동을 적극적으로 호응하면서 국제적 흐름에 맞게 우리나라의 법 규범을 개선하고 교육도 확대해야 할 필요성이 제기된다.

테러리즘에 대해서 언급하자면, 2001년 9월 11일 미국 뉴욕에서 발생한 대규모 테러 사건을 떠올리게 된다. 제2차 세계대전 이후 동서냉전 시기에 접어들면서 미-소, 양대 패권국가 중심으로 세력균형을 이루다가 1991년 소련의 해체로 동구권 세력은 와해되고 서구 자유주의 진영의 승리로 1막을 내렸다. 그로부터 10년 후, 9·11 테러가 발생하고 냉전 승리의 아이콘인 미국이 자국 영토 중심부에서 항공기 테러 공격을 받아 3천여 명이 사망하는 충격적인 사건이 발생하였다. 이제 전쟁은 국가 행위자 간의 싸움만이 아니라, 국제적으로 활동하는 테러조직이라는 비국가 행위자도 포함되었다. 2024년 현재 전 세계적으로 50여 곳이 넘는 분쟁지역에서 테러단체들이 조직되고 개입되어 각각의 명분을 내세우며 투쟁하고 있다.

국가 간의 분쟁은 개인의 본능적 성향에서 유추해 보자면, 생존과 이익을 이기적으로 추구하다가 발생한다. 즉 모든 국가는 자국의 안전보장과 국가이익을 위해서 노력하며, 이로 인해 국가 간의 충돌이 빚어진다. 이에 비해, 테러단체의 활동 목적은 다양하다. 그동안의 테러단체의 활동을 분석해 보면, 정치적·종교적·이념적 동기와 목적으로 테러를 자행하였음을 알 수 있다. 국가 간의 국제적 분쟁을 해결하고 평화를 유지하기 위해 유엔이라는 제도적 장치를 통하여 평화적 해결방법을 모색하듯이, 국제 테러리즘에 대응하기 위해서는 현실주의(Realism)적 억지와 진압보다는 자유주의(Liberalism)적 이론에 입각한 근원적 해결방법이 우선되어야 한다.

국제 테러리즘을 대학 강단에서 강의하면서, 국제적으로 통용되는 테러리즘의 개념을 우리나라에서도 공유하고, 이러한 내용을 기본 바탕으로 교육을 시켜야 한다는 강의 목표를 갖게 되었으며, 이를 위해 글로벌스탠다드(Global Standard)로 활용될 수 있는 테러리즘 교과서가 필요하다는 생각으로 이 책을 저술하게 되었다.

이 책은 총 4부로 구성되어 있다. 1부에서는 테러리즘의 개념과 유형, 대표적인 테러사건, 그리고 유엔의 대응활동과 유엔안보리의 제재대상에 나타난 테러조직들을 소개한다. 2부에서는 국제안보의 위협으로서 출현한 테러리즘의 현상을 살펴보고, 대표적인 13개 국제분쟁 지역에서 나타난 테러단체들의 실체와 활동에 대해 설명한다. 3부에서는 우리나라의 테러위협으로서 북한과 외국인 테러위협을 정리하였고, 4부에서는 해결책(Solution) 차원에서, 테러조직으로 활동하다가 종식된 사례를 소개하고, 테러리즘을 근본적으로 차단하기 위한 방법론적, 이론적 방안을 제시해 본다. 또한 이슬람 극단주의 테러리즘으로 왜곡되기 쉬운 이슬람교에 대한 일반적인 해석을 부록으로 첨부하였다.

시시각각으로 변화하는 국제분쟁의 상황을 지금의 순간으로 묶어놓고 묘사할 수는 없겠으나, 각각의 분쟁이 발생한 원인과 그 혼란에 참여하고 있는 테러단체의 근본적인 명분은 변하지 않을 것이다. 이 책을 통해서 국제적으로 공감하는 테러리즘의 기본적인 내용을 학습하고, 국제적으로 전개되고 있는 분쟁과 갈등의 현장에서 투쟁하는 테러단체의 속성을 이해하는 데 조금이나마 도움이 되기를 기대한다.

차례

제2부 국제 테러리즘의 지정학적 동태

제3부 한국의 테러위협과 대응전략

제4부 에필로그 - 솔루션

제1부

테러리즘의 이해

제1장

테러리즘의 개념

1. 테러리즘의 기원

테러리즘(Terrorism)의 기원은 역사적으로 볼 때, 기독교 성경에서 나타나는 폭력의 형태나 또는 로마 황제인 줄리어스 시저의 정치적 암살 등에서 그 근원을 찾아볼 수 있겠으나, 일반적으로 테러리즘의 기원은 프랑스혁명(1789~1799) 기간 중 1793년 가을부터 1794년에 걸쳐 로베스피에르(Maximilien Robespierre)가 집권한 공안위원회에 의해 실시된 공포정치의 시기(Reign of Terror)에서 찾을 수 있다. 당시 프랑스의 학자이자 저널리스트인 프랑스아노엘 바뵈프(François-Noël Babeuf)는 로베스피에르의 쟈코뱅 정권을 비난하면서, 1794년 공포의 시기를 묘사하는 용어로서 "테러리스트(프랑스어 terroriste)"라는 말을 최초로 사용하였다.[1] 당시 공화파 혁명정부가 왕권복귀를 꿈꾸던 왕

---

1 Palmer, R.R. (2014). "The French Directory Between Extremes". The Age of the Democratic Revolution: A Political History of Europe and America, 1760–1800. The Age of the Democratic Revolution. Princeton University Press. pp. 544–567. ISBN 9780691161280. JSTOR j.ctt5hhrg5.29.

당파를 반혁명분자로 처형하고 혁명파의 테러를 "적색테러"라고 하였는데, 이어 반혁명파의 보복이 로베스피에르(쟈코뱅파)와 그의 추종자들을 처형하면서 이를 "백색테러"라고 불렀다. 백색은 프랑스 왕국 왕권의 상징이었던 백합의 색을 말하며, 프랑스에서 백색이란 왕권이나 왕당파를 의미하는 색이었다. 이로부터 백색테러는 왕권, 정부, 극우세력에 의한 테러를 의미하며, 적색테러는 혁명파, 반정부세력, 좌파세력에 의한 테러라는 의미로 알려지게 되었다.

"공포의 시기(Reign of Terror)"인 1793년 11월 5일부터 1794년 7월 27일까지의 기간에 시민전쟁은 반혁명을 지지하는 지역에서부터 프랑스 전역으로 퍼져가기 시작하면서, 혁명정부는 혁명에 반하는 세력 중 특히, 귀족, 성직자, 부유층 등에 대해 강력한 처벌을 취하도록 명령하였다. 이로써 수도인 파리뿐만 아니라 지방에서도 테러의 조치가 이행되었다.

1794년 7월, 혁명의 주동자였던 로베스피에르(Maximilien Robespierre)가 권력에서 물러났을 때, 사형 판결을 받고 처형을 당하기 위해 대기 중이었던 사형수 중 16,594명의 사형수가 사면되었고, 그중 파리에서 사면된 사형수는 2,639명에 달했다. 한편, 1794년 7월 28일, 혁명의 상징이기도 한 로베스피에르가 단두대에서 처형되어 사라지면서 공포정치도 사라진다. 국민공회 시민난입에서부터 로베스피에르 처형까지는 전부 10개월 남짓하다. 그러나 로베스피에르가 처형된 이후에도 추종자와 극좌파를 대상으로 사형 판결과 단두대 처형이 지속되었는데, 이러한 공포정치 기간 중 재판 없이 처형된 사람을 포함하여 약 3만 명이 단두대에서 희생되었던 것으로 기록되었다. 당시의 상황을 상상해 보면, 전국적으로 단두대에 의해 하루에 100여 명이 처형당하는 모습을 지켜보는 시민들은 가히 테러의 공포에 질려 있었을 것으로 짐작이 간다.

2. 테러리즘의 본질

테러리즘은 타인에게 자신의 의사를 받아들이게 하려는 의도로, 그 방법은 폭력적 수단을 동원하는 것으로 일반적으로 알려져 있다. 폭력의 종류는 합법적 폭력과 비합법적 폭력으로 구분된다. 합법적 폭력은 경찰, 군사력 등인데 각각 근거가 있는 법 규범에 의한다. 이러한 행사를 폭력이라고 보거나 또는 "강압적 조치", "법 집행(law enforcement)"이라고 한다. 합법적 행위라 할지라도 법 집행 주체가 인도주의에 반하여 무고한 시민을 살상·협박하거나, 이들의 권익을 심대하게 위해할 경우도 역시 테러로 간주된다. 비합법적 폭력은 범죄자, 게릴라, 반국가단체 등에 의해 행해지며, 법에 근거하지 않는 이유로 불법행위로 구분된다.

일반적인 범죄와 테러리즘이 다른 점은 목적에 따라 구분할 수 있다. 테러를 자행하는 개인이나 조직은 정치적, 종교적, 이념적 목적과 동기를 갖고 있으며, 계획된 범죄행위이다. 이에 비하여, 일반 범죄의 경우 우발적 범죄, 증오범죄, 금전적 이득을 획득하기 위한 목적 등의 특징이 나타난다. 특히 경제적 목적의 범죄행위는 일반 범죄의 중요한 요인으로 작용되고 있다.

테러의 본질은 "공포(fear)"라고 할 수 있다. 테러는 폭력을 사용하여 공포 분위기를 조성함으로써 목적을 달성하려는 행위이다. 특히, 테러조직은 "공포"의 수단을 활용하여 조직의 세력과시, 확대, 목적달성의 순으로 발전하고자 하는데, 이는 Politics among Nations(1973)의 저자 모르겐서(Hans Morgenthau)가 소개한 일반적인 "모든 정치의 현상은 유지, 확장, 과시의 모습을 보인다."는 의미와 유사하다. 따라서 테러는 정치적 의도를 가진 행위에 가깝다고 볼 수 있다.

테러의 주체는 개인·조직·국가 등이며, 복수의 개인이 체계적으로 구성되어 조직한 단체가 테러조직이다. 한 나라의 정부가 국가 차원에서 자국민 또는 해외의 개인이나 조직을 대상으로 테러를 자행할 수도 있는데, 이러한 경우 국가테러리즘(State Terrorism)이라고 한다.

테러의 수단, 즉, 테러조직이 지향하는 목적을 관철시키기 위한 수단은 매우 다양하다. 개인에 대한 살인, 상해를 비롯하여 하이재킹, 건물, 인프라 시설 폭파, 가스 살포 등 물리적 테러와 사이버공간을 활용하는 사이버 테러를 포함하여 모든 폭력적 수단이 동원된다.

테러의 대상은 과거 냉전(Cold War) 시기까지는 주로 국가기관, 공공기관, 군대 등 국가 행위자(state actors)였는데, 탈냉전 시기부터 현대 테러리즘이(소위 뉴테러리즘) 진화되면서 그 대상이 민간인 등 소프트 타겟(soft target)으로까지 확장되었고 심지어 무차별 대상으로 테러 공격이 확대되는 추세를 보인다.

위 내용들을 종합해 보면, 테러리즘의 본질은 다음과 같이 요약할 수 있다. 첫째, 테러리즘의 일반적 의미는 목적 달성을 위해 행해지는 불법적 폭력적 행위이다. 둘째, 테러를 발생시키는 주체는 개인이나 조직, 국가이다. 셋째, 테러를 자행하는 목적은 포괄적으로 구분할 때, 정치적·종교적·이념적 목적을 달성하려는 것이고, 이와 관련된 세부적인 목적을 열거하자면, 민족 및 공동체의 독립, 주권획득, 보복, 자금확보, 정권취득, 동료 석방, 선전 등이 있다. 넷째, 테러의 방법적 측면에서, 전통적으로 자행되는 물리적 공격으로 살인, 상해, 폭파, 납치, 핵테러, 화학테러, 생물테러, 하이재킹 등이 있으며, 최근 컴퓨터 기반의 사이버 활동이 확대됨에 따라 사이버 테러의 유형도 확산되고 있다. 다섯째, 테러리즘의 일반적인 특징은 불법적, 파괴적, 폭력적 방법을 사용하며, 계획적이며 뚜렷한 목적이 있고, 그 대상이 무차별적으로 확대되고 있다.

3. 테러리즘의 개념

가. 유엔과 미국

테러(Terror)란 "극도의 공포"를 의미한다. 테러리즘(Terrorism)이란 "테러의 행위, 공포에 휩싸인 상태를 도구로 사용하여 목적을 달성하려는 체계적 활동"을 의미한다. 우리나라의 '정치대사전(1983)'의 정의를 보면, "테러란 단순한 폭력이나 강제와는 달리 개인, 혁명단체 또는 정부에 의하여 조직적, 집단적으로 행해지는 공포수단"이라고 명시하였다.

한편, 테러리즘의 정의는 국제법의 규범 차원에서 확립되고 적용된 사례는 없다. 다만, 1937년 11월 16일 국제연맹(League of Nations)에서 '테러의 방지 및 처벌을 위한 협약(Convention for the Prevention and Punishment of Terrorism)'을 채택하고 영국 등 24개 회원국이 가입 서명하였으나 국제협약으로 발효되지 못한 채, 세계 제2차 대전을 맞이하였고 국제연맹은 해체되었다. 위 협약에서는 테러리즘에 대해 다음과 같이 간략하게 정의하였다.

동 협약 제1조 2항에서, "본 협약에서의 테러리즘 행위란, 국가를 대상으로 하는 범죄행위, 그리고 특정인 또는 단체, 일반 대중의 마음속에 테러의 상황을 만들어내기 위해 의도하고 계획하는 범죄행위를 말한다"고 명시하였다.[2] 이 문구에 포함된 내용을 해석해 보자면, 테러의 대상을 국가로 한정시켰으며, 특정 개인 또는 단체, 또는 일반 공중에 대해 공포의 상태를 조성하려는 의도가 있는 범죄 행위를 테러 행위(act of terrorism)로 명시하려 한 것으

---

2 CONVENTION FOR THE PREVENTION AND PUNISHMENT OF TERRORISM, League of Nations. (1938), Article 1, 2. In the present Convention, the expression "acts of terrorism" means criminal acts directed against a State and intended or calculated to create a state of terror in the minds of particular persons, or a group of persons or the general public.- 저자번역

로 이해된다.

1945년 국제연합(United Nations)이 설립된 이후 100여 개 이상의 개념 정의가 시도되었지만 아직도 전체 회원국의 동의를 얻지 못하였고 현재까지 국제협약으로 채택된 국제적 규범은 존재하지 않는다. 유엔에서 테러리즘의 정의를 확정하기 어려운 이유는, 테러리즘의 목적이나 수단, 방법 등이 각 국가와 조직, 개인의 생각과 의견에 따라 모두 상이하기 때문이다. 국가의 무력행사가 테러리즘이라는 주장에 대해 찬성과 반대가 존재한다. 심지어 테러리즘에 대한 정의를 확정할 필요가 없다는 주장도 있다.[3]

결국, 국제협약과 같은 국제적 규범은 채택되지 않았으나 각 국가는 자국의 상황에 맞는 각자의 개념과 정의를 수립하고, 이에 따라 테러조직도 지정하고 있다. 미국의 경우, 국가 차원의 테러리즘에 대한 정의나 개념을 명시하지는 않았으며, 정부기관마다 서로 다른 정의를 채택하고 있는데, 이는 각 기관에 따라 독자적인 우선사항이나 관심사항을 반영하였기 때문이다.

美 국무부는 "국가가 아닌 단체, 혹은 지하드 조직원에 의한, 계획적이고 정치적인 동기를 갖고 비전투원을 목표로 하는 폭력이며, 통상 사건을 지켜보는 일반인들에게 영향을 파급시키려는 목적을 가지고 있다"라고 정의하였다.

美 국방부는 테러리즘의 주관적 목적을 추가하여 "정치적, 종교적, 또는 이념적인 목적을 달성시키기 위해, 정부 또는 사회를 강요하고 굴복시킬 목적으로, 사람이나 재산에 대해 불법적으로 사용되는 폭력 또는 위협"이라고 정의하였다.

미국의 대테러활동을 실질적으로 담당하는 미국 연방수사국(FBI)은 테러리즘을 국제 테러리즘과 국내 테러리즘으로 구분하여 정의하였다. 이 정

---

3 Jenny Teichman (1989). "How to Define Terrorism". Philosophy. 64 (250): 505–517. doi:10.1017/S0031819100044260. JSTOR 3751606.

의에 따르면, 국제 테러리즘이란, 미국이 테러조직으로 지정한 해외테러조직(FTO, Foreign Terrorist Organizations) 또는 외국(국가 후원)과 협력하여 개인 또는 조직에 의해 자행된 폭력적, 범죄적 행위를 의미한다. 국내 테러리즘은 정치적, 종교적, 사회적, 인종적, 환경적 본질 등의 국내적 영향에 의해 발생된 이념적 목적을 추구하는 개인 또는 단체에 의해 자행된 폭력적, 범죄적 행위를 의미한다.[4]

위에서 보듯이, 미국의 정부기관에서 명시한 테러리즘에 대한 정의는 각 기관의 임무에 따라 우선적으로 대응해야 할 대테러활동 업무를 고려하여 확립된 것임을 알 수 있다. 해외업무를 담당하는 국무부의 경우 현안으로 나타나는 이슬람 극단주의 테러리즘을 중점적으로 대응하고자 지하드 조직원을 강조하였고, 이에 비해 미 FBI는 국내에서 발생되는 테러리즘과 사보타지 활동을 차단하고자 사회적 문제에 대해 우선적으로 집중하고 있다. 국방부의 정의는 비교적 포괄적인 내용을 포함하였는데, 테러조직의 활동 목적을 정치적, 종교적, 이념적으로 구분하였고, 테러의 대상으로 정부와 사회, 사람과 재산을 대상으로 불법적 폭력 또는 위협을 행사하는 것으로 명시하였다.

나. 우리나라의 테러리즘 개념

테러에 대한 정의에 관해서 우리나라는 미국과 같이 정부기관별로 개념을 달리하지는 않는다. 테러 대응활동의 주무부서인 국가정보원(NIS)은 테러리즘에 대해 국제적으로 정립된 테러의 개념은 없으나 주요 국가의 대테러 관련법 또는 국제협약에서 나타난 공통 요소는 다음과 같다고 정리하였다.

첫째, 정치적 목적이나 동기를 가지고 있다. 금전적 이득을 목적으로 하

---

4 "Terrorism". Federal Bureau of Investigation. Archived from the original on July 2, 2020.

는 조직범죄 집단의 활동 목적과 구별된다. 둘째, 미리 계획되었고 지속성을 가진 사건이다. 우발적으로 발생하는 폭력이나 시위와 구별된다. 셋째, 공포심을 수반한 폭력의 사용이나 위협이 따른다. 테러리즘의 전형적인 방법으로 총격, 폭파, 납치 등이 사용된다.

2016년 3월 우리나라에서 제정된 테러방지법(국민보호와 공공안전을 위한 테러방지법)에서 명시된 테러의 정의는 다음과 같다.

“테러”란 국가·지방자치단체 또는 외국 정부(외국 지방자치단체와 조약 또는 그 밖의 국제적인 협약에 따라 설립된 국제기구를 포함한다)의 권한행사를 방해하거나 의무 없는 일을 하게 할 목적 또는 공중을 협박할 목적으로 하는 다음 각 목의 행위를 말한다.

가. 사람을 살해하거나 사람의 신체를 상해하여 생명에 대한 위험을 발생하게 하는 행위 또는 사람을 체포·감금·약취·유인하거나 인질로 삼는 행위
나. 항공기의 추락, 파괴, 강탈 및 항공시설을 손괴하거나 조작을 방해하여 항공기의 안전운항에 위해를 가하는 행위
다. 선박 등을 파괴, 손상하거나 강탈, 강제하는 행위 및 선박 운항과 관련된 기기·시설을 파괴하거나 기능장애 상태를 야기하는 행위
라. 생화학·폭발성·소이성(燒夷性) 무기나 장치를 차량 또는 시설에 배치하거나 폭발시키거나 그 밖의 방법으로 이를 사용하는 행위
마. 핵물질, 방사성물질 또는 원자력시설의 파괴, 부당조작, 불법사용 및 원자력시설의 정상적인 운전을 방해하여 방사성물질을 배출하거나 방사선을 노출하는 행위[5]

---

5 국민보호와 공공안전을 위한 테러방지법(제정 2016.3.3 법률 제14071호), 제2조(정의) 내용의 요약임.

위와 같이 우리나라에서 제정된 테러방지법에 나타난 테러의 정의를 살펴보면, 몇 가지 특징을 도출할 수 있다. 첫째, 테러의 주체를 명시하지 않은 채, 일반적인 테러단체를 주체로 암시하였다.[6] 둘째, 테러의 대상을 국내외 공공기관과 일반 대중을 포함하여 실질적으로 전 영역을 포함하였다. 셋째, 우리나라의 대테러활동 차원에서 우선적으로 고려되어야 할 테러의 대상으로 사람, 항공기, 선박 및 이와 관련된 시설 등으로 명시하였다. 넷째, 테러의 방법 중에서 폭발물에 의한 테러와 핵물질과 관련된 테러를 명시함으로써 가장 위협적인 사안에 대해 우선적으로 대응하도록 하였다. 또한, 5가지 항목에서 열거된 테러리즘의 대상과 방법에 대해서는 유엔에서 채택한 19개의 테러행위를 예방하기 위한 국제협약 내용의 범위에서 나타난 영역의 내용을 인용하였다.[7] 위 19개 유엔 협약에서는 민간항공기, 사람, 선박, 폭발물, 핵테러 등 5가지 항목에 대한 예방조치와 테러조직에 대한 자금지원 방지 내용을 구체적으로 설명하면서 모든 회원국들이 자국의 실정법으로 제정하고 적극적으로 이행하도록 촉구하고 있다.

4. 테러리즘의 발생 원인

테러 발생의 근본을 추적하다보면, 결국 인간의 갈등관계가 원인으로 도출된다. 사람들이 모여사는 공동체 단위로 구분할 때, 분쟁의 원인은 정치적, 철학적, 이념적, 인종적, 민족적, 종교적 등의 차이와 충돌에서 비롯된다. 1995년 유엔 총회에서 결의안으로 채택한 "국제테러리즘을 제거하기 위

6 테러방지법 제2조(정의) 1항에서 테러의 정의를 명시하였고, 2항에서 "테러단체"에 대해 설명하였다.

7 https://www.un.org/counterterrorism/international-legal-instruments

한 조치들"에서 "정치적, 철학적, 이념적, 인종적, 소수 민족적(ethnic), 종교적 또는 어떠한 명분이라도 테러의 행위는 정당화될 수 없으며, 범죄 행위"라고 명시하였는 바, 여기에서 열거된 테러발생의 이유들이 국제적으로 공감하는 테러의 원인으로 볼 수 있을 것이다.[8] 또한, 공동체가 아닌 개인 차원의 갈등을 고찰해 보면, 허무주의, 소외감, 굴욕, 증오 등의 요인이 존재함을 알 수 있다. 이러한 갈등과 분쟁의 원인으로 조직 또는 개인 차원의 폭력이 발생하고, 테러로 분류될 수 있다.

테러리즘을 정의하기 위해 미국 국방부에서 명시한 내용에 따르면, "정치적, 종교적, 또는 이념적인 목적을 달성시키기 위해, 정부 또는 사회를 강요하고 굴복시킬 목적으로, 사람이나 재산에 대해 불법적으로 사용되는 폭력 또는 위협"이라고 설명하였다. 美 국방부에서는 탈냉전 이후 시기부터 발생한 대부분의 테러리즘이 위에서 언급한 정치적, 종교적, 이념적 목적과 동기에 의해 발생된 것으로 분석하였기 때문이다. 이에 더하여, 최근의 현상으로 사회적으로 소외되거나 고립된 개인에 의한 테러의 발생도 목격되는데, 이러한 현상은 '사회적 원인'으로 분류할 수 있을 것이다. 사회적 원인에 의한 테러리즘의 요인에는 유엔 결의안에서 열거하였던 인종적, 소수 민족적(ethnic) 갈등 문제도 포함시켜, 개인의 폭력 문제뿐만 아니라 공동체의 사회적 갈등 문제도 포함될 것이다.

---

8 UN Resolution 49/60. 'Measures to eliminate international terrorism' (1995.2.17.) page 4.: Criminal acts intended or calculated to provoke a state of terror in the general public, a group of persons or particular persons for political purposes are in any circumstance unjustifiable, whatever the considerations of a political, philosophical, ideological, racial, ethnic, religious or any other nature that may be invoked to justify them;

가. 정치적 원인

사람이 모여 살고 있는 공동체 간의 분쟁이 발생하는 대표적 원인은 공동체의 생존과 이익확보라는 기본적 욕구의 충돌에서 기인한다. 이러한 현상은 개인 간의 관계에서 시작하여, 가족, 사회, 국가로 확장된다. 오래전부터 정착해 온 삶의 터전을 다른 공동체 또는 국가에 의해 빼앗기고 점령당했을 때, 피해자들은 점령자에 대한 투쟁을 전개할 수밖에 없을 것이다. 또한, 한 나라 안에서도 공동체 간의 구분이 발생되고 차별과 억압이 나타날 때 분리독립을 요구하는 투쟁이 발생될 것이다. 독립운동, 분리주의, 실지회복운동(Irredentist movements) 등의 대의명분으로 투쟁하는 사람을 국제사회에서는 "자유의 투사(Freedom Fighters)"라고 통칭한다. 그러나 국가, 공동체, 민족 간의 갈등에서 자유의 투사로서 투쟁하는 사람은 그 반대편에서 볼 때, 테러리스트로 간주될 수 있다. 즉, "한 사람의 테러리스트는 반대편의 자유의 투사(One man's terrorist is another man's freedom fighter.)"라는 현상이 나타난다.

정치적 원인으로 발생하는 테러리즘의 대표적인 현상은 위에서 살펴본 Freedom Fighters에 의한 것이다. 이외에도, 정치적으로 소외되거나 억압받고 열세에 있는 정치집단이 자신의 주장과 사상을 표현하고 과시하며 확대하려는 수단으로 테러리즘을 활용한다. 국가의 통치를 장악한 정권에 의해 반정부 인사들을 탄압하고 제거하는 행위, 불법적 통치행위를 은폐하고 정치적 충격을 가하기 위해 행하는 폭력 등이 포함되며, 국가안보라는 이유로 국가 차원에서 요원을 타국에 침입시켜 암살, 파괴 등을 저지르는 행위도 정치적 이유에서 기인한다.

나. 종교적 원인

2001년 9·11 테러 발생 이후 전 세계는 이슬람 극단주의 테러조직을 가장 큰 비국가행위자의 위협으로 생각하게 되었다. 실제, 이슬람(Islam)이라는 의미는 "평화와 복종"을 의미하며, 이슬람을 믿는 무슬림은 평화롭게 사는 것이 의무인 셈이다.[9] 그러나 한 종교 안에서도 근본주의자, 세속주의자, 극단주의자 등 다양한 유형이 존재한다. 7세기에 나타난 이슬람교의 율법을 21세기에서도 그대로 믿고 따라야 한다는 근본주의자는 현대의 무슬림이 지나치게 개방되었고 세속화되었다고 비난한다. 또한, 같은 이슬람교 안에서도 순니(Sunni)파와 시아(Shia)파로 구분되어 대부분 평화롭게 공존하고 있으나 일부 극단주의 분파에 의해 분쟁이 발생하며, 서로에게 테러를 자행하기도 한다.

기독교(Christianity) 안에서도 분파와 분쟁은 지속되어왔다. 1517년 마틴 루터(Martin Luther)에 의한 기독교 개혁운동이 시작되면서, 1618년 발생한 전통적 기독교와 개신교파 간의 전쟁은 유럽의 영주들이 편을 갈라 소속되어 30년 동안 지속되었고, 1648년에 베스트팔렌 조약에 의해 평화협정이 체결되었다. 이후에도 가톨릭과 개신교 간의 분쟁은 존재하였는데, 영국의 영토인 북아일랜드에서 독립을 목적으로 투쟁하였다가 2005년 해체된 테러조직 IRA(Irish Republican Army)의 경우, 가톨릭을 믿는 북아일랜드 주민이 개신교도가 주류인 영국의 점령과 박해에 대항하여 저항한 것이었다.

힌두교와 시크교 간의 분쟁도 발생하였다. 시크교(Shikism)는 15세기말 인도의 펀자브 지방에서 시작된 종교로 약 2천 5백만 명의 신도가 이 지역에 존재한다. 인도 정부군은 1984년 6월 6일 이른바 '푸른 별 작전'(Operation Blue Star)을 전개하여, 펀자브주 암리차르에 있는 시크교도 최고성지인 황금사원을 점거해 시크족 반군을 진압하였고, 이 과정에서 2천 7백여 명이 사망한 것으로 알려졌다. 작전 명령을 내린 인디라 간디 총리가 같은 해 10월 말 시

---

9 The word "Islam" means peace and submission. Peace means to be at peace with yourself and your surroundings and submission means submission to the will of God. A broader meaning of the word "Islam" is to achieve peace by submitting to the will of God. ("25 Most Frequently Asked Questions About Islam", Dr. Shahid Athar)

크족 경비원 2명에게 암살당했다. 이에 힌두교도가 보복에 나서, 수도 뉴델리를 비롯한 인도 전역에서 시크족을 무차별적으로 살해하였는데, 이 결과 시크족 3만여 명이 숨진 것으로 알려졌다.[10]

태국 남부에서 발생하는 불교와 이슬람교 간의 분쟁도 테러 전쟁으로 발전하고 있다. 2019년 스리랑카에서 발생하였던 이슬람 극단주의 테러조직의 공격은 기독교의 부활절을 계기로 자살폭탄을 실행한 것이었으며, 노르웨이, 호주, 뉴질랜드에서 발생한 다수의 테러 사건도 기독교와 이슬람 간의 종교적 원인에 의한 것으로 확인되었다.

다. 이념적(사상적) 원인

복수의 사람으로 구성된 단체는 때로는 이념적으로 동조하고 극단화되어, 조직이 추구하는 이념을 확산시키면서 결국 그 이념이 지배되는 국가를 수립하려는 목적을 갖는다. 대표적인 이념적 원인의 테러조직은 무정부주의(anarchism), 막스-레닌주의, 스탈린주의, 모택동주의(마오이즘), 나치즘, 파시즘 등이다.

콜롬비아에서 1960년대부터 정부군에 대항하여 투쟁하고 있는 반군 세력인, FARC(콜롬비아무장혁명군)와 ELN(민족해방군) 등의 조직은 막스-레닌주의 이념으로 무장된 테러조직이다.

2004년 인도에서 조직된 '인도공산당(CPI, Communist Party of India)'은 마오이즘 추종자(Maoist)로 불리는데, 인도라는 국가를 전복시켜 마오이즘의 공산당으로 정권을 장악하겠다는 목적을 가지고 있다. 이 조직은 2009년 인도 정부에 의해 테러조직으로 지정되었다.

---

10 "인도 시크족 반군 진압 30주년…시크족 꿈 '소멸'", 연합뉴스, 2014.6.3.
https://www.yna.co.kr/view/AKR20140603131900077

독일 예나(Jena) 출신 3인조 조직은 나치주의(Nazism)를 추종하는 극우주의 테러조직인 '국가사회주의자 지하당(NSU, National Socialist Underground)'을 조직하고, 2000년부터 2007년까지 독일에 거주하는 해외 이주민들을 대상으로 살상과 파괴 행위를 자행하였다. 현재 독일에서 활동하는 네오-나치주의자(Neo-Nazism, 新나치주의자)들은 법적 통제를 회피하기 위하여 대외적으로는 자신들을 네오-나치주의자로 호칭하지는 않고, 나치에 관련된 표시와 유사한 용어를 쓰는 것을 피하고 있으며, 공격 대상도 과거 주로 유대인이었으나 최근에는 무슬림, 외국인 노동자 등 해외 이주민(Auslaender)을 대상으로 확대하고 있다. 이러한 신나치주의는 독일뿐만 아니라 유럽 전역과 미국에서도 순혈주의 또는 반이주민 활동 등으로 확산되고 있으며, 미국의 경우 백인우월주의(White supremacy)로 확산되고 있다.

라. 사회적 원인

테러발생의 사회적 원인은 한 국가 안에서 발생하는 현상으로 국한하여 볼 때, 경제적 빈부의 격차 심화로 인한 개인 간의 갈등, 생존과 이익의 확대를 위한 욕구의 투쟁, 기득권과 반대세력 간의 갈등 등의 형태로 나타나는데, 개인에 의한 테러와 공동체에 의한 테러로 구분하여 볼 수 있다.

첫째, 개인에 의한 테러 사례는 "외로운 늑대" 형태의 테러로 나타난다. 18세기말 산업혁명 이후부터 자본주의 발달로 인해 빈부의 격차가 심화되면서 경제적 계층 간의 분규와 폭력적 투쟁이 확대될 것으로 예견되었으나, 현대의 선진국가에서는 기본 복지정책을 확대하면서 약자를 위한 환경개선이 확장됨에 따라, 경제적 차이보다는 오히려 개인이 사회적으로 고립되고 소외된 경우 '외로운 늑대' 형태의 돌발적인 테러 공격의 모습이 나타나고 있다. 둘째, 공동체 내부 또는 공동체 간의 갈등을 분석해 볼 때, 전통적으로 나타난 갈등은 기득권과 그 반대세력 간의 분규에서 시작된다. 전통을 중시하는 기득권 세력에 대항하여 반대세력은 변화와 혁명, 그리고 여성과 빈자 등 약자의 권한 강화를 요구한다. 다양한 해외 이주민이 한 국가에 유입되어 새로운 인종과 민족이 형성된다면, 한 국가와 공동체에서 유지해 온 전통에 대한 도전이 될 것이고, 전통적 공동체 입장에서는 자신의 기득권이 무너진다고 생각할 것이며, 이로써 이주민에 대한 반감과 증오가 발생하면서 테러리즘으로 발전되기도 한다. 전통적 기득권과 다원화된 문화의 충돌이라고 볼 수 있는데, 이로 인해 인종적 갈등, 주류 민족과 소수민족 간의 차별과 억압이 발생한다.

2011년 7월 22일 노르웨이에서 77명의 사망자를 발생시킨 안드레이 브레이비크(Anders Behring Breivik)에 의한 테러는 근본적으로 이주민에 대한 증오였다. 테러범은 자신이 십자군 전쟁 당시 존재했던 템플 기사단(Templar Knights)의 유럽사령관으로 자칭하면서, 순수 기독교 사회인 자신의 공동체를 지키려고 하였다고 테러 공격의 이유를 진술하였다. 이러한 현상은 단순히 종교적 또는 이념적 이유에 기인한 것으로 단정하기는 어려우며, 사회의 개방과 변화에 대한 기득권 세력의 폭력적 반응으로 분석할 수 있다.

신나치주의와 백인 우월주의에 의한 테러행위도 이념과 종교의 원인에서 비롯되었으나 점차 그 대상이 다른 민족과 인종에 대한 증오로 확대되고 있어 사회적 원인으로도 분류될 수 있다. 지구촌의 세계화로 인한 물리적 교류의 증가, 전쟁과 폭정으로 인한 실향민의 대량 발생과 이주 등으로 사회의 변화가 필연적으로 나타나게 됨에 따라, 전통적 사회를 유지하고 기득권을 지키려는 극단적 세력에 의한 테러가 발생하게 되는데, 이러한 형태는 '극우주의 테러리즘(right-wing terrorism)'으로도 나타난다. 백인 우월주의, 민족 우월주의, 인종 우월주의, 파시즘, 반사회주의, 반낙태운동 등이 포함되는데, 극우주의 테러리즘의 공통적 성향은 주로 민족과 인종 차이에 기반을 두고 기득권의 유지를 위한 극단적 활동, 보수와 전통을 수구하고 변화와 도전을 차단하려는 폭력적 활동이라고 할 수 있다.

제2장

유엔과 테러리즘

1. 유엔 협약에서 나타난 테러리즘의 개념

가. 국제연맹(LN)의 테러 정의

테러리즘에 대해 국제적으로 공감하는 일반적인 개념은 "테러리즘이 폭력으로 나타나는 범죄 행위"라는 것이었다. 제1차 세계 대전이 끝난 뒤 1919년에 창설된 국제연맹(League of Nations)은 현재의 국제연합(United Nations)의 전신 기관으로, 1937년 11월 16일 국제연맹이사회에서 '테러의 방지 및 처벌을 위한 협약(Convention for the Prevention and Punishment of Terrorism)'을 채택하였다. 그러나 국제연맹의 위치 자체가 불안정한 상태로 유지되고 있었고 이에 따라, 동 협약은 발효되지도 못한 채 폐기되었으며, 기록으로만 남아 있는 협약이 되었다. 당시, 24개 국가의 서명을 통해 채택된 이 협약의 내용 중 테러리즘에 대한 언급을 살펴보면, "본 협약에서의 테러리즘 행위란, 국가를 대상으로 하는 범죄행위, 그리고 특정인 또는 단체, 일반 대중의 마음속에 테러의 상황을 만들어내기 위해 의도하고 계획하는 범죄행위를 말한다"고 명시되었다.

위 협약에서 나타난 테러리즘의 의미는 "국가, 개인, 단체, 대중을 대상으로 공포의 상황을 조장하는 범죄행위"로 명시한 것으로 이해되며, 비교적 포괄적인 의미를 담고 있다고 할 수 있다.

나. 국제연합(UN)의 테러리즘 개념 정립 노력

제2차 세계대전이 끝나고 1945년 창설된 국제연합(유엔)은 세계 각지에서 발생하는 테러리즘에 대해 회원국이 모두 동의하는 테러리즘의 정의를 도출해 내지 못하였다. 그러나, 테러리즘에 대한 일반적인 범죄 개념을 바탕으로 테러리즘의 행위로 나타나는 폭력적 결과물을 세분화하여 대응하는 체계를 구축하기 시작하였다. 사람에 대한 살상, 항공기 납치 및 파괴, 선박의 납치 및 파괴, 폭발물 이용 테러, 핵물질 이용 테러 등을 방지하고 테러자금을 차단하기 위한 내용을 포함하여, 19개의 국제협약을 채택하였고 모든 회원국은 19개의 협약을 자국의 실정법으로 준용하면서 대테러 활동의 도구로 삼아, 테러리즘의 정의 확립에 관계없이 위 협약에 나타난 범죄행위를 예방하고 차단하도록 촉구되었다.

1994년 12월 9일 개최된 유엔총회에서, "국제테러리즘 종식을 위한 조치들(Measures to Eliminate International Terrorism)" 제하의 결의안 49/60호가 채택되었으며, 여기에서 묘사된 테러리즘 관련 내용은 다음과 같다. "일반 대중, 단체, 정치적 목적에 연계된 특정 개인을 대상으로 테러 상태를 만들어내기 위해 의도하고 계획된 범죄행위는 어떠한 상황에서도 정당화될 수 없다. 즉, 정치적, 철학적, 이념적, 인종적, 민족적, 종교적 또는 정당화시킬 어떠한 명분이라 할지라도 테러 상태를 조장하는 범죄행위는 정당화될 수 없다."

위 결의안 내용은 1937년 국제연맹에서 채택된 국제협약의 내용을 기본 바탕으로 삼아 작성되었으며, 다만, 동 협약의 문구에서 추가된 의미는, 테러리즘을 발생시킨 명분이 무엇이든지 간에 테러 상태로 나타나는 범죄행위는 모두 정당화될 수 없다는 것을 강조하는 내용이었다. 1994년 유엔총회에서 모든 회원국들을 대상으로 테러리즘과 관련된 표현에 대해 동의를 얻었다는 점에서 시사점이 있으나, 국제법 수준인 국제협약(Convention)이 아닌 유엔총회의 결의안(Resolution) 수준에 불과하며, 여전히 테러리즘의 정체에 대해서는 구체적으로 명시하지 못하는 한계를 보여주었다.

1996년 인도(India)에 의해 국제테러리즘에 대한 포괄적 협약을 마련하자는 제안이 있었으며, 1999년 12월 9일 유엔총회에서 회원국들은 국제테러리즘에 대한 '포괄적 협약(Comprehensive Convention)'을 제정하기 위한 계획을 검토하기로 결의하였다. 동 협약 제정의 필요성은 그동안 채택되었던 19개의 개별협약들이 최근 발전하고 있는 테러범죄에 적절히 대처하기에는 한계가 있다고 판단하였기 때문이었다. 예를 들면, 1963년에 채택된 항공기 대상 테러에 대한 국제협약이 2001년 미국 뉴욕에서 발생한 9·11 항공기 이용 테러와 같은 사안에 대해 시대변화에 따라 적절하게 대처할 수 있는 도구가 될 수 있는지 회의적인 비판이 발생하였다. 따라서, 이러한 개별협약을 보완할 필요성도 있으나, 우선적으로 국제테러리즘에 대한 공통된 인식을 마련하고자 협약의 제정을 추진하게 된 것이다. 이러한 노력에 따라, 2000년 8월, 유엔총회에서 유엔 회원국 인도(India)는 '국제 테러리즘의 포괄적 협약 초안(Draft Comprehensive on International Terrorism)'을 제출하였고, 이 내용에 대해 회원국들이 논의하기로 하였다. 2016년 유엔총회에서 인도 대표는 동 협약의 초안을 모든 회원국이 검토하여 협약 채택을 추진하도록 재차 촉구하였으나, 결국 회원국들의 이견에 부딪히면서 더 이상의 진전 없이 계류 중인 상태다.

인도가 제출한 포괄적협약의 초안 내용은 크게 4가지 목적을 가지고 있다. 첫째, 193개 유엔 회원국 모두가 합의하고 자국 내 실정법에 반영할 수 있는 테러리즘의 보편적 정의를 확립할 것. 둘째, 모든 테러단체를 차단하고 테러단체가 운영하는 훈련소를 폐지할 것. 셋째, 유엔 회원국은 모두 자국 내에 특별법을 제정하여 모든 테러조직원들을 기소할 것. 넷째, 초국가적으로 활동하는 테러리즘을 범죄인 인도조약에 포함시켜 국제적으로 적용할 것.[1]

위 협약 초안이 진전되지 못하고 계류 중인 이유는 미국, 이슬람국가기구(OIC), 남미국가 그룹 등 3개 그룹에 의한 이견이 발생하기 때문이다. 우선, 이 3개 그룹은 "테러리즘의 정의"에 대해 이견을 표출하고 있는데, 자국의 이익에 따라 안전장치를 배제시키고 정의를 채택하자는 주장이 맞서고 있다. 이슬람국가기구(OIC)의 경우, 민족해방운동을 위한 투쟁, 특히 이스라엘과 팔레스타인의 갈등의 경우 팔레스타인의 활동을 테러행위로 포함시킬 수 없다는 입장이다. 미국의 경우, 테러행위의 주체를 테러단체로 국한하고, 국가에 의한 테러 행위는 테러에 포함시킬 수 없다고 주장한다. 이러한 양측의 주장은 그동안 이스라엘이 해외 비밀공작 활동에서 보여준 암살, 폭파, 파괴 등의 사건사례를 볼 때 더욱 선명하게 드러나는데, OIC의 입장에서는 이스라엘의 이러한 행위를 '국가 테러리즘(state terrorism)'으로 간주하는 반면, 미국의 입장에서는 한 국가의 국가안보 또는 대테러활동 측면에서 용인할 수 있다는 입장이다.

다. 유엔 교재에서 나타난 테러리즘 이론

'유엔마약및범죄사무소(UNODC)' 주관으로 테러리즘에 대한 유엔 차원의 교재가 제작되어 유엔 홈페이지에 게재되어 있다. 이 내용은 2018년 작성되었으나, 논란의 여지가 있는 부분을 삭제하면서 약간의 수정작업이 지속되고 있다. 현재 게재된 자료에 따르면, 테러리즘과 관련하여 두 가지 이론이

1 What is the comprehensive convention on international terrorism?, MINT, 2016.9.28. https://www.livemint.com/Politics/Ee84kLhbyP5NJ9mFnMzkKO/Will-Sushmas-speech-at-the-UN-GA-give-fresh-push-to-antiter.html

소개된다.[2]

첫째, 미국의 정치학자 래포포트(David Rapoport)는 테러리즘의 전략적 측면에서 '테러리즘의 4개의 물결(The Four Waves of Terrorism)'을 언급하였다.[3] 첫 번째 물결은 1880년대부터 시작하여 20세기 초까지 지속되었던 '무정부주의적 물결'이다. 19세기 후반, 산업혁명과 함께 등장한 불평등과 국가 권력의 강화에 대한 반발로 비롯되었다. 두 번째는 '반식민체제 물결'이며, 제1차 세계대전 이후 민족주의 운동과 식민지 해방 운동이 확산되었다. 제3물결은 신좌파(New Left)의 물결로, 막스-레닌주의와 반제국주의를 실현하려는 움직임이었다. 제4물결은 종교적 물결이다. 종교적 이념, 특히 이슬람 극단주의 사상에 기반한 폭력, 자살 폭탄 테러, 무차별적 민간인 공격이 증가하였다.

래포포트의 '4개의 물결' 이론은 테러리즘의 진화 과정을 역사적, 사회적, 정치적 맥락에서 체계적으로 분석하였으며, 각 물결은 특정한 시대적 배경에서 비롯된 고유의 동기와 전략을 반영하고 있음을 보여준다.

'물결 이론'과는 달리 파커(Tom Parker)와 시터(Nick Sitter)가 공동발간한 저서, 『The Four Horsemen of Terrorism: It's Not Waves, It's Strains(2015)』에서, 이들은 폭력적 테러 환경은 이러한 물결에서 파생된 것이 아니라 테러 행위자들이 4가지 목적에 의해 동기가 부여되어 각각 나타나는 것이라고 주장했다. 그것은 사회주의, 국수주의(민족주의), 종교적 극단주의, 고립(배타)주의 등 4가지다. 이러한 동기는 시기적으로 발생하는 것이 아니라 필요에 따라서 수평적인 상황에서 평행적으로 발생하므로 중복되어 발생될 수도 있다는 주장이다. 이러한 학문적 담론은 '테러조직'을 이해하고 분류하는 데 도움을 준다.

---

2 E4J University Module Series: Counter-Terrorism;
https://www.unodc.org/e4j/en/terrorism/module-1/key-issues/united-nations-and-terrorism.html

3 David Ropoport, Current History December 2001, (100, 650)

2. 유엔의 대테러 전략

유엔 총회는 'Global Counter-Terrorism Strategy'라는 거시적 전략을 2006년 9월 8일에 채택하였다. 이 전략은 테러리즘에 대응하기 위한 목적으로 국가적, 지역적, 국제적 노력을 증진시키기 위한 유일한 범국가적 도구라고 말할 수 있다. 유엔이 마련한 대테러전략은 테러리즘에 대한 근본적인 원인을 규명하고 개선하려는 접근활동에서부터 시작되며, 이어 테러리즘에 대해 모든 국가가 예방하고 대응하는 조치를 갖추어야 하고, 이를 위해 국가와 유엔 차원에서 제도적 장치를 갖추고 역량을 강화하는 데 초점을 두었다. 유엔 총회는 이 전략을 2년마다 검토하고 있으며, 2016년 7월 1일에 제5차 검토회의가 개최되었고, 2018년 6월 26일 제6차 검토회의가 개최되어 결의안을 도출하였다.

유엔의 대테러 전략은 테러리즘에 대응하기 위한 총체적 사안을 고려하여 만들어낸 포괄적 지침이라고 볼 수 있으며, 기본적으로 아래와 같은 4가지의 기둥으로 구성된다. 첫째, 테러리즘이 발생하고 전파될 수 있는 원인에 접근한다. 테러리즘이라는 범죄 형태로 발전되어 나타나는 근본적 원인이 무엇인가를 파악하고 그 원인이 될 수 있는 환경에 선제적으로 접근하여 문제점을 해결하려는 조치와 노력을 기울인다. 둘째, 테러리즘을 예방하고 대응하여 맞서 싸우기 위한 조치를 마련한다. 테러단체의 선전선동과 전략적 활동에 효율적으로 대응하고 무력화시킬 수 있는 대응체계를 갖추어야 한다. 셋째, 테러 예방과 대응활동을 위한 각 국가의 역량을 확립하고 유엔의 대응활동 역할을 강화하기 위한 조치를 마련한다. 넷째, 대테러 활동의 근본적인 조치로서 법적 질서를 준수하며 인권존중을 확립하는 체계를 갖추어야 한다는 것이다.

유엔 대테러전략의 4가지 기둥

테러확산 상황에 접근 (원인차단 노력)	테러예방 및 대응 조치	국가역량 확립 및 유엔역할 강화	대테러활동 중 법질서 및 인권존중 확립

위 4개 주축에 따라 구체적으로 이행해야 할 내용은 다음과 같다.

① 테러 확산의 원인이 되는 상황에 접근하려는 조치(Measures to address the conditions conducive to the spread of terrorism)

- 유엔의 역량을 강화하면서, 분쟁지역에서 발생하는 갈등을 예방하고, 협상, 조정, 화해, 사법적 정착, 법 절차에 따른 통치, 평화유지활동, 평화재건 등의 활동을 통해 범국가적 대테러 활동을 증진시킨다.
- 유엔의 활동과 프로그램의 감독 하에 서로 다른 문명, 문화, 인종, 종교 등을 이해하고 대화하며 관용적으로 수용할 수 있도록 유엔이 주선한다. 또한 상호 존중을 증진하고, 서로 다른 종교의 가치, 신앙, 문화를 폄훼하지 않도록 예방한다.
- 이를 위해 교육과 공공 인지 프로그램 등을 모든 사회적 분야에 설치하고 권장한다.
- 테러 행위를 합법적으로 인용하려는 것을 금지시키는 국제적 규범을 모든 회원국이 수용하고 의무와 조치를 이행하도록 한다.
- 유엔 협약과 국가 정상들의 회담 등에서 채택한 결정내용에 따라, 빈곤퇴치, 지속가능한 경제개발 및 범국가적 번영을 증진한다.
- 소외된 지역의 개발과 특히 청소년 실업이 만연한 지역을 개발하도록 노력함으로써 극단화, 고립화를 예방하고 테러조직원으로 모병되는 것을 막을 수 있다.

- 법적 통치, 인권보호, 우호적 관리, 지속가능한 개발 등을 수행함에 있어서 유엔 조직들이 상호간 협력과 지원을 독려한다.
- 테러 피해자를 위한 지원과 이들의 정상화를 위한 지원을 국가적 차원 및 자원봉사 기반의 차원에서 실시할 수 있는 여건마련 방안을 고려한다.

② 테러예방 및 대응활동 조치(Measures to prevent and combat terrorism)

- 테러 관련 테러 공격의 조직, 선전선동, 설비, 참여, 재정지원, 홍보, 동조 등을 저지하기 위한 조치가 요구된다. 또한, 각 국가의 영토가 다른 나라 및 타국 국민에 대해 테러를 자행할 수 있는 테러 조직의 주둔, 훈련, 준비 등을 제공하지 않도록 조치한다.
- 국제법의 규정과 의무에 따라 테러를 지원, 설비지원, 참여, 또는 자금지원, 기획 등에 관련된 자들에 대해 피난처 제공을 거부하고 사법적 조치를 받을 수 있도록 협력한다.
- 테러범에 대해 체포, 기소, 추방을 실시하되, 국제법, 인권법, 난민법을 고려하여 법적 근거에 의거하여 실시한다.
- 대테러 활동과 관련된 정확한 정보를 적시에 교류할 수 있도록 정보협력을 강화한다.
- 테러에 관련되어 사용될 수 있는 범죄, 총기 및 폭발물 관련 범죄, 마약거래 등에 대한 대응활동의 정보도 국가 간 교류한다. 이를 위해 '유엔 초국가적조직범죄 방지협약(UNTOC)'에 모든 회원국이 지체 없이 가입한다.
- 난민신청자에 대해 테러 연루 혐의를 철저하게 조사한 후 난민인정 여부를 결정한다.
- 국가 간 지역 차원에서 연합적인 대테러 활동체계를 구축하고, 동시에 수직적 구조로 그 하부 지역 차원에서의 대테러 활동체

계도 구축한다.

③ 대테러 활동을 위한 국가 역량 확립 및 유엔 체계의 역할 강화(Measures to build States' capacity to prevent and combat terrorism and to strengthen the role of the United Nations system in this regard)

- 각 회원국은 대테러 활동의 기술적, 재정적 지원 등을 유엔에게 제공한다.
- 각 회원국은 대테러 활동과 관련한 경험적 사례 및 교훈 등을 공유한다.
- 정기적 정보교류 회의 등을 통해 정보교류를 증진시킨다.

④ 대테러 활동의 기본요소로서 법 질서 및 인권 존중(Measures to ensure respect for human rights for all and the rule of law as the fundamental basis of the fight against terrorism)

- 2005년 12월 16일 채택한 유엔 총회 결의안(General Assembly resolution 60/158)에 따라서 대테러 활동 중에도 근본적인 인권 보호 및 자유 보호의 조항을 준수해야 한다.[4]
- 이 결의안에 따라 대테러 활동 수행 중에도 기본적으로 국제법, 특히, 인권법 및 난민법, 인도주의 법을 준수해야 한다.
- 적절한 해당 지역 및 국제적 인권 기구의 감독을 받아야 한다.
- 법 질서 준수를 기본적인 체계로 갖추면서 국가적 차원의 범죄 대응 체계를 갖추도록 모든 노력을 기울여야 한다.

---

4 Resolution adopted by the General Assembly on 16 December 2005, Protection of human rights and fundamental freedoms while countering terrorism (2006.2.28.)
http://www.un.org/en/ga/search/view_doc.asp?symbol=A/RES/60/158

위에서 보듯이 유엔의 대테러전략은 테러리즘에 대한 총체적인 문제점을 대상으로 구상된 것으로, 개별 국가 차원의 대테러전략과는 차원이 다름을 알 수 있다. 개별 국가의 대테러전략은 각각의 대내외적 상황을 고려하여 현안 및 중장기 대응전략을 마련해야 할 것이다. 다만, 유엔의 대테러전략은 테러리즘의 본질적 문제점을 발견하고 궁극적으로 종식시키기 위한 전반적 사안을 다룬 것으로, 대테러활동의 기획 분야에서 참고하기에 도움이 될 것이다.

3. 유엔 대테러활동의 19개 도구[5]

국제사회는 테러리즘에 대응하기 위하여 1963년부터 국제적 법적 대응도구를 만들기 시작하였고 현재 총 19개의 국제적 대응도구로서 기능하는 국제협약이 체결되었다. 이 협약들은 국제연합(유엔)과 핵 관련 전문기구인 국제원자력기구(IAEA) 등의 감수와 관리를 받으면서 완성되었으며, 유엔의 모든 회원국이 가입하도록 권고되고 있다.

여기에서 소개되는 19개의 유엔 국제협약은 민간항공기 관련 협약 7건, 국제적으로 활동하는 개인을 보호하기 위한 협약 1건, 인질에 관한 협약 1건, 핵물질과 관련된 협약 1건, 해상활동에 관한 협약 2건, 폭발물과 관련된 협약 2건, 테러자금과 관련된 협약 1건, 핵 테러와 관련된 협약 1건 등이다.

---

5 https://www.un.org/securitycouncil/ctc/content/international-legal-instruments

민간 항공기 관련 협약들(Instruments regarding civil aviation)

(1) 항공기상에서 발생한 범죄 및 기타행위에 관한 1963년 협약(1963 Convention on Offences and Certain Other Acts Committed On Board Aircraft)

1963년 11월 14일 일본 도쿄에서 채택되어 일명 "도쿄 협약"이라고도 불린다. 이 협약은 민항기 내에서의 안전을 도모하기 위함이 목적이며, 항공기 기장이 항공기 내 안전을 위해 합리적인 조치를 취할 수 있도록 명령할 수 있는 권한을 부여받는 것을 골자로 한다. 이 협약에 가입한 회원국은 범죄자의 신원을 확보하고 항공기의 통제 회복을 위해 합법적인 지휘관에게 통제권을 제공하도록 노력해야 한다.

(2) 항공기 불법납치 방지를 위한 1970년 협약(1970 Convention for the Suppression of Unlawful Seizure of Aircraft)

1970년 12월 16일 네덜란드 헤이그에서 제정되어 일명 "헤이그 협약"이라고도 불린다. 이 협약은 항공기에 탑승한 사람이 불법적으로 폭력 또는 협박을 사용하여 항공기를 납치하거나 자의적 조종을 실행 또는 시도한 경우 범죄로 간주한다는 것이 기본 내용이다. 이 협약에 따라 회원국은 하이재킹 사건에 대해 중범죄로 처벌하고, 범죄인의 신병을 범죄 해당국가(하이재킹이 발생된 국가)에 인도하거나 사건을 송치하고, 모든 소송절차를 해당국가에 지원해야 한다.

(3) 민간항공의 안전에 대한 불법행위 방지를 위한 1971년 협약(1971 Convention for the Suppression of Unlawful Acts against the Safety of Civil Aviation)

1971년 9월 23일 캐나다 몬트리올에서 채택된 국제협약으로, 일명 "몬트리올 협약"이라고도 불린다. 이 협약은 항공기의 안전을 위해하려는 목적으로 불법적이고 고의적으로 항공기 내에서 폭력을 행사한 사람에 대해 범죄로 간주한다는 것이 기본 내용이다. 항공기 내에 폭발물을 설치하거나 유사한 행동을 시도한 경우, 또는 이러한 행동을 한 사람과 공모한 경우도 해당된다. 이 협약에 근거하여 모든 회원국은 이러한 범죄자를 중범죄로 처벌해야 하며, 범죄자의 신병을 해당국가에 인도하거나 기소하기 위해 조치를 취하도록 요구된다.

(4) 민간항공의 안전에 대한 불법적 행위의 억제를 위한 협약을 보충하는 국제 민간항공용 공항에서의 불법적 폭력행위의 억제를 위한 의정서(1988 Protocol for the Suppression of Unlawful Acts of Violence at Airports Serving International Civil Aviation, supplementary to the Convention for the Suppression of Unlawful Acts against the Safety of Civil Aviation)
몬트리올 협약 내용에서 국제 민간항공 업무를 담당하는 공항에서의 테러행위도 포함하는 조항을 추가하였다.

(5) 국제 민간항공기 관련 불법행위 저지를 위한 2010년 협약(2010 Convention on the Suppression of Unlawful Acts Relating to International Civil Aviation)
2010년 9월 10일 중국 베이징에서 채택된 국제협약으로 일명 "베이징 협약"으로도 불린다. 이 협약에서는 민간항공기를 무기로 사용하여 사망, 부상, 피해를 야기한 경우를 모두 범죄로 명시하고, 생화학 및 핵무기를 운반하여 투하하는 용도로 민간항공기를 사용하는 것도 범죄로 명시하도록 회원국에게 촉구한다. 또한, 항공기에 대해 사이버공격을 하는 경우와 동 범죄에 공모하는 경우도 모두 범죄로 명시하도록 회원국에게 촉구한다.

(6) 몬트리올 협약을 보완하는 2010년 의정서(2010 Protocol Supplementary to the Convention for the Suppression of Unlawful Seizure of Aircraft)

항공기 납치의 새로운 기술적 형태를 포함하였으며, 범죄를 자행하려는 위협과 공모에 관하여 베이징 협약의 조항을 포함하였다.

(7) 항공기내 범죄와 행위에 관한 협약을 수정하는 2014년 의정서(2014 Protocol to Amend the Convention on Offences and Certain Acts Committed on Board Aircraft)

국제적으로 활동하는 사람의 보호에 관한 협약

(Instrument regarding the protection of international staff)

(8) 국제적 보호 인물에 대한 범죄의 예방 및 처벌에 관한 1973년 협약(1973 Convention on the Prevention and Punishment of Crimes Against Internationally Protected Persons)

이 협약에서 정의하는 "국제적으로 보호되어야 하는 인물"이란 국가의 수반, 외교부 장관, 국제기구 또는 국가의 대표 등을 말한다. 이 협약에 근거하여 회원국은 국제적으로 보호되어야 하는 인물을 대상으로 자행하는 의도적 살해, 납치, 위협 등을 범죄로 규정하고 처벌해야 한다.

인질과 관련된 협약(Instrument regarding the taking of hostages)

(9) 인질억류 방지에 관한 국제협약(1979 International Convention against the Taking of Hostages)

제3자 즉 국가, 정부간 국제기구, 자연인, 법인 또는 집단에 대해 인질석방을 위한 명시적 또는 묵시적 조건으로서 어떠한 작위 또는 부작위를 강요할 목적으로 타인(이하 "인질"이라 한다)을 억류 또는 감금하여 살해, 상해 또는 계속 감금하겠다고 협박하는 자는 본 협약상의 의미에서 인질억류범죄를 행하는 것이다.

모든 회원국은 동 범죄의 중대성을 고려하여 적절한 형벌에 의해 처벌될 수 있도록 하여야 한다. 인질범에 의해 인질이 자국 영토내에 억류되어 있는 당사국은 인질이 처한 곤경을 경감하고 특히 인질의 석방을 확보하며 필요에 따라 석방 후의 출국을 용이하게 하기 위하여 적절하다고 간주되는 모든 조치를 취하여야 한다. 또한, 인질범이 인질억류의 결과로 취득한 물건이 어느 당사국의 관리하에 들어올 경우 동 당사국은 인질 또는 그들의 적절한 관계당국에 가능한 한 조속히 이를 반환하여야 한다.

핵물질과 관련된 협약(Insturment regarding the nuclear material)

(10) 핵물질의 물리적 방호에 관한 1980년 협약(1980 Convention on the Physical Protection of Nuclear Material)

핵물질의 불법적 소유, 사용, 운반, 절취를 범죄화하고, 핵물질을 이용하여 사망, 부상, 재산피해 등을 야기하려는 위협에 대해서도 범죄화할 것을 촉구하였다.

(11) 2005년 개정안(2005 Amendments to the Convention on the Physical Protection of Nuclear Material)

당사국들로 하여금 핵시설과 핵물질이 자국내에서 평화적으로 사용, 저장, 운반되는 것을 법적으로 규정하도록 촉구하였다. 또한, 핵물질의 절취, 밀수 등 사안이 발생할 경우 신속하게 조치를 취한다는 조항을 포함하였고, 동 범죄로 인해 핵물질 이용 파괴, 예방, 분규 등을 감소시키는 조치를 조항에 포함하였다.

해상 활동에 관한 협약들(Instrument regarding the maritime navigation)

(12) 항해의 안전에 대한 불법행위의 억제를 위한 1988년 협약(1988 Convention for the Suppression of Unlawful Acts against the Safety of Maritime Navigation)

국제적 해상 항해를 저해하는 행위에 대해 법적으로 규제하는 조치를 마련하고 선박의 불법적 및 고의적 납치, 자의적 통제 등 행위에 대해 범죄화하며, 항해의 안전을 방해하고 위험을 초래하는 사람에 대해 처벌하는 법제를 마련할 것을 회원국에게 촉구하였다.

(13) 2005년 의정서(2005 Protocol to the Convention for the Suppression of Unlawful Acts against the Safety of Maritime Navigation)

선박을 테러행위 등으로 이용하는 것을 범죄로 규정하고, 테러리즘에 사용될 수 있는 다양한 물질이 적재되는 것을 알면서도 운송하는 것을 범죄로 규정하며, 테러에 연관되는 사람을 운반시키는 것을 범죄로 규정한다.

(14) 대륙붕에 설치한 고정 해상플랫폼의 안전에 대한 불법행위 억제에 관한 1988년 의정서(1988 Protocol for the Suppression of Unlawful Acts Against the Safety of Fixed Platforms Located on the Continental Shelf)

국제적 항해를 방해하는 불법행위 및 대륙붕에 설치한 고정 해상플랫폼의 안전에 대한 불법행위를 억제할 수 있는 법적 조치를 마련하도록 회원국에 촉구한다.

(15) 2005년 의정서(2005 Protocol to the Protocol for the Suppression of Unlawful Acts Against the Safety of Fixed Platforms located on the Continental Shelf)

국제협약의 개정된 내용을 포함하여 의정서를 개정하였다.

폭발물과 관련된 협약들(Instrument regarding explosive materials)

(16) 가소성 폭약의 탐지를 위한 식별조치에 관한 협약(1991 Convention on the Marking of Plastic Explosives for the Purpose of Detection)

이 협약은 식별되지 않고 제조에 대한 추적이 불가한 가소성 폭발물의 사용을 제한하고 통제하고자 제정되었다. 이 협약에 가입한 당사국들은 자국에서 제조되는 모든 비표기(표식이 없는) 가소성 폭발물에 대해서 효율적으로 통제할 의무가 있다. 각 당사국은 표식이 없는 가소성 폭발물의 제조를 금지시키기 위한 효율적 조치를 취해야 하며, 이 협약에 근거하여 비표기 가소성 폭발물의 소지, 운반 등을 엄격하게 통제해야 한다. 회원국 자국에서 발견된 비표기 가소성 폭발물은 이 협약의 발효일로부터 3년 이내에 모두 폐기해야 하며, 군과 경찰에서 관리하고 있는 비표기 가소성 폭발물은 15년 이내에 폐기하도록 통제해야 한다.

테러 폭탄과 관련된 협약들(Instrument regarding terrorist bombings)

(17) 테러 폭탄의 억제를 위한 1997년 국제협약(1997 International Convention for the Suppression of Terrorist Bombings)

일반 대중을 대상으로 살상과 파괴용으로 제작되는 불법적이고 의도적인 폭발물에 대해 국제적으로 사법처리할 수 있는 기관을 설립해야 한다.

테러 자금과 관련된 협약(Instrument regarding the financing of terrorism)

(18) 테러리즘 자금의 억제를 위한 1999년 국제협약(1999 International Convention for the Suppression of the Financing of Terrorism)

모든 당사국들은 테러조직원에게 지원되는 자금을 차단하고 대응할 수 있는 필요한 조치를 취해야 한다. 이러한 자금의 흐름은 직접 또는 간접적 전달이거나 또는 자선모금을 가장한 자금의 전달이거나, 사회적 문화적 목적 또는 마약밀매, 총기밀매 등의 불법적 활동에 개입되어 전달되는 등의 방식을 모두 포함한다.

당사국들은 테러리즘 활동에 이용되는 자금을 전달하는 자에 대해 범죄자, 민간인, 관료 등의 신분위치에 무관하게 모두 범죄자로 규정해야 하며, 이와 관련된 자금을 탐지, 동결, 몰수하고, 은행업무 비밀 규정을 빌미로 정보협력을 거부해서는 안된다.

핵 테러와 관련된 협약(Instrument regarding nuclear terrorism)

(19) 핵테러리즘의 억제를 위한 2005년 국제협약(2005 International Convention for the Suppression of Acts of Nuclear Terrorism)

이 협약은 핵발전소 및 핵원자로 등을 포함하여 광범위한 활동과 대상을 포함하며, 핵 테러와 관련된 위협, 테러시도 등을 모두 포함하여 다룬다. 관련 범죄자는 해당국에 범죄인 인도를 하거나 또는 기소함을 법률에 명시해야 한다. 회원국은 테러자금에 대한 수사와 추방절차 등을 통해 파악한 정보를 타 국가와의 정보협력을 통해서 공유하며 핵 테러 공격을 예방하도록 촉구된다. 핵 테러리즘 관련 국제원자력기구(IAEA)와의 협력이 필요하며, 해당국가의 위기상황 해결 및 사후처리 등에 대해 IAEA와 협력한다.

4. 유엔의 테러리즘 대응활동 조직

가. 유엔 대테러사무소(UNOCT)

유엔 총회는 2017년 6월 유엔총회 결의안 71/291호를 채택하였고, 6월 15일부로 유엔 대테러사무소(UNOCT, The United Nations Office of Counter-Terrorism)를 창설하였다. 이 사무소의 창설은 안토니오 구테헤스(António Guterres) 유엔 사무총장이 회원국의 테러리즘 대응 역량강화를 위해 수행한 첫 번째 주요 개혁사업으로 여겨진다.

UNOCT의 5개 주요 기능은 다음과 같다. 첫째, 유엔 조직 전반에 산재한 대테러 활동기구를 종합하여 유엔총회에서 리더십을 갖도록 하며, 사무총장에게 그 임무를 부여한다. 둘째, 유엔의 대테러전략의 이행을 위해 글로벌 대테러협력분과조직(Global Counter-Terrorism Coordination Compact Entities)들과 교류하면서 협력과 응집력을 강화한다.[6] 셋째, 유엔의 대테러 활동 역량을 강화시켜 회원국에게 역량 기술을 전달한다. 넷째, 유엔의 테러리즘 대응활동 노력을 증진시키기 위해 가시성, 친화력, 동원 자원력 등을 향상시킨다. 다섯째, 회원국으로 하여금 테러리즘 대응활동의 중요성과 우선적 대응의 필요성을 확신시키고 대테러전략을 통해 극단주의 활동을 예방한다.

---

6 유엔 글로벌 대테러협력분과조직(UN Global Counter-Terrorism Coordination Compact Entities)은 유엔 및 국제 기구 산하에 활동중인 테러 관련업무 담당 조직의 총체를 의미하며, 현재 UNOCT, Interpol 등을 포함하여 37개 조직과 UNHCR 등 6개의 옵저버 조직이 포함되어 있다.

유엔 대테러 조직[7]

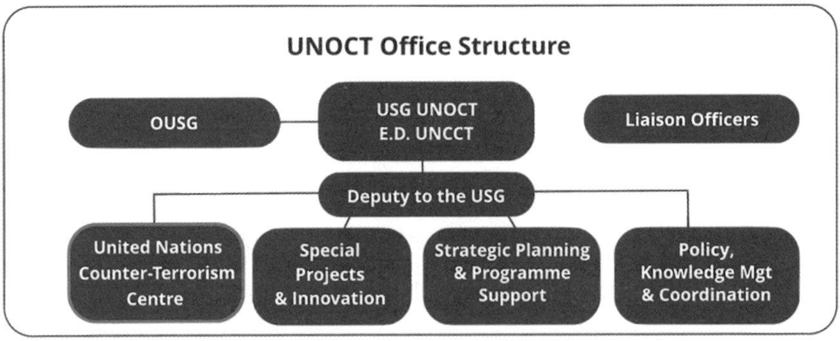

Office of the Under-Secretary-General for Counter-Terrorism (OUSG)

대테러 유엔 사무차장실(OUSG)은 국장급 수준인 부사무차장으로부터 유엔 사무차장에게 직접 보고하는 체계로 구성되었다. OUSG는 유엔 사무차장을 지원하며, 3개의 분야로 구성된다. 실무활동 사무소역할 및 소통, 회비지원국 관계 및 자원 동원, 유엔 대테러위원회 실무진들과의 업무교류 및 조정 등이다.

United Nations Counter-Terrorism Centre (UNCCT)

유엔 대테러센터는 총괄국장(Executive Director)급이 조직의 장으로 운영되며, 유엔사무차장과 부사무차장을 지원한다. 주요 임무는 업무역량 강화를 위한 지원업무, 회원국의 대테러활동과 예방활동, 테러리즘과 관련된 극단적 폭력에 대응하는 활동 등을 지원한다. 유엔 회원국 및 국제적, 지역적, 지역

7 유엔 홈페이지, https://www.un.org/counterterrorism/office-structure (검색일 2022.9.)

산하 조직들, 시민단체, 사적분야의 조직, 학술단체, 연구소 등과 협력하면서, 유엔대테러센터의 5년 단위 계획 및 지침을 작성하는 역할을 담당한다.

나. 유엔 안전보장이사회

테러리즘의 폐해에 대응하여 맞서 싸우는 것이 유엔의 아젠다로 다루어진 것은 이미 수십년의 활동 역사에서 보여진다. 2001년 9·11 테러 이후 유엔 안전보장이사회는 만장일치로 결의안 1373호(2001년)를 채택하였으며, 이를 통해 안보리 산하에 대테러위원회(CTC, Counter-Terrorism Committee)가 발족되었다.

이 위원회(CTC)는 대테러집행이사회(CTED, Counter-Terrorism Executive Directorate)의 업무지원을 받고 있으며, 동 이사회(CTED)는 위원회의 정책결정 사항을 수행하고, 193개 유엔 회원국의 대테러 활동에 대해 전문가 평가 활동도 수행한다. 이사회는 2008년부터 사업을 시작하여 2021년 1월까지 100여 개 국가에 대해 160회 이상의 평가 목적의 시찰을 실시하였다. 이사회(CTED)는 위원회(CTC)를 대신하여 회원국을 시찰하여, 각 회원국의 대테러 활동 노력, 대응발전상황, 기술적 지원의 필요성 등을 평가하고, 테러리즘 관련 변화동향을 탐지하며, 안보리 결의안에 따른 이행사항 및 교훈 등을 파악한다.

제3장

테러리즘 유형

1. 국가 테러리즘 (State Terrorism)

국가 테러리즘(State terrorism)은 국가 주도로 다른 나라에 대해 테러를 자행하거나 자국민을 대상으로 테러를 자행하는 행위를 모두 포함한다.[1] 이러한 두 가지 의미의 정의에 따르면, 1972년 뮌헨올림픽 테러에 대한 보복으로 이스라엘이 국가 차원에서 테러범들을 추적하여 아랍국가 출신의 테러범에 대해 해외에서 암살테러를 자행하였던 사건들이 해당될 것이며, 또 다른 하나는 현재 시리아 정부가 자국민에 대해 반란군으로 간주하면서 군사적 공격을 감행하고 학살하는 것도 해당될 것이다. 그러나 '국가 테러리즘'의 정의가 보편적으로 국제사회에서 인정되는 것은 아니며, 유엔에서도 '국가 테러리즘'이라는 용어를 사용하지 않는다. 국가적 차원의 테러리즘 행위는 국제적인 대테러 법규보다는 전쟁범죄, 반인권범죄, 대량학살 등의 죄목으로 국

1 Aust, Anthony (2010). Handbook of International Law (2nd ed.). Cambridge University Press. p. 265

제형사재판소 등에서 다루어야 할 문제로 보기 때문이다. 코피 아난 전 유엔 사무총장은 "소위 국가 테러리즘에 대한 논쟁은 제쳐두어야 할 때가 되었다. 국가의 폭력사용에 대한 문제는 이미 국제법에 의해 규정되어 있다."고 언급한 바 있다.[2] 코피 아난 총장은 이에 더하여, "테러리즘의 정의에 대한 문제가 각 국가마다 다른 점이 있다 해도, 모든 회원국이 동의해야 할 것은 무고한 국민들 또는 비전투원에 대한 어떠한 의도적인 공격이라도 그 명분이 무엇이던간에 용납할 수 없는 것이며, 이것이 테러리즘의 정의에 부합하는 것"이라고 강조하였다.[3]

'국가 테러리즘'을 주장하는 대표적인 국가는 이란을 비롯한 팔레스타인 등 아랍국가들이다. 이스라엘과 미국이 자국의 안보와 테러 공격 차단을 이유로 해외에서 암살, 파괴, 군사적 공격 등을 자행하기 때문이다. 실제, 이스라엘 정부 차원에서 이루어진 해외 암살사건은 다수 발생하였다. 1988년 4월 팔레스타인 조직 PLO의 수장인 야세르 아라파트(Yasser Arafat)의 참모, 칼리드 알-와지르(Khalil Al-Wazir)를 튀니지에서 암살하였고, 1995년 10월, 이스라엘에서 발생한 버스폭발 사건의 주모자 파티 시카기(Fathi Shkaki)를 몰타에서 암살하기도 하였다. 이러한 암살 공격은 테러에 대한 국가적 차원의 보복으로 알려져 있다. 한편, 1990년 3월 캐나다 국적인 제랄드 불(Gerald Bull) 박사는 이라크의 사담 후세인 대통령의 요청으로 슈퍼건(Super Gun)을 제작하는 데 지원하였다는 이유로 벨기에에서 암살당하였다. 또한, 팔레스타인 과학자 알 바취(Batsch)는 2018년 4월 말레이시아에서 오토바이를 이용한 두 명의 괴한에 의해 암살당하였는데, 바취 박사는 드론공학의 전문가로

---

2 The Legal Debate is Over: Terrorism is a War Crime". Michael Lind, New America Foundation. 2009.2.21.

3 "Press conference with Kofi Annan and Foreign Minister Kamal Kharrazi". United Nations. Retrieved 2009-03-25.

알려져 있으며, 이스라엘에 드론공격을 가할 수 있는 위험인물로 판단되었기 때문이었다. 위 2건의 암살사건은 이스라엘의 미래 위협을 제거한다는 명분으로 자행된 국가 테러리즘의 사례라는 것이 아랍국가들의 주장이다.

국가 주도의 군사적 공격과 활동은 국가 차원에서 전개되는 전쟁의 일환으로 볼 수 있으며, 이것을 테러리즘 행위라고 구분하는 데는 무리가 있다. 제2차 세계대전 당시 독일의 런던 시내 폭격, 연합군의 독일의 드레스덴에 대한 공격, 심지어 미국의 일본 히로시마와 나가사키에 대한 핵무기 공격도 모두 '국가 테러리즘'으로 간주될 수 있기 때문이다. 이에 대해 "국제관계에서 반란군보다 국가 차원에서 테러리즘이 더욱 많이 발생하며, 국가 차원에서 강압적 외교방법을 선택하고 핵무기 등 대량살상무기(WMD)까지 동원하여 테러의 전술을 사용하고 있다"고 국가 테러리즘을 확대 해석하는 경우도 있다.[4] 한편, 미국은 국무부에서 매년 발간하는 '테러리즘에 대한 국가보고서(Country Report on Terrorism)에서 테러리즘의 주체를 개인이나 국가가 아닌 테러단체로 한정하였고, 그것도 해외의 테러조직에 의해 주동되는 사건을 테러리즘으로 정의하여, 해외테러조직(FTO)만을 인정하면서 국가테러리즘의 개념을 인정하지 않는다.

국가 테러리즘 정의의 두 번째 의미인, 자국민에 대한 테러 공격 사례는 역사적으로 수많은 사건이 전 세계에서 발생하였다. 1965-1966년 발생한 인도네시아 학살(Indonesian Massacres) 사건이 대표적인 사례로 꼽힌다.[5] 당시 인도네시아 정부가 공산주의자, 화교 및 좌익으로 간주된 자들에 대해 벌어진 대규모의 살해 행위로, 인도네시아 정부 및 군부가 조장 및 선동한 혐의를 받

---

4 Stohl, Michael (April 1, 1984). "The Superpowers and International Terror". International Studies Association, Atlanta.

5 Simpson, Bradley (2010). Economists with Guns: Authoritarian Development and U.S.-Indonesian Relations, 1960-1968. Stanford University Press. p. 193. ISBN 978-0-8047-7182-5.

고 있다. 인도네시아 공산주의자의 쿠데타 미수로 인한 반공주의 광풍이 학살의 원인이었으며, 무려 50만 명 이상이 이 과정에서 살해된 것으로 알려졌다. 정부 주도에 의한 자국민 공격 사례는 우리나라에서도 유사한 사례가 있었으며, 현재에도 시리아 정부군에 의한 반군에 대한 공격은 지속되고 있다. 조금 더 확대해 보면, 북한 정권의 자국민에 대한 인권탄압과 강제노동 역시 국가 테러리즘의 형태라고 볼 수 있겠다.

독일의 사회학자 막스 베버(Max Weber, 1864~1920)는 "국가는 주어진 영토 내에서 폭력을 합법적으로 행사할 수 있는 독점권을 가지고 있다"고 주장하였다.[6] 즉, 국가에 대항하는 어떠한 폭력적 행위와 조직도 모두 국가에 의해 지배되어야 하며, 이러한 능력을 갖추지 못한 국가는 실패한 국가라는 설명이다. 한 국가 안에서 파편적으로 발생하고 있는 종교적, 인종적, 이념적, 정치적 이탈 현상을 국가의 합법적 폭력을 사용하면서 통제하는 것은 국가 통치행위의 문제일 것이며, 어느 정도의 무리한 통치행위부터 '국가 테러리즘', 또는 국제법상 불법행위로 간주해야 할 것인지는 국제형사재판소(ICC)의 판단에 의존해야 하는 상황이다.

2. 국가후원 테러리즘 (State Sponsored Terrorism)

'국가후원 테러리즘'의 포괄적 의미는 국가 행위자(State actor)가 비국가 행위자(Non-state actor)인 폭력적 테러조직을 적극적으로 지원하는 테러행위

6 Weber, as translated in: Waters, Tony, and Dagmar Waters, trans. 2015. Weber's Rationalism and Modern Society: New Translations for the 21st Century, edited by T. Waters and D. Waters. New York: Palgrave-Macmillan. Typescript of Chapter 1 Archived 20 June 2019 at the Wayback Machine available via Academia.edu.

를 의미한다. 유엔에서 국제적으로 테러리즘의 정의를 확정하지 못한 것처럼, '국가후원 테러리즘' 역시 국제사회에서 공감하는 특정한 정의는 마련되어 있지 않다. 다만, 테러조직과 연계하여 테러조직에게 자금과 무기를 제공하거나, 테러조직을 보호하고, 테러조직을 이용하여 국가 행위자의 목적을 달성하도록 하는 행위 등을 모두 포함하는 것으로 이해된다.

이와 관련하여, 국제적으로 공인된 테러조직이 누구인지를 특정하는 문제가 우선적으로 선결되어야 한다. 어떤 정치적, 종교적, 이념적 동기와 목적으로 조직된 단체가 국제적으로 공감하는 테러조직으로 지정되었는지를 확인해야 하는데, 이러한 문제는 매우 복잡한 상황에 처해 있다. 우선, 국제사회의 정부(Regime)와 같은 역할을 하는 유엔에서도 테러조직을 지정한 사례는 없다. 다만, 유엔 안전보장이사회에서 유엔헌장에 위배되는 활동을 하여 안보리 차원의 제재대상으로 지정한 개인, 단체, 국가는 명시한 바 있다. 이 대상에 알 카이다(Al-Qaida)와 IS 등의 테러조직이 포함되기는 하지만, 이들이 테러조직이라고 지정한 근거는 발견되지 않는다. 유엔에서는 테러리즘에 대한 정의를 확정하지 못하였기 때문에, 테러조직(테러단체)에 대한 정의 및 지정을 할 수가 없는 것은 당연한 논리이다. 결국, 테러조직의 지정은 각 국가의 결정에 달려 있다. 크게 보면, 서구권과 이슬람권 국가들 간의 대립이 눈에 띄는데, 예를 들면, 레바논에서 활동중인 '헤즈볼라(아랍어 히즈발라)' 조직의 경우, 아랍과 이슬람 국가에서는 민병대 또는 정당한 공익단체로 구분하지만, 미국 등 서구 국가에서는 테러조직으로 지정하고 있기 때문이다.

미국의 경우, 국무부가 매년 발간하는 '테러리즘에 대한 국가별 보고서(Country Reports on Terrorism)'에서 미국이 지정한 테러조직들을 명시하여 발표하고, 또한, "국제 테러행위에 반복적으로 지원하는 국가"에 해당되는 국가를 '테러후원 국가(State Sponsors of Terrorism)'로 지정하여 발표한다. 그동안 테러리즘 후원 국가로 지정된 국가들은 리비아, 이라크, 남예멘, 시리아, 쿠바, 북한, 수단 등이었으며, 매년 미국 내 자체 심사를 통해 조정되는데, 2020년 보고서(2021.12 발표)에서는 북한, 이란, 시리아 등 3개 국가가 테러후원 국가로 지정되어 발표되었다.[7]

'국가후원 테러리즘'은 영어로 'State Sponsored Terrorism'으로 표기되며, 국가행위자와 연계된 테러리즘을 강조한다. 이에 비해, 미국에서는 'State Sponsors of Terrorism'으로 표기하며, 테러리즘을 후원하는 국가행위자에 초점을 맞추고 있다. 의미는 유사하지만, 전자는 테러리즘 유형 중 하나로 구분하였다는 점이며, 후자는 테러리즘을 후원하는 국가를 강조하였다는 점에서 차이가 있다. 앞서 언급한 '국가 테러리즘(State Terrorism)'은 주로 비서방 국가인 아랍국가와 이슬람권 국가에서 미국과 이스라엘을 대상으로 지목하며 언급하고 있는 데 반해, 테러후원 국가(State Sponsors of Terrorism)는 미국이 지정한 테러조직을 후원하는 아랍권과 이슬람권 국가들이 주로 해당된다.

3. 나코-테러리즘 (Narco-Terrorism)

테러조직과 초국가적 조직범죄(TOC) 집단과의 연계 추세는 세계화, 기술의 첨단화, 다양화의 환경에 편승하여 점차 확대되고 있다. 정치적, 종교적, 이념적 목적 등을 달성하려는 테러조직은 그 목적을 위한 공격적인 성향은 높지만, 지역과 세계적인 네트워크를 구성하고 전문성을 갖고 있는 조직범죄 집단의 역할을 대체할 수는 없다. 이에 따라 테러조직과 조직범죄 집단은 연계를 통해 상호 필요한 정치적, 금전적 목적을 달성하고 있다. 테러조직과 초국가적 조직범죄의 대표적인 연계 활동은 나코-테러리즘이다. 즉, 마약을 생산하고 유통시켜 금전적 이득을 추구하는 마약조직과 정치적, 종교적, 이념

---

7 Country Report on Terrorism, US Department of State, 2021.12. p.199

적 목적을 갖는 테러조직이 연계되어 있는 상황인데, 그 정의는 마약조직과 테러조직 중 어느 조직을 강조하는가에 따라 두 가지로 구분된다.

첫째, 테러리즘을 중심으로 정의한 것으로, 미국 마약수사국(DEA)이 2002년 미국 의회에서 나코-테러리즘에 대해 증언한 내용에 따르면, "나코-테러리즘은 테러조직의 활동을 발전시키거나 조직의 자금을 마련하기 위한 목적으로, 테러단체 또는 조직원이 마약 생산 및 밀매 활동에 대해 세금을 부과하거나, 그 활동을 보호하고, 또는 마약조직을 지원하고 마약조직의 활동을 사주하는 행위"라고 정의하였다.[8] 이와 유사한 내용으로 우리나라 정보·수사기관에서도 개념을 설명하는데, 통상적으로 "나코-테러리즘은 테러조직이 마약재배, 생산, 운송, 판매활동에 직간접적으로 참여하여 테러활동을 후원하고 테러자금을 마련하는 행위"라고 정의된다.

둘째, 마약조직을 중심으로 정의한 것으로, "마약조직이 마약 생산 및 유통의 수단으로 차량폭파, 암살, 납치 등 테러행위를 자행하는 행위"를 의미한다. 이 정의는 콜롬비아와 페루 등 남미 지역의 마약카르텔이 경찰의 마약퇴치 활동에 저항하면서 묘사된 것으로, 콜롬비아의 악명 높은 메데진 카르텔(Medellin cartel)의 두목인 파블로 에스코바르(Pablo Escobar)를 지칭하여 설명한 개념이다.[9]

여기서는 첫번째 정의를 적용하여, 테러조직 중심으로 나코-테러리즘을 설명하고자 하며, 아프가니스탄에서 테러조직으로 활동하였던 탈리반(Taliban)이 대표적인 사례라고 할 수 있다.[10] 탈리반은 2021년 8월 15일 카불을

---

8 2002년 DEA 의회 증언 내용: "Narco-terrorism may be characterized by the participation of groups or associated individuals in taxing, providing security for, or otherwise aiding or abetting drug trafficking endeavours in an effort to further, or fund, terrorist activities"

9 Narco-Terrorism: The Merger of the War on Drugs and the War on Terror, Emma Bjornehed, Global Crime, Vol. 6, No. 3&4, August-November 2004, pp. 305-324

10 탈리반은 무자히딘 출신 조직으로 1996-2001년 아프가니스탄의 정권을 장악하였으나, 2001년 9·11

재탈환하여 현재 아프가니스탄을 통치하는 사실상 정부이며, 아프가니스탄 정권 장악 이후에는 마약생산 및 유통을 금지시키는 동향을 보이고 있다. 따라서, 탈리반의 나코-테러리즘 활동은 2021년 이전으로 한정하여 고찰한다.

UNODC 통계에 따르면, 아프가니스탄에서 생산되는 아편의 가격은 2009년 한 해에 680억 미화달러에 달하며, 이 중 1억 4천만~1억 7천만 미화달러가 탈리반의 수익금으로 들어오는 것으로 알려졌다.[11] 이 보고서에 따르면, 탈리반의 마약거래는 아프가니스탄 국내에 국한되는 것이 아니라 해외에서도 이루어지며 주로 페르시아 만(Persian Gulf) 인접 국가들을 통해서 유통된다. 이렇게 벌어들인 수익금은 불법적 송금 방법의 하나인 '하왈라(hawala)' 수법을 통해 탈리반 조직으로 송금된다. 탈리반의 경우, 마약을 통한 테러조직 자금 확보의 방법은 다양한데, 아편재배 농가로부터 지역에 비례하여 세금을 거둬들이며, 마약을 유통시키는 운반책들로부터 통행세의 명목으로 세금을 징수하고, 심지어 정부군의 불법 마약 박멸활동을 막아주면서 그 대가로 돈이나 장비 또는 무기류를 받기도 하며, 아편재배 종사자들의 활동을 보호하고 운반책을 보호해주면서 수시로 금전적 이득을 획득하고 있다.

또한, 남미 안데스 산맥의 코카인 산지인 콜롬비아, 페루, 볼리비아 등 3개 국가에서도 군소 테러조직에 의한 나코-테러리즘이 발견된다. 이곳에서 대표적인 나코-테러리즘의 테러조직은 콜롬비아의 좌파 반군세력인 FARC(콜롬비아무장혁명군, Revolutionary Armed Forces of Colombia)와 ELN(민족해방군, National Liberation Army) 조직이다. 이 조직들은 코카인 거래와 관련된 마약조직들과 연계하여 운반, 조직원 보호 등의 다양한 지원을 함으로써 수익을 확보하고 조직의 자금을 조달하고 있다.

테러로 인한 미국의 침공으로 실정한 후 테러조직으로 전락하였다가 2021년 8월 15일부터 다시 아프가니스탄의 정권을 장악하였다.

11 UNODC *The Global Afghan Opium Trade: A Threat Assessment*, 2011.7월

2004년 발표한 유럽안보협력기구(OSCE)의 보고서에 따르면, 튀르키예(터키)의 동남쪽에 거점을 두고 있는 투르크족 기반의 '쿠르디스탄 노동자당(쿠르드어: Partiya Karkerên Kurdistan, PKK)'은 쿠르드 소수민족의 마약 유통조직으로부터 헤로인을 운송하는 데 대해 보호 명목으로 세금을 받고 있는 나코-테러리즘의 테러조직으로 밝혀졌다. 즉, PKK 테러조직의 자금조달의 일환으로 나코-테러리즘을 활용하고 있다는 설명이다. 쿠르드족에 의해 운반되는 헤로인은 주로 아프가니스탄에서 생산된 아편을 원료로 하여 헤로인으로 제조된 후 이란 등을 거쳐 유럽으로 운송된다.[12] 또한, 2002년 미국 의회에서 발표하였던 보고서에 따르면 레바논 기반의 헤즈볼라(Hizballah)와 팔레스타인 가자 지역에 기반을 둔 하마스(Hamas) 등의 테러조직이 나코-테러리즘의 대표적인 조직인 것으로 언급하였다.[13]

4. 이슬람 극단주의 테러리즘

'이슬람(Islam)'이란 어원에 따르면 "복종과 평화"의 의미를 갖는다. 복종이란, 하나님(알라)의 의지에 순종한다는 것이며, 평화란, 나 자신과 나를 둘러싸고 있는 모든 것에 평화롭다는 것을 의미한다. 따라서 "이슬람"의 포괄적 의미는 "하나님의 의지에 복종함으로써 평화를 얻는다."는 뜻이다.[14] 이슬람

---

12 NARCO TERRORISM (GLOBAL AND REGIONAL OVERWIEV), By the SECI Center Anti-Terrorism Task Force Based on Anti-Smuggling and Organized Crime Department (KOM) of Turkish National Police (TNP) 08 March 2004-Bucharest, OSCE.org

13 A GLOBAL OVERVIEW OF NARCOTICS-FUNDED TERRORIST AND OTHER EXTREMIST GROUPS, May 2002, Federal Research Division Library of Congress

14 Shahid Athar, "25 Most Frequently Asked Questions About Islam", 2005, Al-Azhar University : The word "Islam" means peace and submission. Peace means to be at peace with yourself and your surroundings and submission means submission to the will of God. A broader meaning of the word "Islam" is to achieve

을 믿는 사람을 '무슬림(Muslim)'이라고 하는데, "하나님께 복종하는 사람"이라는 뜻이다.

이슬람과 이슬람 극단주의(Islam Extremism)에 대하여 이집트 수도 카이로에 소재하는 '후세인 모스크(Al-Hussein Mosque)의 이맘(Imam)이 설명한 내용과 이집트 종교장관(Grand Mufuti)이 설명한 내용은 다음과 같다.[15]

> "이슬람은 유대교의 물질주의와 기독교의 정신주의의 정반합에 서 있는 종교이며, 몸과 정신을 올바르게 하자는 것이다. 극단주의는 기독교에서 시작되었으며, 이슬람을 극단주의라고 공격하였고 그 반응으로 이슬람에서 극단적 모습이 나타났을 뿐이다. 이슬람 극단주의는 평화를 지향하는 이슬람에서는 돌연변이일 뿐이다."
>
> \- Imam, Ahmed Galwash, Al-Hussein Mosque

> "이슬람은 평화의 종교다. 아침부터 밤까지 인사말이 모두 "평화"를 당부한다. 이슬람 극단주의라는 단체는 실제는 정치적 목적을 갖고있는 지도자를 따르는 세속적 단체에 불과하며 이슬람과는 무관하다고 볼 수 있다. 꾸르안은 자살은 자신을 살해하는 것이므로 남을 살해하는 것과 같은 죄악으로 가르치고 있다. 자살폭탄을 하는 사람은 무슬림이라고 할 수 없다. 테러조직의 수뇌들이 무지한 시골사람과 가난한 사람들을 세뇌시켜 이용하고 있는 것이다. 단지 서구의 매스미디어가 이슬람을 테러와 연관시켜 잘 못 알리고 있는 것이 문제일 뿐이다."
>
> \- Grand Mufuti, Dr. Ali Goma'a in the House of Fatwa (2005)

---

peace by submitting to the will of God.

15 2005년 이집트 카이로를 방문하여 필자가 면담하고 기록한 내용임.

'이슬람 극단주의'를 간략하게 정의한다면, "이슬람 외 다른 사상과 이념을 믿는 것은 패망할 것"이라는 생각, 또는 "이슬람 종교를 소홀히 하는 모든 세속적 정권은 잘못된 것이라는 믿음"이라고 할 수 있다.[16] 한편, 영국 대법원의 판결문에 따르면, 이슬람 극단주의란, "폭발물 사용, 살해 등 폭력적 전략을 사용하여 이슬람의 목적을 달성하려는 행위, 또는 이슬람에 대한 극단적인 관점을 가진 것"[17]으로 정의한 사례가 있다. 한편, '이슬람 극단주의'와 유사하게 사용되면서 혼동을 줄 수 있는 용어가 있는데, '이슬람 근본주의(Fundamentalism)'와 '이슬람 급진주의'라는 개념의 의미를 구분할 필요가 있겠다.

선지자 무함마드 사후 정통 칼리파 시대(Rashidun Caliphate, 632–661)에 이어 우마위야 칼리파 시대(Umayyad Caliphate, 661–750), 압바스 왕조 칼리파 시대(Abbasid Caliphate, 750-1258), 오스만 제국(Ottoman Caliphate, 1299~1922)으로 칼리파 시대가 이어지다가 1923년 터키공화국의 탄생과 더불어 신정일치의 칼리파 제도는 1924년 공식적으로 폐지된다. 선지자 무함마드의 포교시절부터 1400년이 지난 현재의 이슬람 종교는 인권과 민주주의라는 국제사회의 새로운 가치를 적용하면서 현대적으로 변화하였고, 이를 근본주의자 시각에서는 세속화되었다고 평가한다. 현대 사회로의 변화에 따라 세속화된 문화를 거부하면서 이슬람 종교의 초심으로 돌아가자는 주장이 세력을 형성하였고, 이러한 부류를 이슬람 근본주의자(Fundamentalist) 또는 이슬람 원리주의자라고 한다. 이슬람 극단주의는 기본적으로 이슬람 원리주의를 표방하고 있다. 그러나 이슬람 근본주의자들이 모두 이슬람 극단주의 모습을 보이는 것은 아니다. 현재까지 활동중인 대표적인 이슬람 근본주의는 살라피즘(Salafism)과 와하비즘(Wahhabism)이다. 한편, 이슬람 근본주의를 바탕으로

---

16 Cook, David (2015). Understanding Jihad. University of California Press. p. 103.

17 Baran, Zeyno (10 July 2008). "The Roots of Violent Islamist Extremism and Efforts to Counter It". Senate Committee on Homeland Security and Governmental Affairs. Retrieved 11 November 2011.

폭력성과 과격한 성향을 갖고 행동으로 이행하는 세력을 이슬람 급진주의로 구분하는데, '무슬림형제단(Muslim Brotherhoods)'이 대표적 조직이다.

(1) 살라피즘(Salafism)

살라피즘, 또는 살라피 운동(Salafi movement)으로 불리는 개념은 19세기 유럽 제국주의 확장에 대응하여 나타난 순니 이슬람의 부흥운동 또는 개혁운동으로, 이집트에서 시작되었으며, 18세기 확산되었던 와하비즘의 뿌리와 유사하다. 살라피즘은 이슬람 초기 3대의 시기로 돌아가자는 운동이며, 3대의 시기란, 선지자 무함마드와 그의 동료들 시기, 그 후의 후계자의 시기, 그리고 후계자의 후계자 시기를 말한다. 즉, 세속과 혼합되어 변형된 이슬람이 아니라 초기 이슬람의 경건한 태도를 복구해야 한다는 목적이다. 19세기 유럽 문화의 확장과 세계화로 인해 자본주의, 기술혁명, 시장경제, 인본주의 등이 이슬람 국가에 도입되면서 세속화되어 가는 상황에 대응하는 움직임이라고 볼 수 있다.

살라피스트는 이슬람 종교가 시대변화에 맞게 변화해야 한다는 주장을 거부하며, 샤리아 법의 이행을 지지한다. 3가지 부류로 나뉘는데, 첫째, 가장 큰 그룹으로 순결주의자이다. 이들은 정치적 사안을 회피한다. 둘째, 활동가이다. 정치에 개입한다. 셋째, 지하디스트로 소수그룹에 해당된다. 법적 문제에 있어서, 살라피는 둘로 나뉘는데, 첫째, 독립적인 법 적용을 추구하며 순니의 법(4대 순니 학파)에 따르는 엄격한 법 적용을 거부한다. 둘째, 순니의 법을 따르는 부류이다.

살라피스트의 다수는 카타르(46.8%)와 UAE(44.8%)에 거주하고 있으며, 사우디아라비아에 거주하는 살라피스트는 전체 인구에 비해서는 소수이지만, 사우디 인구의 22.9%를 차지하며, 이 숫자는 4백만 명 정도에 해당하는 인구로, 주류격의 소수종파인 셈이다. 살라피즘은 와하비즘과 기타 1960년대 이후의 이슬람 운동이 혼합된 형태로 보여지기도 한다. 살라피즘은 글자 그대로 믿음을 가지며, 엄격하고 순전한 이슬람의 신앙을 추구하지만, 특히 서구에서는 살라피스트 중에서 폭력적 방법을 선택하고 있는 살라피 지하디스트에 대해서는 합법적인 이슬람 정부에 대항하는 적대세력으로 간주한다.

⑵ 와하비즘(Wahhabism)

와하비즘은 무함마드 이븐 압드 알 와하브(Muhammad ibn Abd al-Wahhab, 1703-1792)에 의해 창설된 이슬람 교조로, 극보수주의, 근본주의, 순결주의 등을 주장한다. 현재의 이슬람 사회를 개혁하여 "순수한 유일신 신앙"을 회복하자는 주장이며, 이에 대해 이슬람 주류 입장에서는 와하비즘이 사이비분파운동, 불순종파, 이슬람을 왜곡하는 주장이라고 비방한다.

알 와하브에 의해 창설된 와하비즘은 18세기 이후 '와하비즘'이라는 이름으로 알려지기 시작했는데, 와하브는 순니파에 의해 행해지는 종교형식; 성인에 대한 존경의식, 성인의 묘소참배 등이 우상숭배라고 주장하면서 이슬람의 개혁을 주장하였다. 당시 알 와하브는 아라비아 반도 지역의 지도자인 무함마드 빈 사우드(Muhammad bin Saud)와 뜻을 함께하면서 종교적-정치적 협약을 맺기에 이른다. 즉, 알 와하브는 빈 사우드에게 정치적으로 순종하되, 빈 사우드로부터 와하비 운동의 포교활동을 보호받게 되었는데, 와하비 운동의 주장인 "권세와 영광", 그리고 "땅과 사람에 대한 통치"라는 슬로건을 확산시킬 수 있게 되었다.

알 와하브의 추종자와 무함마드 빈 사우드의 후계자들 간의 동맹관계는 지속 유지되었고, 현재까지도 사우드 왕가는 정치적-종교적 동맹 관계를 유지하고 있다. 오늘날 사우디아라비아에서는 와하브의 가르침이 국가적 차원에서 후원받는 공식적인 교리가 되었으며, 사우디 석유부국의 영향으로 와하비즘은 1970년대 폭발적인 확산이 일어났고 이제는 세계적으로 영향력을 갖게 되었다. 미 국무부는 지난 40여 년 동안 사우디 정부가 미화 10조 달러를 자선단체 등에 투자하면서 그동안 주류였던 순니이슬람을 대신하여 보다 근본주의 성격을 가진 와하비즘으로 대체시키려는 노력을 해왔다고 평가한 바 있다. 한편, 현재 사우디아라비아의 실권자인 무함마드 빈 살만 왕세자(Muhammad Bin Salman)는 2017년부터 와하비즘의 비중을 감소시키는 동향을 보여왔으며, "사우디아라비아는 와하비즘 국가가 아니다"라고 천명하면서, 이슬람 학파들이 꾸르안을 다양하게 해석하는 것을 권장하는 태도를 보이기도 하였다.[18] 결국, 와하비즘은 사우디판 살라피즘(Saudi brand of Salafism)이라고 여겨진다 해도 무방한 것으로 보인다.

(3) 이슬람 급진주의(Islam Radicalism) – 무슬림 형제단(Muslim Brotherhood)

1960년대부터 살라피즘과 와하비즘은 큰 차이 없이 유사한 개념으로 전파되었고, 오늘날 이 두 개념은 한데 어우러져 녹아버린 상태다. 와하비즘은 그 자체가 살라피즘으로 다시 인식되면서 이제 현대의 무슬림 세계에서 와하비즘으로 전파될 필요는 없어졌다. 소위 근본주의자들은 18~19세기에 걸쳐 정치적 문제나 국가체제의 새로운 건설을 주장하기보다는 이슬람 율법학적 측면에서 종교적 정신적 활동을 강조하면서 비폭력적 운동을 전개하였다. 이러한 온건한 운동에 반대하는 이슬람 급진주의 세력과 극단주의 세력이 등장하였다. 이슬람 개혁주의자 중 일부는 전통적 무슬림 사회를 파괴하

---

18 What is our identity? An interview with Mohammed bin Salman, the architect of the new Saudi Vision". The Rahnuma Daily. 4 May 2021.: "...For example, 100 years ago, when a scholar would issue a certain fatwah not knowing that the Earth was round and not knowing about continents or technology, etc. that fatwah would have been based on the then available inputs and information and their understanding of the Quran and Sunnah, but these things change over time and are different right now."

는 실용주의자와 세속주의자 정권을 타도해야 하는데, 혁명 등 급진적인 방법을 통해 전복해야 한다는 주장의 운동을 전개하기 시작하였다.

이슬람 급진주의의 대표적 조직은 1928년 이집트에서 창설된 '무슬림 형제단(Muslim Brotherhood)'이다. 본래 명칭은 '무슬림 형제단 사회(The Society of the Muslim Brothers)'이나 "무슬림 형제단"으로 더욱 잘 알려져 있다. 초국가적 순니 이슬람 조직으로 이집트의 이슬람 학자 하산 알 바나(Hassan Al-Banna, 1906-1949)에 의해 1928년 이집트에서 창설되었다. 알 바나의 가르침은 이집트를 넘어 초국가적으로 확대되었고, 오늘날 자선단체부터 정치적 조직까지 다양한 이슬람 운동에 영향을 미쳤다.

무슬림형제단은 초기에는 범이슬람, 종교적, 사회적 운동으로 시작하였으며, 이집트에서 이슬람을 전파하였고 문맹자들을 가르쳤으며, 병원과 기업을 설립하였다. 후에 정치적 영역으로 확대되었는데, 초기에는 이집트내 영국 식민지 통치를 종식시키는 것을 목적으로 하였다. 무슬림형제단의 목적은 샤리아 법에 따른 국가를 설립한다는 것이며, 가장 유명한 슬로건으로 "이슬람이 해법이다(Islam is the Solution)"라는 구호를 내세우면서 자선사업을 활동의 주요 동력으로 삼았다. 이집트에서 반정부 활동 중 수 차례의 암살기도 등의 혐의로 1948년부터 엄격한 통제를 받았음에도 불구하고 해외 이슬람 국가들로 조직이 확대되었다. 1967년 6일 전쟁 발생전까지는 주변 조직으로 남아 있었으나 이스라엘에 의한 아랍국가들의 패배로 인해 이슬람주의가 대두되면서 무슬림형제단의 급진적인 운동이 더욱 확산되었고, 심지어 사우디아라비아의 일부 순니파들로부터 지원을 받기도 하였다.

이집트에서 2011년 아랍혁명이 일어나고 무바라크(Hosni Mubarak) 정권이 무너진 이후 무슬림형제단은 합법적인 정당으로 '자유와 정의당'을 창당하여 의회의 다수당으로 자리잡았으며, 2012년 대통령 선거에서 무함마드 무함마드 무르시(Muhammad Muhammad Mursi, 1951-2019)후보를 대통령으로 당선시켰다. 그러나 집권 기간 중 세속주의를 엄격히 통제하고 이슬람 근본주의에 집중하면서 이집트 기독교도인 콥트(Coptic)인들을 박해하는 등 국내외적 갈등이 발생하기 시작하였다. 마침내 2013년 이집트 군부에서 쿠데타를 일으켜 정권을 장악한 이후 무르시 대통령을 투옥시켰고, 종신징역형을 받은 무르시는 감옥에서 사망하였으며 무슬림형제단은 다시 지하조직으로 활동하게 되었다. 무슬림형제단에 대해 이집트를 비롯하여 러시아 및 CSTO,[19] 사우디아라비아 등의 국가는 테러조직으로 지정하였으나, 미국은 MB를 테러조직으로 지정하는 것은 조직의 극단주의화를 가속하는 것이며 미국과 동맹국가들 간의 관계에 해악을 끼칠 것이라는 CIA의 권고에 따라 테러조직으로 지정하지 않았다.

5. 극우 테러리즘 (Far-Right Terrorism)

'우익테러리즘(Right-wing terrorism)' 또는 '극우테러리즘(Far-right Terrorism)'이라고 불린다. 유엔 77차 총회(2022.8.2.)에서 유엔 사무총장이 발표하였던 보고서 내용에 '극우 이념(far-right ideology)' 또는 '극우 단체(far-right groups)'라는 용어가 사용되었다. 현재, 유엔 차원에서 테러리즘의 정의를 명시하지 못한 상황이므로 '극우 이념' 또는 '극우 단체'로 지칭하기는 하나, '극우 테러리즘'이라는 용어를 사용하지는 않는다.[20]

---

19 집단 안보 조약 기구(集團安保條約機構, Collective Security Treaty Organization, CSTO)는 2002년 10월 7일에 창설된 옛 소련의 공화국 6개국의 집단안전보장 조직이다. 러시아 모스크바에 본부를 두고 있으며 공식 언어는 러시아어이다. 2002년 10월 7일 옛 소련의 공화국 6개국(러시아, 벨라루스, 아르메니아, 카자흐스탄, 타지키스탄, 키르기스스탄)이 몰도바 키시너우에서 집단 안보 조약 기구의 창설에 관한 조약에 서명했으며 2003년 9월 18일에 이 조약의 효력이 발생했다. 우즈베키스탄은 2006년 6월 23일에 가입했지만 2012년 6월 28일에 탈퇴하였다.

20 UN General Assembly, "Terrorist attacks on the basis of xenophobia, racism and other forms of intolerance, or in the name of religion or belief", 2022.8.2.

테러조직의 불법자금을 포함하여 국제적으로 자금세탁을 차단하고 예방하는 국제 기구인 '에그몽 그룹(Egmont Group)'은 유엔 안전보장이사회 산하 대테러 기구인 대테러집행이사회(CTED)의 설명을 근거로, "우익테러 또는 극우테러란, 정치적, 사회적, 경제적 체계를 극단적인 우익 모델에 따라 강제하는 조직"이라고 정의하였다. 에그몽 그룹의 설명에 따르면, 우익 극단주의의 핵심 개념은 우월주의(supremacism)인데, 민족, 인종, 문화 등 자신이 속한 특정 그룹이 다른 사람들의 그룹에 비해 우월하다는 생각한다는 것이다. 심지어 특정 그룹의 경우, 자신들의 우월한 위치가 천부적으로 타고난 것이며, 다른 그룹을 지배하고 통치해야 하는 권리라고 생각한다. 인종주의적 행위, 권위주의, 외국인혐오주의, 이주민에 대한 적대감 등이 통상적으로 우익 극단주의에서 발견되는 행태들이다. 우익 테러리즘은 우익단체에 의해 테러리즘의 폭력으로 나타나는데, 네오나치, 네오파시스트, 과격국가주의자 단체(ultranationalist formations) 등을 일컫는다.[21]

그러나 극우주의 개념이 에그몽 그룹의 설명처럼, 우월주의에 기반하는 것으로만 단정하기는 어려운 것으로 보인다. 최근 나타나는 극우테러의 원인은, 경제적으로 어려운 처지에 처한 문제, 극우 포퓰리즘, 주변인(fringe group)의 위치에 존재하는 극우주의자의 불만 등으로 파악되기도 한다. 극우 테러 단체는 우익 정치권과 결합하면서 우익 포퓰리즘을 내세운다. 이들이 지향하는 행태는 반(反)엘리트주의, 엘리트 제도권의 반대, "보통사람"들을 대상으로 하는 선동이다.

일반적으로 알려진 극우테러 단체는 현 정부를 전복시켜 순혈 민족주의 또는 파시스트 정부를 세우려는 목적을 가지며, 궁극적으로 전체주의 정권을 만들겠다는 의도를 보인다. 이탈리아의 파시즘과 독일의 나치즘에 고

---

21 Egmont Group Public Bulletin : Extreme Rightwing Terrorism Financing, 2021.7.

무된 사상을 견지하고 있는 것이 대표적이다. 그러나 모든 극우테러조직이 이러한 이념적 주장을 일관되게 따르거나 유지하는 것은 아니다. 극우단체는 공통적으로 민족주의, 반유대주의, 인종주의, 외국인혐오 이념 등을 표방한다. 이들의 주장에 따르면, 사람의 가치는 자신이 속한 민족 또는 국가에 의해 결정된다는 것이다. 예를 들어, 네오나치 사회주의자는 두 가지 주된 이념으로 민족주의와 인종주의를 표방한다. 미국의 경우, 종교적, 인종적 차원에서 극우단체가 결성되어 수십년간 유지되고 있으며, 낙태반대 운동에 대한 폭력적 대응도 미국 극우단체의 공유된 개념이다.

극우 테러리즘의 대표적인 사례로, 네오나치즘, 파시즘, KKK, 미국의 오클라호마 연방청사 테러사건, 노르웨이의 안드레이 브레이비크의 테러사건을 살펴본다.

(1) 신나치주의(Neo-Nazism)

"신나치주의(Neo-Nazism)"는 1933년부터 1945년까지 히틀러의 휘하에서 운영되었던 나치당의 이념인 국가사회주의(National Socialism)를 세계 제2차 대전 이후 다시 적용하면서 만들어진 사상이라고 설명된다. 전후에 결성된 신나치주의는 무장세력, 사회적, 정치적 운동으로 나타나는데 각 분야에서 나치주의의 이념을 되살리려는 노력을 하고 있다. 이들이 추구하는 이념은 기본적으로 나치당의 강령을 따르는 것인데, 구체적으로 보면, 과격국가주의, 반공산주의, 인종주의, 장애인 차별, 외국인 혐오, 성소수자 혐오, 반유대주의 등을 표방하며, 궁극적으로 히틀러의 제3제국에 이어 제4제국을 건설하겠다는 목표를 내세운다. 이들은 공통적으로 히틀러에 의해 자행된 홀로코스트를 부인하는 특징을 보인다.

신나치주의는 독일에서 시작되었지만 현재 유럽과 미국, 남미, 호주 등 전 세계에서 그 현상이 나타나고 있으며, 국제적으로 조직이 결성되어 있기도 하다. 신나치주의자들은 과거 나치의 상징인 문장과 표식 등을 사용하고 있으며, 이러한 표식은 독일을 비롯하여 유럽 국가들에서 법으로 금지되어 있다. 신나치주의자들은 주로 백인의 인종적 우월주의를 기본 이념으로 삼고 있으며, 이에 따라 흑인과 유대인, 성소수자, 집시 등을 공격의 대상으로 삼는다. 나치당 시절 히틀러는 일본과 중국인에 대해서 아시안이지만 우월한 인종으로 여기고 아시아의 아리아인으로 간주하기도 하였으나, 지금의 신나치주의는 백인 외 다른 인종은 모두 하등 인종으로 구분하는 경향이 있다.

최근 나타나는 현상을 보면, 신나치주의자들은 장년층뿐만 아니라 젊은층을 포함한 남성이고, 주로 경제적으로 궁핍한 상황에 처한 불만 가득한 백인들로 구성되어 있으며 국가 공권력의 통제를 거부하는 태도를 보인다. 이들의 공격 대상은 주로 유대인, 자유적이고 다문화적인 민주주의 추종자, 흑인 등 유색인, 이주민, 무슬림 등이다. 이러한 극우주의적 성향과 공격은 백인우월주의 또는 외국인 혐오주의에 의한 인종주의적 테러 공격의 동기와 중복되기도 하는데, 테러조직의 기원과 지역적 구성이 다른 점으로 구분될 뿐이다.

(2) **파시즘**(Fascism)

파시즘은 극우, 권위주의적 초국가주의로서 독재권력의 한 형태이다. 최초의 파시즘 운동은 제1차 세계대전 기간 중에 이탈리아에서 나타났으며 후에 유럽국가들로 퍼져나갔다. 자유주의, 막스주의, 무정부주의에 반대하는 입장을 내세우면서, 파시즘은 전통적인 좌파-우파 진영 논리에 있어서 우파 중 극우파의 위치에 서게되었다.

파시스트 주장에 따르면, 자유 민주주의는 패망할 것이며, 전체주의적 일당 독재체제하에서 가능한 완전한 사회적 동원만이 국가 간 무력 분쟁에 대응하고, 경제적 어려움을 효과적으로 해결할 수 있다는 것이다. 파시즘은 이탈리아 어원의 파시스모(fascismo), 파시오(fascio)라는 의미에서 기원되었는데, 라틴어 파세스(fasces), 즉, "나무 막대기의 한 묶음"이라는 의미이다. 이탈리아 파시스트 독재자 벤티노 뭇솔리니(Benito Mussolini)의 주장에 따르면, "하나의 막대기는 쉽게 부러지지만, 한 묶음의 막대기는 쉽게 부러지지 않는다"면서, 조직의 단결을 주창하기 위해 내세웠던 독재주의의 이름이 파시즘이다.[22]

(3) 백인우월주의(인종차별주의) – KKK(Ku Klux Klan)

KKK로 알려진 '쿠 클룩스 클란'은 3대의 시기로 구분된다. 1860년대 말부터 1872년까지 미국 재건의 시대(Reconstruction) 기간 중 남부 테네시주 지역을 일대로 활동하였다. 남북전쟁이 끝난 후 흑인에 대해 백인의 우월주의가 확산되기 시작하였다. 2차 시기는 1915년~1920년대 기간으로 조지아주에서 발생하였다. 주로 개신교도를 중심으로 백인 우월주의에 더하여 구교(가톨릭)도와 유대인 등을 공격하는 종교적 분리주의가 동기가 되었다. 3차 시기는 1950년대로, 당시 시민단체의 인권신장 및 권익보호 운동 등에 반대하는 비밀결사 단체로 활동하였다.

1950년 이후 나타난 KKK 조직은 지역에 은둔하고 독자적으로 조직되어 활동하면서 여전히 KKK 이름을 사용하고 있다. 이들은 시민권리 옹호운동에 반대하는 입장표명에 주력하는데, 운동 참여자들의 활동을 위축시키기 위해 폭력과 살상 등을 일삼는다. 유대인 그룹인 '반명예훼손 연맹

---

22 Doordan, Dennis P (1995). In the Shadow of the Fasces: Political Design in Fascist Italy. The MIT Press. ISBN 978-0-299-14874-4.

(ADL)'[23]과 남부빈곤법센터(SPLC)에 의해 KKK는 증오범죄를 행하는 조직으로 분류되었다. 2016년 현재, 반명예훼손 연맹은 KKK 조직원이 전국적으로 3천여 명이 존재한다고 밝혔고, SPLC는 6천여 명의 조직원이 존재한다고 발표하였다.

(4) 무정부주의 – 미국 오클라호마주 연방청사 테러 사건

1995년 4월 19일 오클라호마 연방정부 건물에 차량 폭탄 테러가 발생하여 현장에서 168명이 사망하고 680명이 부상당했다. 이 사건은 2001년 9·11 테러가 발생하기 이전까지 미국에서 발생한 최대의 테러사건으로 기록된다. 이 폭탄 테러 사건은 티모시 멕베이(Timothy James McVeigh, 1968-2001)라는 걸프전 참전 퇴역군인의 주도로 공범 2명과 함께 자행되었는데 범행 현장에서 FBI 추적 결과, 동명은 무기소지 혐의로 경찰서에 연행된 상태였다. 검거된 후 사형선고를 받았고 2001년 6월 11일 극약 주사로 사형이 집행되었다.

이 테러사건은 사실상 티모시 멕베이의 단독범행으로, 1993년 극우 광신주의자 모임이 텍사스 왜코 목장(Waco Ranch)에서 연방정부와 대치하다가 86명이 사망한 사건,[24] 그리고 1992년 미국 아이다호주 루비 능선(Ruby Ridge)

---

23 반명예훼손연맹(Anti-Defamation League, ADL)은 미국 최대의 유대인 단체이다. 브네이 브리스(B'nai B'rith, a Jewish service organization)에서 비롯되었으며, 반유대주의에 대해 법적으로 대응하는 활동을 목적으로 하고 있다.

24 Waco siege: 1993년 2월 28일에서 4월 19일 사이 미합중국 연방정부와 텍사스 주정부가 신흥종교 다윗교의 농성을 무력 진압한 사건이다. 다윗교는 1955년 재림교에서 갈라져 나왔으며, 교주는 데이비드 코레시였다. 다윗교도들은 텍사스주 웨이코 시에서 북동쪽으로 14 킬로미터 떨어진 마운트캐멀센터의 목장에 공동체를 이루고 살았다. 다윗교는 무기법 위반 혐의를 받고 있었고, 주류·담배·화기, 폭발물 단속국(ATF)은 다윗교에 대한 수색과 체포 영장을 받아놓은 상태였다. ATF가 목장을 급습했을 때 격렬한 총격전이 발생해 ATF 요원 네 명과 다윗교도 여섯 명이 사망했다. ATF가 진압에 실패하자 연방수사국(FBI)이 나서게 되었고, 다윗교도들은 51일에 걸친 농성을 시작했다. FBI는 마지막으로 다윗교도들을 바깥으로 몰아내고자 최루가스 사용하며 농장을 강습했다. 이때 목장 건물에 화재가 발생하여 교주 코레시를 비롯한 76명이 사망했다.

에서 발생한 무장 민간인과 연방정부와의 대치사건과 관련하여 미국 연방정부의 조치에 대해 불만을 품었으며, 미국의 대외정책에 대해서도 불만을 품은 것으로 드러났다. Waco Ranch와 Ruby Ridge 사건은 사실상 지역의 무정부주의자와 정부 공권력과의 대치상황이었는데, 티모시 맥베이는 정부의 통제에서 벗어나 무정부주의자로 생활하는 모임을 옹호하는 입장이었다. Ruby Ridge 사건에서 무장한 민간인 랜디 웨버(Randy Weaver)와 그의 아내 및 자녀들이 미 FBI와의 총격전에서 살해당하자, 미국 내 신나치주의자 및 전 세계의 극우주의 단체들이 "무고한 가족을 미국 정부가 살해하였다"고 비난하면서 무정부주의 활동을 선동하기도 하였다.

미국의 무정부주의는 19세기 중반 미국 노동자 운동이 확산되면서 시작되었는데, 20세기 초에는 다양한 사회적 개혁을 위한 극렬한 선전선동과 무정부 공산주의 기류가 확산되면서 유지되었고, 21세기 들어서면서 무정부주의는 반전, 반자본주의, 반세계화의 일환으로서 영향력이 확산되었다. 특히, 최근 미국의 극우테러리즘이 주요 위협으로 나타나는 가운데 무정부주의자들은 미국의 극우테러리즘의 가장 위협적인 존재로 간주되고 있는데, 2021년 6월, 미국 국가안보실(National Security Council)은 반정부 극단주의자 중에서도 무정부주의자들이 자국 내 테러리즘의 심각한 위협으로 자리잡고 있다고 발표하였다.[25]

미국 연방수사국(FBI)은 1995년 4월 오클라호마 연방정부 건물 폭탄 공격을 '오클라호마 도시 폭탄공격(Oklahoma City Bombing)'이라고 공식적으로 명명하였지만, 미국 역사상 최악의 자생 테러리즘(homegrown terrorism)이라고도 기록하였다.[26] 즉, 미국은 해외 테러와 자국 내 테러를 구분하고 있는데, 해

25 National Security Council (June 2021). "National Strategy for Countering Domestic Terrorism" (PDF). Washington, D.C.

26 The Oklanoma City Bombing, 20 Years Later, FBI:

외 테러는 해외테러조직(FTO)에 의한 테러 공격을 의미하며, "국내 테러리즘(domestic terrorism)은 미국 국적인 또는 영주권자에 의해 미국 영토내에서 발생한 테러범의 행위"라고 정의하였다.[27]

한편, 티모시 멕베이는 "The Turner Diaries"라는 책자를 애독한 것으로 밝혀졌는데, 이 책자는 극우주의자, 백인우월주의자의 기본 교과서와 같은 서적으로 알려져 있다.

The Turner Diaries

1978년 피어스(William Luther Pierce)가 앤드류 맥도날드(Andrew Macdonald)라는 가명으로 발간한 책자로, 터너(Earl Turner)라는 주인공과 그 조직이 미국 연방정부를 전복시키고 핵전쟁을 일으키며 궁극적으로 유대인과 유색인종, 자유주의자 정치인들을 모두 멸종시키고 백인이 지배하는 세상을 만든다는 내용이다. 이야기의 배경은 2099년이며, 결국 미래의 미국은 백인 순혈주의가 지배될 것이라는 인종주의 바탕의 극우주의를 내세운다.

(5) 제노포비아(Xenophobia, 외국인 혐오)

제노포비아는 사전적 의미로 "낯선 사람 또는 외국인, 또는 낯설거나 외국의 것에 대해서 두려워하고 미워하는 것"으로 정의되어 있다.[28] 일반적으

---

https://stories.fbi.gov/oklahoma-bombing/

27 "American Militant Extremists". Archived from the original on November 28, 2005. Retrieved December 1, 2005.

28 Merriam webster, "fear and hatred of strangers or foreigners or of anything that is strange or foreign" https://www.merriam-webster.com/dictionary/xenophobia

로 해외 이주민이 자국으로 입주하면서 다문화 가정이 자국의 순혈주의를 오염시킨다고 생각하면서 증오범죄를 자행하는 사건들이 빈번하게 발생한다. 대표적인 테러 사건으로는 2011년 7월 22일 노르웨이에서 발생한 브레이비크(Anders Behring Breivik) 테러 공격 사건을 꼽을 수 있다. 당시 32세인 브레이비크는 노르웨이 총리 집무실 앞에서 폭발물을 적재한 차량을 이용하여 폭발시킴으로써 8명이 사망하였고, 이어 경찰복장을 입고 경찰관으로 위장한 채, 우퇴야 섬에서 개최되고 있던 다문화 캠프(Workers' Youth League, AUF) 행사장에 진입하여 총기로 69명을 살해하였다.

테러 당일 브레이비크는 전자적으로 배포되는 문자 시스템을 이용하여 문건을 배포하였는데, "2083: 유럽 독립 선언"이라는 제목으로 작성된 글이었다. 이 글에서, 브레이비크는 이슬람 종교에 반대하며, 페미니즘을 "유럽의 문화적 자살행위"라고 비난하였고, 무슬림을 유럽에서 추방해야 하며, 이번 테러 공격의 목적은 자신의 선언문을 공표하기 위함이라고 밝혔다. 체포된 후 브레이비크는 자신의 테러 공격은 노르웨이와 서유럽 국가들을 무슬림의 점령으로부터 구하기 위한 것이었으며, 노르웨이 집권당인 노동당은 노르웨이와 노르웨이 국민들이 이러한 위험에 처하게 된 것에 대해 대가를 치루어야 했다고 언급하였다.

※ 영화 '22 July'는 브레이크 테러사건을 소재로 제작되었다. 브레이비크 테러사건은 전형적인 극우테러의 사례이며, 브레이비크는 12~13세기 십자군 전쟁 당시 활동했던 템플기사단(Knights Templar)의 후예로, 현재 유럽 사령관을 맡고 있다고 자신을 소개한다. 템플기사단 등의 극우 조직은 지금도 여전히 인터넷과 소셜 미디어로 소통하며 활동 중이고, 모집, 교육, 확장, 조직 등의 활동을 지속한다. 브레이비크는 자신이 유럽 지역 사령관으로서 이민족을 제거하는 테러를 시작하였으며, 정부가 나서서 해결하지 않는다면 자신의 조직원들이 뒤를 이어 이와 같은 테러를 지속 감행할 것이라고 주장한다.

6. 자유의 투사 (Freedom Fighters)

국제적으로 테러리즘의 정의가 합의되지 못하는 가운데, "한편의 테러리스트는 다른 한편의 자유의 투사이다"라는 말이 공공연히 공감되고 있다. 누가 자유의 투사이고 누가 테러조직이냐를 구분하는 것은 주관적 관점에 따르게 된다.[29]

자유의 투사는 주로 정치적 목적과 동기에 의해 투쟁하는 개인이나 조직을 의미한다. "자유의 투사(Freedom Fighters)"라는 용어는 영국이 팔레스타인 민족을 지배하던 시기(1920~1948년)에 "이스라엘에 대항하는 팔레스타인 자유의 투사"라는 문구에서 비롯되었다.[30] 이후로 국제사회에서는 테러리즘의 한 유형으로 자유의 투사(Freedom Fighters)라는 용어를 사용하기 시작했다.

국가와 국가 간 전쟁 또는 국가와 공동체 간의 갈등에서 점령당한 피지배측이 지배측을 대상으로 비정규전 전투를 전개할 때 게릴라 전투로 묘사된다. 게릴라전(Guerilla warfare)은 파르티잔 또는 비정규군에 의한 변칙적인 전투를 말한다. 게릴라 전투와 테러리즘의 목적은 동일한 경우도 있겠으나, 그들의 공격 대상이 누구이냐에 따라 구분된다. 게릴라전의 대상은 군사적 대상을 선택하지만 테러리스트는 의도적으로 민간인을 대상에 포함하기도 한다. 이러한 상황에서 테러조직이 민족해방을 위해 싸운다고 하여도 더 이상 "자유의 투사"라고 주장할 수 없다. 비록 테러조직의 궁극적 목적은 합법적이라고 하여도, 민간인을 의도적으로 공격의 대상으로 삼는 존재는 결국 테러조직인 것이다.[31]

---

29 Richard Baxter, "A Skeptical Look at the Concept of Terrorism", 7 AKRON L. REV. 380 (1974).

30 William J. Bailey, Adam Mcgill, Edith Cowan University, "Freedom fighters or terrorists by another name?"(2011)

31 Boaz Ganor, "Defining Terrorism: Is One Man's Terrorist another Man's Freedom Fighter?", 27 Oct 2010

7. 외로운 늑대 테러리즘 (Lone-Wolf Terrorism)

"외로운 늑대(Lone-wolf)"라는 용어는 1990년대 후반에 백인우월주의자인 톰 메츠거(Tom Metzger)와 알렉스 커티스(Alex Curtis)가 동료 인종주의자들을 선동하고 단독으로 행동하는 것을 부추기기 위해 주로 사용되어 대중에게 알려지게 되었다. "외로운 늑대"라는 용어는 후에 정치적 폭력의 형태로 나타나면서 "지도자 없는 저항(leaderless resistance)", 또는 프리랜스 테러리즘(freelance terrorism)으로 알려지게 되었다.[32]

2008년 버튼(Burton)과 스튜와트(Stewart)가 명시한 정의에 따르면, 외로운 늑대란, "조직의 지시나 연결 없이 스스로 행하는 사람"으로 설명되었다.[33] 이들의 설명에 따르면, '외로운 늑대'라는 존재는 테러리스트의 휴면 세포조직과는 다른 존재임을 강조하였다. 외로운 늑대는 공격대상 사회에 내재해 있는 존재이며, 스스로 작동할 수 있는 역량을 가진 사람이다. 이러한 사람은 조직의 일원일 수도 있으나, 이 조직이 위계적인 조직을 의미하는 것은 아니다. 즉, "외로운 늑대"는 사회의 일원이며 스스로 테러를 벌일 수 있는 정도의 이성적인 존재이고, 행동의 대상은 그 사회와 사회의 구성요소이다. 이러한 행동은 주로 정치적 또는 종교적 동기에 의해 발발하며, 여론에 영향을 미치거나 정치적 의사결정에 영향을 미치기 위한 목적도 갖는다.

'외로운 늑대' 테러는 최근 미국 학교나 상점에서 발생하였던 단독범행의 총기 난사 사건과는 별개의 사안으로 구별된다. 또한 정치적 목적으로 행하는 행위로서 적개심에 의해 타인의 재산을 파괴하거나 사람을 모욕하는 행위와도 역시 구별된다. 단순히 구분한다면, 외로운 늑대형 테러

---

32 Edwin Bakker & Beatrice de Graaf, 2010, "Lone Wolves, How to Prevent This Phenomenon?" ICCT

33 Fred Burton and Scott Stewart, "The 'Lone Wolf' Disconnect", 2008.1.30.
https://worldview.stratfor.com/article/lone-wolf-disconnect

리스트는 테러의 목적을 가지고 특정 조직의 지시나 소속감의 연대의식 없이 자신의 의지에 따라 개인적으로 테러를 자행하는 사람이라고 정의될 수 있다.

8. 조직범죄 연계 테러리즘

테러조직과 초국가적 조직범죄 집단과의 연계 추세는 세계화, 기술의 첨단화, 다양화의 환경에 편승하여 점차 확대되고 있다. 정치적 목적을 달성하려는 테러조직은 그 목적을 위한 공격적인 성향은 높지만, 지역과 세계적인 네트워크를 구성하고 전문성을 갖고 있는 조직범죄 집단의 역할을 대체할 수는 없다. 이에 따라 테러조직과 조직범죄 집단은 연계를 통해 상호 필요한 정치적, 금전적 목적을 달성하는 것이다. 테러조직과 마약범죄 조직이 연계하여 활동하는 사례는 수시 발견되고 있다. 2021년 8월 정권 장악 이전까지 테러단체로 간주되었던 아프가니스탄의 탈리반 조직이나, 콜롬비아의 반군 FARC 등이 대표적인 나코-테러리즘 사례라고 할 수 있다. 21세기에 들어서면서 세계화와 정보화, 기술의 발전 등이 더욱 다양한 연계 영역을 만들어내고 있다. 나코-테러리즘을 비롯하여, 밀수, 납치, 인신매매, 밀입국, 문화재 밀거래, 금융범죄, 사이버범죄, 가짜담배, 위조지폐 유통 등 초국가적 조직범죄의 거의 모든 영역에서 연계하여 활동하고 있는 사례가 발견된다.

2012년 1월 미국의 국가정보장(DNI, the Director of National Intelligence)은 초국가적으로 조직된 범죄집단이 국제테러와 연계되어 활동하고 있는 현상을 미 의회의 청문회에서 밝힌 바 있다. 대표적인 테러조직의 사례로, 마약거래의 수익금을 챙기는 탈리반 조직, 납치 후 몸값을 요구하는 알-샤바브(al-Shabaab)와 멕시코 마약 카르텔, 대량살상무기(WMD)를 거래하는 헤즈볼라와 알-카이다 등이 존재하며, 이렇게 벌어들인 수익금을 테러자금으로 조달하기 위해 불법 금융망을 활용한다고 적시하였다.[34] 이 내용은 미 의회 연구소인 CRS(Congress Research Service)에서 2013년 발표된 보고서에서 언급된 것으로, 국제테러 조직이 초국가적 조직범죄와 연계하여 활동하는 사안 중 가장 위협이 되고 있는 네 가지 분야는, 첫째, 핵무기 또는 핵물질의 거래, 둘째, 몸값을 노리는 납치, 셋째, 인신매매, 넷째, 불법 자금 유통이다.

대표적인 테러조직과 초국가적 조직범죄의 연계 활동은 나코-테러리즘이다. 나코-테러리즘은 테러조직이 마약재배, 생산, 운송, 판매활동에 직간접적으로 참여하여 테러활동을 후원하고 테러자금을 마련하는 행위를 말하는데, 2021년 8월 아프가니스탄을 장악하기 이전까지 테러조직으로 활동하였던 탈리반이 대표적인 사례다. UNODC 통계에 따르면, 아프가니스탄에서 생산되는 아편의 가격은 2009년 한 해에 680억 미화달러에 달하며, 이 중 1억 4천만~1억 7천만 미화달러가 탈리반의 수익금으로 들어오는 것으로 알려졌다.[35] 이 보고서에 따르면, 탈리반의 마약거래는 아프가니스탄 국내에 국한되는 것이 아니라 해외에서도 이루어지며 주로 페르시아 만(Persian Gulf) 인접 국가들을 통해서 유통된다. 이렇게 벌어들인 수익금은 불법적 송금 방법의 하나인 '하왈라(hawala)' 수법을 통해 탈리반 조직으로 송금되었다. 탈리반의 경우, 마약을 통한 테러조직 자금 확보의 방법은 다양한데, 아편재배 농가로부터 지역에 비례하여 세금을 거둬들이며, 마약을 유통시키는 운반책들로부터 통행세의 명목으로 세금을 징수하고, 심지어 정부군의 불법 마약 박멸활동을 막아주면서 그 대가로 돈이나 장비 또는 무기류를 받기도 하며, 아편재배 종사자들의 활동을 보호하고 운반책을 보호해주면서 수시로 금전적 이득을 획득하였다. 또한, 남미 안데스 산맥의 코카인 산지인 콜롬비

---

34 John Rollins, Liana Sun Wyler, 2013, Terrorism and Transnational Crime: Foreign Policy Issues for Congress, CRS, p.2.: 제임스 클래퍼 미국 국가정보장의 2012년 1월 의회 증언 내용

35 UNODC *The Global Afghan Opium Trade: A Threat Assessment*, 2011.7월

아, 페루, 볼리비아 등 3개 국가에서도 테러조직의 나코-테러리즘 동향이 나타난다. 이곳에서 대표적인 테러조직은 콜롬비아의 FARC(Revolutionary Armed Forces of Colombia) 조직이며, FARC는 코카인 거래와 관련된 마약 조직원들을 보호해주면서 세금을 징수하여 조직의 자금을 조달해왔다.

몸값을 노리는 납치 사례는 세계 전역에서 일어나는 범죄로 지속적인 증가 추세를 보인다. 금전적 이득을 목적으로 행해지는 납치는 조직범죄의 한 유형으로 구분될 수 있다. 불특정 다수를 대상으로 납치하여 대상자의 가족이나 직장, 국가를 상대로 몸값 협상을 벌여 수익을 꾀한 사례는 주로 해상납치와 필리핀 남부 등의 오지에서 발견된다. 테러조직이 조직범죄 집단과 연계하여 납치하는 경우도 있지만, 테러조직이 자금조달을 목적으로 스스로 자행하는 경우도 발견된다. 각국 정부는 "테러조직과의 협상은 없다"는 원칙을 유지하면서도 실제는 인질의 안전한 귀환을 위해 물밑 접촉을 시도하며, 이로 인해 테러조직이나 조직범죄 집단이 납치한 인질 석방을 협상하면서 몸값을 공개하지 않는 거래가 발생한다. 소말리아 동북부 푼틀란드(Puntland)에 본거지를 둔 'IS 소말리아 지부(IS-Somalia)' 테러조직은 아덴 만(Gulf of Aden)과 아라비아 해를 지나는 선박을 대상으로 해적 범죄를 자행하는 소말리아 해적과 연계하여 활동하는 것으로 알려져 있다. 또한 필리핀 남부 민다나오 섬과 바실리안 섬을 본거지로 활동하는 아부사야프(ASG, Abu Sayyaf Group) 테러 조직 역시 납치 후 몸값을 받아 테러조직의 자금을 조달하고 있다. 이 조직은 2000년에는 1천만~2천 5백만 미화 달러를 벌어들였고, 이후에도 여행자 및 선원 등을 납치하였던 사례는 2017년 현재까지 지속 발견되고 있다.

인신매매와 밀입국 범죄의 경우, 주로 가짜 여권과 신분증 등 위변조문서를 제공하거나 불법적으로 국경을 넘어 제3국으로 이동시켜주는 밀입국 알선조직이 테러조직과 연계하여 활동하고 있다. 테러조직이 인신매매 피해자를 조직범죄 집단에게 공급함으로써 수익금을 벌어들여 테러조직의 자금으로 활용하는 경우도 있으며, 테러전투원이 필요한 곳으로 이동할 수 있도록 밀입국 알선조직이 위변조 문서를 제공하거나 밀입국 루트와 방법을 알선해 주는 사례가 발견된다. 또한, 테러조직이 점령한 지역에서 인신매매를 자행하는 사례도 국제적인 우려를 자아내고 있다. 시리아와 이라크를 근거지로 활동하였던 IS(이슬람국가) 테러조직은 점령지역의 비무슬림 여성 3천여 명을 대상으로 노예제도를 적용시켜 인신매매한 사실이 보도된 바 있다.[36] IS는 2016년 이후로 세력이 위축되면서 여러 지역으로 분산되었고, 서아프리카로 이동하였던 조직은 나이지리아 테러조직인 보코하람(Boko Haram)과 연합전선을 이루면서 인신매매를 자행하고 있다. 나이지리아 북부지역에서 활동 중인 보코하람과 서아프리카의 IS 테러조직은 점령지역에 잔존한 여성들과 타 지역에서 납치한 여성들을 성적 착취의 대상으로 인신매매하고 있으며, 어린 남아들을 소년병으로 훈련시켜 테러조직의 일원으로 싸우도록 강요한 사례도 밝혀지고 있다.[37]

테러조직은 자금조달을 위해 외부의 금전적 지원을 받게 되는데, 이러한 자금은 국제적 감시를 피해 불법적 방법으로 송금되고 전달된다. 돈 세탁 등의 방법으로 불법자금을 이동시키는 전문적인 초국가적 범죄조직이 테러조직과 연계하여 테러자금을 전달한다. 초국가적 금융범죄 조직은 금융권 종사자를 매수, 협박 등의 방법으로 포섭하여 소위 "문지기(gatekeeprs)"로 구축한 뒤, 지역별로 "해결사(fixers)"를 동원하거나 "음지의 조력자(shadow facilitators)"를 고용하여 체계적으로 불법 자금 송금활동을 전개한다.[38] 불법 송금

---

36 New York Post, 2016.7.5., This is the face of the ISIS sex slave market: https://nypost.com/2016/07/05/this-is-the-face-of-the-isis-sex-slave-market/

37 TRAFFICKING IN PERSONS REPORT 2018, US Department of State

38 Douglas Farah, 2012, *Fixers, Super Fixers and Shadow Facilitators: How Networks Connect*, International Assessment and Strategy Center

의 방법은 다양하며, 테러조직과 범죄조직 간의 역할은 상호 보완적이면서도 각자의 역할이 분명하게 구분된다. 테러조직과 불법송금 조직 간의 연계 활동은 상황에 따라 방법을 달리하며 비교적 단건 위주로 수행된다. 돈 세탁의 경우 자금의 출처와 자금의 수령자를 감추는 것이 핵심이며, 이를 위해 유령회사나, 자선단체, 제3자 사업체 등을 내세운다. 또한, 막대한 현금을 직접 운반하는 운송조직을 이용하거나, 비공식 송금체계를 활용하기도 하고, 미신고된 다이아몬드, 금괴, 예술품 등 여러 가지 높은 가치의 재화나 물품을 유통시키는 방법 등이 활용된다. 한편, 이슬람권 국가에서 주로 사용되는 전통적인 송금 방법으로, '하왈라(Hawala)'로 불리는 환치기 금융범죄도 여전히 활용되고 있다. 주로 북아프리카에서 활동 중인 알-카이다(AQIM) 조직과 레바논 지역에서 활동하는 헤즈볼라 테러 조직들이 돈 세탁과 하왈라 방식으로 해외의 조력자들로부터 자금을 조달받고 있다. 헤즈볼라는 시아파 무슬림 무장정파이며 미국 등 다수 국가로부터 테러조직으로 간주된다. 헤즈볼라 조직은 레바논을 기반으로 자체적으로 자금지원을 받기도 하지만 주로 이란과 시리아로부터 자금조달을 받고 있으며 세계 각지에 거주하는 시아파 무슬림으로부터 자금 지원을 받는다. 2011년 미국 재무부는 캐나다를 거쳐 돈 세탁하여 송금되는 자금을 차단한 바 있고, 2012년에는 콜롬비아 및 멕시코 마약조직과 연계하여 마약밀매로 벌어들인 거액의 현금을 개인이 은닉하여 헤즈볼라에게 전달하던 중 베이루트 공항에서 적발된 사례도 발견된다.

가짜담배를 생산하고 유통시키는 국제범죄 조직과 테러조직이 연계하여 테러조직의 자금을 조달하는 사례도 발견된다. 가짜담배 제조는 담배의 원료인 연초를 불법으로 재배 또는 수입한 후 세계적으로 유명한 담배 상표의 포장을 위조하여 완제품을 만드는 것으로, 유명상표 담배 가격과의 차액이 큰 점을 노려 막대한 금전적 수익을 얻고 있다. 가짜담배 제조의 전문성을 갖고 있는 범죄조직이 공급시장을 확대하고, 유통을 전담할 수 있는 테러조직과 연계하는 사례가 주류를 이룬다. 미국 의회보고서는 불법 담배 유통을 자행하는 테러조직으로 헤즈볼라, 하마스, PKK(쿠르디스탄 노동자당), RIRA(Real Irish Republican Army) 등을 지목하였다. 쿠르디스탄 노동자당(PKK)으로 알려진 PKK 테러조직은 쿠르드 민족 국가의 재건을 위해 1970년대 발족된 무장단체로, 쿠르드 민족의 독립국가 건설을 목표로 투쟁하고 있어 일면 "자유를 위한 투사(Freedom Fighter)"의 모습도 있으나, 투쟁 방식이 폭력과 불법 활동을 주로 사용하고 있어 미국 등 다수 국가로부터 테러조직으로 간주된다. 헤즈볼라, 하마스, IRA 등 조직은 북한과도 연계하여 가짜담배와 위조지폐를 거래한 사례가 보도된 바 있어, 중국산 연초를 원료로 하여 북한에서 완성품으로 제조된 가짜 담배가 중동과 북아프리카 및 유럽에 유통되었을 가능성도 큰 것으로 유추된다. 이슬람권 국가에서는 전통적으로 음주를 금지하는 반면 담배 흡연은 관대하며 많은 무슬림에게 흡연은 만연되어 있는 환경임을 고려할 때, 가짜담배 생산 및 유통 또는 정품 담배의 밀수 사업은 장기적이고 안정적으로 수익을 확보할 수 있는 중요한 돈 벌이가 되는 셈이다.

최근 나타나는 테러 행위 중 국가 차원의 테러리즘(state terrorism)이 폭력조직과 연계하여 "청부살인(murder by contract)"을 자행하는 사례도 발견된다. 청부살인의 경우 살인의 행위자는 금전적 목적으로 범죄를 자행하는 한편 이 범죄를 주문한 교사자는 정치적 목적을 위해 실행할 수 있다. 언론에 보도되는 사례 중 러시아와 관련되어 발생하는 암살 사건의 배경에는 국가 주도의 반체제 인사 제거라는 정치적 목적이 선명하게 눈에 띈다. 청부살인을 실행에 옮기는 범죄자는 국가 또는 정부기관으로부터 의뢰를 받은 전문 킬러(killer) 집단으로, 폭력조직범죄 집단이 부패한 공권력과 결탁한 사례가 주류를 이룬다. 이들 범죄조직은 정치적 목적에 동조하는 경우도 있겠으나 다분히 직접적 또는 간접적인 물질적 이득 획득을 목적으로 범죄를 저지른다. 러시아 정부는 "국가에 위해가 되는 테러범에 대해 해외에서도 제거할 수 있다"는 내용의 법안을 2006년에 합법화하였는데, 이 법안은 소비에트 연방 시절에 제정된 것으로 푸틴 정권의 독재적 통치를 더욱 강화시키기 위해 부활시킨 것이다. 이 법안에 의거하여 러시아 당국은 현 정권에 위협이 된다고 보이는 반체제 인사들을 포함하여 테러 우범자들을 사전에 제거하기 위해 해외에서 다양한 방법을 동원하고 있다. 2017년 6월 보도된 뉴욕타임즈(International New York Times) 기사에 따르면, 러시아 당국에 의해 고용된 암살 테러범이 프랑스 유명 일간지 기자로 위장하여 우크라이나에 거주하는 푸틴 정권의 반체제 세력 지도부 인사를 권총으로 살해 시도한 사건이 드러난다.[39] 또한 2018년 3월에는 영국에 거주하는 러시아계 이중간첩 출신 망명자를 독살하려다 미수로 그친 사건이 발생하였다. 이러한 행위는 국가 차원에서 주도하는 테러행위로 볼 수 있는데, 러시아 당국은 테러 대상자와 같은 고향 출신의 암살범을 고용하여 테러범이 체포되어도 배후 주동자가 드러나지 않도록 가장구실을 마련함으로써, 범죄의 주모자로 여겨지는 러시아 정부에 대해서는 국제적 비난만 야기될 뿐 국제규범에 의거하여 제소할 수 있는 충분한 증거가 확보되지 못한다는 점을 적절히 이용하고 있다.

핵무기 또는 핵물질의 거래에 대해서는 테러조직과 조직범죄 집단이 연계하여 만들어 낼 수 있는 가장 위험한 시나리오라고 볼 수 있다. 핵무기 생산은 개인이나 조직 차원이 아닌 국가 차원에서 가능한 상황이며, 이를 불법적으로 유통시키는 것이 조직범죄 집단의 역할이다. 금전적 이득을 목적으로 하는 조직범죄 집단은 구매자의 성향과 무관하게 핵무기를 밀반입하여 거래할 수 있으며, 따라서 테러 조직에게도 거래가 될 수 있는 실정이다. 핵무기를 생산할 수 있는 국가 역시 한정되어 있으며, 이미 국제적으로도 알려져 있다. 이러한 국가들 중 테러조직과 연계가 가능할 수 있는 국가는 러시

---

39 Andrew E. Kramer, "He hunted Putin's foes, posing as a reporter", *International New York Times*, 2017.6.12.

아, 파키스탄, 인도, 북한 등으로 그 대상을 좁혀갈 수 있다. 이러한 핵무기 보유 또는 핵무기 개발 능력 보유 국가들과 연합전선을 구성하고 있는 무장단체에게 핵무기가 전달될 수 있는 가능성은 항시 존재한다. 실제, 토마스 파고(Thomas Fargo) 미국 태평양사령관은 2004년 3월 31일 "북한의 고농축 우라늄 프로그램은 플루토늄 재처리 프로그램과 더불어 군사적으로 충돌할 위험뿐 아니라 핵무기가 테러리스트 조직의 수중에 들어갈 위험을 제기하고 있으며, 이것이 우리로선 가장 큰 우려사항"이라고 말했다. 파고 사령관은 리언 라포트 주한미군 사령관과 함께 하원 군사위의 국방예산안심의 회의에 출석해 "우리의 최대 우려는 핵물질이 알-카이다에 판매되어 테러에 사용되는 악몽과 같은 시나리오"라며 "우리가 한반도 비핵화에 지대한 관심을 갖는 이유도 바로 이 때문"이라고 말했다.[40] 북한이 테러조직과 연계하여 핵무기 또는 핵물질을 유통시킬 수 있다는 우려는 빈번하게 대두되고 있다. 미국 국방정보국에서 선임 정보분석가로 활동했던 브루스 벡톨(Bruce Bechtol) 미국 안젤로 주립대학 교수는 2013년 4월 29일 워싱턴 DC 헤리티지재단에서 북한은 김정은 체제가 들어선 이후에도 세계 곳곳에서 테러를 지원하고 있다고 주장한 바 있다. 벡톨 교수는 북한이 냉전시대에 구축한 판매망을 이용해 스리랑카의 타밀 타이거스(LTTE), 레바논의 헤즈볼라, 이란 혁명수비대, 알-카이다 등 다양한 테러단체들을 상대로 무기를 공급하고 있다고 지적하였다.[41]

한편, '유엔마약및범죄사무소(UNODC)' 집행위원장 유리 페도도프(Yuri Fedotov)는 2017년 9월 UNODC 창설 20주년을 맞는 기념사에서, 최근 나타나는 테러조직의 초국가적 범죄 연계 활동의 현상을 다음과 같이 설명하였다. 첫째, 세계화로 인한 국제사회의 발전적인 혜택도 있으나 불균형적인 세

40 미국 "북한 핵물질 테러조직 판매 우려"-미국 태평양사령관-주한 미군사령관 의회 증언, 연합뉴스(2004.04.01.)

41 북, 테러조직에 군사적 지원", 자유아시아방송(VOA), 2013.5.31

계화로 인해 신뢰가 추락되고 불안 발생이 지속된다. 둘째, 초국가적 조직범죄와 테러리즘의 연계활동이 다양하게 증가하고 있으며, IS 조직의 경우 중동 지역의 문화재를 밀매하면서 테러자금을 조달하고 있다. 셋째, 사이버범죄는 국경을 초월하는 특성상 초국가적 위협이 큰 편이며, 또한 가상화폐는 돈 세탁의 새로운 방법으로 대두되고 있다. 이어, 페도도프 위원장은 테러조직의 초국가적 조직범죄 연계 활동을 예방하기 위해 우선적으로 마약범죄 예방에 주력할 것을 주문하고, 반부패(anti-corruption) 캠페인을 적극 전개하기 위한 교육의 중요성을 강조하였으며, 이에 더하여 유엔 기구와 민간분야, 시민단체, 그리고 회원국 정부들의 적극적 공조를 촉구하였다.[42]

---

42 Remarks of UNODC Executive Director Yury Fedotov, on special event to celebrate the 20th anniversary of UNODC, 14 September 2017

제4장

유엔의 제재대상 주요 테러조직

1. 개요

우리나라 테러방지법 제2조(정의) 2항에서 명시한 테러단체(테러조직)의 의미는 전적으로 유엔의 입장에 의존한다. 동 조항에 따르면, "'테러단체'란 국제연합(UN)이 지정한 테러단체를 말한다."고 명시되었다. 즉, 우리나라에서 지정하는 국제테러조직은 유엔에서 지정하는 조직과 동일하다는 입장이다. 그러나 유엔에서는 테러조직을 지정(designate)한 사실이 없다. 유엔이 테러조직을 지정하지 않은 이유는 테러리즘의 정의도 국제적으로 채택하지 못한 상태에서 테러단체를 지정하여 발표할 수 없기 때문이다.[1] 다만, 유엔 안전보장이사회(UNSC)에서 유엔헌장에 위배되는 행위를 하고 있는 개인, 단체, 국가에 대해 제재(sanctions) 조치를 취하기로 결의한 사실은 있으며, 이에 근거하여 유엔안보리 제재 대상으로 지정된 단체의 명단중에는 일반적으로 국제

1 UNODC, "Education for Justice University Module Series, Counter-Terrorism", Module 1; Introduction to International Terrorism, Vienna, Austria, 2018, p.10

테러조직으로 알려진 조직이 포함되어 있기도 하다. 2023년 10월 현재, 유엔안보리는 유엔헌장에 위배되는 행위를 자행하는 단체 및 국가로서, 알-샤바브 제재 위원회, 알-카이다 및 IS 제재위원회, 북한 제재위원회 등 특정 단체 및 국가에 대해 15개의 제재위원회를 운영 중이다.

유엔헌장 제7장(평화에 대한 위협, 평화의 파괴, 침략행위에 관한 조치), 41조와 42조에 의거하여, 유엔안보리(UNSC)는 국제 평화와 안보에 위협이 되는 개인, 조직, 국가에 대해 군사적 조치를 배제한 상태의 제재로서, 경제적 제재와 운송, 교류, 통신 등의 제한 조치, 외교관계 단절 등의 제재조치를 취할 수 있다.[2] 이 제재조치는 광범위한 종류의 수단과 방법이 동원되는데, 1966년 이후로 개인과 단체에 대해 200여 건의 제재가 이행되어 왔으며, 안보리 자체 심의위원회(Focal Point for De-listing)가 제재조치의 지속 및 중지를 심의하고 결정한다. 동 위원회는 심의의 기준을 유엔헌장에 따른 평화와 안보의 위해를 중심으로 판정하며, 이에 더하여 인권침해, 국제 인권규범의 위반, 인도주의 지원활동 방해 등을 기준으로 평가한다.[3] 즉, 유엔의 제재대상에 포함된 테러조직은 테러리즘에 대한 위협으로 평가된 것이 아니며, 유엔헌장에서 명시한 국제적 평화와 안보를 위해하고, 인권과 인도주의 활동에 저해하는 행위를 자행함으로써 제재조치가 부과된 것이다. 현재 대표적인 테러조직

---

2 United Nations Charter, Chapter VII: Action with Respect to Threats to the Peace, Breaches of the Peace, and Acts of Aggression
Article 41: The Security Council may decide what measures not involving the use of armed force are to be employed to give effect to its decisions, and it may call upon the Members of the United Nations to apply such measures. These may include complete or partial interruption of economic relations and of rail, sea, air, postal, telegraphic, radio, and other means of communication, and the severance of diplomatic relations.
Article 42: Should the Security Council consider that measures provided for in Article 41 would be inadequate or have proved to be inadequate, it may take such action by air, sea, or land forces as may be necessary to maintain or restore international peace and security. Such action may include demonstrations, blockade, and other operations by air, sea, or land forces of Members of the United Nations.

3 UNSC, Subsidiary Organs of the United Nations (2022, Fact Sheets), Designation Criteria

으로서 알-카이다와 그 부속조직, IS, 알-샤바브 등이 제재대상으로 지정되었으며, 미국 및 유럽 국가에 의해 지정된 테러조직들이 대부분 포함되어 있으나, 제재대상에 포함된 일부 단체는 이슬람권 국가에서 운용되는 자선단체 및 비정부기구, 기업 등도 포함되어 있다. 유엔안보리의 제재 대상 단체에 일반적으로 알려진 국제테러단체가 포함되어 있기는 하나, 유엔이 특정 단체를 테러단체로 지정한 사실은 없다.

2. 유엔 안전보장이사회 제재대상 테러조직

유엔안보리는 2001년 9월 결의안 1373호를 채택하고 동 결의안에 따라 안보리 산하에 '대테러위원회(CTC, Counter-Terrorism Committee)'를 창설하여, 테러리스트 개인, 조직에 대한 정보를 수집하고 이에 대해 제재조치를 취할 수 있는 체계를 갖추었다. CTC는 주로 3개의 결의안을 이행하는데, 첫째, 결의안 1373호(2001)에 따라, 회원국은 테러리스트 및 테러단체의 활동을 범죄로 규정하고, 이들의 자금을 차단하도록 촉구하였다. 둘째, 결의안 1624호(2005)에 따라, 회원국은 테러리스트 및 테러단체를 위한 피난처 제공을 불법으로 설정하도록 촉구했다. 셋째, 결의안 2178호(2004)에 따라, 회원국은 '외국인테러전투원(FTF, Foreign Terrorist Fighters)'의 활동을 예방하고 차단하는 조치를 마련토록 요구되었다. 현재, 유엔안보리의 제재대상으로, 개인, 단체, 국가로서 1천 건 이상이 지정되어 있으며, 그 중 테러조직 ISIL과 알-카이다와 연계된 제재 대상은 300건이 넘게 지정된 상태다.[4]

한편, 유엔안보리는 제재대상을 관리하기 위해 2024년 현재 15개의 위

---

4 UNSC, Security Council ISIL (Da'esh) and Al-Qaida Sanctions Committee Amends Fourteen Entries to Its Sanctions List

원회(Committee)를 구성하여 운영중이며, 북한을 포함한 국가에 대한 제재위원회가 13개이고, 나머지 두 개는 ISIL 및 알-카이다 제재위원회(The ISIL (Da'esh) and Al-Qaida Sanctions Committee), 그리고 탈리반 제재위원회가 있다. 결의안 1267호(1999년) 및 1989호(2011년), 2253호(2015년)에 의거하여 ISIL(또는 IS, Da'esh) 및 알-카이다(Al-Qaida) 조직과 이에 연루된 개인, 단체, 모든 형태의 실체(국가 포함) 등에 대해 제재조치 대상으로 지정하였으며, 2022년 1월 현재, 제재대상으로 지정된 개인은 258명, 조직은 87개에 달한다. 2011년 유엔 안보리결의안 1989호(2011)에서는 탈리반(Taliban) 및 알-카이다와 연계된 조직 및 개인의 고정적인 명단을 채택하고, 이를 둘로 나누었는데, 그 하나는 '알-카이다, 또는 1988 명단'이고 다른 하나는 현재까지 활동 중인 탈리반 명단이다. 2015년 유엔안보리 결의안 2253호(2016)는 알-카이다 명단에 더하여 ISIL과 ANF(Al-Nusrah Front)를 포함시켰다. 유엔안보리는 알-카이다 및 IS에 대한 와해 노력을 위해 안보리 차원의 'IS 및 알-카이다 제재위원회'에서 동 조직들의 상황 보고서를 수시로 작성하여 안보리에 보고하고 있다.

유엔헌장에 위배되는 활동으로 인해 유엔안보리가 제재조치 대상으로 선정한 단체 명단 중에서 국제적으로 알려진 대표적인 12개의 테러조직은 다음과 같다.[5]

(1) 알-카이다(Al-Qaida)

영어 표기는 알-카에다(Al-Qaeda)이다. 유엔안보리 결의안 1267호(1999년) 및 1333호(2000년)에 의거하여 2001년 10월 6일 제재대상 명단에

---

5 테러조직 관련 내용은 유엔안보리의 '제재대상 이유 설명(Narrative Summaries of Reasons for Listing)'을 중심으로 작성되었다.

포함되었다. 1970년대 소련의 아프간 공격과 점령에 반대하여 투쟁한 무자헤딘(jihadists) 조직으로, 알-카이다의 의미는 "기지(The Base)"라는 의미이다. 1988년에 압둘라 아잠(Abdullah Azzam), 오사마 빈 라덴(Osama bin Laden), 무함마드 아테프(Muhammad Atef), 아이만 알 자와히리(Ayman al-Zawahiri) 등 소련-아프간 전쟁의 베테랑들이 모여서 알-카이다 조직을 창설하였다.[6] 당시 빈 라덴의 멘토인 압둘라 아잠이 주도하였고 수뇌로 활동하였다. 본래 설립 목적은 아프가니스탄에서 투쟁하는 무자헤딘에 대해 자금을 지원하는 단체로 운영하는 것이었다. 1996년경부터는 오사마 빈 라덴 주도로 탈리반의 보호를 받고 있던 아프가니스탄 협력자들과 함께 조직이 운영되었다. 알-카이다는 스스로 테러조직으로 활동하는 한편, 다른 나라에서 활동하는 테러조직들을 합병시켜 지시를 내리며 운용하는 형식을 취하고 있다. 1998년에는 이미 알-카이다가 이집트 소재 테러조직을 합병하였고, 이라크와 북아프리카, 예멘 등지에서 활동하는 조직들도 총괄하게 되었다.

1998년부터 오사마 빈 라덴이 극단적인 활동을 주도하면서, 알-카이다는 이슬람 극단주의 테러조직으로 발전하였으며, 연계 조직과 유대하면서 대규모의 테러 공격을 자행하였다. 1998년 케냐 나이로비와 탄자니아에 소재한 미 대사관 폭파공격, 2000년 아덴항에 정박해 있던 미 군함 U.S.S. Cole 폭발물 공격, 사우디아라비아 및 예멘에서 발생한 미 군함에 대한 공격, 2001년 9월 11일 미국 뉴욕 세계무역센터(World Trade Center) 건물 공격 등이 대표적 사건이다.

6　Klausen, Jytte (2021). "2: The Founder". Western Jihadism: A Thirty-Year History. Great Clarendon Street, Oxford, ox2 6dp, United Kingdom: Oxford University Press. pp. 47–51. ISBN 978-0-19-887079-1

(2) ISIL(이라크와 레반트 지역의 이슬람 국가)

ISIL(Islamic State of Iraq and the Levant) 또는 ISIS(Islamic State of Iraq and Syria) 명칭으로 불리는 이 조직은 글자 그대로 해석하면 '이라크와 레반트 지역의 이슬람국가' 또는 '이라크와 시리아의 이슬람 국가'라는 의미이다. 우리나라는 축약하여 IS(Islamic State)로 통상 칭한다. 다만, 미국 등 일부 국가에서는 '이슬람국가'라는 의미를 인정할 수 없어, IS로 호칭할 수 없다는 입장을 보이며, ISIS의 아랍어 첫 글자들만 따서 '다에쉬(Daesh)'라고 칭한다.

IS의 뿌리는 요르단 자르카 출생의 살라피 지하디스트(Salafi Jihadist)인 아부 무사브 알-자르카위(Abu Musab al-Zarqawi)가 1999년 조직하였던 무장단체인 '자마아트 알-타위드 왈-지하드(JTJ, Jama'at al-Tawhid wal-Jihad)'이다. '유일신과 성전'이라는 의미로 번역되는 JTJ는 초기에는 이라크에서 주로 전후 이라크 재건을 돕는 외국기업이나 구호단체를 약탈하던 행태를 보였으며, 2004년 한국인을 참수하여 우리나라에도 알려진 테러단체이다. 알 자르카위는 2004년 오사마 빈 라덴을 만나 충성을 맹세하고 그의 지원을 받으면서 조직을 확대하였으며 이름도 '알-카이다 이라크 지부(AQI)'로 변경하였다.[7] 이후 2006년 11월 AQI 지도부는 '이라크 이슬람국가 (Islamic State in Iraq, ISI)'를 선포하였다. 시리아로 세력을 넓힌 뒤 ISI는 2013년 4월에 '이라크 샴 이슬람국가(Islamic State of Iraq and al-sham, ISIS)' 혹은 ISIL(Islamic State of Iraq and the Levant)로 이름을 바꾸었다. 2014년 6월에 ISIL은 아부 바크르 알-바그다디(Abu Bakr al-Baghdadi)를 칼리프(Caliph)로 추대하여 '이슬람 국가(ISIslamic State)'를 선포하기에 이른다.[8]

---

7 「CNN」, 2014, "ISIS can 'muster' between 20,000 and 31,500 fighters, CIA says".

8 김정필, 2016, "이슬람국가의 형성과 변형 역사", pp.85.

이 조직은 정부 및 군사적 목표물에 대한 공격뿐만 아니라 이라크 민간인 수천 명을 살해한 혐의를 받고 있다. 2014년 10월 31일, IS는 점령지인 안바르주 히트 마을에서 전투를 벌이다 후퇴한 알부-님르 부족원 50명을 사살하였고, 로이터통신 보도를 기준으로 2014년 11월 1일까지 IS에 학살된 알부-님르 부족원은 최소 300명 이상으로 집계된다. 국제인권단체 휴먼라이츠워치(HRW)에 따르면, IS는 모술 외곽의 교도소에서도 600여 명을 살해한 것으로 드러났다. 2015년 2월 17일 무함마드 알리 알하킴 유엔 주재 이라크 대사는 "IS가 사람의 장기를 매매하면서 자금을 조달하고 있다"고 의혹을 제기하면서 유엔 안전보장이사회에 조사를 요청하기도 하였다. 지역 주지사에 따르면, 2014년 6월 모술 전투 기간 동안 IS가 모술 중앙 은행의 4억 2900만 달러를 약탈하였고 이 기간 동안 대량의 금괴도 절취한 것으로 밝혀졌다.[9] 2015년 11월 13일 프랑스 파리에서 발생한 동시 다발 연쇄 테러 사건으로 130여 명이 사망하였으며, IS는 이 테러범죄의 주체임을 공표한 바 있다.

유엔안보리 결의안 1267호(1999년) 및 1333호(2000년)에 의거하여 알-카이다와 함께 2001.10.6. 제재대상 명단에 포함되었다. ISIL의 분파조직인 ISIL-Khorasan (ISIL-K, IS-호라산)도 유엔안보리 결의안 2368호(2017년)에 의거하여 2019년 5월 14일 제재대상에 포함되었다. ISIL-K는 2015년 1월에 비디오 온라인 매체를 통해 조직의 결성을 선포하였는데, 호라산 지역은 이란 동북부와 중앙아시아, 아프가니스탄, 파키스탄의 지역을 일컫는다.

---

9 http://www.ibtimes.co.uk/mosul-seized-jihadis-loot-429m-citys-central-bank-make-isis-worlds-richest-terror-force-1452190

⑶ 탈리반(Taliban)

유엔안보리 결의안 1267호(1999년)에 의해 제재대상으로 포함되었다가 1988호(2011년)에 의거하여 수정되어 포함되어 있다. 아프가니스탄 남부를 중심으로 거주해 온 파슈툰족에 기원을 둔 부족단체에서 시작된 반군 테러 조직이다. 탈리반(Taliban)은 '학생조직'이라는 뜻이다. 1990년대 중반부터 지도자 무함마드 우마르를 중심으로 결속하여 활동을 시작하였고 1997년 아프간 정권을 장악하였으며, 이후 2001년 미국의 공격으로 축출되기까지 아프가니스탄을 통치했다. 1997년 정권을 장악한 뒤 탈리반은 이슬람 근본주의 정책을 극단적으로 사용하기 시작하였고, 엄격한 이슬람 율법인 '샤리아' 법을 적용하였다. 언론을 탄압하는 것은 물론 종교의 자유를 억압하고 여성의 교육을 금지시켰다.

탈리반은 이슬람 국가를 포함한 국제사회의 반대에도 불구하고 2001년 3월 8일과 3월 9일, 양일에 걸쳐 다이너마이트로 1천 5백년 전에 만들어진 바미안 마애석불을 파괴하였다. 당시 탈리반 최고 지도자 마흐메드 우마르는 우상숭배를 금지한 이슬람 율법에 어긋난다면서 모든 불상을 파괴하도록 명령했고 이러한 명령에 의해 바미안 석불 파괴뿐만 아니라 로켓포, 탱크 등을 동원한 불상 파괴 작업이 아프가니스탄 곳곳에서 벌어졌다. 탈리반은 주로 아프가니스탄 내부에서 테러 공격을 자행한다. 대부분의 테러 대상은 아프간 경찰과 군인, 해외파병군이며 아프간 민간인도 대상이다. 또한 타국의 외교관이나 비정부기구(NGO) 직원들도 타깃이 된다. 탈리반이 미국과 서구 유럽 국가에 대해 적개심을 표출하고 있으나, 해외에서 테러를 자행하기에는 추종세력 네트워크의 부재로 역량이 부족하다는 평가가 있다. 이에 따라 전 세계에 네트워크를 확보하고 있는 알-카이다와 연계하여 활동한다.

미국이 아프가니스탄에서 철수하면서 2021년 8월 15일부터 탈리반은 다시 아프가니스탄을 장악하였다. 국제적으로 인정받는 정부 형태를 갖추지는 못하였지만 현재 아프가니스탄의 정권을 장악하였고, 이로써 테러조직의 존재 이상으로 발전한 상황이다.

(4) 알-누스라 프론트(ANF)

정식명칭은 '레반트 국민을 위한 알-누스라 전선(Al-Nusrah Front for the People of the Levant)'이다. 유엔안보리 결의안 2083호(2012년)에 의거하여 2014년 5월 14일 제재대상 명단에 포함되었다. 알-카이다 및 알-카이다 이라크 지부와 협력하는 테러조직이다. ANF는 시리아 지역의 알-카이다 추종세력과 아프가니스탄 및 이라크에서 활동하던 외국인테러전투원(FTF) 등의 조직원으로 구성되었다. ANF는 시리아 지역을 중심으로 살해, 파괴, 차량폭탄 테러, 자살폭탄 등 극심한 테러 공격을 자행하여 시리아 지역내 가장 큰 인명살상을 가져왔다.

ANF 조직은 본래 시리아 국내에서 바사르 알-아사드(Bashar al-Assad) 정권을 전복시키고 샤리아법에 근거한 이슬람 국가를 세우는 것이 목적이었다. 따라서 ANF 지도부에서는 아사드 정권과의 투쟁일뿐 서방 국가에 대해서는 공격하지 않는다는 방침이었으나, 미국과 이스라엘에 대해서는 이슬람의 적으로 간주하고 시리아 내정에 간섭하지 않도록 경고하기도 하였다. ANF라는 이름으로 공식적으로 조직활동을 선언한 것은 2012년 1월 24일이며, 알-카이다 이라크 지부의 지도자 알-사마라이(Ibrahim Awwad Ibrahim Ali al-Badri al-Samarrai)가 ANF의 지도자인 알-자울라니(Abu Mohammed al-Jawlani)에게 시리아에서 활동을 시작하도록 전략적 지침을 하달하였다. 2013년 4월, 알-사마라이는 알-카이다 이라크지부와 ANF가 통합되어 ISIL(Islamic State in Iraq and the Levant)의 기치하에 함께 활동하고 있다고 선언하기도 하였다.

ANF는 알-카이다 조직과도 협력관계인데, 알-카이다의 지도자인 알-

자와히리(Aiman Muhammed Rabi al-Zawahiri)로부터 2011년과 2012년에 2건의 서한을 전달받았으며, 그 내용은 알-카이다의 지시에 따라 시리아에서 활동하라는 것이었다. ANF는 이에 부응하여 상당수의 외국인테러전투원(FTF)을 시리아에 집결토록 하였고 모든 테러 활동을 알-카이다 조직명으로 실행하였다. 2013년 4월 ANF 지도자인 알-자울라니는 ANF가 알-카이다의 지도자 알-자와히리(al-Zawahiri)에게 충성을 맹세한다고 직접 선언하였다.

2017년 1월, ANF는 HTS(Hay'at Tahrir al-Sham)라는 조직을 창설하고 시리아 분쟁지역에서 전진부대로 활동하도록 하였는데, HTS 역시 ANF의 동일 조직으로 간주된다. ANF는 현지에서 조달된 테러조직원과 외국인테러전투원(FTF)이 혼합되어 구성되어 있으며, FTF는 주로 아프가니스탄과 이라크에서 알-카이다 조직원으로 소속되어 활동하였던 사람들이다. 알-카이다 조직원뿐만 아니라 알-카이다 이라크 지부(AQI) 소속의 조직원들도 현재 ANF에 소속되어 활동중이다.

⑸ 알-샤바브 (al-Shabaab)

알-샤바브는 결의안 1844호(2008년)에 의거하여 2010년 4월 12일 제재대상으로 포함되었다. 이 조직은 소말리아에 파병된 아프리카 동맹군(African Union Mission in Somalia, AMISOM)과 초국가적 연방정부(Transitional Federal Government, TFG) 등 외국 주둔군 및 정부군은 물론 원조를 위해 파견된 유엔기구와 민간인, 해외 구호단체를 대상으로 테러 공격을 자행하였다.

자국내 기업체를 대상으로 협박하여 자금을 확보하며, 주로 파키스탄과 아프가니스탄 출신 외국인테러전투원(FTF)을 모집하고, 심지어 소년병(child soldiers)을 활용한다. 소말리아 정권을 전복시키는 것이 목적이며, 이를 위해 모가디슈의 알-카이다 조직과도 연계하여 테러를 자행하고 있다.

2012년 알-샤바브는 알-카이다 조직에 충성을 서약하였으나, 알-카이다 조직과 통합하는 과정에서 분규가 발생하여 세력이 확장되지는 못하였다. 2014년 현재 조직원은 9천 명 정도로 파악되며, 2015년에는 소말리아 주요 도시에서 퇴각하여 그 세력이 다소 약화되었다. 그러나 도시 외곽의 지역 거점에서 아직도 영향력을 발휘하고 있다.

(6) 보코하람 (Boko Haram)

보코하람은 유엔안보리 결의안 2083호(2012년)에 의거하여 2014년 5월 22일 제재대상에 포함되었다. 이 조직의 정식명칭은 'Jama'atu Ahlis-Sunna Lidda'Awati Wal-Jihad(Boko Haram)'이며 번역하면 '전도와 성전을 위해 선지자의 가르침을 수행하는 사람들'이라는 의미이다. 2002년 나이지리아 마이두구리(Maiduguri) 도시에서 창설되었으며 초대 지도자 유서프(Mohammed Yusuf)는 이슬람 교육을 지원하고 궁극적으로 나이지리아를 이슬람 국가로 건설하는 목적으로 조직을 이끌었다.

2009년 보코하람 조직은 마이두구리 소재 경찰서와 관공서를 공격하기 시작하였고, 이에 대한 응징으로 나이지리아 정부군이 보코하람의 본부를 급습하여 유서프를 살해하였다. 이후 조직의 지도자로 '셰카우(Abubakar Mohammed Shekau)'가 등장하였으며, 다양한 테러방식으로 폭력을 자행하고 있다. 이 조직은 나이지리아 북동쪽에 본거지를 두고 있으나, 인근 국가인 카메룬 북부, 챠드, 니제르에서도 테러 공격을 자행한다. 보코하람 조직은 알-카이다 마그레브 조직(AQIM, Al-Qaida in the Islamic Maghreb))과 연계하면서 훈련을 받고 보급품을 공급받으며, 폭탄제조 기술 등을 습득하고 있다. 2012년과 2013년에 말리(Mali)에서 보코하람 조직원이 알-카이다와 함께 테러 공격에 참여한 바 있다.

보코하람은 2011년 8월 26일 나이지리아의 아부자(Abuja)에 위치한 유엔 건물을 공격하여 21명을 살해한 바 있고, 2012년 1월 나이지리아 카노

(Kano)에서 폭탄 테러 공격을 자행하여 180명 이상을 살해하였다. 2012년 여름 이후부터 보코하람은 주로 나이지리아 학교와 학생들을 대상으로 테러 공격을 자행하였는데, 2013년 6월, 마이두구리와 다마투루시 소재 학교를 급습하여 22명의 학생을 살해하였고, 7월에는 마무도 소재 마을에 있는 학교를 급습하여 42명 이상을 살해한 바 있으며, 2013년 9월, 요베에 있는 농업학교를 공격하여 기숙사에서 잠자고 있는 50명의 학생을 살해하였다. 2014년 4월 나이지리아 동북부 도시인 치복(Chibok)에 소재하는 여자고등학교를 급습하여 276명의 여학생을 납치하였고, 같은 해 5월, 이들을 구조하려던 정부군 310명을 살해하였다.

보코하람의 2대 지도자 셰카우가 2012년 11월 발표한 선언에 따르면, 동 조직은 아프가니스탄, 이라크, 북아프리카, 소말리아, 예멘 등지에서 활동하는 알-카이다 조직과 공고한 협력관계를 유지하고 있는 것으로 밝혀졌으며, 조직의 수뇌 셰카우는 극단주의자에 의해 운영되는 미디어를 활용하여 영향력을 발휘하는 것으로 알려져 있다.

(7) 우즈베키스탄 이슬람 운동 (IMU, The Islam Movement of Uzbekistan)

IMU는 유엔안보리 결의안 1333호(2000년)에 의거하여 2001년 10월 6일 제재대상으로 지정되었다. 이 조직은 알-카이다의 오사마 빈 라덴과 탈리반을 추종하고, 테러자금의 조달, 테러 공격의 기획 및 준비 등에 협력하고 있다. 우즈벡 국적인과 다른 중앙아시아인, 유럽 출신의 외국인테러전투원(FTF) 등으로 구성되며 조직원은 현재 500여 명인 것으로 알려졌다. 오사마 빈 라덴이 IMU 조직을 적극 후원하였으며, 창설을 위한 자금도 지원하였다.

2001년 10월 이전, IMU는 주로 우즈베키스탄 내부의 타깃을 대상으로 테러 공격을 자행하였는데, 1999년 2월 타쉬켄트(Tashkent)에서 수 차례의 폭탄 테러를 자행한 바 있다. 2001년 10월 이후, IMU는 아프가니스탄에 주둔해 있는 국제안보지원군(ISAF, International Security Assistance Force)을 대상으로 탈리반 및 알-카이다와 합동으로 테러 공격을 자행한 사실도 있다. 이후 중앙아시아 지역을 대상으로 테러 공격도 빈번해졌는데, 2002년 12월 키르기즈스탄의 비쉬케크(Bishkek), 2003년 5월에는 오쉬(Osh)에서 폭탄 테러를 자행하여 8명을 살해하기도 하였다.

2019년 발표된 제23차 유엔안보리 알-카이다 및 IS 위원회 보고서에 따르면, 터키에 머물고 있는 우즈벡 출신의 외국인테러전투원(FTF)들이 대한민국으로 추방되기를 희망하고 있으며, 현재 한국에는 2~3만 명의 우즈벡 노동자들이 거주하고 있고, 이들 중 일부는 해외 테러조직에 자금을 지원하고 있는 것으로 밝혀졌다.

(8) 신의 저항군 (LRA, The Lord's Resistance Army)

LRA는 유엔안보리 결의안 2262호(2016년)에 의거하여 2016년 3월 7일 제재대상에 포함되었다. LRA는 1980년대 우간다 북부에서 발족한 조직으로, 현재는 중앙아프리카공화국(CAR)을 중심으로 우간다 북부, 수단 남부, 민주콩고 등지에서 활동하는 사이비 기독교 기반의 테러조직이다. 연합성구세군(United Holy Salvation Army), 우간다기독교군(Uganda Christian Army)으로도 알려져 있다. 이 조직은 다당제의 민주주의를 우간다에 구축하고 십계명과 우간다 민족주의에 따라 국가를 운영한다는 목적을 표방하고 있다. 그러나, 조직의 수뇌, 개인을 선지자로 내세우며 조직을 이끌어가는 일종의 사이비 종교집단으로 서방에서는 간주하고 있다.

LRA는 무장단체로서 반인권범죄 등 국제법에 저촉되는 범죄를 자행하고 있는데, 여성을 대상으로 성적폭력을 자행하고, 인종적, 종교적 이유로 학교와 병원 등을 타깃으로 무차별 공격을 저지르고 있다. 조직의 자금조달을 위해 다른 조직범죄 집단과 연계하여 불법착취, 다이아몬드 및 금광 등 천연

자원의 불법 채굴, 멸종위기 동식물의 밀렵 및 밀수 등의 범죄를 자행한다. 2013년 이후로 중앙아프리카공화국에서 납치, 살해, 강간, 재산강탈 등을 자행하고 있다.

1980년대 우간다 북부에서 출현한 LRA는 지도자인 코니(Joseph Kony)의 지시에 따라 우간다 정부군의 압박을 피해 2005년 우간다에서 철수하여 민주공코 지역으로 이동하였고, 현재는 민주콩고, 중앙아프리카공화국, 남수단 등지에서 활동한다. 2013년 12월 이후 LRA는 주로 중앙아프리카공화국(CAR)을 대상으로 납치, 강탈, 성폭력, 살상 등을 자행하고 있다. 중앙아프리카공화국 동부지역에 집중하면서 수단과 남수단 국경지역의 마을들을 대상으로 공격하고 있으며, 주로 매복작전으로 정부군을 급습하고, 정부군의 무기 등을 약탈하고 있다. LRA 조직원들은 짐꾼, 요리사, 성적 노예 등을 동반하여 팀단위로 활동하는데, 근본적으로 LRA 조직은 남성위주의 폭력조직 형태이며, 여자들과 어린 소녀들을 납치하고 강간하는 범죄를 자행한다.

2014년 이후로 코끼리 밀렵과 코끼리 상아 밀수 등에 개입하고 있는데, 민주콩고 북부지역에서 코끼리 상아를 확보하여 수단(Sudan)으로 전달하고 대가로 무기를 공급받아 밀수한다. 2014년 초부터 지도자 코니(Kony)는 LRA 조직원들에게 중앙아프리카공화국 광산에서 채취된 다이아몬드와 금을 강탈하여 수단으로 밀매하도록 지시한 바 있다. 2015년 1월 현재, 500명의 LRA 조직원이 수단으로부터 추방당한 것으로 알려져 있다.

(9) 아부사야프 그룹 (Abu Sayyaf Group, ASG)

ASG는 알-카이다와 연계된 이슬람 극단주의 테러조직으로, 유엔안보리 결의안 1333호(2000년)에 의거하여 2001년 10월 6일 제재대상에 포함되었다. ASG는 1990년대 초에 창설되었고 필리핀 남부 술루(Sulu) 군도를 거점으로 활동중이며, 필리핀 남부의 반정부 분파조직인 '모로 민족해방전선

(Moro National Liberation Front)'보다 더 많은 수의 무장군을 보유하고 있다.

ASG는 1990년대초 잔잘라니(Abdurajak Janjalani)에 의해 창설되었다. 지도자 잔잘라니는 1998년 12월 필리핀 경찰과의 전투 중에 사살되었고, 2006년 이후 사히론(Radulan Sahiron)이 지도자로 활동하고 있다. ASG는 테러조직 알-카이다 및 제마 이슬라미야(Jemaah Islamiyah, JI)와 연계되어 있으며, 알-카이다의 자금 지원을 받으면서 ASG 조직원들이 이 두 테러조직의 훈련캠프에서 게릴라전투, 군사작전, 폭발물 제조 등의 훈련을 받기도 한다. 알-카이다 수뇌였던 오사마 빈 라덴의 처남인 칼리파(Mohammad Jammal Khalifa)가 ASG에게 훈련기술과 무기 제공을 위한 자금을 전달하는 업무를 담당하는 것으로 알려졌다. ASG는 필리핀 국내에서 공항, 항만 등 기반시설과 군사시설을 파괴하고 공격하는 한편 민간인 살상, 폭파, 강탈, 납치 후 몸값 요구 등을 자행하고 있다.

한편, ASG의 수뇌부 중 한 명인 하필론(Isnilon Hapilon)은 2014년 7월 미디어를 통해 자신의 조직이 IS의 지도자인 아부바크르 알바그다디에 충성을 서약한다고 선언하였고, 2014년 9월에는 동 조직이 몸값을 받기 위한 납치를 하면서 자신의 정체를 IS라고 밝힌 바 있다.[10]

⑽ 동튀르키스탄이슬람운동(The Eastern Turkistan Islamic Movement, ETIM)

ETIM은 알-카이다의 오사마 빈 라덴, 탈리반 등과 협력하고 연계하고 있는 이유로 유엔안보리 1390호(2002년)에 의거하여 2002년 9월 11일 안보리 제재대상에 포함되었다. ETIM은 중국 신장 지역에서 소위 "동튀르키스탄"이라는 독립국가를 확보하기 위해 중국 정부를 대상으로 무력과 폭력적

---

10 Philip Oltermann (September 24, 2014). "Islamists in Philippines threaten to kill German hostages". The Guardian.

저항을 지속해왔다. ETIM은 이슬람 조직으로, 조직 창설 이후 지역적으로 인접한 아프가니스탄의 탈리반 조직 및 알-카이다, IMU(우즈베키스탄 이슬람운동)와 밀접한 관계를 유지하였다. ETIM조직의 설립자는 중국 신장(Xinjiang) 지역 출신의 하산 마숨(Hasan Mahsum)이며, 2003년 10월 파키스탄 정부군에 의해 살해되었다. 이후 압둘 하크(Abdul Haq)에 의해 조직이 운영되고 있는데, 동명은 2005년 당시 알-카이다 조직의 슈라 위원회(Shura Council) 위원으로 활동하기도 하였다.

2007년 1월 이후로 ETIM은 탈리반과 알-카이다의 지원하에 세력이 증대되었고 중국 신장 위구르 자치구 외에도 중앙아시아, 서남아시아에서 활동하고 있다. 최근 ETIM은 중국 영토 바깥에 거점을 마련하고 테러조직원들을 훈련시키고 있으며, 중국에서 테러를 저지른 테러범과 범죄자들을 조직원으로 모집하여 훈련시키고, 다시 조직원을 중국으로 침투시켜 버스, 극장, 백화점, 시장, 호텔 등지에 폭탄 테러를 자행하고 있다. 또한 해외에 있는 중국인을 대상으로 암살, 살상, 방화 범죄를 저지르고 있다. 한편, ETIM은 중국만을 대상으로 테러 공격을 전개하는 것이 아니며, 알-카이다와 협력하면서 미국을 대상으로 테러 공격을 모의하는 것으로 밝혀졌다. 2002년 5월, 2명의 ETIM 조직원이 키르기즈스탄에서 중국으로 추방되었는데, 키르기즈 정부에 따르면, 이들은 비쉬케크 소재 다중이용시설뿐만 아니라 미국대사관을 대상으로 테러를 모의한 것으로 밝혀졌다.

ETIM 조직은 알-카이다로부터 자금 지원을 받고 있으며, 자체적 자금 조달을 위해 지역의 조직범죄 집단과 연계하여 마약범죄, 무기밀매, 납치, 강탈 및 약탈을 자행한다. 또한, 동 조직은 아프가니스탄의 알-카이다 조직과 탈리반에 조직원을 보내 테러훈련을 받으며, 이 훈련을 마치면 아프가니스탄, 카쉬미르, 체첸 등지로 파견되어 고도의 훈련을 받고, 키르기즈스탄과 카자흐스탄을 경유하여 중국으로 입국한 후 테러를 자행하는 것으로 알려져 있다.

⑾ 제마 이슬라미야 (Jemaah Islamiyah, JI)

제마 이슬라미야(JI)는 알-카이다 및 탈리반과 협력하는 이슬람 극단주의 테러조직으로, 유엔안보리 1390호(2002년)에 의거하여 2002년 10월 25일 제재대상에 포함되었다. JI는 1993년 1월 말레이시아에서 창설되었으며, 1965년 인니 정부에 의해 해체된 인도네시아 무장운동단체 '다룰 이슬람(Darul Islam)'의 잔여 조직원 의해 지원을 받으면서 발전되었다. JI의 궁극적 목적은 극단주의 이념을 가진 이슬람국가를 건설하는 데 있으며, 이러한 이념을 동남아시아 모든 국가에 확장시키고자 한다.

JI 조직이 독립적인 단체이며, 테러활동을 독자적으로 전개하고 있으나, JI의 시니어 조직원들이 국내외적으로 다른 테러조직과 연계하면서 협력관계를 지속하고 있다. JI는 기본적으로 알-카이다 조직과 공통의 이념과 목표를 갖고 있으며, 1980년대 및 1990년대초 파키스탄과 아프가니스탄에서 함께 전투하고 훈련을 받은 경험을 공유하고 있다. 일명 함발리(Hambali)로 불리는 JI의 작전팀장 이사무딘(Nurjaman Riduan Isamuddin)은 1980년대 중반부터 알-카이다와 함께 아프가니스탄에서 전투에 참여한 경험이 있으며, 알-카이다와 JI 조직 간의 연계역할을 담당하고 있다. 동 함발리는 JI 조직원을 아프가니스탄 소재 알-카이다 훈련캠프로 보내 테러훈련을 받도록 주선해 왔으며, 2001년 9·11 테러사건 관련자로 지목되어 있다.

JI는 2002년 10월 인도네시아 발리 섬에서 발생한 폭탄 테러의 주범인데, 당시 외국 관광객들이 자주 찾는 카페에서 폭탄 테러를 자행하여 202명의 사망자와 209명의 부상자를 기록하였다. 2013년 이후 인도네시아를 중심으로 인터넷상에서 활발하게 활동중인 상황이 포착되고 있다.

한편, 2021년 11월, 인도네시아 경찰의 테러조직 소탕작전에 의해 밝혀진 내용에 따르면, JI 조직이 '국민의 다와당(Indonesian People's Da'wah Party)'이라는 정당으로 위장하여 정치적으로 활동하고 있었으며, 테러조직이 정치권으로 진입하여 정부를 전복하려는 최초의 시도였다는 점에서 인니 정부는 충격적인 사안으로 간주하고 있다.[11]

⑿ **하카니 네트워크** (The Haqqani Network)

하카니 네트워크(HN)는 탈리반과 밀접한 협력관계를 갖고 있는 이슬람 극단주의 테러조직으로, 유엔안보리 결의안 1988호(2011년)에 의거하여 2012년 11월 5일 제재대상에 포함되었다. HN은 1970년대말 아프간 분쟁시절부터 그 기원을 둔다. 1980년대 중반 잘라루딘 하카니(Jalaluddin Haqqani)가 조직을 창설하였고, 알-카이다 수뇌 오사마 빈 라덴과 함께 1995년 탈리반 활동에 동참하였다. 그러나 동명은 아프간과 파키스탄 간 국경지역을 거점으로 자신의 조직을 구축하고 독자적으로 유지하기 시작했다. 2001년 탈리반이 아프간 정권에서 몰락했을 때, 동명의 아들인 시라주딘 하카니(Sirajud-din Haqqani) 중심으로 아프가니스탄에서 적극적인 활동을 전개하였다.

HN 조직은 아프가니스탄에서 고위급 인사를 암살하는 테러를 빈번하게 자행하였는데, 2008년 1월 카불 소재 세레나 호텔 테러 공격을 비롯하여 2010년 1월 카불의 정부기관 건물을 공격하였고, 2011년 6월에는 카불 소재 인터컨티넨탈 호텔을 공격하여 민간인과 정치인들을 살해하기도 하였다. 2011년 9월, 카불 소재 미국대사관과 국제안보지원군(ISAF) 본부를 공격하기도 하였으며, 2012년 4월에는 카불 및 다른 3개 도시를 동시에 공격하여 15명을 살해한 바 있다.

2021년 8월 탈리반에 의해 카불이 함락되었을 때, HN 조직은 아프가니스탄 국내의 치안을 담당하도록 역할이 주어졌다. 월스트리트 저널에 의하

---

11 Dirgantara, Adhyasta (16 November 2021). "Polri Sebut Farid Okbah Bentuk Partai Dakwah sebagai Solusi Lindungi JI". detiknews (in Indonesian).

면, 이 조직은 탈리반 중에서 가장 극렬하고 폭력적이라고 묘사되었다.[12]

---

12 "In Taliban-Ruled Afghanistan, al Qaeda-Linked Haqqani Network Rises to Power". Wall Street Journal. 27 August 2021.

제5장

대표적 테러 공격 사례

1. 개요

1998년부터 오사마 빈 라덴이 알-카이다 조직을 주도하면서 초국가적으로 활동중인 연계 조직과 유대하며 대규모 테러 공격을 자행하였다. 1998년 케냐 나이로비와 탄자니아에 소재한 미 대사관 폭파공격, 2000년 아덴항에 정박해 있던 미 군함 U.S.S. Cole 폭발물 공격, 사우디아라비아 및 예멘에서 발생한 미 군함에 대한 공격 등이 발생하였고, 급기야 3천여 명의 사망자를 발생시킨 9·11 테러 공격으로 이어진다. 본 장에서는 2001년 발생한 9·11 테러사건을 비롯하여 그 이후부터 최근까지 발생한 테러사건 중 대표적인 사건을 열거하고 발생과정과 범행원인, 후속조치 등을 중심으로 설명하였다. 대표적 테러 공격 사례 중 14건의 테러사건을 구분하여 시기순으로 보면 다음과 같다.

- 2001년 9월 11일, 2001년 미국 9·11 테러 공격
- 2002년 10월 12일, 2002년 인도네시아 발리 폭탄 테러

- 2004년 3월 11일, 2004년 스페인 마드리드 기차 폭탄 테러
- 2005년 7월 7일, 2005년 7월 7일 영국 런던 폭탄 테러
- 2008년 11월 26일, 2008년 인도 뭄바이 테러 공격
- 2011년 7월 22일, 2011년 노르웨이 테러 공격
- 2013년 4월 15일, 2013년 미국 보스턴 마라톤 폭탄 테러
- 2015년 1월 7일, 2015년 프랑스 샤를리 에브도(Charlie Hebdo) 총기난사
- 2015년 11월 13일, 2015년 11월 파리 테러 공격
- 2016년 7월 14일, 2016년 니스 트럭 테러 공격
- 2016년 12월 19일, 2016년 베를린 트럭 테러 공격
- 2018년 11월 4일, 2018년 11월 이집트 콥틱 대상 테러 공격
- 2019년 3월 15일, 2019년 뉴질랜드 크라이스트처치 모스크 총기난사 테러
- 2019년 4월 21일, 2019년 스리랑카 부활절 폭탄 테러

2. 대표적 테러사건 사례

(1) 2001년 미국 9·11 테러 공격

9·11 테러 공격(September 11 attacks)은 약칭 9/11으로도 불리며, 2001년 9월 11일에 미국에서 발생했던 항공기 납치 동시다발 자살 테러 사건이다. 이로 인해 뉴욕의 110층짜리 세계무역센터(World Trade Center) 쌍둥이 빌딩이 붕괴되고 버지니아주 알링턴 군(county) 소재 미국 국방부 펜타곤이 공격받아 일부가 파괴되었으며, 이 사건으로 인해 2,996명이 사망하고 최소 6천 명 이상의 부상자가 발생하였다. 2002년 조지 W. 부시가 발의한 국토안보법에 의거, 미국 국토안보부 개설의 계기가 되기도 하였다.

이 테러 사건은 미국 동부지역에서 서부로 향하는 4대의 민간 항공기를 납치한 이슬람 테러단체에 의해 동시다발적으로 이루어졌으며, 사건 개요는 다음과 같다.[1]

- 2001.9.11.07:59: 아메리칸 항공 11편(AA11)의 보잉 767기가 81명의 승객과 11명의 승무원을 태우고 보스턴의 로건(Logan) 국제공항에서 이륙하여 로스앤젤레스 국제공항을 향해 비행을 시작했다. 이 항공편의 승객 중에는 5명의 테러범이 포함되어 있었다. AA11편 항공기는 매사추세츠주 중부 상공에서 테러범들에 의해 납치되어 남서쪽으로 항로를 돌렸다.
- 08:14: 유나이티드 항공 175편(UA175)의 보잉 767기가 56명의 승객과 9명의 승무원을 태우고 AA11편처럼 보스턴 로건 국제공항으로부터 이륙하고 로스앤젤레스 국제공항을 향해 비행을 시작했다. 이 항공편의 승객 중에도 5명의 테러범이 포함되어 있었다.
- 08:20: 아메리칸 항공 77편(AA77)의 보잉 757기가 5명의 테러범을 포함하여 58명의 승객과 6명의 승무원을 태우고 버지니아주의 워싱턴 덜레스(Dulles) 국제공항으로부터 이륙하여 로스앤젤레스 국제공항을 향해 비행하기 시작했다.
- 08:42: 유나이티드 항공 93편(UA93)의 보잉 757기가 4명의 테러범을 포함하여 37명의 승객과 7명의 승무원을 태우고 뉴저지 뉴어크(Newark) 국제공항에서 이륙하여 샌프란시스코 국제공항을 향해 비행하기 시작했다.

---

1 9/11 Final Report of the National Commission (2004).
(충돌장면 동영상) https://www.youtube.com/watch?v=7YLm3pkAiJQ

- 08:46:40: AA11편이 시속 790km의 속도로 세계무역센터 북쪽 건물(제1 세계 무역 센터)의 북쪽 면 93층과 99층 사이에 충돌했다. 항공기는 크게 파괴되지 않은 채 건물에 박혔다.
  - 09:03:00: UA175편이 시속 950km의 속도로 세계무역센터 남쪽 건물(제2 세계 무역 센터)의 남쪽 면 77층과 85층 사이에 충돌하였다. 비행기의 우측 엔진을 포함한 잔해들이 빌딩의 동쪽과 북쪽 측에서 떨어져 나가 6블록 떨어진 땅에까지 낙하하였다.
  - 09:37:46: AA77편이 시속 853km의 속도로 워싱턴의 국방부 건물인 펜타곤의 서쪽 면에 충돌하여 화재가 발생하였다.
  - 09:59:00; 세계무역센터 남쪽 건물이 UA175편과의 충돌 후 약 56분 만에 완전히 붕괴되었다.
  - 10:03:11: UA93편이 시속 926km의 속도로 펜실베이니아주 피츠버그 시에서 동남쪽으로 약 129km 떨어진 곳에 추락하였는데, 이는 조종석에서 항공납치범들과 승무원, 승객들이 몸싸움을 벌이고 있었기 때문에 발생한 일이었다. 이후 발표된 바에 따르면, 승무원과 승객들은 세계무역센터와 펜타곤에서 일어난 충돌에 대해 알게 되었고 이로 인해 납치범들의 요구에 순응하지 않고 저항하였다. 9·11 조사위원회는 납치범들이 이 항공기를 워싱턴 D.C.에 위치한 미국 의회의사당 또는 백악관에 충돌시키려 했던 것으로 판단하였다.
  - 10:28:22: 세계무역센터 북쪽 건물이 충돌 후 1시간 42분만에 완전히 붕괴되었고, 부속건물이던 메리어트 호텔이 함께 무너져 내렸다. 10:59:19: 화재로 인해 펜타곤 건물의 일부의 5층이 무너져 내렸다.
  - 17:20:33: 47층짜리 제7 세계 무역 센터 건물이 무너졌다. 제1·2 세계 무역 센터의 붕괴 때 철골들의 잔해들이 튕겨나와 제7 세계 무역 센터 건물을 타격한 것이 붕괴의 가장 큰 원인으로 추측되었다. 이 건물은 화재로 인해 붕괴된 것으로 언론에 보도되었다.

알-카이다의 수뇌 오사마 빈 라덴은 1996년 미군이 사우디아라비아에서 철수할 것을 요구하는 지침(fatwā)을 하달하였고 1998년에는 두번째 지침으로써 미군의 사우디아라비아 철수가 이루어지지 않는 데 대해 전 세계 무슬림은 미국을 공격하라는 지시를 전달하였다.[2] 이러한 지침은 극단주의 무슬림 세력들이 미국인을 살해해도 된다는 정치적, 종교적 유권해석으로 활용되어, 1998년 이후 미국 대상의 테러 공격이 빈번하게 발생하였다.

2001년 9·11 테러사건이 발발한 직후 FBI 등 미국의 수사기관은 사건 배후 책임이 알-카이다 조직에 있으며, 수뇌인 오사마 빈 라덴이 테러사건의 주범으로 발표하였는데, 빈 라덴은 초기에는 이러한 공격을 부인하기도 하였다. 2001년 9월 16일 알 자지라(Al Jazeera) 방송에서 빈 라덴은 "무슬림 개인의 동기에 의해서 발생한 사건일 뿐, 나는 이 사건을 저지르지 않았다."고 언급한 바 있다.[3] 그러나 미국 정부는 2001년 9월 21일 빈 라덴이 9·11 테러 기획담당인 알-하르비(Khaled al-Harbi)로부터 테러 공격 계획을 보고받고 수락하는 내용이 담긴 비디오를 공개함으로써, 빈 라덴의 직접적인 지시가 있음을 확인하였다.

2002년 11월 빈 라덴의 "미국에게 보내는 편지(Letter to America)"가 아랍어로 작성되어 영국의 인터넷에 최초 공개되었다.[4] 이 편지에서 빈 라덴은

---

2 파트와(fatwā)는 이슬람교의 지도자격 성직자 또는 이슬람 국가의 종교재판관(Mufti)에 의해서 무슬림에 대해 전달하는 지침, 유권해석 등의 내용이다. 1998년 오사마 빈 라덴에 의해 전달된 파트와는 빈 라덴을 포함한 5명의 이슬람 그룹 지도자에 의해서 작성되어 전파되었다.: Lewis, Bernard (November 1998). "License to Kill: Usama bin Ladin's Declaration of Jihad". Foreign Affairs. 77 (6): 14–19.

3 Historydraft, 2001.9.16. (검색일: 2024.1.30.)
https://historydraft.com/story/september-11-attacks/al-jazeera-broadcast-a-statement-by-bin-laden/494/8236

4 빈 라덴의 편지가 아랍어에서 영어로 번역되어 인터넷에서 전파되었고, 영국의 언론매체인 'The Guardian'에서 이를 보도하였으나, 정부 당국의 조치로 삭제되었다. 'TriCollege Libraries Institutional Scholarship 단체에서 게재한 전문 내용을 아래에서 확인할 수 있다.
https://scholarship.tricolib.brynmawr.edu/server/api/core/bitstreams/218e2431-0b76-43ff-8ac5-284ae-

알-카이다 조직에 한정하지 않고 무슬림 전체를 대변하는 형식으로 글을 작성하였는데, 그 핵심 내용은 두 가지로 구분된다. 첫째, 우리(무슬림)가 미국을 공격하는 이유는, 미국이 우리를 공격하였고 지금도 공격을 계속하기 때문이다. 둘째, 우리가 미국에 대해 요구하는 것은 미국이 무슬림에 대한 공격을 중지하고 우리가 요구하는 모든 조건을 수용한 후에 우리와의 협상에 나서야 한다는 것이다. 이 글에서 빈 라덴은 9·11 테러에 대한 직접적인 언급은 하지 않았으나, 미국이 뉴욕과 워싱턴에서 우리(무슬림)를 공격한 이유는 무엇인지를 문의하면서, 미국이 이스라엘을 평화적이라고 주장하면서 원칙과 예절에 벗어나는 행동을 하기때문에 미국이 이해할 수 있는 언어로 알려주기 위해 공격하였다고 9·11 테러 공격의 이유를 암시하였다.[5] 이 편지에서 나타난 미국을 대상으로 테러 공격을 자행한 대표적 이유를 요약하면 아래와 같다.

- 미국이 이스라엘을 지원하여 팔레스타인을 공격하였다.
- 미국이 소말리아에서 무슬림을 공격하였다.
- 러시아가 체첸에서 무슬림에 대해 잔악하게 공격한 것을 미국이 지원하였다.
- 카시미르에서 인도가 무슬림을 공격한 것을 미국이 지원하였다.
- 레바논에서 유대인(이스라엘)이 무슬림을 공격한 것을 미국이 지원하였다.
- 미국이 이라크에 제재조치를 취하여 150만 명 이상의 아이들이 사망

73d29ad/content

5 Letter to America, 상게서, (3), (f):
"Why did they attack us in New York and Washington? If Sharon is a man of peace in the eyes of Bush, then we are also men of peace!!! America does not understand the language of manners and principles, so we are addressing it using the language it understands."

하였고 이에 대해서 미국은 관심이 없었다. 미국에서 (9·11 테러로) 3천 명이 사망하였을 때, 전 세계는 들고 일어나서 요란하였다.[6]

- 모로(Moro) 무슬림과 필리핀 정부군 간 분쟁에서 미국이 정부군을 지원하였다.
- 미국이 성지인 사우디아라비아에 주둔하고 있으며, 중동지역에서 친미 정권을 세우려고 노력하고 있다.

위 편지의 내용을 보면, 빈 라덴의 관심사는 알-카이다 조직의 활동무대인 아프가니스탄과 북아프리카 지역뿐만이 아니라 국제적으로 확대되어 미국과 전 세계 무슬림과의 갈등관계에 접근하면서 미국에 대해 분개하고 있음을 알 수 있다. 특히, 팔레스타인 문제에 대해, "팔레스타인 민족이 흘린 피를 똑같이 복수하겠다. 팔레스타인 민족은 혼자 울지 않을 것이며, 과부가 된 여성들은 혼자가 아니며, 고아가 된 아이들도 혼자가 아님을 미국이 알아야 할 것이다."라고 격분하였다.[7] 이러한 의미로 보아, 알-카이다 조직은 팔레스타인 민족의 박해에 대해 지속적인 관심을 가지고 있으며, 이스라엘과 팔레스타인 민족 간 분쟁에도 지속 개입할 것으로 전망할 수 있다.

---

6 Letter to America, 상게서, (1), (f):
"You have starved the Muslims of Iraq, where children die every day. It is a wonder that more than 1.5 million Iraqi children have died as a result of your sanctions, and you did not show concern. Yet when 3000 of your people died, the entire world rises and has not yet sat down."

7 Letter to America, 상게서, (1), a), (iii): The blood pouring out of Palestine must be equally revenged. You must know that the Palestinians do not cry alone; their women are not widowed alone; their sons are not orphaned alone.

(2) 2002년 인도네시아 발리 폭탄 테러

2002년 발리 폭탄 테러(2002 Bali bombings)는 2002년 10월 12일, 인도네시아 발리 섬의 관광객 밀집지역인 쿠타(Kuta)지역에서 발생한 폭탄 테러 사건이다. 이 폭탄 테러로 202명이 사망하였고 209명이 부상당했으며, 사망자는 호주인 88명, 인도네시아인 38명, 영국인 23명 등이 포함되었다.[8] 이 테러 공격은 3건의 폭탄 테러로 구성되었다. 첫번째는 밤 11시 5분경 테러범이 폭발물이 적재된 배낭을 메고 '패디스 펍(Paddy's Pub)'이라는 주점 안으로 돌진하여 자살폭탄을 자행하였으며, 두번째는 첫번째 테러 공격 발생 20초 후에 패디스 펍 맞은편에 소재한 야외 개방형 나이트클럽 '살리 클럽(Sari Club)'에서 자살테러범이 흰색 미츠비시 밴 차량에 대규모 폭탄을 적재한 채 폭발시켜 테러를 자행하였고, 세번째 공격은 비교적 적은 규모의 폭탄을 사람의 배설물에 혼합시켜 덴파사(Denpasar) 소재 미국 영사관 앞에서 폭발시킨 공격이었다.

이 테러 공격은 '제마 이슬라미야(Jemaah Islamiyah)' 조직의 여러 조직원이 자행한 것으로 밝혀졌으며, 이 범죄와 관련된 범인으로 체포된 3명, 누르하심(Amrozi bin Nurhasyim), 사무드라(Imam Samudra), 압둘 하크(Huda bin Abdul Haq)는 사형선고를 받고 2008년 11월 9일 교도소에서 총살형으로 사형이 집행되었다. 추가로 밝혀진 테러범 둘마틴(Dulmatin)은 2010년 3월 9일 파물랑(Pamulang)에서 경찰과의 교전끝에 사살되었다.[9] 수사내용에 따르면, 범인들이 자살테러범 1명에게 폭발물이 적재된 조끼를 전달하였고, 자살테러범

---

8 Bali death toll set at 202". BBC News. 19 February 2003. Retrieved 14 July 2010; The Sydney Morning Herald". The Sydney Morning Herald. Retrieved 24 November 2015

9 Bali bomber mastermind Dulmatin killed in shoot-out". 9 March 2010. Archived from the original on 14 June 2017.

은 패디스 펍에 뛰어들어 스스로 폭발시켰으며, 또 다른 자살테러범은 폭발물이 적재된 차량을 범인들로부터 제공받아, 살리 클럽쪽으로 운전하여 스스로 폭발시킨 것으로 알려졌다. 같은 해 10월 14일 유엔안전보장이사회는 국제평화와 안보에 위협으로서 발리 테러 공격을 비난하는 결의안 1438호를 채택하였다.

2002년 발리 테러사건에 대해 인도네시아 정부의 대테러 예방활동이 비난을 받게 되었으며, 테러 발생의 주요 환경을 분석해 보면 다음 세 가지 요인이 도출되었다. 첫째, 당시 인도네시아 정부는 자국내 문제에 압도되어 테러 공격의 위협을 심각하게 인지하지 못했던 것으로 알려졌다. 인도네시아는 1967년부터 1998년까지 32년간 수하르토의 독재가 종식된 이후에 민주주의 정권 이양의 전환기를 맞아 정치적 혼란기에 처해 있었다. 둘째, 일부 인도네시아 정치인들은 무슬림 보수주의자들과 대립하는 것을 원치 않으면서 이슬람 극단주의자들에 의한 테러 위협을 심각한 상황으로 여기는 입장을 보이기 꺼려했다. 셋째, 과거 인도네시아의 이슬람 군부의 경험에 비추어 보아, 인도네시아 무슬림들은 비교적 독실하고 온건한 성향이라고 믿고 있었다.[10] 결국, 2002년 발리 폭탄 테러 공격이 발생하고 나서야 인도네시아 정부와 정보기관, 안보기관들이 지하드 테러조직의 위협이 심각하다는 것을 인식하게 되었다. 이에 반해, 말레이시아와 싱가포르는 이전부터 테러 위협성을 인식하고 있었으며, 특히 자생 테러조직에 대해 예방활동을 강화해왔던 점이 비교될 만한 일이다.

---

10 Foreign Policy, 2022.10.12."20 Years After the Bali Bombings, What Have We Learned?" https://foreignpolicy.com/2022/10/12/bali-bombings-indonesia-20th-anniversary-terrorist-attack-jemaah-islamiyah/

(3) 2004년 스페인 마드리드 기차역 폭탄 테러

2004년 마드리드 기차 폭탄 테러(2004 Madrid train bombings) 사건은 스페인 총선 3일전에 발생하였는데 스페인에서는 3월(March) 11일에 발생하여, 11M 사건으로도 알려져 있다. 이 테러 공격으로 193명이 사망하고 2,050명이 부상당했다. 이 테러 공격은 2003년 미국이 이라크를 침공한데 스페인이 동참한 것을 반대하는 이슬람 극단주의 세력에 의해 자행된 것으로 알려졌다.

3월 11일 오전 러시아워 통근 시간에 4개의 기차에서 10개의 폭발물이 폭발하였다. 4개의 기차가 오전 7시 1분부터 7시 40분 사이에 알카라데 에나레스(Alcalá de Henares) 기차역을 출발했다. 아토차(Atocha)역에서 오전 7시 37분, 3개의 폭발물이 폭발하였다. 엘 포조 델 티오 라이문도(El Pozo del Tío Raimundo)역에서 정차하였던 기차 내부에서 두 개의 가방에서 오전 7시 38분 폭발물이 폭발하였다. 같은 시각에 산타 유지니아(Santa Eugenia)역에서도 한 개의 가방에 적재되어 있던 폭발물이 폭발하였다. 칼레 텔레즈(Calle Téllez)역에서 오전 7시 39분, 기차 객석에서 4개의 가방에 담겨 있던 폭발물이 폭발하였다.

이 테러사건은 스페인 총선일 3일전에 발생했고, 집권 여당의 무능한 대테러 활동에 대한 비난이 증폭된 이후, 결과적으로 당시 총리였던 호세 말리아 아즈나(José María Aznar)의 대중당(PP, Partido Popular)이 스페인 사회주의 노동당(PSOE)에 패배하는 결과를 초래했다. 당시 집권 여당은 이 테러 사건이 바스크 분리주의자(ETA)에 의한 테러 공격이라고 발표하였다. 그러나 야당인 스페인 사회주의 노동자당(PSOE)은 이 테러 사건이 스페인 정부가 의회의 동의없이 미국의 이라크 전쟁에 동참하였던 잘못된 정책으로 인해 이슬람 극단주의에 의해 자행된 것이라고 주장하고, 여당이 이를 숨기려고 의도적으로 ETA 테러로 허위 발표하였다고 비난하였다. 이에 따라, 테러 공격 발생 이후 스페인 전역에서 시위가 벌어졌고, 국민들은 정부의 진실규명을 촉구하기에 이르렀다.

2004년 3월 14일, 알-카이다 유럽지부 대변인을 자처하는 아부 두자나 알-아프가니(Abu Dujana al-Afghani)는 비디오 테이프 영상에서 알-카이다의 테러 공격이었다고 발표하였으나, 스페인 정부는 마지막까지도 알-카이다의 연계 사실을 확인할 수 있는 증거를 발견하지 못했다. 스페인 정부의 테러 공격 수사결과, 2007년 10월 31일, 스페인 마드리드 법원은 혐의자 28명 중에서 모로코 국적의 테러범 자말 조우감(Jamal Zougam) 등 21명에 대해 유죄를 선고하였고, 그 중 2명은 4천년 이상의 징역형을 선고받기도 하였다. 스페인 사법부는 느슨한 형태로 조직된 모로코, 시리아, 알제리 출신의 무슬림과 스페인 치안당국 소속으로 활동하던 2명의 정보원 등이 이번 테러 사건을 자행한 범죄자라고 밝혔으며, 테러 공격에 참여한 공범 5~8명이 이미 스페인 당국의 감시망을 뚫고 도주한 것으로 알려졌다.

⑷ 2005년 7월 영국 런던 폭탄 테러

2005년 7월 런던 폭탄 테러(7 July 2005 London bombings) 또는 7.7 테러는 2005년 7월 7일, 오전 출근 러시아워 시간에 영국 런던의 대중 교통을 이용하는 군중들을 대상으로 이슬람 극단주의 테러리스트들이 일으킨 4건의 연쇄 자살 폭탄 테러 사건을 말한다. 3명의 테러범이 오전 9시경 각각 3개의 자체제작 폭탄을 배낭에 메고 런던 지하철에 탑승하여 연달아 자살폭탄 방식으로 폭발시켰으며, 약 1시간 뒤에 4번째 테러범은 런던의 2층 버스에 탑승하여 태비스톡 광장(Tavistock Square)에 도착했을 때 자살폭탄을 폭발시켰다. 테러범들은 아세톤 퍼옥사이드(TATP, triacetone triperoxide)라는 폭발성 물질을 사용하여 자체적으로 폭탄을 제조한 것으로 밝혀졌다.[11]

---

11 아세톤 퍼옥사이드는 유기 퍼옥사이드이자 1차 폭발물이다. 아세톤과 과산화 수소를 반응시켜 선형 단량체와 고리 이합체, 삼합체, 사합체 형태의 혼합물을 양산함으로써 생성된다. DADP, TATP, TCAP로도

사망자는 자살폭탄 테러범들을 제외하고, 52명의 영국 국적인과 18명의 외국 국적인 등 총 70명이었으며, 700명 이상이 부상을 당하였다. 이 테러 사건은 영국에서 발생한 최초의 이슬람 자살폭탄 테러 공격이다. 이 사건이 일어나고 2주만인 7월 21일에도 4건의 폭탄 테러 시도가 있었지만 실패로 돌아갔다. 사건 발생 전날, 런던이 2012년 하계 올림픽 개최지로 확정이 되었고, 그 무렵에 G8 정상회담이 스코틀랜드에서 열려 많은 사람들이 런던에서 발생한 테러 사건에 대해 우려를 표명했다.

폭탄 테러를 자행한 4명 중 3명은 파키스탄계 영국인으로, 무함마드 시디크 칸(Mohammad Sidique Khan, 30세), 쉐자드 탄위어(Shehzad Tanweer, 22세), 하십 후세인(Hasib Hussain, 18세)이며, 1명은 자메이카 출신 이슬람 개종자인 저메인 린지(Germaine Lindsay, 19세)였다. 린지는 이라크전 반대 시위에서 만난 사만다 루스웨이트(Samantha Lewthwaite)와 2002년 결혼하였는데, 루스웨이트는 영국 출신이지만 스스로 이슬람으로 개종한 여성으로, 이슬람 테러조직과 연관된 인물로 알려졌다. 테러범들은 범행을 예고하는 비디오테이프를 만들어 두었으며, 2005년 9월 1일 알 자지라(Al Jazeera)에서 방영한 내용은 시디크 칸이 이 테러 공격의 동기를 설명하였는데, 영상에서는 자신들을 이슬람의 전사로 표현하고 알-카이다의 수장 오사마 빈 라덴과 알-자와히리, 알-자르카위 등을 "오늘날의 영웅"으로 언급하였다. 또한, 2006년 7월 6일, 알-자지라 방영내용에서는 탄위어가 알-자와히리의 언급 내용을 인용하여 테러 공격의 동기를 설명하는 내용이 밝혀졌다. 결국, 이들의 런던 테러 공격의 이유는 영국 정부와 서방세력이 전 세계 무슬림들을 공격하고 탄압하는 데 대한 응징이라고 설명되었다.

부른다. 2001년 이후로 여러 테러리스트 폭탄에 선정되어 사용된 폭약물이다: Federoff, Basil T. et al., Encyclopedia of Explosives and Related Items (Springfield, Virginia: National Technical Information Service, 1960), vol. 1, p. A41.

영국 전역에 비상조치가 실행되었으며 최고 수위의 대응태세가 유지되었다. 경찰 저격수들 다수가 영국 전역에 배치되었고, 비밀특공대는 테러 혐의자로 간주되는 사람이 저항할 경우 현장에서 사살할 수 있도록 허용되었으며, 그동안 수집하였던 테러혐의자 블랙리스트 대상으로 동향관찰을 적극적으로 시행하였다.[12]

(5) 2008년 인도 뭄바이 테러 공격

2008년 뭄바이 테러 공격(2008 Mumbai attacks)은 인도의 경제 수도이면서 가장 큰 도시이기도 한 뭄바이에서 일어난 일련의 테러 공격이다. 자동 무기와 수류탄으로 무장한 테러범 10명이 2008년 11월 26일 밤 9시 반부터 62시간 동안 12건의 테러 공격을 자행하였다. 인도 국가안보경호대(National Security Guards, NSG)는 검은 폭풍 작전(Operation Black Tornado)으로 명명된 대테러활동을 수행하였고 마지막으로 타지마할(Taj Mahal) 호텔에서 테러범 잔범들을 소탕했다.

파키스탄 정부는 자국민의 국적자가 자행한 이 테러 공격을 비난하였다. 테러범 아즈말 카삽(Ajmal Kasab)이 유일한 생존자였고 심문을 통해 이번 공격이 라슈카르에타이바(LeT, Lashkar-e-Taiba)라는 단체에 의해 자행되었으며, 테러범 모두 파키스탄에서 인도로 입국한 것으로 확인되었다. 이 테러 공격으로 188명이 사망했고 293명이 부상한 것으로 집계됐다.

이 테러 공격의 발생배경은 오래된 인도와 파키스탄 간의 카슈미르 분쟁(Kashmir conflict)[13]에서 기인한다. 1990년에 창설된 LeT 조직은 "정결한 자의

---

12 Lewis, Leo (17 July 2005). "Police snipers track al-Qaeda suspects". The Times. London. Archived from the original on 22 October 2006.

13 카슈미르 분쟁(Kashmir conflict)은 1947년 인도와 파키스탄이 분할될 때, 카슈미르 고원에 대한 인도

군대(Army of the Pure)"라는 의미로, 카슈미르 전 지역을 이슬람화하는 것이 목적이다. LeT 조직은 2천 개가 넘는 훈련소를 두고 있으며, 조직원 및 동조자까지 합치면 30만 명이 넘는 대규모 단체이며, 파키스탄 정보기관인 Inter Service Intelligence(ISI) 및 인도에서 활동하는 조직범죄 집단인 D-Company와도 연계된 것으로 알려져 있다. LeT 조직은 이번 뭄바이 공격을 통해 카슈미르 문제를 국제적으로 공론화하고, 인도를 약화시키려는 의도인 것으로 파악되었다.

인도, 미국, 영국 등의 국가에서는 LeT 조직을 테러 단체로 지정하고 있다. 인도 정부는 이번 테러리스트들이 파키스탄에서 넘어 왔으며 테러 지휘본부는 파키스탄에 있다고 발표했다. 이 테러 공격 중 8건은 뭄바이 남쪽에 소재한 유네스코 지정 유명 기차역인, 차트라파티 쉬바지 터미누스(Chhatrapati Shivaji Terminus)에서 발생하였는데, 유명 건물, 카페, 병원, 유대인 거주 공동체 센터, 극장, 대학교 교정 등지에서 발생하였다. 또한, 뭄바이 항구 도시인 마자가온(Mazagaon)에서도 폭발이 발생하였다. 파키스탄 정부가 이 사건을 후속 수사하였는데, 검거된 공범 중 수뇌격인 자키우르 레만 라크비(Zaki-ur Rehman Lakhvi)가 체포되었으나 2015년 4월 9일 보석으로 석방된 후 사라져 버리기도 하였다.

(6) 2011년 노르웨이 테러 사건

2011년 7월 22일 노르웨이 테러 공격(2011 Norway attacks)은 오슬로 소재 총리 집무실 건물 입구에서 차량폭탄 테러를 자행하여 8명이 사망하고, 이어 우퇴야(Utøya) 섬으로 이동하여 노동자 청년동맹(Workers' Youth League, AUF)

와 파키스탄 간의 영토분쟁이며, 인도의 카슈미르 동북부 지역은 중국과 영토분쟁을 하고있다.: Yahuda, Michael (2 June 2002). "China and the Kashmir crisis". BBC.

주최 여름캠프에 참가한 청소년 69명을 총기로 사살하여 총 77명이 사망한 사건으로, 노르웨이 국적의 극우주의자 브레이비크(Anders Behring Breivik, 1979.2.13.출생) 단독범행으로 자행된 테러 공격이다. 당시 노르웨이 총리인 옌스 스톨텐베르크(Jens Stoltenberg)는 집무실에 머무르지 않았으며 테러 공격으로부터 피해를 입지 않았다. 총리 집무실 차량폭파 이후 경찰복으로 위장한 브레이비크는 우퇴야 섬에 진입하는 페리보트를 탈 수 있었으며, 섬에 들어가 자신의 총기로 한 시간 이상 살상을 자행하기 시작했다. 노르웨이 경찰이 섬으로 진입하자 브레이비크는 저항 없이 항복하였으며, 범행 동기를 질문한 경찰에 대해, 노르웨이와 서유럽을 무슬림으로부터 구하기 위해서 자행하였다면서, 노동당(Labour Party)이 노르웨이를 이 지경으로 만든데 대해 대가를 지불해야 했다고 진술하였다.

브레이비크는 20세 나이에 반이민 우익진보당에 가입하여 오슬로의 한 지부 대표로도 활동한 바 있으며, 2006년 당을 떠나 총기클럽과 프리메이슨(Freemason)[14]에 가입하여 활동하였다. 테러 자행 당일에는 '2083 유럽 독립 선언문(2083: A European Declaration of Independence)'이라는 제목으로 입장문을 사이버 공간을 통해 전송하기도 하였는데, 유럽의 문화를 자폭시킨다는 이유로 이슬람에 반대하며, 여성 인권신장주의(feminism)를 비난하였다. 이 선언문에서 브레이비크는 유럽에 있는 모든 무슬림을 추방해야 하며, 자신의 테러 공격 동기는 이러한 선언을 공표하기 위함이라고 언급하였다. 체포된 후 브레이비크는 자신이 파시스트이자 나치 추종자라고 인정하고, 심지어 유럽

---

14 Frequently Asked Questions". United Grand Lodge of England. What is Freemasonry?: Freemasonry is one of the World's oldest and largest non-religious, non-political, fraternal and charitable organisation. It teaches self-knowledge through participation in a progression of ceremonies. Members are expected to be of high moral standing and are encouraged to speak openly about Freemasonry.: 프리메이슨(Freemasonry)은 16세기 말에서 21세기에 발생한 인도주의적 박애주의를 지향하는 우애단체 혹은 취미 클럽이다. 이 단체에 소속된 일원을 프리메이슨(freemason)이라고 부른다.

의 템플러 기사단의 유럽사령관이라고 소개하기도 하였다.[15]

테러범 브레이비크는 21년 징역형과 공공안전을 위해 5년형이 추가될 수 있는 형량을 선고받고 수형중인데, 노르웨이에서는 이 형량이 가장 높은 형량에 해당된다. 이에 따르면 2037년 브레이비크는 석방되며, 그때 나이는 58세가 된다.

노르웨이 경찰은 당시 경찰병력의 운송을 위한 헬리콥터를 보유하지 않았으며, 유일하게 정찰용으로 보유한 헬리콥터가 있었으나 테러 공격 당일 조종사가 휴가중인 것으로 알려졌다. 또한, 지역 경찰이 우퇴야 섬에서 총성이 들린지 30분이 못되어 입구에 도착했으나 현지에서 섬으로 들어갈 수 있는 선박을 구하지 못하였으며, 결국 경찰의 고속단정(RHIB)을 이용하여 진입하였는데, 그나마 얼마가지 못해 엔진고장이 발생하였고, 현지의 주민들이 자가 보트를 빌려주어 경찰이 섬에 진입하는 촌극을 빚기도 하였다. 이로 인해 테러사건이 종료된 후 경찰의 대테러 활동 관련 장비와 훈련부족에 대한 비난이 발생하기도 하였다.[16]

(7) 2013년 미국 보스턴 마라톤 폭탄 테러

보스턴 마라톤 폭탄 테러(Boston Marathon bombing)는 2013년 4월 15일 미국 매사추세츠주 보스턴에서 개최된 2013 보스턴 마라톤 대회중 결승선 직

---

15 영화 '22 July'에서 브레이비크 테러 사건을 구체적으로 다루었다. 이 영화에서 브레이비크는 12-13세기 십자군 전쟁 당시 활동했던 템플러 기사단(Knights Templar)의 후예임을 자칭한다. 이러한 조직은 지금도 여전히 인터넷과 소셜 미디어로 소통하며 활동중이고, 모집, 교육, 확장, 조직 등의 활동을 지속한다. 브레이비크는 자신이 유럽 지역 사령관으로 임명되었음을 신봉하고, 자신이 이민족 제거의 테러를 시작하면 곧 부하들이 따를 것으로 믿는다.

16 "Politiets forklaringer spriker (Police statements differ)", 27 November 2011, the Wayback Machine ABC Nyheter.
http://www.abcnyheter.no/nyheter/110922/politiets-forklaringer-spriker

전에서 두 개의 폭탄이 터져 참가자 및 일반 시민들을 살상한 사건이다. 사제 폭발물이 현지 시각 오후 2시 50분경에 보일스턴 가에 있는 코플리 광장 근처 결승선 직전에서 폭발하였고 이 사건으로 3명이 사망하고 264명이 부상당했다. 이 사건은 미국의 국내테러 또는 자생테러(domestic terrorist attack) 사건으로 기록되어 있다.[17]

미국 FBI는 즉시 조사에 들어갔고, 4월 18일 용의자 두 명의 사진과 비디오 영상을 공개하면서 공개수사로 전환했다. 범인으로 밝혀진 두 명은 형제로 형 타멜란 차르나예프(Tamerlan Anzorovich Tsarnaev, 1986년생)와 동생 조하르 차르나예프(Dzhokhar Anzorovich Tsarnaev, 1993년생)이며, 경찰의 추적을 피하던 과정에서 타멜란은 경찰과의 교전에서 사살되었고 동생 조하르는 주택가에 주차된 보트에 숨어 있다가 적발되었다.

미국 FBI의 조사결과에 따르면, 테러범 조하르(Dzhokhar)와 형 타멜란은 체첸 출신 이민자였지만, 미국에 오랜 기간 거주하며 미국 내에서 급진화된 사례로, 이슬람 신앙에 감화되어 종교적 동기로 범행을 자행하였으며, 이들은 테러단체로 알려진 외부의 조직과 연결된 적이 없다고 밝혔다. 이들 테러범 형제는 예멘의 알-카이다 부속 조직에 의해 발행된 온라인 잡지를 보고서 폭발물 제조법을 익힌 것으로 알려졌으며, 최초 이들 테러범은 자살테러를 생각했으나 최종적으로 압력밥솥을 이용한 폭발물을 제조하기로 결심하였다. 동생 조하르의 진술에 따르면, 미국이 무슬림에 대항해서 이라크와 아프가니스탄 전쟁을 일으킨데 대한 응징이 필요하였으며, 미국에서 이슬람을 수호하기 위한 조치라고 범행동기를 밝혔다. 한편, 조하르는 폭탄 테러는 "아프가니스탄과 이라크에 취했던 미군에 대한 응징"이며, 보스톤 테러 피해자는 "미군이 전쟁을 일으키면서 발생시킨 무고한 무슬림 희생자들과 같은 처

---

17 Cooper, Michael; Schmidt, Michael S.; Schmitt, Eric (April 23, 2013). "Boston Suspects Are Seen as Self-Taught and Fueled by Web". The New York Times.

지를 당한 부수적 피해(collateral damage)"라고 숨어 있던 보트 내부에 펜으로 기록하기도 하였다. 조하르는 2015년 5월 15일 사형이 선고되었으며, 2024년 현재까지 형 집행은 이행되지 않은 상태다.

(8) 2015년 프랑스 '샤를리 에브도(Charlie Hebdo)' 총기난사 사건

샤를리 에브도 총기난사(Charlie Hebdo shooting) 사건은 2015년 1월 7일 오전 11시 30분경 복면을 쓴 2명이 프랑스 파리에 소재하는 풍자 주간잡지사 '샤를리 에브도(Charlie Hebdo)' 사무실에 급습하고 총기를 난사하여 12명을 살해하고 11명이 부상당하게 하였던 테러 공격이다. 이 두 명의 테러범은 건물에 들어와서 '알라후 아크바르(Allahu Akbar, 알라는 위대하다)'를 외치며 자동화기를 난사했으며, 50발 이상의 총탄을 발사했다. 테러범 2명은 모두 프랑스에서 태어난 알제리계 무슬림 형제로, 사이드 코우아치(Saïd Kouachi)와 쉐리프 코우아치(Chérif Kouachi)로 밝혀졌다.

테러범 코우아치 형제는 총기를 난사하면서 스스로 알-카이다 아랍반도(AQAP)의 알-카이다 예멘 소속 조직원이라고 밝혔으며, 이들은 총기 난사 후 도주하는 과정에서 1월 9일 프랑스 대테러특공대(GIGN)[18]에 의해 사살되었다. 일부 목격자에 따르면, 코우아치 형제의 테러 공격은 2015년 1월 7일부터 9일 사이 발생했던 또 다른 이슬람 극단주의 테러 공격과 연관이 있는데, 당시 프랑스 태생의 말리 무슬림들이 파리 시내 포르트드뱅센(Porte de Vincennes) 소재 유대인 운영 슈퍼마켓에 급습하여 인질을 잡고 유대인 4명을 사살한 사건이 발생했다. 2020년 12월 16일 이 두 사건의 테러범 14명이 기소되어 선고되었으나, 공범 중 3명은 아직도 체포하지 못한 상태이다.

---

18 GIGN (National Gendarmerie Intervention Group)은 프랑스 군대의 대테러특공대로 내무부 산하의 조직으로 운영되며, 대테러, 인질구출, 국가위협예방, 요인보호, 시설보호, 조직범죄 대응 등의 임무를 맡고 있다.

알-카이다 아랍반도(AQAP)의 산하 조직인 알-카이다 예멘 조직에서는 2013년 3월 발간한 영문 게시물에서 테러 공격 대상을 공표하였으며, 그 목록에 샤를리 에브도의 편집인 스테판 카르보니어(Stéphane Charbonnier)가 포함되어 있었다. 사건이 발생한 후, 2015년 1월 9일, AQAP의 고위급 샤리아 성직자 알-나드하리(Harith bin Ghazi al-Nadhari)는 이 공격은 선지자 무함마드의 "명예를 위한 복수"라고 언급하면서, 이 테러 공격을 자신의 조직이 주도하였음을 주장하였다.[19]

(9) 2015년 11월 파리 테러 공격

2015년 11월 파리 테러 공격(November 2015 Paris attacks)은 11월 13일(금) 21시 16분부터 발생한 총기난사와 폭발물 테러 공격이 동시 다발 형태로 자행된 사건으로, 프랑스 파리 시내와 북쪽의 외곽지역 등 최소 7곳에서 발생했다. 시내 북쪽에 소재한 생드니(Saint-Denis) 축구경기장에 진입하려던 3명의 테러범들은 진입이 불가해지자 경기장 인근에서 자살폭탄을 자행하였다. 이어, 또 한 그룹의 테러범들은 파리 시내의 카페와 식당을 대상으로 총기를 난사하였고 그 중 한 명은 자살폭탄 테러를 자행하였다. 세번째 그룹은 바탕클랑(Bataclan) 극장으로 총기를 난사하며 진입하였는데, 당시 미국의 하드 락 그룹인 'Eagles of Death Metal'의 공연이 진행중이어서 1,500여 명이 운집해 있었다. 테러범들은 이 극장에서 60명 이상의 인질을 붙잡고 경찰과 대치하였다.[20] 테러범들의 공격으로 인해 130명이 사망하고 416명이 부상당하였으며, 사망자 중 90명이 바탕클랑 극장에서 살해되었고, 테러범 중 7명은 현장

---

19 Al-Qaeda Group Claims Responsibility for Paris Terror Attack". Time. 9 January 2015.

20 de la Hamaide, Sybille (14 November 2015). "Timeline of Paris attacks according to public prosecutor". Reuters. Archived from the original on 22 November 2015.

에서 사살되었다.

이번 파리 테러 발생 전날인 11월 12일(목) 레바논의 수도 베이루트에서 유사한 자살폭탄 테러 공격이 발생되어 43명이 사망하기도 하였는데, 테러 조직 IS(Islamic State)는 베이루트와 파리 공격이 자신들의 소행이라고 주장하였다. 파리 테러 공격의 목적은 프랑스가 IS의 조직이 있는 시리아와 이라크를 폭격한데 대한 복수라고 설명하였다. 프랑수아 올랑드(François Hollande) 프랑스 대통령은 이 테러 공격이 IS의 소행이며, 시리아의 IS 조직이 테러 계획을 수립하고, 벨기에(Belgium)에 근거지를 둔 IS 테러조직원들이 공격을 자행한 것으로 발표하였다. 2건의 테러 공격은 이라크 국적 테러범에 의한 것이고, 나머지 5건의 공격은 프랑스와 벨기에 국적의 테러범이 자행하였는데, 이들은 시리아 등지에서 IS 전투원으로 참여하였다가 프랑스와 벨기에로 귀국한 외국인테러전투원(FTF) 출신인 것으로 밝혀졌다.

프랑스 정부는 이 테러 공격에 대응하기 위해 3개월간의 국가 비상사태를 선포하고 시위금지, 경찰의 무영장 검문, 재판없는 체포 및 구금, 인터넷의 테러 옹호 내용 차단 등의 조치를 취하였다. 11월 15일 프랑스 정부는 테러에 대한 응징 차원에서 IS의 본거지를 대상으로 대규모 공습을 실시하였고, 도주한 테러범과 공범을 추적하여, 11월 15일 생드니 테러 공격의 주범인 압델하미드 아바우드(Abdelhamid Abaaoud)와 두 명의 공범을 찾아 사살하였다.

⑽ 2016년 프랑스 니스 트럭 테러 공격

2016년 니스 트럭 테러 공격(2016 Nice truck attack)은 2016년 7월 14일 저녁시간에 이슬람 극단주의 테러범이 프랑스 알프마리팀주 니스, 프롬나드 데 장글레(Promenade des Anglais, 영어: Walkway of the English) 산책길에 운집한 군중을 향해 19톤 트럭을 몰고 돌진하여 86명이 사망한 사건이다. 이 날은 프랑스의 혁명 기념일(Bastille Day)을 기념하기 위해 평소보다 더 많은 군중이 길가에 나와 있었다. 밤 10시 30분경 마지막 행사로 불꽃놀이가 끝났을 무렵, 튀니지 국적의 테러범 무함마드 바우헬(Mohamed Lahouaiej-Bouhle)이 "알라후 아크바"를 외치며 대형 흰색 트럭을 지그재그로 운전하면서 군중들을 향해 시속 60~70km 속도로 돌진했다. 이 테러 공격으로 86명이 사망하고 458명이 부상을 입었다. 이 트럭은 밤 10시 35분에 여러 충돌로 인해 멈춰섰으며, 테러범은 추격해 오던 경찰을 향해 총기를 난사하였고, 경찰과의 교전 끝에 경찰의 총탄을 맞고 현장에서 사망하였다. 사후 조사 결과, 트럭을 운전한 테러범은 프랑스 영주권을 취득하고 니스에 거주하던 튀니지 국적의 무함마드 보울레(당시 31세)로 확인되었다.

프랑스 당국의 조사결과, 보울레는 신실한 무슬림도 아니며, 심지어 돼지고기와 술을 먹고 마시며, 마약과 무절제한 섹스에 중독되어 있던 것으로 밝혀졌다. 그러나 보울레는 이 트럭테러 공격 발생 수개월전에 갑자기 모스크를 출입하기 시작하면서 극단화되었으며, 이슬람 극단주의자들과 전화통화를 하면서 교류하였던 것으로 확인되었다.[21] 테러사건 발생 몇 주 전 기록을 보면, 보울레는 IS 선전물이 게시된 인터넷 사이트와 꾸르안과 이슬람 종교를 찬양하는 사이트를 수시 접속한 것으로 파악되었다. IS 조직은 이 트럭테러 공격이 자신들의 소행이라고 발표하였는데, IS에 대항하여 싸우는 국가의 시민들을 대상으로 공격하라는 명령을 받고 테러범 보울레가 이를 수행한 것이라고 주장하였다.

---

21 Chazan, David; Morgan, Tom; Turner, Camilla (17 July 2016). "Bastille Day terrorist was radicalised within months and sent £84,000 to his Tunisian family days before attack". The Telegraph.

(11) 2016년 독일 베를린 트럭 테러 사건

2016년 베를린 트럭 테러 공격(2016 Berlin truck attack)은 2016년 12월 19일, 튀니지 출신 아니스 아므리(Anis Amri)가 베를린 시내 크리스마스 마켓 상점들이 운집한 곳으로 트럭을 몰고 돌진하여 12명이 사망하고 56명이 부상당한 사건이다. 테러발생 직전 테러범 아므리는 트럭 운전사를 총기로 살해하고 트럭을 탈취하여 베를린 시내 카이저 빌헬름 추모 교회(Kaiser Wilhelm Gedächtniskirche) 인근에 마련되어 있는 임시 상점들로 트럭을 돌진해 나갔으며, 자동 브레이크 장치 덕에 차량이 멈추어 섰다.

독일 경찰은 현장에서 도주한 테러범을 추적하였으나 체포하지 못하였고 4일이 지난 후 이태리 밀라노 인근에서 테러범을 적발하고 교전하던 중 사살하였다. 독일 경찰은 범죄 초동단계에서 테러범 아므리를 체포하기도 하였는데, 그 당시 트럭 테러범으로 입증할 만한 충분한 증거가 없어서 풀어주었으며, 그 사이 아므리는 이태리로 도주한 것으로 밝혀졌다.

테러조직 IS는 이 사건과 관련하여 아니스 아므리에게 테러 공격을 지시하였다고 주장하였다. IS는 테러범 아므리가 테러조직의 수뇌인 아부 바크르 알-바그다디(Abu Bakr al-Baghdadi)에게 충성을 맹세하는 동영상을 공개하기도 하였다.

(12) 2018년 11월 이집트 콥틱 테러 공격 사건

콥틱은 이집트의 기독교 정교(Coptic Oriental Orthodox Christians) 집단을 말하며, 이집트 1억 4백만 인구의 10%를 차지하고 있어, 1천만 명으로 추산되고 있다. 이들은 AD 50년경부터 기독교 신앙을 믿고 있었으며, 이들의 초대 지도자는 예수(Jesus Christ)의 12제자 중 한 명인 마가(Saint Mark) 사도로 알려져 있다.

2018년 11월 4일, 이집트 카이로에서 남쪽으로 245km 떨어진 민야(Minya) 지역에서 19명의 이슬람 극단주의 조직원들이 순례 여행중인 콥틱 교인들이 타고 있던 버스를 향해 총기난사를 자행하여 7명의 콥틱 기독교인들이 사망하고 19명이 부상당하였다. 이집트 경찰은 테러범을 추적하여 총 19명의 테러범들을 사살하였다고 발표하였다. 이 공격은 IS 조직의 시나이 반도 지부 테러조직에 의한 것으로 밝혀졌다. IS는 이집트의 기독교인들을 대상으로 계속 공격할 것이라고 공공연히 천명하고 있었는 바, 콥틱 기독교인들이 현 대통령 압델 파타 엘-시시(Abdel-Fattah el-Sissi)를 지지하고 있기 때문에 응징한다는 주장이다. 엘-시시는 2013년 국방장관 시절에 군사 쿠데타를 일으켜 무슬림형제단(Muslim Brotherhood) 소속 대통령인 모르시(Mohamed Morsi)를 축출하였다. 2014년 대통령에 선출되어 대통령직을 수행하는 엘-시시는 경제와 안보를 국가 우선순위로 두고 국정을 운영하고 있으며, 이번 테러 사건에 대해 국가의 굳건한 질서를 파괴하려는 행위이며, 이러한 테러리즘에 대항하여 지속 투쟁하겠다고 발표하였다.

이 테러 공격은 테러발생 다음날인 11월 5일(토) 개최예정인 '세계청소년포럼(World Youth Forum)' 행사를 방해할 목적인 것으로 분석되었다. 엘-시시 대통령은 이 국제적 행사를 통해 수천 명의 국내 및 해외 청소년들을 초청하여 이집트 정부의 국제적 활약상을 소개할 계획이었다. IS 테러조직은 엘-시시 정권이 이집트에서 콥틱 기독교인들을 보호할 수 없다는 것을 보여주면서, 현 정권을 불안하게 만들 목적으로 테러를 자행한 것으로 파악되었다.[22]

---

22 The Guardian, 2018.1.13, "Egypt attack: Gunmen kill seven Coptic Christians in bus ambush"

⒀ 2019년 뉴질랜드 크라이스트처치 모스크 총기난사 테러

2019년 뉴질랜드 크라이스트처치 모스크 총기난사 테러(Christchurch Mosque Shootings)는 3월 15일, 2차례 연속적으로 뉴질랜드 남섬 캔터베리 지방 크라이스트처치에서 일어난 테러 공격 사건이다. 오후 1시 40분 알누르 모스크(Al Noor Mosque)와 오후 1시 52분 린우드 이슬람 센터(Linwood Islamic Centre)에서 일어난 일련의 테러 공격으로 51명의 사망자와 50명의 부상자가 생겼고 4명의 용의자가 체포됐다.

테러범은 호주 국적인 브렌트 태런트(Brenton Harrison Tarrant, 1990년생)로 밝혀졌으며, 태런트는 2차례 테러 공격을 자행한 후 3번째 타깃인 애쉬버튼(Ashburton) 소재 모스크로 향하던 중 경찰차에 의해 제지당하고 체포되었다. 테러범은 범행 전에 자신의 테러 동기에 대해 온라인으로 성명서를 발표하였고, 심지어 자신의 테러 행위를 페이스북(Facebook)에 실시간 방송을 하면서 범행을 자행하였다. 2020년 3월 26일 법정에서 테러범은 51명을 살해하였고 40명을 살인미수 범죄를 자행한데 대해 인정하고, 무기징역을 선고받았다.[23]

테러범 테런트는 20세가 되었을 때, 부친의 사망으로 한화로 4억 원 정도를 보상금으로 받고 해외 여행을 다니면서 극우주의에 전도되기 시작했다. 2015년부터 전 세계에 확산되고 있는 백인우월주의와 극우주의 현상이 테러범에게 영향을 미친 것으로 분석되었다. 테런트가 인터넷에서 밝힌 내용에 따르면, 동 테러범은 스스로 3가지의 사건으로부터 자신의 이념을 형성했다고 설명했는데, 2017년 무슬림 테러범에 의한 스웨덴 스톡홀름 트럭테러로 11세 소녀 에바 오케르룬드(Ebba Åkerlund)가 사망한 사건, 프랑스 극우주의자 마린 르펜이 2017년 대선도전에서 실패한 사건, 프랑스에서 이주

---

23 Lourens, Mariné (27 August 2020). "Christchurch mosque gunman jailed 'until his last gasp'". Stuff. Archived from the original on 27 August 2020.

민의 확산으로 인해 심지어 백인 프랑스 국민이 소수민족으로 보였던 느낌 등이었다.[24] 테러범은 인터넷의 성명서에서 "유럽에서 일어난 테러로 목숨을 잃은 수천 명의 유럽인들을 위한 복수"와 "에바 오케르룬드를 위한 복수"를 이번 테러 공격의 이유로 언급했다.

뉴질랜드 저신다 아던(Jacinda Ardern) 총리는 이번 테러사건에 대해 "뉴질랜드의 가장 암울한 나날"이었다고 묘사했다. 이 사건 이후 뉴질랜드는 특별위원회를 구성하여 사건을 구체적으로 분석하고 기록한 보고서를 작성하였고 12월 7일 대중에게 공개하였다. 테러범이 실시간 방영한 영상이 모방범죄를 야기시킬 우려가 있어 유엔에서는 3월 15일을 "이슬람혐오주의자에 대한 세계 투쟁의 날"로 지정하기도 하였다.

⒁ 2019년 스리랑카 부활절 폭탄 테러

2019년 스리랑카 부활절 폭탄 테러(2019 Sri Lanka Easter bombings)는 2019년 4월 21일, 기독교의 부활절에 스리랑카의 3개 교회와 고급 호텔 등지에서 자살폭탄을 포함한 동시다발 연쇄 테러 공격 사건이다. 이 테러 공격으로 269명이 사망하였고, 사망자 중 외국인은 45명이었으며, 3명의 경찰관과 자폭테러범 8명이 포함되었다. 부상자는 500명에 이른다.

가톨릭 교회를 대상으로 자행된 폭탄 테러는 부활절 예배중에 있던 세 곳으로, 네곰보(Negombo), 바티칼로아(Batticaloa), 콜롬보(Colombo)에 소재한 교회에서 발생하였다. 호텔 대상 폭탄 테러는 샹그릴라(Shangri-La), 시나몬 그랜드(Cinnamon Grand), 킹스배리(Kingsbury), 트로피칼 인(Tropical Inn) 등 네 곳이었다. 국가정보기관에 따르면 후속 테러가 기획되어 있었으나 국가기관의 급습

---

24 Dafinger, Johannes; Florin, Moritz (2022). A Transnational History of Right Wing Terrorism: Political Violence and the Far Right in Eastern and Western Europe since 1900. United Kingdom: Routledge. p. 219.

으로 이를 예방하였다고 발표하였다.

스리랑카 정부 발표에 따르면, 8명의 자살폭탄 테러범들은 모두 스리랑카 국적인으로 자국의 지역 무슬림 군사조직체인 국가유일신기구(NTJ, National Thowheeth Jama'ath)[25] 소속 조직원으로 밝혀졌다. NJT 조직은 IS 테러조직과 연계된 것으로 알려져 있으며, 과거 불교도와 이슬람 수피주의자를 대상으로 공격한 사례가 있는 것으로 확인된다.[26] 스리랑카 국방부장관의 발표에 따르면, 이번 테러 공격은 2019년 3월 뉴질랜드 크라이스트처치의 모스크를 대상으로 자행된 총기난사 테러 공격에 대한 보복 공격인 것으로 설명되었다.

2019년 4월 23일 테러조직 IS의 선전매체인 아마크 뉴스통신(Amaq News Agency)은 "이번 스리랑카의 기독교도와 기독교도 연합국의 시민들을 대상으로 자행된 테러 공격의 주도자는 IS의 전투원이었다"고 발표하였다. 그러나 스리랑카는 IS 조직에 대응하는 연합국에 합류하여 활동한 적이 없으며,[27] 스리랑카 범죄수사국장 역시 이번 테러 공격이 IS와 연계되었다는 증거를 확인할 수 없다고 언급하였다.[28]

스리랑카 국민의 주요 종교는 불교가 70% 이상이며, 힌두교 12.6%, 이슬람 9.7%, 기독교 6.1%를 차지한다. 이슬람 극단주의 단체는 무슬림에 대한 공격의 응징으로서 위협적 존재로 나타났는데, 테러발생 3년전 이미 스리랑카 무슬림 위원회에서는 극단주의 조직인 NJT에 의한 비(非)무슬림 공동

---

25 National Thowheeth Jama'ath (NTJ: National Monotheism Organisation)는 스리랑카 이슬람 지하드 군사조직이며 IS 등 해외조직과도 연계되어 있는 것으로 알려져 있다.

26 "The Latest: UN Security Council condemns Sri Lanka attack". San Francisco Chronicle. 22 April 2019.

27 "Easter bombings victims identified". News. 22 April 2019. Retrieved 24 April 2019.

28 No evidence that IS was behind Easter attacks – Senior DIG Ravi Seneviratne". ADA Derana. Retrieved 20 August 2019.

체 대상 공격을 우려하고 있었다. 이 위원회에서는 "이들(NJT)은 (이슬람) 종교의 이름으로 비무슬림을 살해해야 한다고 부추기고 있다"고 경고하기도 하였다. 스리랑카 안보기관과 정보기관의 실수와 실패가 부각되었고, 2023년 1월 12일 스리랑카 대법원에서는 당시 대통령이던 마이트리팔라 시리세나(Maithripala Sirisena)와 여타 관련 관료들에 대해 정보실패의 책임을 물어, 희생자들에 대한 보상을 직접 배상하도록 선고하였다.[29]

3. 우리나라 대테러 활동에서 고려해야 할 교훈

2001년 9·11 테러사건을 비롯하여 최근까지 발생한 14건의 대표적 사건의 테러 동기를 구분해 보면, 12건이 이슬람 극단주의에 의한 종교적 동기로 발생된 사건이며, 2건이 극우주의에 의한 극우이념적 동기에 의한 사건으로 분류된다.

유엔의 대테러 전략에서 묘사한 것처럼, 테러 공격이 발생하게 되는 원인에 접근하여 근본적인 예방 대책을 마련하는 것이 우선적으로 대처해야 할 대테러 전략이다. 자살폭탄 테러와 같은 극단적인 테러 공격은 주로 종교적 동기, 특히 이슬람 극단주의에 의해 자행되고 있음을 알 수 있다. 또한, 극우주의자의 테러 동기는 외국인 혐오주의, 반이주민주의, 이슬람 혐오주의 등에서 기인된 것을 알 수 있다.

위에서 살펴 본 대표적 테러 공격의 동기를 분석하여 우리나라 대테러 활동에 교훈이 될 점으로 고려해 보면, 첫째, 이슬람 극단주의의 국내 유입을 차단해야 하는데, 외국인테러전투원(FTF) 등 이슬람 극단주의자의 국내

---

29 "Sri Lanka ex-leader ordered to compensate Easter bombing victims". 12 January 2023.

유입을 차단하고, 동시에 인터넷과 소셜미디어를 통해 유포되는 이슬람 극단주의 선전선동을 차단하는 노력을 기울여야 한다. 둘째, 극우주의 이념의 확산을 막기 위해, 인터넷과 소셜미디어 모니터링 및 차단활동이 필요하고, 동시에, 정부 주도의 효율적인 이주민 통합정책을 마련하고 경제 및 사회적 안정과 화합을 도모하는 정책 전개가 요구된다.

또한, 테러범과 테러조직의 공격은 주로 총기와 폭발물을 사용하는 점을 감안하여, 국내에 총기를 반입하지 못하도록 하는 철저한 법적 조치와 관리가 취해져야 하며, 폭발물을 제조하는 데 필요한 모든 화공물질에 대해서도 제조 및 유통단계에서 엄격한 통제가 필요할 것이다.

제2부

—

국제 테러리즘의 지정학적 동태

제1장

국가안보와 테러리즘

1. 안보위협 요인의 변화

'안보(security)'의 의미는 라틴어 어원인 'securitas'에서 보듯이 "분리하다('se')"라는 의미와 "위험, 위협('curitas')"이라는 의미가 합성된 단어로, "위험이나 위협에서 자유로운 상태"로 해석될 수 있으며, 일반적으로 안보의 의미는 "위협이나 위험으로부터의 자기의 안전을 지키고, 공포나 불안 등의 근심과 걱정이 없도록 하는 것"으로 정의된다.[1] 한편, 영문의 'security'는 보안(保安)으로도 번역되는데, 여기서의 '보안'이란 "국가 안전보장 수단 및 국가안전을 보호하기 위하여 취해지는 일체의 수단과 방법으로서의 총체적 방어수단"을 의미한다(행정안전부, 2007).

과거 냉전시대의 안보 개념에서는 주로 국가적 안보개념에 치중되어 군사적 무력사용이나 국가 간 전쟁의 위협에 대한 대응이 강조되었으며, 이 시

1 Lexikon der Politikwissenschaft. Theorien, Methoden, Begriffe. Verlag C.H. Beck, München. 2002, pg. 837.

기의 안보개념을 '전통적 안보' 개념으로 구분한다. 탈냉전기로 접어들면서, 국제사회는 세계화·정보화·기술의 급속한 발전 등의 환경 변화가 나타났으며, 이로써 안보의 개념과 범위가 확대되면서 글로벌 안보 패러다임이 근본적으로 변화하기 시작하였고, 이 시기부터 '비전통적 안보'의 개념이 적용된다. 또한 2001년 9월 11일 미국 뉴욕에서 발생한 대규모 테러사건 이후 국가 간의 군사적 위협뿐만 아니라 무고한 민간인에게까지 그 위협이 확대되면서, 인간을 먼저 보호해야 한다는 '인간안보(Human Security)'의 개념이 강조되었고 이를 포함한 '포괄적 안보(CS, comprehensive security)'의 개념이 부각되었다. 즉, 전통적 안보개념의 주류로서 군사적 조치를 통한 무력사용의 위협이 존재하였다가, 냉전이 종식된 이후부터 정치적 민주주의, 경제적 시장경제체제, 사회적 공동체 유지, 안전한 생존환경 유지, 사이버테러 등 비군사적 위협에 대응해야 하는 광범위한 안보개념이 등장하였고, 이러한 새로운 안보개념을 일각에서는 '신(新) 안보'라는 개념으로 구분하기도 한다.[2]

한편, 국제관계학(IR, International Relations)에서는 한 국가의 존립과 직결된 중대한 요인으로서 국가안보 차원에서 군사적, 정치적 문제를 다루는 정치활동을 '상위 정치(high politics)'로 구분하고, 이에 반해, 국가 내부에서 발생하는 경제, 사회, 환경, 질병 등의 문제를 다루는 정치를 '하위 정치(low politics)'로 구분하기도 한다. 전통적 안보가 국가 간의 무력사용의 위협을 이슈로 다룬다는 면에서 '상위 정치'의 개념과 일맥상통한다고 볼 수도 있겠으며, 인간안보 영역이 '하위 정치'와 유사해 보이기는 하나 인간안보를 비전통적 안보와 동일한 개념으로 볼 수는 없다. 왜냐하면, 인간안보에서 다루는 위협요인들 중에는 테러리즘과 초국가적조직범죄 등도 포함되는데, 이러한 위협들은 국가 행위자 간 발생하는 군사적 위협의 유형은 아니지만 초국가적으

---

2 윤해성, "신안보 상황에서의 대한민국 안보 형사사법시스템에 대한 재조명", 『한국경찰연구』 제14권 제2호(2015), pp. 339~372, p.342.

로 여러 국가들과 연관되면서 국가의 존립에 위협을 미칠 수 있는 직접적인 이슈로 발전할 수 있기 때문이다.[3]

위에서 살펴보듯이, 탈냉전 이후의 시기에서 나타나는 안보위협 요인이 다양한 형태로 나타나고 있는데, 이를 구분하면 다음과 같다. 첫째, 국가 간 분쟁으로 인한 무력사용의 위협이다. 즉, 전통적 안보문제는 지속적으로 고려되고 있다. 둘째, 위협의 주체가 국가 또는 비국가행위자와 무관하게, 초국가적으로 영향을 미치는 위협이다. 전 세계가 피해를 겪고 있는 전염병이나 기후변화로 발생하는 천재지변, 또한 특정 국가의 정치역량 부재로 인한 난민, 기아 등의 발생을 사례로 꼽을 수 있다. 셋째, 비국가행위자가 주체가 되어 국가 및 초국가적 차원의 안보위협으로 나타나는 경우다. 2001년 9·11 테러를 주도했던 알-카이다 등 국제테러조직, 전 세계를 시장으로 삼아 유통망을 구축하고 밀거래하고 있는 국제마약조직, 해커 집단에 의한 사이버 공격 등이다. 특히, 최근 비국가행위자에 의해 자행되는 위협들은 각국의 정보·수사기관에서 따라잡지 못하는 첨단 형태와 형식으로 진화하고 있으며, 국내외 정보기관에서 시급하게 대처해야 할 위협요인이기도 하다.

2. 안보개념 변화의 시기적 고찰

제2차 세계대전이 종식된 이후 동서 진영이 각기 상이한 이념에 따른 경제체제를 유지하면서 양립하였으며, 종전 후 45년이 지난 1990년 10월, 동구

---

3 Jackson, Robert H. and Georg Sørensen, Introduction to International Relations: Theories and approaches, (3rd ed. Oxford; New York: Oxford University Press, 2007), p. 106; Low politics is a concept that covers all matters that are not absolutely vital to the survival of the state as the economics and the social affairs. The low politics are the domain of the state's welfare. It concerns all things about social or human security.

권의 최서방에 위치한 동독의 체제가 무너지면서 냉전의 균형은 허물어지기 시작하였다. 1991년 소련의 해체와 동구권 공산주의 체제 몰락 이후 10여 년 간은 공산권의 약소국가들이 주권국가로서 독립의 새로운 환경을 맞이하였고, 미-러 양대 강국의 무기감축 협상이 진전을 보이며 국제화와 신자유주의의 분위기가 확대되면서 현실주의의 긴장감은 사라지고 자유주의 이념이 지배하는 정치적 화해의 분위기가 조성된 듯 보였으며, 국가 간 무력에 의한 안보위협은 당분간 사라진 듯 하였다.

냉전시기가 종식된 1991년 12월 직후의 안보개념은 전통적 안보개념의 연장선에서 국가행위자 중심으로 유지되었으나, 앞으로의 위협은 군사적 요인보다는 비군사적 요인이 대두될 것으로 전망하면서, 국제적 환경은 세계화, 정보화 등의 새로운 변화에 맞추어 경성권력(hard power)보다는 연성권력(sofrt power)의 역량이 증강되는 추세를 보이고 있었다. 이제, 국가 간 전쟁의 위협보다는 사회와 개인의 문제를 확대하여 보려는 노력이 확산되었고, 유엔개발계획(UNDP)은 1994년 인간개발 보고서(Human Development Report)를 발표하면서, '인간안보(Human Security)'라는 개념을 제기하였다. '인간안보(HS)'라는 개념은 "안보의 궁극적인 대상을 인간으로 보아야 한다"는 주장이라고 간단하게 설명할 수 있다. 즉, 인간안보는 정치, 경제, 사회, 보건, 환경 등 다양한 분야에서 인간에게 위협이 되는 모든 요인을 극복하기 위해 대처해야 한다는 인간 우선의 안보개념이다.

1998년 유럽의 학자들을 중심으로 '포괄적 안보(Comprehensive Security)'의 개념이 소개되고 국제정치 학계에서 폭넓게 활용되기 시작하였다. 포괄적 안보(CS)는 전통적 안보에서 다루어진 군사적 위협 등 경성권력을 포함하며, 이에 더하여 정치, 경제, 사회, 환경 등의 분야에서 나타나는 위협을 안보의 대상으로 삼는다. 즉, 포괄적 안보는 냉전 시기의 전통적 안보와 탈냉전 시기의 비전통적 안보 위협을 모두 아우르는 개념이라고 볼 수 있다.

한편, 탈냉전 이후 10여 년이 지난 2001년에 발생한 9·11 테러 공격은

21세기 국제질서와 안보환경에 격변을 몰고 온 충격적인 사건이었으며, 이 사건 이후 국제 테러리즘, 대량살상무기 확산문제, 미사일 위협, 인종분쟁과 인권탄압, 내전으로 인한 강제이주, 초국가적 조직범죄 등이 국가안보의 핵심적 위협요소로 대두되기 시작하였다. 또한, 9·11 테러에서 보듯이 전통적 안보의 관점에서 고려되어 오던 공격의 대상이 국가(state) 또는 정권(regime)과 관련된 타깃에서 탈피하여 무고한 민간인의 대량살상을 목적으로 하는 소위 소프트 타깃(soft target)으로 전환되었고, 위협의 주체 역시 국가가 아닌 비국가행위자로 나타났다.

종합하여 보면, 탈냉전 시기를 맞이하고 10여 년이 지난 이후부터, 안보의 위협은 더 이상 국가 간의 공격과 방어라는 전통적 국가안보 차원이 아니라 인간안보(HS)를 위협하는 문제를 우선적으로 해결해야 한다는 생각이 제기되었고, 이를 위해 포괄적 안보(CS)의 개념이 폭넓게 적용되어 전통적 안보와 비전통적 안보를 함께 다루어야 한다는 인식이 확대되었으며, 특히, 국가행위자가 아닌 비국가행위자에 의한 안보위협에도 충실히 대응할 수 있는 체계가 요구되었다.

3. 포괄적 안보(CS)와 신(新)안보

앞에서 살펴 본 것처럼, 전통적 안보 개념과 비전통적인 새로운 안보 위협에 대응하는 안보 개념을 포함하여 '포괄적 안보(CS)' 개념의 영역으로 정의하였다. 포괄적 안보(CS)의 영역은 전통적 안보의 개념에서 다루는 군사적 문제, 동맹, 집단안전보장, 세력균형 등의 개념에 더하여 국가안보 및 인간안보에서 위협으로 나타나는 현상에 모두 대응해야 하는데, 그 영역은 정치적 민주주의, 경제적 시장경제체제, 사회적 공동체 유지, 안전한 생존환경 유지, 사이버공격, 테러 및 초국가적 조직범죄 등이다.

1990년대 초부터 많은 국제적 학자들은 미래의 위협은 비군사적 요인이 될 것이며, 군사적 위협은 단지 부분적인 것일뿐이라고 예견하였다. 부잔(Buzan), 베버(Weaever), 드 빌데(De Wilde) 등의 학자들은 이러한 안보개념을 '포괄적 안보(CS)'라고 명명하였으며, 이 개념의 원칙적 의미로는, 정치·경제·군사·사회·환경적 위협 등 다양한 위협으로부터 국가와 국민을 보호한다는 것이었다.[4] 포괄적 안보는 위 5가지 분야로 구분되어 설명된다. 첫째, 군사적 영역, 즉, 경성권력(Hard Power)이라고 불리는 영역을 포함한다. 둘째, 정치적 영역으로, 정권의 체계와 법질서 확립, 주권 확보 등 국가의 안정성을 의미한다. 셋째, 경제적 영역으로, 자원과 금융, 시장, 사회복지 등을 말한다. 넷째, 사회적 영역으로, 민족성, 종교 등 사회 내의 정체성을 포함한다. 다섯째, 환경적 영역으로, 천연자원과 자연을 보호하는 분야를 말한다.[5]

한편, 국내 일부 학계에서는 군사적 안보가 중심이 되었던 전통적 안보에 비해서 비전통적 안보 영역을 '신(新)안보(new security)'라고 명명하면서 구분하기도 한다. 다만, 이러한 구분은 국내 학자들과 연구기관의 편의에 따라 명명된 것일 뿐, 아직까지 국제적으로 보편성을 갖는 용어로 활용되는 단계에는 미치지 못하는 것으로 관찰된다. 신안보라는 영역개념의 의미는 전통적 안보 관념의 군사적 위협에서 벗어난 새로운 비군사적 안보 위협을 통칭한다는 점에서 분명한 의미를 갖는다. 다만, 신안보 개념에 대한 담론이나 정의가 일관된 공감성을 갖는 것은 아니며, 지역 및 국가 상황과 각각의 우선순위와 인식의 격차에 따라 대응 정도가 상이하여, 일반적인 신안보 개념으로서의 적용은 매우 다양하다 할 수 있겠다.

---

4 Barry Busan, Ole Waever, Jaap de Wilde, "Security-A New Framework For Analysis", 1998.

5 Dritëro Q. Arif, "The concept of "Comprehensive security" as a draft for reconstructing security in a system of international relations", Iliria International Review – 2011/1, Felix-Verlag, Holzkirchen, Germany and Iliria College, Pristina, Kosovo

요약하자면, 일반적으로 언급되는 '신안보'의 의미는 냉전 시대에 주류를 이룬 군사적 위협과 군사적 대응 조치가 '전통적 안보'인데 비해, 탈냉전 및 9·11 테러 이후 인간안보(HS) 등을 위협하는 새로운 안보 위협이 등장함에 따라 비군사적 조치의 안보 개념이 등장하였고, 이를 일컬어 '신안보'라는 개념으로 구분한다는 것이다. 이러한 의미의 신안보는 해외 일부 학자들에 의해 인용되는 "새롭게 나타나는 안보(ES, emerging security)"라는 표현과 유사한 개념으로도 표현된다. 그러나 ES의 경우 우리나라 학계에서도 정립한 이론적 정의가 부재하고, 일부 학자는 '신흥안보'라는 새로운 개념(김상배, 2016)을 제기하면서 신안보와는 다른 개념으로 소개하기도 하여, 신안보와 신흥안보를 동일시하기에는 무리가 있어 보인다.

일반적으로 이해되는 신안보 개념의 교집합을 도출하여 소개한 내용으로 아래 설명을 인용하고자 한다.

> "신안보는 전통적 안보(traditional security)와 대비되는 개념으로, 주체와 대상 등 많은 측면에서 차이가 있다. 전통안보는 냉전시대를 대표하는 안보개념이며 '국가'를 주체로 하고 '군사력'(재래식 무기·핵무기)을 주요 수단으로 사용하는 안보를 말한다. 이에 비해 신안보는 탈냉전 이후 세계화와 정보화의 급속한 진전 및 환경의 변화, 4차 산업혁명 시대에 접어들면서 우리 일상생활에서 새롭게 부상(浮上)하고 있는 직접적이고 현실적인 위협들을 총칭하는 것으로, 기후변화와 감염병 문제, 사이버와 테러 문제, 식량과 인구 문제, 난민문제, 에너지 문제 등 '생활밀착형 위협'들을 포괄하는 안보개념이다."[6]

앞서 설명한 안보의 개념을 정리하여 '신안보'와 '포괄적 안보'의 개념을

---

6 2019 신안보 위협 전망, 국가안보전략연구원, (이슈브리프, 2018)

구분하자면, 아래와 같다.

전통적 안보 + 비전통적 안보 (신안보) = 포괄적 안보(CS)

한편, '신안보'의 일반적인 의미가 전통적 안보와 구분되는 측면에서 선명하게 그 개념이 이해되기는 하나, 용어적 측면에서는 문제가 제기될 수 있다. 즉, '신(新) 안보'라는 용어가 특정한 개념을 담고 있는 고유명사로 활용되기에는 모호성이 있으며, 국제적 문헌에서도 고유명사의 개념으로 학술적으로 인용하면서 서술된 정확한 의미와 정의가 묘사되어 있는 내용을 찾아보기 어렵다.[7] 또한, 시간적 측면에서 볼 때, 새로운 시점(新안보)과 과거의 시점(舊안보)을 구분하기에 무리가 있다. 일반적으로 안보환경의 변화를 설명하기 위해 냉전시대의 종식을 분기점으로 구분할 경우, "탈냉전 이후의 안보", 또는 국가 및 정권(regime)이 아닌 민간인을 대상으로 자행된 9·11 대규모 테러 사건을 계기로 구분하여 "9·11 테러 이후 안보" 등으로 구분하면서, 구체적 시점을 언급하는 것이 타당하다. 일각에서 1980년대 말 탈냉전 시대와 2001년 발생한 9·11 테러를 한데 묶어 이 시기 이후를 '신안보'의 개념이 시작된 시기로 언급하는 사례가 있으나, 100년 후 미래의 시점에서 현재의 시점을 언급할 때 "2001년 이후부터 2022년의 기간을 '신안보'라고 명명한다"고 정의할 수 없기 때문이다. 또한, 국제정치 이론에서 통용되는 명칭과도 차이가 있다. 하나의 주장이 이론으로 정착되고 그 이론에 대한 새로운 연구와 추가적인 발견을 통해 그 연관성을 바탕으로 새롭게 명명할 때, '자유주의(liberalism)'에서 '신자유주의(neo-liberalism)', 등의 변형 개념이 용납될 수 있다. 또한, 특정

---

7 미 국무부에 신설된 '신흥안보위협대응사무소(ESC, Office of Emerging Security Challenges)'의 경우, 우주공간과 미사일 안보, 극지의 환경안전, 사이버 전략안정성 증진, 인공지능(AI) 연계 국가안보 문제 등 무한정한 새로운 도전적 위협요인을 포괄적으로 다룬다.(미 국무부 홈페이지)

개념과 주의에 대해 현대적 감각으로 다시 나타나는 사례, 즉, 나치즘과 '신나치즘(neo-Nazism)'에서도 통용될 수 있다. 그러나 '신(新)안보'의 의미는 특정한 개념을 지칭하는 고유한 의미로 이해되기보다는 "새롭게 나타난 위협에 대한 새로운 안보"라는 일반적인 의미로써 이해될 수 있는 여지가 많다.[8]

이러한 용어상의 문제를 극복하고자 '신흥안보(emerging security)'로 구분하여 연구하는 사례도 발견되고 있으나, 여기서 언급되는 신흥안보의 개념이 앞서 설명한 신안보의 개념과 동일한 것으로 판단하기도 어려운 상황이다.[9] 한편, 2021년 11월 우리나라 외교부 주최로 개최된 'World Emerging Security Forum(WESF)'의 경우, 외교부는 '세계 신안보 포럼'으로 번역하여 보도하였던 사례도 있어, 신안보 또는 신흥안보의 개념과 용어가 여전히 국내외적으로 확정되지 못한 채 사용되고 있음을 알 수 있다.[10]

4. 새로운 위협의 출현 – 비국가 행위자 중심으로

가. 신안보의 위협요인

포괄적 안보(CS)의 영역은 전통적 안보의 개념에서 다루는 군사적 문제, 동맹, 집단안전보장, 세력균형 등의 개념에 더하여 정치적 민주주의, 경제적

---

8 '포괄적 안보(comprehensive security)' 역시 용어적 의미에서 볼 때, 특정 개념만을 지칭할 수 없는 일반 명사의 수준이나, "탈냉전 이후의 포괄적 안보" 등의 제목으로 국제적 학계에서 통용되고 있으며, '포괄적 안보'라는 개념이 고유한 개념으로 인용되고 있다.

9 김상배, 『신흥안보의 미래전략』, 2016. 서울대학교 국제문제연구소 총서07, p.29: "신흥안보의 개념은 기존의 비전통 안보와 같은 소극적인 개념화의 경향을 넘어서 좀 더 적극적으로 새로운 안보연구를 벌이려는 문제의식을 바탕으로 한다. 따라서 신흥안보라는 개념은 단순히 새롭다는 의미를 넘어서 고안되었다.", p.42: "이러한 관점에서 보면 신흥안보는 비전통 안보의 개념과는 달리 전통안보 문제도 포함하는 개념으로 이해할 수 있다."

10 새로운 안보위협 대응을 위한 제1차「세계신안보포럼」개최, 외교부 보도자료, 2021.11.16.

시장경제체제, 사회적 공동체 유지, 안전한 생존환경 유지, 사이버범죄 및 테러 등을 포함한다. 포괄적 안보 영역에 들어 있는 신안보 개념은 전통적 안보 개념에 대비되는 비전통적 안보, 즉, 탈냉전 이후 나타나는 새로운 형태의 모든 안보위협에 대응하는 것이다. 위에서 살펴보듯이, 신안보, 신흥안보, ES-(emerging security) 등 3가지 용어는 아직까지 동일한 개념으로 보기는 어려우며, 개념의 확대와 정립 과정을 거치고 있는 것으로 보인다. 그러나 분명한 의미는 이들의 개념이 새로운 안보위협에 대응하기 위한 것이므로, 여기서 제기하는 위협의 요인들을 모두 열거해 보기로 한다.

일반적인 신안보 개념에서 도출할 수 있는 위협의 요인들은 지구 온난화, 에너지 경쟁, 초국가적 조직범죄, 테러리즘, 사이버공격, 전염병 확산, 기근, 식량부족, 국가 내 인종 분쟁, 정권의 무능과 반인권적 조치에 따른 인도적 위기 상황, 이주 문제 등을 꼽을 수 있다.[11]

신흥안보의 개념에서 위협요인으로 고려하는 대상은 2015년 개최된 세계경제포럼(WEF) 보고서에서 제기된 내용을 채택하였다. 이 포럼에서는 900명의 전문가 의견조사를 바탕으로 작성한 '글로벌 리스크 2015'라는 보고서를 통해서 전 세계가 직면하고 있는 새로운 위험을 지적한 바 있다. 이 보고서는 경제적 위험, 환경적 위험, 지정학적 위험, 사회적 위험, 기술적 위험 등 5개 분야에 걸쳐 향후 10년 내에 다수 국가와 산업에 부정적 영향을 미칠 우려가 있는 28개 위험요인을 지적하고, 새롭게 나타나는 위협요인으로 기후변화, 자연재해, 대형인재, 생태계 손실, 물 위기, 정보인프라 파괴, 사이버 공격, 데이터 사기와 절도, 식량위기, 유행병, 만성질병, 항생제 내성 박테리아 등의 위협요인들이 도출되었다.

한편, 우리나라 외교부는 2021.11.16. 제1차 세계 신안보 포럼(World

---

11 김성한, 상게서 각주6, 동 책자 제12장 '신안보 차원의 인도적 안보 위협'. 이신화, p.197

Emerging Security Forum)을 개최하였고, 이 회의에서는 신안보 위협 중 시급하게 대처해야 할 핵심 사항으로 감염병, 사이버공격, 신기술 악용 등 3가지를 선정하였으며, 이를 논의하기 위해 '신안보위협 대응을 위한 다자협력의 미래'를 주제로 보건안보, 사이버안보, 신기술안보 3개 세션으로 구성한 바 있다. 여기서 신기술이란 4차 산업혁명을 통한 디지털 전환과 발전의 결과물로, 인공지능, 블록체인, 5G, 드론, 사물인터넷(IoT) 등이 대표적 사례이며, 이러한 기술들은 향후 개발의 엄청난 잠재력을 갖는 한편 이를 응용하여 도전하는 무한한 안보위협 또한 존재한다.

위에서 열거된 신안보, 신흥안보, ES 위협요인을 비국가행위자 주도 가능성을 포함하여 정리해 보면 아래 표와 같다.

〈표-1〉 신안보 위협의 유형

위협의 유형	비국가 행위자 주도 가능성
지구 온난화	×
에너지 경쟁	×
초국가적 조직범죄	○
테러리즘	○
사이버 공격	○
전염병 확산(보건안보)	×
기근 및 식량부족	×
국가 내 인종분쟁	×
정부의 반인권적 조치	×
이주 문제	○
신기술 악용	○

* 표식설명: ○ 위협의 주도 가능, × 주도 가능성 희박

나. 인간안보의 위협요인

국제연합개발계획(UNDP)은 1994년 발표한 '인간개발 보고서(human development report)'에서 새로운 안보개념으로 '인간안보'를 제시하였는 바, 군사감축이나 군비축소 외에도 인권, 환경보호, 사회안정, 민주주의 등이 기본적으로 보장되어야만 진정한 세계평화가 가능하다는 주장이다. 국가안보에 앞서 개인의 안보가 우선되어야 하며, 따라서 군사적 위협뿐만 아니라 인간이 겪는 경제적 고통으로부터의 자유, 삶의 질 향상, 자유와 인권보장 등이 인간안보의 목표로 포함된다. 냉전 종식 이후 분쟁의 대부분은 내전, 테러, 범죄 형태로 발생하며 그 최대 피해자는 군인보다 민간인이라는 점이 부각되면서 인간안보의 중요성이 확대되었다.

포괄적 안보 개념이 확산되는 21세기에 들어서, 유엔은 2000년 밀레니엄 총회에서 인간안보의 중요성을 강조하고 2001년에 '인간안보 위원회(CHS, Commission on Human Security)'[12]를 구성하여 활동을 시작하였고 2003년 4월 최종 보고서를 발표하였으며, 여기에서 소개한 '인간안보'의 정의는 다음과 같다. "인간의 자유와 자아실현을 증진시키는 모든 방법들에 있어서 모든 인간의 삶의 중요한 핵심을 보호하는 것으로, 인간안보는 근본적으로 인간의 삶의 필수적 핵심인 자유를 보호하는 것을 의미한다."[13]

---

12 '인간안보 위원회(CHS)'는 2000년 유엔 밀레니엄 총회에서 "결핍(want)과 공포(fear)로부터의 인간의 자유"를 추구하기 위해 위원회 발족의 필요성이 제기되었고, "인간안보의 중요성을 공공에게 전파하고, 인간안보의 개념을 발전시키며, 인간안보의 위협에 대응하는 방법을 제시한다"는 3가지 목적을 실현하기 위해 2001-2003년간 노력하여 2003년 'Human Security Now' 보고서가 최종 제출되었다. 이후 UNHCR 산하 '인권이사회(human right council)' 업무로 다루어진다.

13 The Commission on Human Security's definition of human security: to protect the vital core of all human lives in ways that enhance human freedoms and human fulfilment. Human security means protecting fundamental freedoms-freedoms that are the essence of life. It means protecting people from critical (severe) and pervasive (widespread) threats and situations. It means using processes that build on people's strengths and aspirations. It means creating political, social, environmental, economic, military and cultural systems that

위 보고서에서 인간안보를 추구해야 할 필요성에 대해 설명한 내용은 다음과 같다. "국가안보는 17세기에 대두된 이슈였으며, 당시의 이론에 따르면 국민을 보호하기 위해 국가가 권력과 수단을 독점해야 했는데, 21세기에 접어들어 안보의 위협과 안보를 지켜야 하는 주체가 보다 복잡해졌다. 국가는 근본적으로 안보를 지키는 역할을 담당하고 있으나, 국민을 당연히 보호해야 하는 안보마저도 실패하는 사례가 종종 발생하고 있으며, 심지어 자국 국민의 인간안보를 위협하는 존재가 되기도 한다. 이에 따라, 국제사회는 인간안보를 확립해야 할 상황이 절실해졌으며, 21세기의 안보는 국가가 우선이 아니라 인간안보에 중점을 두어야 한다."[14]

인간안보는 국가안보를 보완하는 기능을 갖으며, 국가안보와 다른 차이점으로 다음 4가지 내용을 열거할 수 있다. 첫째, 인간안보는 국가보다는 개인과 인간 공동체를 대상으로 삼는다. 둘째, 인간의 안보에 위협으로 나타나는 것이 반드시 국가 안보의 위협과 동일한 것은 아니다. 셋째, 인간안보에 영향을 미치는 행위자(actor)는 국가만으로 한정되지 않고 비국가행위자까지 그 범위가 확대된다. 넷째, 인간안보를 실현하는 것은 인간을 보호하는 수준에 그치는 것이 아니라 인간에게 스스로를 방어할 수 있도록 권한과 역량을 확대시키는 것이다.

인간안보 차원에서 나타나는 위협요인들은 1994년 발표된 인간개발보고서에서 기본적으로 명시되었는데, 다음 7가지 내용으로 정리된다. 영속적 빈곤과 실업(경제적 안보), 기근과 굶주림(식량안보), 전염병과 영양실조, 비위생, 기본적 의료지원 부재(보건안보), 환경의 저하, 자원부족, 자연재해, 공해(환경안보), 물리적 폭력, 범죄, 테러리즘, 가정폭력, 아동노역(개인안보), 인종 및 종교

---

together give people the building blocks of survival, livelihood and dignity.

14 UN Commission on Human Security, "Human Security Now"(2003), p.3.

간 분쟁(공동체안보), 정치적 박해, 인권유린(정치적 안보) 등이다.[15]

〈표-2〉 인간개발보고서에서 나타난 위협의 유형

위협의 유형	비국가 행위자 주도 가능성
영속적 빈곤과 실업(경제적 안보)	×
기근과 굶주림(식량안보)	×
전염병, 비위생, 의료지원 부재(보건안보)	×
환경낙후, 자원부족, 자연재해, 공해(환경안보)	×
폭력, 범죄, 테러, 아동노역(개인안보)	○
인종 및 종교 분쟁(공동체 안보)	○
정치적 박해, 인권유린(정치적 안보)	×

* 표식설명: ○ 위협의 주도 가능, × 주도 가능성 희박

한편, 인간안보위원회(CHS)가 2003년 발표한 보고서는 인간안보에 위협이 되는 요인으로서 전통적 안보위협에서 언급되는 군사력의 행사도 포함하면서, 환경공해, 초국가적 테러리즘, 집단적 인구 이동, HIV/AIDS와 같은 감염병, 억압과 궁핍의 장기적 상황 등 4가지의 위협요인을 명시하였다.[16]

2022년 유엔개발계획(UNDP)이 발표한 "인류세(人類世) 시대에 나타난 인간안보에 대한 새로운 위협들(New threats to human security in the Anthropocene)" 제하의 특별보고서에서 최근까지 대두되고 있는 인간안보의 위협요인들이 열거되었는데, 그 내용은 다음과 같다. 첫째, 인간안보에 대한 디지털 기술의 위협이다. 사이버안보 위협과 신기술의 왜곡된 사용, 소셜미디어의 왜곡된

---

15 UNDP, Human Development Report (1994), pp.24-25.

16 UN Commission on Human Security, "Human Security Now"(2003), p.6.

활용, 인공지능 기반의 의사결정으로 인한 인간안보의 와해, 기술혁신 접근성의 불평등성 등이 포함된다. 둘째, 폭력적 분쟁에서 나타나는 새로운 위협이다. 인간안보에 위협이 되는 체계적이고 조직적인 분쟁 개입활동 등 분쟁과 분규의 확대 및 지속에 따라 개발된 새로운 폭력적 위협의 모습을 포함한다. 셋째, 불평등과 인간존엄성의 침해이다. 여성과 소녀들에 대한 폭력적 경제적 차별 등 사회 전반에 걸쳐 나타나는 현상을 포함한다. 넷째, 새로운 인간안보의 위협으로 나타나는 건강복지 문제이다. 코로나-19 (Covid-19)와 같은 감염병의 확산으로 인한 인간안보의 위협을 의미한다.[17]

위에서 설명된 바와 같이, 2003년 인간안보위원회의 보고서와 2022년 유엔개발계획의 특별보고서에서 명시된 위협의 요인들과 이중에서 비국가 행위자가 개입하여 주도할 수 있는 가능성을 평가해 보면 아래 표와 같다.

〈표-3〉 2003년·2022년 보고서에서 나타난 위협의 유형

위협의 유형	비국가 행위자 주도 가능성
환경공해	×
초국가적 테러리즘	○
집단적 인구이동	○
감염병 확산과 의료대응체계의 부족	×
억압과 궁핍의 장기적 상황	×
디지털기술(사이버, 신기술, 인공지능) 악용	○
조직적 체계적 폭력과 범죄	○
사회적 불평등과 차별	×

* 표식설명: ○ 위협의 주도 가능, × 주도 가능성 희박

17 New threats to human security in the Anthropocene-Demanding greater solidarity, UNDP, 2022

다. 비국가 행위자의 위협요인

(1) 위협의 유형 도출

비국가 행위자(Non-state actors)란, 사전적 의미로는, “특정 국가와 연계되지 않은 개인이나 조직으로서, 심대한 정치적 영향력을 행사하는 존재”로 정의된다.[18] 국가의 이익과 일치할 필요없이 개별적으로 활동하는 존재로서, 일반적인 형태로는, 비정부기구, 국제적인 은행이나 기업, 언론매체, 시민단체, 로비그룹, 종교적 집단, 초국가적 조직범죄 집단, 준군사적 세력을 갖춘 폭력적인 조직 등이 해당된다. 국제정치학에서는 국가를 기반으로 하는 위협의 주체가 아닌 행위자들을 말한다. 즉, 전통적 안보의 개념에서는 국가 간의 전쟁이 안보의 위협이며, 국가가 곧 위협을 발생시키는 주체이고, 곧 안보의 위협 행위자는 국가였다. 비국가 행위자는 국가 차원의 조직이 아닌 개인과 단체 차원의 행위자를 의미한다고 볼 수 있다. 따라서 비국가행위자의 범위는 인간을 기본 구성원으로 하며, 국가 차원의 구성이 아닌 개인과 단체로 한정하는 것이 타당해 보인다. 왜냐하면, 비국가행위자라는 용어만으로는 국가 이외의 행위자로 이해되어, 국가가 아닌 또 다른 복합적인 주체로 설명될 수 있기 때문이다. 즉, 자연재해, 감염병 등 질병, 사회적 불평등 문제 등은 특정 목적을 가진 개인이나 조직에 의해 주도되고 발생된 것으로 보기 어려우며, 일반적으로 명명되는 비국가행위자의 개념에서 벗어나는 영역으로 구분된다.

2003년 인간안보위원회의 보고서에서 명시하였듯이 국제테러조직은

---

18 “An individual or organization that has significant political influence but is not allied to any particular country or state.”, “non-state actor | Definition of non-state actor in English by Oxford Dictionaries”. Oxford Dictionaries (검색일 2022.6.20.)

대표적인 비국가행위자이며, 인간안보의 대표적인 위협 요인으로 소개되었다. 그로부터 10여 년이 지난 후 현재의 상황을 볼 때, 테러조직이나 초국가적 조직범죄 집단 이외에도 첨단 기술과 독창적인 방법을 근간으로 새롭게 출현하고 발전된 다양한 위협 요인들이 비국가 행위자 그룹에 포함되고 있다.

위 〈표-1〉에서 나타난 신안보 위협유형 중에서 비국가 행위자의 위협을 열거하자면, 초국가적 조직범죄, 테러리즘, 사이버공격, 국가 내 인종 분쟁, 이주 문제, 신기술 악용 등을 꼽을 수 있다. 〈표-2〉에서 나타난 인간안보 차원의 위협 유형 중에서 비국가 행위자의 위협을 열거하자면, 물리적 폭력, 범죄, 테러리즘, 가정폭력, 아동노역, 인종 및 종교간 분쟁 등으로 개인과 공동체의 안보문제이다. 〈표-3〉에서 나타난 2003년 및 2022년 유엔보고서의 새로운 위협요인 중에서 비국가행위자에 의한 안보위협을 열거하자면, 초국가적 테러리즘, 집단적 인구이동, 디지털기술(사이버, 신기술, 인공지능) 악용, 조직적 체계적 폭력과 범죄 등이다. 앞에서 언급된 3개의 표에서 도출된 내용을 바탕으로, 비국가 행위자가 발생시킬 수 있는 대표적인 위협을 도출해보면, 테러리즘, 초국가적 조직범죄, 사이버공격, 디지털기술 등 신기술의 악용, 인종 및 종교분쟁으로 인한 폭력적 활동으로 요약할 수 있다.

한편, 새로운 안보위협 요인 중에서는 비국가 행위자가 국가 행위자의 후원을 받아 실질적으로 연계하여 발생시키는 사례도 발견되는데, 테러, 청부살인, 조직범죄 등의 분야에서 나타나며, 특히, 금전적 이득을 목적으로 정보를 수집하고 유출시키는 산업스파이의 사례도 포함할 수 있다. 산업스파이의 경우, 국가가 운영의 주체가 되기도 하지만, 국가와 연계된 비국가 행위자가 전면에 나서는 사례도 발견되며, 이러한 유형은 신기술의 악용 항목에 포함될 수 있겠다.

(2) 대표적 위협의 정체와 유형

자연재해 등 초인간적으로 발생하는 위협의 영역은 비국가 행위자의 영역에서 배제하면서, 위에서 도출한 국가 정보활동 차원에서 대응할 수 있는 대표적인 위협의 유형을 도출하면 다음과 같다.

첫째, 테러조직이다. 테러조직 알-카이다에 의해 2001년 9월 11일 미국 뉴욕에서 발생한 항공기 이용 건물폭파 테러는 대표적인 비국가 행위자에 의한 국가안보의 위협이라고 할 수 있겠다. 테러조직은 정치적, 종교적, 이념적 목적과 동기로 그 목적이 이루어질 때까지 위협을 발생시킨다. 인명살상과 파괴, 납치, 감금, 고문 등 위협의 형태도 다양하며, 국가안보의 위협일뿐 아니라 대표적인 인간안보의 위협이기도 하다. 민족의 분리독립과 실지회복을 추구하는 자유의 투사들(freedom fighters)부터 좌파 게릴라, 극우주의, 이슬람 극단주의, 외로운 늑대 형식의 개인까지 다양한 위협의 주체로 존재한다.

둘째, 초국가적 범죄조직이다. 국제조직범죄로도 알려져 있으나, 2000년 11월 유엔의 초국가적 조직범죄 방지협약(UN Convention against Transnational Organized Crime)이 채택되고 발효되면서 초국가적 조직범죄(TOC)로 호칭된다. 대표적인 유형으로는 마약범죄 조직, 인신매매, 총기밀매, 밀입국, 자금세탁, 밀수, 위조지폐, 가짜상품, 국제금융범죄, 사이버범죄 등이며, 이 중에서 최근 국가안보의 위협으로 대두되는 사안은 마약범죄, 인신매매, 총기밀매, 사이버범죄 등을 꼽을 수 있다. 이들 범죄조직은 테러조직과 달리 금전적 이득을 목적으로 범죄를 자행하며, 돈을 벌기위해서는 조직 간의 거래는 물론 국가와의 거래도 수행하며, 테러조직과의 연계활동도 확장되고 있다.

셋째, 테러조직과 조직범죄 집단과의 연계활동이다. 대표적인 테러조직과 초국가적 조직범죄의 연계 활동은 나코-테러리즘이다. 나코-테러리즘은 테러조직이 마약재배, 생산, 운송, 판매활동에 직간접적으로 참여하여 테러활동을 후원하고 테러자금을 마련하는 행위를 말한다. 아프가니스탄에서 테러조직으로 활동하였던 탈리반(Taliban)이 아편과 헤로인 제조에 관여하면서 자금을 마련하였던 것이 대표적인 사례다. 또한, 남미 안데스 산맥의 코카인 산지인 콜롬비아, 페루, 볼리비아 등 3개 국가에서도 군소 테러조직의 나코-테러리즘이 나타난다. 이곳에서 대표적인 테러조직은 콜롬비아의 FARC(Revolutionary Armed Forces of Colombia) 조직이다. FARC는 코카인 거래와 관련된 마약 카르텔 조직과 연계하면서 수익을 얻어 조직의 자금을 조달해왔다. 나코-테러리즘 외에도, 밀수, 납치, 인신매매, 밀입국, 문화재 밀거래, 금융범죄, 사이버범죄, 가짜담배, 위조지폐 유통, 청부살인, 대량살상무기(WMD) 밀거래 등 초국가적 조직범죄의 모든 영역에서 연계하여 활동하고 있는 사례가 발견된다.

넷째, 사이버 공격(cyber attack)이다. 사이버 공격은 그 목적에 따라 사이버 범죄와 사이버 테러로 구분한다. 금전적 이득을 목적으로 랜섬웨어 등으로 공격하는 사례가 대표적인 사이버 범죄라고 할 수 있는데, 이와는 달리, 상대 기관 및 시설을 파괴하거나 무력화시킴으로써 정치적, 종교적, 이념적 목적을 달성하려는 사이버 테러조직도 존재한다. 사이버 범죄의 경우 전통적으로 유엔협약(UNTOC)의 개념에 포함시켜 초국가적 조직범죄의 한 유형으로 다루기도 하였으나, 4차산업 시대를 맞이하여 인공지능(AI)과 사물 인터넷(IoT) 등 사이버 영역이 일상생활에 확대되면서 별도의 대응체계 마련이 필요하게 되었다. 이러한 사이버 공격은 개인이나 조직의 형태로 발생되고 있으나, 일부 조직은 특정 국가와 연계하여 국가의 후원을 받아 운영되기도 하며, 이러한 조직을 국가후원해커(State-sponsored Hackers) 조직으로 구분한다. 2020년 발생한 미국의 Solar Winds 대상 사이버공격 사례의 경우 미국의 정부기관 다수가 해킹되었던 사건인데, "다크 할로(Dark Halo)"로 불리는 조직에 의해 자행된 것으로 파악되었으나, 미국 전문가들은 배후에 러시아 해외정보부(SVR)가 연계되어 후원하는 것으로 추정하고 있다.[19] 또한, 2021년 5월, 미국의 대형 송유관 업체인 Colonial Pipeline을 해킹하여 업무를 마비시키고 몸값(ransome)을 요구하였던 "다크사이드 (Dark Side)"라는 조직은 랜섬웨어(ransome ware)를 이용하여 돈을 벌어들이는 전문적 해커집단으로, 사이버 범죄를 초국가적으로 자행하는 대표적인 비국가 행위자인 셈이다.[20]

다섯째, 신기술의 악용 문제이다. 이른바 4차 산업혁명의 기반이 되는 제반 신기술은 사물인터넷(IoT), 분산원장기술(DLT), 양자컴퓨팅(Quantum Computing), 인공지능(AI), 바이오 등이 대표적인 기술로 알려져 있는데, 이러한 기술의 광범위한 응용 단계가 도래함에 따라 신기술의 상업적 가치는 물론 군사안보 분야의 시장규모 역시 급속도로 확대되고 있다.[21] 신기술 안보의 범위는 컴퓨터를 기반으로 하는 사이버 안보와도 일부 중복되나, 사이버안보는 컴퓨터 기반의 개인 및 국가 정보유출을 차단하고, 사이버테러·사이버범죄·해킹을 포함한 사이버 공격을 대상 영역으로 삼고있는 한편, 신기술 안보는 컴퓨터 기반 및 그 외 기반의 첨단기술을 악용하여 위협으로 작용하는 요인을 대상으로 삼는다. 이러한 신기술은 국내외적으로 경제적 사회적 혜택을 제공하고 있는 한편, 기술적 불확실성과 비국가행위자에 의한 악용 가능성, 특정 국가에 의한 군사화·무기화 등 안보위협의 요소로 작용하고 있다.

---

19 러시아 정부의 후원을 받는 해커조직에 의해 2020년 미국 연방정부기관 등 수천 개의 국제적 조직들이 사이버 공격을 받고 데이터 침해가 발생했던 사건이다. 공격의 기간은 무려 8-9개월간 지속되었고 민감하고 중요한 수준의 자료이기에 미국 역사상 최악의 사이버 공격 사건으로 기록된다. 200개 이상의 기관이 공격을 당하였는데, NATO, 영국정부, EU의회, 마이크로소프트사 등이다. 이 사이버 공격은 수개월간 탐지되지 않은 채 지속되었는데, 2020.12.13. 최초로 탐지되어 공개되었다. 이 사이버공격은 2020년 3월경에 시작되었으며, 마이크로소프트, 솔라윈즈, VMware 등 3대 미국 회사의 소프트웨어 또는 인증서 등을 침해했다.: Sanger, David E.; Perlroth, Nicole; Schmitt, Eric (December 15, 2020). "Scope of Russian Hack Becomes Clear: Multiple U.S. Agencies Were Hit". The New York Times.

20 보안뉴스, 2021.5.15., "콜로니얼 파이프라인 랜섬웨어 사건, 파이프라인 OT 취약성 드러내"

21 유준구, 『신기술안보 논의 동향과 시사점』, 2020, 외교안보연구소

특히, 신기술의 활용에는 고도의 익명성과 보안성이 바탕이 되고 있으며, 기술의 기반이 되는 데이터의 범위와 관리문제 등이 법적으로 구축되어 있지 않아 현재로서는 통제가 어렵다는 허점도 보이고 있다.

여섯째, 산업스파이와 악의적 내부자(malicious insiders) 문제이다. 산업스파이의 궁극적 운용자는 국가기관으로 볼 수 있겠으나, 스파이 활동에 포함된 개인들은 금전적 이득이나 또 다른 보상을 목적으로 국가기밀과 산업기술을 절취하고 유출시킨다. 또한, 허술한 보안체계를 뚫고 내부의 기밀을 외부로 유출시키거나 거래하는 악의적 내부자 역시 심각한 국가안보의 위협으로 드러나고 있다. 산업보안의 활동은 신기술 안보와도 연계되는 영역이나, 전통적 산업보안의 중점 타깃은 산업스파이와 안전한 보안체제 구축이며, 그 대응활동 방식은 구분될 필요가 있다.

제2장

지정학적 분쟁과 테러단체의 활동

〈 팔레스타인: 하마스(HAMAS) 〉

(출처: 미국 DNI, Counterterroris Guide)

1. 분쟁의 역사와 현황

팔레스타인과 이스라엘 간 분쟁의 기원은 19세기 말에서 20세기 초, 유럽에서 시온주의의 발흥과 유대인 정착민들이 오스만 팔레스타인(Ottoman Palestine) 지역에 도착하면서 시작된다. 현지의 아랍인들은 주로 영토의 이동과 약탈에 대한 두려움 때문에 시온주의에 반대했다. 시온주의 운동은 1917년 영국이 발표한 "팔레스타인의 유대인 고향"의 건설을 지지하겠다고 약속한 밸푸어 선언(Balfour Declaration)을 통해 영국의 지지를 얻었다. 제1차 세계 대전 결과 오스만 제국이 패배하면서 이후 팔레스타인 지역이 영국의 위임통치령으로 전환되었으며, 유대인과 아랍인 사이의 긴장은 공동체 간의 갈등으로 확대되었고, 1936년 독립을 요구하는 아랍인의 반란이 일어났으나 영국은 이를 진압하였다.

1947년 11월 29일 유엔총회는 팔레스타인을 아랍국가, 유대국가, 예루살렘市로 분할하는 계획을 채택하고 이를 시행할 것을 권고하는 결의안 181조 2항을 채택했다. 팔레스타인 아랍인들은 유엔의 분할안에 반대했으나, 시온주의자들은 분할안을 받아들였고, 이스라엘의 국경을 유엔이 할당한 범위 이상으로 확장할 계획을 가지고 있었다. 이후 팔레스타인은 분할안에 반대하는 아랍인과 유엔의 분할안을 지지하는 유대인 간의 폭력사태가 발생하기 시작했다. 아랍연맹은 팔레스타인 성전에 참여하는 아랍해방군을 결성하여 아랍의 투쟁을 지원했고, 유대인 측에서는 제2차 대전 당시 수많은 유대인 참전용사와 외국인 자원봉사자들에 의해 구축된 민병대가 참여하였다. 1948년 봄이 되자 아랍군은 거의 붕괴되었고, 반면에 유대인측은 점점 더 많은 영토를 확보하면서 팔레스타인 아랍인들의 대규모 난민 문제가 발생했다.[1]

---

1 Sela, Avraham, ed. (2002). "Palestine Arabs". The Continuum Political Encyclopedia of the Middle East. New York: Continuum.

4차례에 걸친 중동전쟁은 1948년 아랍-이스라엘 전쟁, 1956년 수에즈 운하 위기(Suez Crisis), 1967년 6일 전쟁(Six-Day War), 1973년 욤 키푸르 전쟁(Yom Kippur War)으로 알려져 있으며, 실제 이스라엘이 4차례 전쟁 모두 승리하면서 팔레스타인 민족뿐만 아니라 주변의 이집트, 시리아, 요르단, 레바논에 대한 굳건한 대응력을 확보하게 되었다.

이스라엘의 팔레스타인 민족에 대한 통제와 억압으로 인해 팔레스타인들의 인티파다(Intifada, 봉기)가 시작되었다. 제1차 인티파다(1987~1993년) 시기를 통해 1993년 오슬로 협정이 이루어졌고, PLO(팔레스타인 해방기구)가 요르단강 서안지구(West Bank)와 가자 지구(Gaza Strip)에 진출하여 팔레스타인 민족 당국을 설립할 수 있게 되었다. 그러나 양측의 협상은 순조롭지 않았으며, 2000년 9월 제2차 인티파다로 분쟁은 다시 시작되었다. 당시 팔레스타인 국가안보군과 이스라엘 방위군 사이의 공개적인 갈등으로 번진 이 폭력사태는 2005년까지 지속되었고, 약 130명의 사망자가 발생하였다. 이스라엘은 가자 지구에서의 정착민과 군인을 철수시켰고, 공식적으로 점령 종료를 선언하였다. 그러나 유엔, 인권감시기구, 그리고 다른 많은 국제기구들과 NGO들은 이스라엘이 가자 지구의 영공, 영해를 통제할뿐만 아니라 항공 또는 해상을 통한 가자 지구의 사람과 물품 이동을 통제하고 있어 이스라엘이 실질적으로 가자 지구를 점령하고 있는 점령국으로 간주한다.

2006년 팔레스타인 의회 선거에서 강성 무장정파로 활동해 온 하마스(Hamas)가 44%의 지지를 획득하면서 제1당이 되었다. 2007년 6월 팔레스타인 내부에서 파타(Fatah)당과 하마스 간의 정치적 투쟁이 물리적 투쟁으로 확대되어 '가자 전투(Battle of Gaza, 2007)'가 발발하였고 하마스가 가자 지역을 완전히 장악하였으며, 요르단 서안 지역은 파타당이 주도하는 '팔레스타인 자치정부(PA, Palestinian Authority)'가 통치하게 되면서 2개의 분리된 정부가 구성되었다. 이스라엘은 폭력적이고 극단적인 하마스가 가자 지역을 장악하게 된데 대해 불안해 하면서, 이전의 이스라엘-팔레스타인 합의를 받아들이고 폭력을 포기할 것을 요구했지만, 하마스는 이를 모두 거부하였다. 이에 따라 2007년 이스라엘은 가자 지구에 해상 봉쇄뿐만 아니라, 이집트 국경으로 이어진 지역에 대해 지상 봉쇄도 단행하였다.

2014년 가자 지구에서 하마스와 이스라엘간 충돌이 발생하였고, 2021년 하마스의 로켓포 발사로 인한 충돌 위기도 있었으나, 하마스는 이스라엘에 대한 공격을 지속 준비하였고, 결국, 2023년 10월 7일 하마스가 이끄는 무장 단체들이 가자 지역에서 벗어나 이스라엘 남부를 기습 공격하여 이스라엘 민간인 수백 명을 살해하고 인질을 납치하였다. 이스라엘 군대는 가자 지구에 광범위한 공중 폭격 작전을 실행한 후 하마스를 파괴하고 가자지구의 안보를 통제할 목표로 대규모 지상 침공을 감행함으로써 보복했다. 이 과정에서 이스라엘 군대는 수만 명의 팔레스타인 민간인을 살해하였고 200만여 명의 이재민을 발생시켰다.

2. 하마스(HAMAS)

하마스(HAMAS)는 "이슬람 저항운동(Harakat al-Muqawama al-Islamiya)"이라는 의미의 아랍어의 약자로, 1987년 말 최초의 팔레스타인 인티파다(봉기)가 시작될 때 결성되었다. 그 뿌리는 무슬림형제단(Muslim Brotherhood) 팔레스타인 지부이며 팔레스타인 영토 내의 강력한 사회정치적 구조에 의해 지지받고 있다. 하마스의 헌장은 이스라엘을 축출하고 이슬람 팔레스타인 국가를 수립할 것을 요구하고 있으며, 과거 팔레스타인 해방기구(PLO)와 이스라엘간 합의하였던 모든 협정을 거부하고 있다. 하마스 조직은 가자 지구뿐만 아니라 요르단강 서안 지역에서도 활동하고 있다.

하마스는 이즈 알-딘 알-카삼(Izz al-Din al-Qassam) 여단으로 알려진 군사 조직을 가지고 있으며, 이 여단은 1990년대부터 이스라엘과 팔레스타인 영토에서 많은 반(反)이스라엘 공격을 해왔다. 이 공격들은 이스라엘의 민간인 목표물에 대한 대규모 폭탄 테러, 소형 무기 공격, 급조된 도로변 폭발물(IED), 로켓 공격 등이 포함되었다. 2006년초 하마스는 팔레스타인 영토에서 실행된 입법 선거에서 승리한 이후 이스라엘에 대한 폭력적인 저항을 지속하였으며, 2008년 초 자살 폭탄 테러를 감행하여 한 명의 민간인을 사망하게 했을 뿐만 아니라 수많은 로켓과 박격포 공격을 자행하였다. 하마스는 2008년 6월 이스라엘과 6개월 간의 협정을 체결하여 하마스의 로켓 공격을 현저하게 줄이기도 하였으나, 일시적인 소강상태 이후, 하마스는 이스라엘에 대해 로켓 공격을 재개했고, 이는 2008년 12월 말 이스라엘의 대규모 군사작전을 촉발시켰다. 가자 지구에서 하마스의 기반시설 대부분을 파괴한 이후, 이스라엘은 2009년 1월 18일 일방적인 휴전을 선언했다.

하마스와 파타는 2011년 4월 임시정부를 구성하고 선거를 실시하기로 합의했고, 2012년 2월 이 약속을 재확인했다. 2012년 5월 하마스는 다른 팔레스타인 저항단체들이 이스라엘을 향해 로켓포를 발사하는 것을 막기 위해 300명의 병력을 구축했다고 주장했다. 하마스가 이집트가 중재한 휴전협정을 유지하기 위해 노력하는 동안, 다른 팔레스타인 무장단체들이 2013년과 2014년 기간 중에 산발적으로 로켓포 공격을 자행함으로써 이스라엘과의 휴전협정이 무효화되었다. 2014년 4월 파타와 하마스는 라미 함달라(Rami Hamdallah) PA(팔레스타인 자치정부) 총리를 위원장으로 하는 기술통합정부를 구성하고 6개월 이내에 총선을 실시하기로 합의했다. 하마스는 파타와 화해를 추구하면서도 이스라엘에 대한 폭력적인 저항을 포기하지 않았다. 2014년 7월, 요르단강 서안에서 이스라엘의 10대 3명이 납치되어 살해되었고, 이에 대한 이스라엘의 보복으로 팔레스타인인 1명이 이스라엘 정착민들에 의해 살해된 후, 하마스와 이스라엘 간의 불안한 평화는 완전히 깨졌다. 가자 지구에서 하마스의 군사 조직과 다른 팔레스타인 무장 세력의 보복 로켓 공격은 2009년 이후 이스라엘과의 가장 길고 치명적인 갈등으로 확대되었다. 결국, 2023년 10월 하마스는 가자지구를 벗어나 이스라엘 남부를 공격하고 인질을 납치하면서 이스라엘과의 새로운 전쟁 국면을 맞이하게 되었다.

하마스의 활동지역은 주로 가자 지역이지만, 요르단강 서안에서도 활동하며, 레바논의 팔레스타인 난민 캠프, 도하, 카타르, 카이로 등지에서도 활동하고 있다. 하마스는 급조 폭탄(IED), 단거리 및 장거리 로켓포와 박격포, 소형총기, RPG, 휴대용 방공포, 대전차 미사일, 무인공격기 등을 보유하고 있으며, 인질납치와 사이버 공간에서의 해킹과 공작도 수행한다. 미국은 1997년 10월부터 하마스를 해외테러조직(FTO)으로 지정하였다.

〈 시리아: 알-누스라 프론트(ANF, Al Nusra Front) 〉

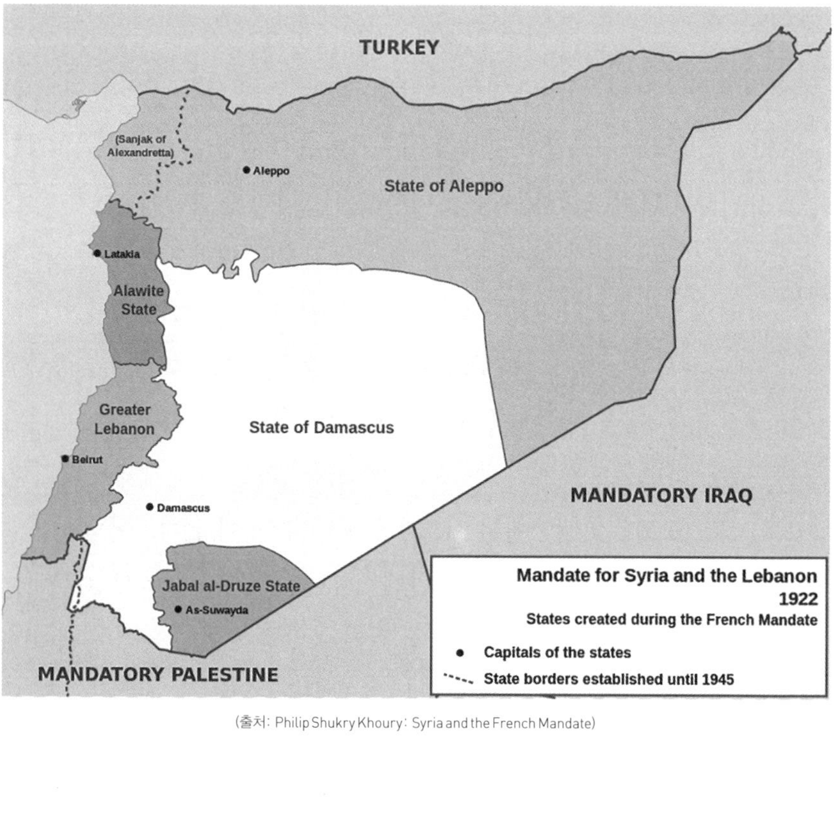

(출처: Philip Shukry Khoury: Syria and the French Mandate)

1. 시리아 분쟁의 배경

근대 시리아 국가의 설립은 20세기 중반, 오토만 제국의 통치 이후에 시작되었다. 제1차 세계대전이 끝난 후 1920년 시리아 아랍 왕국을 선언하였으나 시리아-프랑스 전쟁이 발발하고, 마이살룬 전투(Battle of Maysalun)의 패배 이후 프랑스의 지배 하에 들어간다. 프랑스는 시리아와 레바논을 위임통치령으로 삼고 지배를 공고히 하였다. 1922년 프랑스가 시리아와 레바논의 위임통치를 하던 시기에 알라위 국가(Alawite State) 영토도 확보되어 있었다.

1920년 프랑스가 시리아를 점령하기 시작했을 때, 대부분의 알라위 종파 주민으로 구성된 알라위 국가(Alawite State)가 서쪽 지중해 연안 및 산악 지역에 설립되었다. 이렇게 구분한 것은 알라위파로 하여금 강력한 다수의 수니파를 견제하고 알라위 소수민족을 보호하기 위한 목적이었다. 프랑스는 다수의 수니파에 대응하기 위한 균형유지 차원에서 알라위파에게 프랑스 군대에 합류하도록 유도하였다. 1926년과 1939년 사이에 알라위파와 다른 소수 집단들은 '레반트 군대(Army of the Levant)'라는 이름으로 합류하였으며, 이는 시리아와 레바논에 주둔하는 프랑스 군대에게 주어진 명칭이다.[2] 현재의 시리아는 제2차 세계대전 후 1945년에 프랑스로부터 실질적으로 독립하였고, 1946년 프랑스가 군대를 철수하면서 독립국가로 자리잡게 되었다. 1958년 이집트와 통합하여 아랍 연합 공화국을 결성한 적이 있었지만 시리아측과 이집트측 간 불화가 증폭되던 중 1961년 바트당[3]이 쿠데타를 일으켜

---

2 Christopher M. Andrew, page 236 "France Overseas. The Great War and the Climax of French Imperial Expansion", 1981 Thames and Hudson Ltd, London

3 아랍사회주의 부흥당, 속칭 바트당(Hizbul-Ba'ath)은 1940년 다마스쿠스에서 시리아의 지식인 미셸 아플라크 등이 초종교적으로 창설한 정당이다. 본래, 이 정당은 모든 아랍 국가를 하나의 나라로 통일하는 동시에 당시 아랍 지역을 지배하고 있었던 서구 식민 지배에 투쟁하기 위한 아랍 민족주의 및 세속주의 운동이었다. 아랍어로 '바트'라는 말은 아랍어에서 '부흥' 또는 '재건'을 뜻하는 말이다.

아랍 연합 공화국에서 탈퇴하자 1970년 알라위파 출신의 하피즈 알-아사드(Hafez al-Assad) 장군이 쿠데타를 일으켜 시리아 정권을 장악하였다.

알라위파(Alawites)는 이슬람 시아파의 12 이맘(Imam)을 신봉하는 시아 이슬람의 분파로 알려져 있다. 알라위파는 9세기경 이븐 누사이(Ibn Nusayr)에 의해 창시되었는데, 이븐 누사이는 10번째 이맘 알리 알-하디(Ali ibn Muhammad al-Hadi)와 11번째 이맘인 하산 알 아스카리(Hasan ibn Ali ibn Muhammad)를 따르던 제자였다. 따라서 알라위파는 누사이(Nusayris)교로 불리기도 한다.[4] 신자들은 주로 시리아의 서쪽 지중해 연안 지역을 중심으로 분포해 있으며, 튀르키예 남부지역의 하타이 지역(Hatay Province)과 레바논 북쪽에 소수민족으로 거주하고 있다. 알라위 종파 인구는 2002년 기준으로 263만 명으로 추정된다. 알라위파는 사실상 시아파와는 다른 점이 많아 별도의 민족 종교 집단으로 구분되기도 한다. 꾸르안(Quran)은 그들의 경전과 본문 중 하나이긴 하지만, 그들의 해석은 시아파 무슬림 해석과 상당 부분이 다르다. 예를 들어, 다양한 누사이 신봉자들의 의식 중에는 와인을 마시기도 하며, 알라위는 신도들에게 알코올 음료를 마시는 것을 금지하지 않는다. 이러한 이유로 심지어 알라위파 성직자와 학자들은 그들의 종교가 시아파와 신학적으로 구별된다고 주장하기도 한다.[5] 1995년판 옥스퍼드 사전 설명에 따르면 알라위는 극단주의 시아파로 묘사되어 있으며, 순니 무슬림과는 종교적으로 분리된 형태로 묘사된다. 한편 알라위는 미사를 보며, 빵과 포도주를 나눠주는 봉헌 의식을 갖는다. 알라위는 네오플라토닉, 이슬람, 기독교, 그리고 다른 요소의 종교들을 수용하며, 이에 따라 알라위는 종합적 종교단체로 간

---

4 Gisela Procházka-Eisl; Stephan Procházka (2010). The Plain of Saints and Prophets: The Nusayri-Alawi Community of Cilicia (Southern Turkey) and Its Sacred Places. Otto Harrassowitz Verlag. p. 20.

5 Michael Knight (10 December 2009). Journey to the End of Islam. Soft Skull Press. p. 128.

주되기도 한다.[6]

2. 시리아의 알라위파 대통령

1971년 시리아 대통령에 오른 하페즈 알아사드(Hafez al-Assad)는 1930년 북서부 해안도시 카르다하(Qardaha)에서 농부의 아들로 태어났다. 1955년 공군사관학교를 졸업한 뒤 바트당에 가입하였고, 바트당이 집권한 1963년 쿠데타에서 요직을 맡았으며 1965년 공군사령관, 국방장관에 임명되었고, 1970년 무혈쿠데타로 집권했다. 그는 아랍 민족주의라는 기치를 내세우고 수십 년간 아랍 대 이스라엘이라는 적대적 구도를 구성하여 주도한 중심 인물 중 한 명으로 이집트-이스라엘 평화협정과 1993년 이스라엘-팔레스타인의 오슬로 평화협정 체결 등의 배후에서도 항상 아랍의 단결을 외치며 이스라엘에 강경 입장을 고수해왔다. 또한 뛰어난 정치적 감각과 책략으로 '아랍의 비스마르크'라고 불리기도 하였는데, 국제 관계에서는 과거 소련과 친밀한 관계를 유지해 원조를 얻고, 걸프전 때는 연합군의 편을 드는 등 철저한 실리주의를 추구하였다.

1976년 레바논에서 팔레스타인 게릴라에 의한 소요 사태가 발생하자, 시리아는 평화유지 활동 명분으로 레바논 마론파(Maronites)의 동의를 얻어 레바논에 군대를 주둔시켰다. 하페즈의 시리아는 레바논을 실질적으로 시리아에 통합시키려는 "대(大)시리아(Greater Syria)"를 구상하였는데, 유엔 안보리의 결의(1559)와 레바논 전 총리 라픽 하리리(Rafic Hariri)의 피살사건에 시

---

6 Friedman, Yaron (2010). The Nuṣayrī-'Alawīs : An Introduction to the Religion, History and Identity of the Leading Minority in Syria (PDF). Leiden, Boston: Brill. ISBN 978 90 04 178922. Retrieved 31 July 2016. p.xii

리아가 연루되었다는 문제가 부각되면서 군중들의 시위가 발생하였고, 이 결과 2005년 시리아 군대가 레바논에서 완전히 철수하게 되었다.

하페즈 알-아사드 집권 후 순니파와 비(非)알라위파에게도 일부 정치적 기관의 수장 자리를 제공하기는 하였지만, 알라위파는 군사, 정보, 관료조직, 안보기관 등 요직을 장악하였다. 하페즈 집권시기인 1982년, 시리아의 이슬람 순니파 근본주의 세력인 시리아 무슬림형제단(Syrian Muslim Brotherhood) 주도로 대규모 시위가 발생하였으며, 하페즈는 이를 무력으로 진압하면서 순니파가 거주하는 하마(Hama)시를 포위하고 공격하여 4만여 명의 주민을 학살하는 '하마 대학살(Hama massacre)' 사건이 발생하기도 하였다.[7] 하페즈 알-아사드는 2000년 심장마비로 사망했고, 미리 후계자로 지목했던 아들 바샤르 알-아사드(Bashar al-Assad)가 후임 대통령이 되었다.

3. 시리아 내전

시리아는 제2차 대전이 끝난 후 1946년 프랑스 식민지배하에서 독립하였고, 독립 공화국이 되었지만, 1949년 3월 쿠데타로 민주 정부가 붕괴되었으며 같은 해에는 두 번의 쿠데타가 더 발생하였고, 1954년에는 군정에 대항해 민중 봉기가 일어나 군사정권이 붕괴되고 민간정부로 이양된다. 1958년부터 1961년까지는 아랍 연합 공화국이라는 이름으로 시리아의 집중화된 권력 체계가 이집트와 통합되기도 하였으나, 1963년 아랍사회주의 바트당 시리아 지부가 쿠데타를 일으켜 성공적으로 정권을 장악했다. 1966년에 한차례 또 쿠데타가 발생하여 바트당의 창시자인 마이클 아플라크와 살라흐 알

7 Syrian Human Rights Committee, 2005

던 알비타르의 정부가 붕괴되었다. 이때, 시리아 국방부 장관인 하페즈 알아사드가 1970년 11월 수정 운동을 통해 정권을 탈취하고 시리아의 총리가 되었다. 1971년 3월에는 스스로 시리아의 대통령임을 선포했고, 2000년 사망할 때까지 시리아를 세속주의 이슬람 국가로 통치하며 사실상의 일당제 체제의 지배적 정치 권력을 유지하였다.

하페즈 알-아사드는 간질성 폐질환으로 2000년 사망하였고, 그 이후에 알라위파의 정치세력에 의해 그의 아들 바샤르 알-아사드(Bashar al-Assad)가 대통령이 되도록 헌법이 수정되었다. 당시 헌법에 의하면 대통령이 될 수 있는 나이는 40세 이상이었는데, 34세인 바샤르 알아사드가 대통령이 되도록 헌법상 대통령 자격의 나이 규정을 34세로 수정하였으며, 바샤르 알아사드는 단독 후보로 추대되어 대통령이 되었다.[8] 알-아사드는 용병 형태의 폭력단, 샤비하(Shabiha)를 조직하여 반정부 활동을 억압하려는 목적으로 반체제 인사를 제거하고 이와 관련된 스파이 활동도 수행토록 하였는데, 이들 샤비하는 현재 3천 명 정도의 규모로, 모두 알라위파로 구성되었다.[9] 이들 샤비하를 정적 탄압으로 활용하면서, 바샤르 알-아사드 대통령은 7년 임기의 대선에서 계속 당선되었는데, 친정부 유권자가 몰려 있는 곳에서만 투표를 하는 부정선거를 자행함으로써 가능한 일이었다. 결국, 순니파가 주류인 시리아 국민들은 시위에 참여하기 시작했다.

2011년 4월 시리아 육군이 3월 15일부터 계속된 반정부 시위를 진압하기 위해 동원되기 시작하였고, 군인들이 전국에 걸쳐 시위대를 향해 발포했다. 군의 포위 공격이 시작된지 몇 달 후에, 시위는 무장 폭동으로 전환되었

---

8 The rise of Syria's controversial president Bashar al-Assad". ABC News. 7 April 2017. Archived from the original on 16 June 2017. Retrieved 19 June 2017.

9 Kellier, Peter (31 May 2012). "Ghosts of Syria:diehard militias who kill in the name of Assad". Guardian. London.

다. 주로 탈영한 군인과 민간인 자원군으로 구성된 반군은 중앙 지휘관 없이 저항하기 시작했으며, 이 충돌은 전국적으로 전 마을 및 도시에서 비대칭 전쟁 형식으로 일어났다. 이 내전은 시리아 내 소수 종파인 알라위파 등 이슬람교 시아파(14.5%) 집권 세력과 다수 종파인 이슬람교 수니파(68.4%) 간 종교 전쟁의 성격을 동시에 가지고 있다. 또한, 알-아사드 정부의 오랜 우방인 러시아 및 시아파 종주국인 이란과, 반군을 지원하는 알-아사드 정부에 적대적인 미국 등 서방 국가 및 수니파 종주국인 사우디아라비아의 대리전 성격까지 띠고 있으며, 이라크에서 등장한 수니파 무장단체인 IS가 내전의 와중에 시리아 동부를 점령하면서 전쟁의 양상이 복잡하게 전개되었다. 2017년 10월에 미국의 지원을 받은 시리아 민주군(SDF)이 락까를 해방시켜 IS는 소멸에 접어들었으나, IS 소탕에 참여하면서 세력이 커진 쿠르드 족의 민병대 YPG (People's Defense Units)에 대하여 튀르키예가 러시아의 묵인 속에 무력 공격을 전개하고 있으며, 시리아의 오랜 앙숙인 이스라엘까지 이란 견제를 구실로 시리아 영토를 수시로 공습하여 내전의 양상은 더욱 복잡해졌다.

4. 알-누스라 프로트(ANF, 일명 HTS, HAY'AT TAHRIR AL-SHAM)

알-누스라 프론트(Al-Nusra Front)는 살라피즘의 이념을 갖는 지하드 조직으로서 시리아 내전 기간 중에 반정부 조직으로 활동하였으며, 이 조직의 목적은 세속주의 바사르 알-아사드 정권을 전복하고 샤리아 율법에 따른 이슬람 국가를 건설하는 것이다.[10] 2012년 창설된 이 조직은 시리아의 여러 반군 중에서 가장 공격적이고 성공적으로 운영되는 조직으로 알려져 있다.

---

10 Jabhat al-Nusra A Strategic Briefing" (PDF). Quilliam Foundation. 8 January 2013.

알-카이다 수장인 알-자와히리(Emir Ayman al-Zawahiri)는 2013년부터 창설되어 확대되고 있던 IS 조직 수장 아부 바크르 알-바그다디(Abu Bakr al-Baghdadi)의 군사적 합병 제안을 거부하고 결별을 선언하였으며, 2013년 4월 ANF는 알-카이다에 소속되는 시리아 반군임을 공식적으로 선언하였다. 그러나 조직의 파벌들 간 내분이 발생하였고, 2015년 3월, 이 조직은 시리아 이슬람 반군 단체와 통합하여 새롭게 조직을 구성하였다가 2016년 7월, 명칭을 '자바트 파타 알-샴(Jabhat Fatah al-Sham)'으로 바꾸면서, 알-카이다와 관계가 없는 독립단체라고 선언했다.[11]

2017년 IS가 물리적으로 와해되면서, 알-누스라 프론트는 시리아 북서부의 다른 반체제 단체들과 합병하여 HTS를 형성하였다. HTS는 Hay'at Tahrir al-Sham의 약칭이며, 그 의미는 '레반트 해방을 위한 조직(Organization for the Liberation of the Levant)'이다. HTS로 개명한 알-누스라는 세속화된 알-아사드 정권에 반대하여 공격하는 데 집중하고 있으며, 궁극적으로 이슬람 율법을 근본주의로 적용시키는 이슬람 국가를 설립하는 것이 목표다. 이들의 테러 공격은 자살테러, 게릴라공격, 소형무기 부대의 활동 등이며, 현재 북서부 시리아에 거점을 확보하고 있다. HTS는 자치 영토를 관리하기 위해 10개의 부처를 조직하였고, 시리아 수복 정부를 설립했다. 한편, 알-카이다에 여전히 충성을 맹세한 HTS 이탈자들은 2018년 시리아에서 알-카이다 지부를 형성했다.

시리아 정부에 저항해 온 테러단체 HTS는 다른 반군조직들을 규합하여 다마스커스로 진군하였고, 2024년 12월 8일 마침내 아사드 정권을 축출하였으며 시리아 대부분 지역을 장악하였다.

---

11 "Syrian Nusra Front announces split from al-Qaeda". BBC News. 28 July 2016.

〈 레바논: 헤즈볼라(Hezbollah, 아랍어 Hizballah) 〉

1. 레바논 분쟁 상황

제1차 세계대전 이후 1920년 4월 19일부터 26일까지 개최된 산레모 회의 결과로 영국은 팔레스타인과 이라크를 관할하고, 프랑스는 시리아와 레바논을 위임통치하게 되었다. 프랑스는 소(小)레바논을 대(大)레바논으로 확장시켜 통합하면서 베카고원(Beqaa Valley), 트리폴리(Tripoli)를 하나의 지역으로 포함하였는데, 이러한 조치는 마론파를 포함한 소수 민족들이 전후 독립운동을 전개할 것을 저지하기 위한 방편이었다. 그러나 사실상 이러한 조치로 내전이 유발되는 원인이 되었다.

당시 레바논의 거주민은 전체 지역의 51% 인구를 차지하는 마론파 기독교도(Maronite Christians)가 최대 다수였고, 이어 무슬림 순니파와 시아파가 각각 별개로 공동체를 이루어 살고 있었으며, 시아파의 분파로 알려진 드루즈(Druze) 종파도 별도 소수민족 공동체로 공존하고 있었다. 프랑스는 대레바논 조치를 취하여 통합시킨 후, 최대 다수 종파인 마론파에서 대통령이 선출되도록 하고, 총리는 순니파, 국회의장은 시아파에서 선출하는 협약을 종파간 체결토록 하였으며, 이러한 정치체제를 갖추고 레바논 국정이 운영되었다.

1948년 5월 이스라엘 건국으로 인해 팔레스타인 난민이 1967년까지 레바논으로 대규모 유입되었고 이로 인해 레바논의 종파간 인구수의 변화가 발생하였으며, 무슬림이 다수가 되면서 레바논 정치에서도 무슬림 우위 분위기가 조성되었다. 1970년대부터 무슬림 인구가 급증하였고 기독교도는 전체 인구의 3분의 1로 줄었으며, 이에 따라 무슬림 종파에서는 총리 권한을 강화해 줄 것을 요구하였다. 이에 대해 위기감을 느낀 마론파는 민병대를 조직하였는데, 기독교도인 마론파는 냉전시기에 서방을 지지하는 한편, 소련을 지지하는 좌익세력 및 범아랍권 세력이 공존하면서 레바논 내 분파가 심화되었다. 1975년부터 마론파는 팔레스타인 해방기구(PLO)와 적대관계를 선언하고 전쟁을 벌이게 되었고, 좌익 및 범아랍권은 팔레스타인과 동맹을 맺게되었다. 이로써 레바논은 분열의 양상으로 치닫게 되었다. 1975년 4월 13일 PLO 게릴라들이 레바논 수도 베이루트의 기독교 교회를 습격하면서 내전이 시작되었다. 기독교 우파 민병대가 팔레스타인 게릴라를 먼저 습격하였고 이에 무슬림들이 대응하면서 내전이 발발했다는 주장도 있다.

1975년 레바논 기독교 민병대와 팔레스타인 반군(주로 PLO) 간의 전투가 시작되어 팔레스타인과 레바논 이슬람교도, 범아랍주의자, 좌파 간의 동맹이 형성되었다. 그러나 전쟁이 진행되는 동안 이 동맹 관계는 예측할 수 없이 빠르게 변화하였는데, 시리아, 이스라엘, 이란 등 외세가 개입하고 서로 다른 파벌을 지원하거나 싸우면서 내전 양상이 복잡해진 까닭이다. 이 시기 레바논의 다국적군, 레바논의 유엔 임시군 등 다양한 평화유지군도 주둔했다.

아랍연맹이 임명한 위원회가 분쟁 해결책을 마련하기 시작하면서 1989년 10월 22일 타이프 협정(Taif Agreement)이 체결되고 내전은 종식되었다. 사우디아라비아 타이프(Taif)시(市)에서 체결된 이 협정은 레바논 인구수 변화를 고려하여 의회 의석을 기독교도와 무슬림이 50:50으로 배분하고 대통령을 선출하는 방식으로 합의되었다. 독립 정당 출신의 르네 모아와드(René Moawad)가 1989년 11월 5일 대통령으로 선출되었으나 18일만에 차량폭탄 테러로 암살되었다. 이후 마론파의 엘리아스 흐라이(Elias Hrawi)가 대통령에 당선되어 1989년부터 1998년까지 집권하였다.

1991년 3월 레바논 의회는 법 제정 이전에 자행된 모든 정치적 범죄를 사면하는 사면법을 통과시켰으며, 1991년 5월 레바논에서 활동하던 무장 정파들을 모두 해산시켰다. 그러나 이란이 지원하는 시아파 정당이자 이슬람 민병대인 헤즈볼라(Hezbollah)는 예외적으로 해산되지 않았다. 분쟁 종식 이후 레바논 정부군이 레바논의 유일한 주요 비종파 무장 기관으로 서서히 재건되기 시작했지만 연방 정부는 헤즈볼라의 무장력에 이의를 제기할 수 없었다. 1990년 적대 행위가 공식적으로 종료된 이후에도 레바논 전역에서 특히 시아파와 수니파, 그리고 마론파 간의 종교적 긴장이 지속되었다. 레바논을 구성하는 독특한 종파간 힘의 균형은 대통령을 선출하고 모든 정치적 종교적 이해 관계자들이 정치적인 합의에 도달하는 것을 점점 더 어렵게 만들었다. 2014년부터 2016년까지 2년 반 동안 대통령이 없는 상황도 있었다. 2016년 10월 마론파의 미셸 아운(Michel Aoun)이 대통령에 선출되어 2022년까지 집권하였고, 이후 다시 대통령이 선출되지 못한 채, 2021년 총리로 임명된 순니파 출신 나지프 미카티(Najib Azmi Mikati)가 대통령직을 위임받아 국정을 통치하였다. 레바논 의회는 2025년 1월 9일, 제14대 대통령으로 죠셉 아운(Joseph Aoun) 전 참모총장을 선출했다. 현재 레바논은 헤즈볼라를 지원하는 이란과 전 총리 사드 하리리와 다른 수니파 정치인들을 지지하는 사우디아라비아의 대리 격전지가 되었다. 헤즈볼라는 2011년 시리아 전쟁이 시작된 이래로 시리아 대통령 바샤르 알-아사드를 지지해왔으며, 이로써 이란과 시리아가 사우디아라비아와의 대결 구도를 보이며, 이란의 동맹인 러시아와 사우디의 동맹인 미국이 대결 구도를 보이고 있다.

2. 헤즈볼라(Hezbollah)[12]

레바논 헤즈볼라(Hezbollah)는 레바논 시아파 무슬림의 정당이자 준군사 조직으로, 알라의 정당(Party of Allah) 또는 신의 당(Party of God)이라는 의미를 갖는다. 헤즈볼라는 1982년 이스라엘의 레바논 침공에 맞서기 위해 이란의

12 레바논 헤즈볼라는 영문표기로 헤즈볼라(Hezbollah)이며, 아랍어 발음으로는 '히즈발라(Hizballah)'이다. 이란어 발음으로는 헤즈볼라(Hezb-ollāh)이다.

자금지원을 받아 레바논의 무슬림 성직자들에 의해 설립되었다.[13] 헤즈볼라는 1979년 이란 혁명 이후 아야톨라 호메이니가 제시한 모델을 채택했으며, 정당의 창립자들은 호메이니가 선택한 대로 "헤즈볼라"라는 이름을 채택했다. 이란의 혁명수비대 1,500여 명이 파견되어 헤즈볼라를 창설하고 레바논 시아파 병력을 훈련시켰으며, 그 이후로 이란과 헤즈볼라 사이에 긴밀한 관계가 발전했다.[14]

1981년 미국의 중재로 팔레스타인 해방기구(PLO)와 이스라엘 간 분쟁이 멈추었고 레바논에서 벌어지는 팔레스타인과 마론파 기독교도 간의 분쟁, 그리고 시아파와 순니파 간의 분쟁을 저지시키기 위해 1982년 미국을 포함한 다국적군(MNF)이 레바논에 파견되었다. 미국, 영국, 프랑스, 이태리 등 4개국으로 구성된 다국적 평화유지군은 레바논 정규군을 창설하고 훈련시키는 임무도 담당하였다. 헤즈볼라는 미국 주도의 다국적군에 반대하는 상황이었는데, 헤즈볼라는 1985년 선언문에서 "미국, 프랑스 및 그 동맹국들은 레바논에서 떠나야 하며, 우리 땅에서 어떠한 형태의 식민주의적 실체를 남기지 말아야 한다"고 투쟁 목표를 명시하였다.[15] 헤즈볼라는 또한 1985~2000년 남부 레바논을 침략한 이스라엘에 대항해서 투쟁하였으며, 이때 친이스라엘 세력이며 기독교도 군대인 남부 레바논군(South Lebanon Army, SLA)과도 교전했다. 헤즈볼라는 1992년부터 1995년까지 전개된 보스니아 전쟁에 보스니아 헤르체고비나 공화국의 군대를 위해 싸우는 자원봉사자들을 조직하여 파병하기도 했다. 1989년 10월 타이프 협정(Taif Agreement)이 체결되고 표면적으로 내전은 종식되었으며 무장단체는 해산되었으

---

13 "Who Are Hezbollah?". BBC News. 21 May 2008. Retrieved 15 August 2008.

14 Adam Shatz (29 April 2004). "In Search of Hezbollah". The New York Review of Books. Archived from the original on 22 August 2006. Retrieved 14 August 2006.

15 Itamar Rabinovich (2008). Israel in the Middle East. UPNE. ISBN 978-0-87451-962-4.

나, 헤즈볼라는 예외적으로 해산되지 않은 채 건재하였다.

1990년대부터 헤즈볼라는 레바논 정치에 참여하기 시작하였으며, 레바논 정부에 개입하면서 정치적 공동체와 동맹관계를 확대해 나가기 시작했다. 1992년 하산 나스랄라(Hassan Nasrallah)의 주도하에 준군사조직이자 정당으로 모습을 바꾼 헤즈볼라는 레바논 의회에서 저항세력(Resistance Bloc party)을 지지하는 정치적 성향을 보였다. 2006~2008년 미국과 사우디아라비아의 영향권에 있던 레바논 정부에 대해 대규모 시위가 발생하였고, 이후 헤즈볼라와 군소 야당 동맹세력은 의회 의석 중 45%를 차지하게 되었다. 2007년 4월 8일, 야당의 지도자인 하산 나스랄라는 상황이 교착 상태에 빠졌다고 선언했지만 시위를 내전으로 확대하는 것은 원치 않는다는 입장을 표명했다.

이스라엘이 남부 레바논에서 철수한 이후에도 헤즈볼라는 무장해제를 거부한 채, 군사력을 보유하고 있으며, 유엔안보리 결의안 1701호의 요구도 거부하고 있다. 2006년부터 군사력이 확대되었고 현재 레바논 정규 군대 규모를 능가하는 군사력을 보유하고 있다. 헤즈볼라는 레바논 시아파를 대변하는 정당이자 무장단체이며, 순니파와는 대립하고 있으나, 기독교도의 일부 지역으로부터 지지를 받고 있다. 레바논 의회 의석를 가진 조직으로 발전하여, 라디오 및 위성TV 방송국, 사회관계망을 운영하고 있으며, 레바논 국경을 넘어 해외에도 군대를 파병하는 등 "국가 안에 국가(state within a state)"로 묘사된다.

2021년 헤즈볼라의 정치적 수장인 나스랄라는 조직의 규모가 10만 명의 전투원으로 구성되었다고 언급하였으나, 영국의 국제전략문제연구소(IISS, International Institute for Strategic Studies)의 2020년 집계에 따르면, 현역 2만 명, 예비역 2만 명 등 총 4만여 명으로 구성된 것으로 보고되었다.[16] 2024년 전문가 평가에 따르면, 헤즈볼라는 다양한 로켓포와 미사일을 20만 개 정도 보유

16 Council on Foreign Relations, https://www.cfr.org/backgrounder/what-hezbollah

하고 있으며, 세계에서 가장 규모가 크게 무장된 비국가행위자로 평가된다.

헤즈볼라는 방공 시스템, 대함, 대전차, 정밀 유도 미사일, 로켓, 무인 항공기 시스템 등 국가와 유사한 군사 능력을 보유하고 있으며, 매복, 암살, 폭격, 간접 사격 공격, 납치 등 다양한 비대칭 전술과 재래식 전술에 능한 것으로 알려져 있다. 헤즈볼라는 '이슬람 지하드 조직(IJO)'이라는 이름으로 테러 공격을 자행하기도 하는데, 2003년 미국의 법원에서는 IJO(Islamic Jihad Organization)가 레바논과 중동 및 유럽 지역에서 헤즈볼라가 테러 공격을 자행할 때 사용하던 명칭이라고 특정하기도 하였다.[17] 미국 싱크탱그인 CFR(Council on Foreign Relations) 보고서에 따르면, 헤즈볼라는 전 세계를 대상으로 공격을 감행할 수 있는 정치, 군사, 테러 조직으로 소개되고 있다. 이 조직은 이스라엘의 이익에 반대하고 중동에서 미군을 몰아내는 것뿐만 아니라, 이란과의 전략적 동반자 관계를 유지하고 시리아 정권을 지원하며 레바논에서 자국의 힘을 유지하는 데 전념하고 있으며, 헤즈볼라가 이끄는 이슬람 지하드 조직(IJO)은 서방의 표적을 공격하는 등 해외 테러 활동을 주로 담당하는 고도로 훈련된 부대라는 설명이다. 헤즈볼라는 이스라엘과 미국을 주적으로 삼고 있으며, 해외에서도 활동하고 있는데, 2017년 이후 미국 연방수사국(FBI)은 IJO 조직원으로 비밀공작을 모의하던 미국 국적인 조직원 3명을 테러 및 형사범죄 혐의로 체포한 사례도 있다. 헤즈불라의 활동 범위는 레바논 전역을 포함하여 이란, 이라크, 시리아, 예멘 등 전 세계적으로 영역을 넓혀가고 있다.

미국은 1997년 10월 헤즈볼라를 해외테러단체(FTO)로 지정하였으며, 유럽연합, 아랍연맹, 걸프협력회의(Gulf Cooperation Council) 등 60개 국가 이상이 헤즈볼라를 테러단체로 지정하였다. 러시아는 헤즈볼라를 테러조직으로 간주하지 않으며 적법한 사회정치 세력으로 인정하고 있다.

---

17 US Department of State (8 October 1999). "Background Information on Foreign Terrorist Organizations"

〈 예멘: 후티(Houthi) 〉

1. 예멘 분쟁의 역사와 현황

예멘은 1948년 예멘왕국(Mutawakkilite Kingdom of Yemen) 시기에 알 와지리(al-Waziri) 가문이 쿠데타를 일으켜, 현재 예멘의 서쪽 지역을 영토로 하는 예멘왕국의 국왕을 암살하였으며, 이 사건을 비롯하여 현재까지 분쟁이 지속되는 상황이다. 1990년 5월 22일 서쪽 지역의 북예멘으로 알려진 예멘아랍공화국(Yemen Arab Republic)과 동쪽의 남예멘(South Yemen)이 통합에 합의하고 통일 예멘공화국이 형성되었고, 북예멘의 대통령인 살레(Ali Abdullah Saleh al-Ahmar)가 대통령으로, 남예멘 출신의 알-베이드(Ali Salim al-Beidh)가 부통령으로 선출되었다.

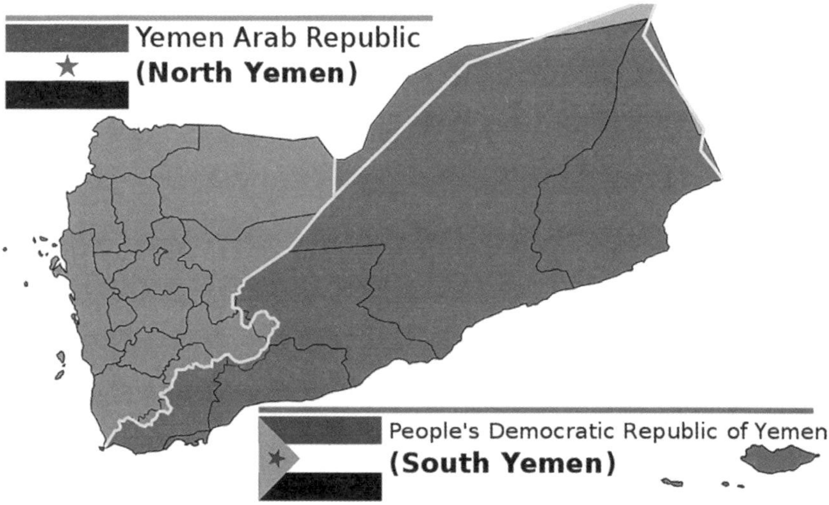

(1990년 통일 이전의 북예멘과 남예멘 지도)[18]

---

18 Origins, 2019.4. "Yemen: A Civil War Centuries in the Making"

살레 대통령은 2001년 9·11 테러가 발생하여 서방에서 테러와의 전쟁을 선포하였을 때도 서방 열강 및 미국과 우호적인 관계를 유지하고 발전시켰다. 살레 대통령은 서방의 지지를 얻으면서 정치적 세력을 공고히 하려하였는데, 2011년 북아프리카와 중동(예멘 포함)에 걸쳐 퍼진 아랍의 봄의 여파로, 살레의 재임 기간은 점점 더 불안정해져서 결국 2012년 대통령직에서 축출되었다. 그의 뒤를 이어 1994년부터 부통령직을 맡고 있던 남예멘 출신의 하디(Abdrabbuh Mansur Hadi)가 2011년부터 대통령 권한대행을 맡게 되었다. 하디 대통령은 2년간 대통령직을 수행하고 물러나기로 되었는데, 예멘의 정치 세력 중 후티(Houthi)파에 의한 반대가 거셌다.

하디 대통령은 후티파에 의한 대규모 시위와 항의로 인해 2015년 1월 22일 대통령직에서 물러나게 되었고, 후티파와 살레 전대통령의 지지자들은 대통령궁을 점령하고 하디를 가택 연금했다. 후티는 혁명 위원회를 창설하여 대통령직을 인수하여 실질적인 대통령의 임무수행을 하게되었다. 한편 가택연금 중이던 하디는 고향인 아덴(Aden)으로 탈출하였으며, 그 곳에서 자신의 대통령직 사임은 후티에 의해 강제된 것이라고 비난하면서 사우디아라비아에게 도움을 청하였다. 사우디아라비아가 이끄는 국가 연합(coalition of countries)이라는 이름의 병력이 남쪽 항구도시인 아덴을 탈환하면서, 하디는 이 곳을 중심으로 친사우디 정권을 유지하고 있다. 2022년 하디 대통령은 자신의 권한을 남예멘 정부로 새로 창설된 '대통령지도부 평의회(Presidential Leadership Council)' 의장인 알-알리미(Rashad al-Alimi)에게 이양하였다.

살레 전대통령은 2014년 발생한 예멘 내전 당시 후티파와 동맹을 맺은 관계를 유지하였으며, 후티파와 함께 예멘의 수도 사나(Sanaa)를 점령하고 하디 대통령을 사임시키는 데 동조하였다. 그러나 2017년 12월, 살레는 후티파와의 동맹을 철회하고 과거의 적이었던 사우디아라비아, 미국, UAE 및 하디 전대통령과 동맹을 맺는다고 선언하였다. 이로 인해, 후티파는 살레를 반역자로 간주하였고, 2017년 12월 4일, 수도 사나에서 발생한 후티와 살레 지지

세력간 전투에서 후티파 저격수에 의해 살레 전대통령은 피살되었다.[19]

2. 예멘 내전

예멘 내전은 2014년부터 현재(2024년)까지 진행중인 분쟁으로, 남예멘 주축의 라샤드 알-알리미가 이끄는 대통령 지도부 평의회(PLC)와 북예멘 후티파 지도자 마흐디 알-마샤트(Mahdi al-Mashat)가 이끄는 최고 정치 위원회(Supreme Political Council)가 대립하여 그들의 지지자 및 동맹국들과 함께 시작한 다자간 내전이다. 양측 모두 예멘의 공식 정부를 구성한다고 주장한다.

2014년 예멘 내전은 후티 세력이 수도 사나를 점령한 후 정부를 빠르게 장악하면서 시작되었다. 2015년 3월 21일, 후티가 이끄는 최고 혁명 위원회(Supreme Revolutionary Committee)는 당시 대통령 하디 정권을 축출하고 남부 지방으로 그 세력을 몰아 영토의 통제권을 확장하기 위한 총동원을 선언했다. 살레 전 예멘 대통령에 충성하는 군사 세력과 연합한 후티파는 3월 25일 라히(Lahij)를 함락하였고 계속 남진하여 하디 정부의 거점인 아덴 외곽까지 도달했다. 하디는 같은 날 해외로 탈출했고, 사우디아라비아가 이끄는 연합군은 공습을 통해 군사 작전을 시작하였으며, 하디 세력의 거점인 아덴 지역을 수호하게 되었다. 예멘에서 후티파를 지원하는 이란 정부의 직접적인 개입은 없었지만 내전은 이란-사우디 대리전 양상으로 전개되고 있다.

현재 후티 반군은 수도 사나와 북예멘 전역을 장악하고 있다. 한편, 남예멘 지역에서는 남예멘의 또 다른 분파인 '남예멘운동(Southern Movement)'의 지도자 알 주바이디(Aidarus Qassem Abdulaziz Al-Zubaidi)가 2017년 남부과도위원

---

19 Ahmed, Zayd (5 December 2017). "Deposed strongman Ali Abdullah Saleh killed after switching sides in Yemen's war". Los Angeles Times.

회(STC, Southern Transitional Council)를 결성하고 2018년 아덴을 점령하였으며, 사우디아라비아의 지원을 받는 하디 세력과 충돌이 발생하고 있다. 이들은 대통령 지도부 평의회(PLC)를 지지하는 남예멘 세력에 포함되어 있으나 각각의 주권을 주장하면서 불안정한 관계를 유지하고 있다. 또한, 아라비아 반도의 알-카이다(AQAP) 조직과 IS(이슬람 국가)도 상호간 교전을 하고 있으며, AQAP는 내륙과 해안을 따라 뻗어 있는 영토를 통제하고 있다.

후티 반군과 국제적으로 인정받는 예멘의 하디 정부를 지지하는 사우디 연합 사이의 전쟁은 소강상태에 이르렀지만, 2023년 10월 발생한 이스라엘의 하마스와의 전쟁에 대한 대응으로 후티는 홍해를 통과하는 선박에 대해 지속적으로 공격하고 있다. 남예멘운동에 의한 남부 과도위원회(STC) 창설로 알-주바이디 정권은 예멘의 독립적인 남부 국가를 설립하겠다는 새로운 요구를 제시하면서, 남예멘 세력간의 분파가 일어나기 시작하였고, 게다가 최근에는 아라비아 반도의 알-카이다(AQAP) 공격이 급증하는 등 복잡한 상황이 전개되고 있다.

3. 후티 운동(Houthi movement)

후티 운동(Houthi movement)은 1990년대 예멘에서 창설된 시아파 이슬람 정치·군사 조직으로, 후세인 알-후티(Hussein al-Houthi)의 지도력으로 조직된 시아파 집단이다. 다른 이름으로는 '안사르 알라(Ansar Allah)'로 알려져 있는데, "신의 지지자들(Supporters of God)"이라는 의미이다. 이 조직의 지도자 알-후티가 2004년 사다(Saada)시에서 예멘 정부군에 의해 피살되면서 그 이름을 따서 후티(Houthi)파로 알려졌다. 후티 추종세력이 믿는 시아파는 자이디즘(Zaidism)으로 알려져 있는 시아파의 분파다. 자이디 시아파(Zaydis)는 시아파의 12 이맘 중 4번째 이맘인 알리 이븐 알-후세인(Ali ibn al-Husayn Zayn al-

Abidin)의 아들인 자이드 이븐 알리(Zayd ibn Ali)를 신봉한다. 자이디즘은 시아파의 분파 중 하나이지만 순니파와도 우호적인 관계를 유지해 온 종파로 알려져 있다.[20] 시아파의 5번째 이맘은 자이드의 형인 무함마드 알-바키르(Muhammad al-Baqir)이지만, 자이디즘 신봉자들 중 일부는 자이드가 5번째 이맘이라고 믿기도 하여, 당시 8세기에는 '5번째를 믿는자들(Fivers)'이라고 불리기도 하였다.[21] 알-후티 가문(부족 또는 혈족)과 후티 운동(Houthi movement) 사이에는 차이가 있다. 후티 운동의 반대 세력들이 이들을 '후티'라고 부르면서 후티파가 형성된 것이다.

1992년, 후세인 알-후티의 형제인 모하메드 알-후티(Mohammed al-Houthi)는 '믿음을 가진 청년(BY, Believing Youth)'이라는 조직을 결성하고 관용을 설파하면서 모든 예멘 국민에 대한 광범위한 관점을 가진 온건한 신학 운동으로 조직을 이끌었다. BY 조직은 사다에 자이디 부흥을 촉진하기 위해 학교 동아리와 여름 캠프를 설립하였으며 1994~1995년까지 15,000명에서 20,000명 사이의 학생들이 여름 캠프에 참석했다.

후티 조직의 결성은 외세의 개입에 반대하는 분위기에서 시작되었다. 후티파는 예멘에서 사우디아라비아의 영향을 받는 것을 이데올로기의 위협이라고 보고, 이에 대항하여 자이디 종파의 지지를 강화하는 것을 추구하였다. 또한, 예멘 정부의 부패를 비난하고, 사다에 거주하는 후티 부족에 대한 차별과 소외정책에 불만을 표출하면서, 예멘 정부의 미국과의 동맹에 대한 대외정책에 대해서도 비난하는 입장이었다. 자이디 종파 지도자인 후세인 알-후티의 주도 아래 후티는, "사우디아라비아와 미국의 지지를 받으면서 알리

---

20 Haider, Najam (2021). "Zaydism" (PDF). Handbook of Islamic Sects and Movements. Brill Publishing. pp. 204–234.

21 Salmoni, Barak A.; Loidolt, Bryce; Wells, Madeleine (2010). "Appendix B: Zaydism: Overview and Comparison to Other Versions of Shi'ism". Regime and Periphery in Northern Yemen (PDF). Santa Monica, Calif.: Rand Corporation. pp. 285–296.

압둘라 살레(Ali Abdullah Saleh) 예멘 대통령이 부정부패로 빠져들고 있다"고 비난하며 반정부 운동의 주류로 부상했다. 2003년부터는 레바논 시아파 정치 군사 조직인 헤즈볼라의 영향을 받아 후티는 미국, 이스라엘, 유대인에 반대하는 공식적인 노선을 채택했다. 당시 살레 대통령은 알-후티에 대해 체포 명령을 내렸으나 알-후티는 이에 대해 저항하였고, 결국, 2004년 9월 10일 사다에서 예멘군에 의해 살해되었다. 이후 이 운동은 대부분 그의 형 압둘 말리크 알-후티(Abdul-Malik al-Houthi)에 의해 주도되었다.[22] 후티의 저항 운동은 반란군의 형태로 확대되었고, 2010년 휴전 협정이 체결될 때까지 간헐적으로 정부군과의 교전이 지속되었다. 장기화된 분쟁 동안 예멘 군대와 공군은 예멘 북부에서 후티의 반란을 진압하는 데 투입되었고, 사우디아라비아도 이러한 반후티 군사작전에 합류하였으나 결과적으로 후티는 살레 정권과 사우디 군대 모두에 대해 승리했다. 브루킹스 연구소에 따르면, 이 사건은 특히, 수백억 달러를 군대에 소비한 사우디아라비아 정부에게는 수치스러운 일이었다고 평가하였다.

후티파는 살레 대통령에 반대하는 다른 예멘 반정부 단체들과 협력하면서 2011년 예멘 혁명에 참여했다. 2012년 살레 대통령이 축출되었으나, 2014년, 후티는 살레 대통령과의 관계를 회복하여 우호적 관계를 유지하게 되었고 그의 도움으로 수도 사나를 장악하였다. 이후 하디 부통령이 2012년부터 대통령직을 대행하였다가 2015년 후티에 의해 체포되어 감금되었으나 1개월 후 탈출하여 남예멘 아덴 지역에서 하디 정권의 세력을 형성하게 된다. 후티의 수도 사나 점령으로 인해 사우디아라비아와 UAE 등의 연합군과 교전하게 되면서 2014년부터 예멘 내전이 시작되었다.

후티 운동(Houthi Movement)은 언론을 활용하여, 지역의 정치-종교적 문

---

22 "Yemen: The conflict in Saada Governorate – analysis". IRIN. 24 July 2008.

제를 홍보하고 자이디 시아파가 그동안 정치적으로 소외를 당했던 차별을 종식시키기 위해 투쟁하는 것으로 묘사함으로써 정당성을 홍보하면서 후티 추종자들을 모집하고 있다. 후티 운동은 시아파의 분파인 자이디즘 종파로서, 이란 및 헤즈볼라 등 시아파와 우호적 관계를 유지하고 있으나, 예멘의 수니파와 복잡한 관계를 맺고 있으며, 일부 수니파의 동조를 얻고 있어 수니파 조직원도 후티에 가담하기도 한다. 즉, 후티는 통일된 예멘을 확보하고, 미국, 이스라엘, 사우디아라비아 등 외세에 대항하는 기치를 내세우면서 투쟁하고 있으나, 시아파를 지원하는 이란과 순니파를 지원하는 사우디아라비아 간 대리전의 전선으로 보이기도 한다.[23]

후티 조직의 구성원은 2005년 기준으로 최대 3천 명 정도였으나 2009년 1만여 명으로 늘어났고, 2010년에는 핵심 전투원 수가 3만여 명이고, 전체 조직원은 12만 명 정도인 것으로 알려졌다. 즉, 후티 조직은 전통적인 자이디즘 종파의 시아파 구성원 외에 다른 종파 부류의 지지자를 상당수 모집한 것으로 추정된다.

〈 리비아: 안사르 알-샤리아(Ansar Al-Sharia) 〉

1. 리비아 내전

리비아 내전은 1차와 2차 내전으로 구분되는데, 1차 내전은 2011년 2월 15일부터 발생한 북아프리카의 국가 리비아에서 독재자 무아마르 카다피

---

23 Agence France-Presse (23 October 2019). "Yemeni government, separatists seen inking deal to end Aden standoff". Euronews.

(출처: CIA, The World Fact Book)

(Muammar Gaddafi)[24]의 지지 세력과 카다피에 반대하는 반카다피 세력 간에 벌어진 무장 충돌로, 리비아 혁명(Libyan Revolution)으로도 불린다. 2차 내전은 카다피 축출 이후 리비아가 두 개의 정부로 나뉘면서 2014년부터 정부 간, 또는 군사집단 간에 벌어진 내전이다.

1차 내전은 2009년 8월 8일 자위야(Zawiya)에서 발생한 시위로 시작되었다. 2011년 2월 15일 화요일 벵가지(Benghazi)에서 시작된 시위로 인해 대규모로 확산되었으며, 이로 인해 군중에게 총격을 가한 보안군과의 충돌이 발생

---

24 Muʿammar Muḥammad ʾAbū Minyār al-Qaḏḏāfī, Standard Arabic pronunciation: [muˈʕamː ar alqaˈðː aː-fi] 아랍어 발음으로 "카다피"로 불린다. 이하 카다피로 표기됨.

했다. 시위는 카다피에 반대하는 세력이 임시 통치 기구인 국가과도위원회(National Transitional Council)를 설립하면서 전국적인 반정부 활동으로 확대되었다.

유엔 안전보장이사회는 2월 26일 카다피와 측근 세력의 자산을 동결하고 이들의 여행을 제한하는 초기 결의안을 통과시켰고, 카다피 정권의 불법 문제를 조사하기 위해 국제형사재판소(ICC)에 회부하였다. 3월 초, 카다피 군대는 반격을 재개하여 벵가지를 점령하기 위해 동쪽으로 진군하였고 몇몇 해안도시를 재탈환하기도 하였다. 유엔 안보리는 추가적으로 결의안을 통과시켜, 리비아 상공에 비행금지구역을 설정하고 민간인에 대한 공격을 막기 위한 필요한 모든 조치를 사용할 것을 승인하였다. 이러한 결의로 인해 민간인을 보호하기 위한 조치로 나토(NATO)군은 리비아 군사 시설과 차량에 대해 폭격을 실시하였다. 카다피 정부는 그 후 휴전을 선언하였으나 전투와 폭격은 계속되었다. 카다피 정권과 아프리카 연합(African Union) 등은 휴전을 제안하기도 하였으나 반군들은 카다피 축출을 요구하면서 협상은 결렬되었다.[25]

2011년 8월, 반군은 정부가 장악한 리비아 해안에 공세를 가했으며, 광범위한 나토군의 폭격 작전의 도움을 받아 마침내 수도 트리폴리를 점령하였다. 2011년 9월 16일, 국가과도위원회는 유엔에 의해 카다피 정부를 대신하는 리비아의 법적 대표 기관으로 인정되었다. 2011년 10월 20일, 무아마르 카다피는 도피하던 중 시르테(Sirte)에서 붙잡혀 피살되었다.

국가과도위원회(NTC)는 "리비아의 해방"을 선언했고 2011년 10월 23일 전쟁의 공식적인 종료를 선언했다. 그러나 내전의 여파로 이전의 카다피 충성파들에 의한 낮은 수준의 반란이 지속되었으며, 카다피 거점이었던 바니 왈

25 "Libyan rebels reject African Union road map – Africa". Al Jazeera English. Archived from the original on 29 January 2014.

리드(Bani Walid)에서 교전이 발생하는 등 지역 민병대와 부족들 사이에 분쟁이 잔존하였다. 더 큰 문제는 내전에서 싸운 민병대의 역할과 공로를 평가하고 리비아 정부에서의 권력을 배분하는 과정에서 발생하는 갈등이었다. 일부 민병대는 무장해제를 거부했고, 과도위원회(NTC)와의 협력은 불안정하였으며, 민병대와 무장 단체를 해산하거나 리비아 군대에 통합하려는 정부의 조치는 반발을 야기시켰다. 이러한 해결되지 않은 문제들로 인해 리비아에서 두 번째 내전으로 이어졌다.

제2차 리비아 내전은 카다피 축출 이후 리비아가 두 개의 정부로 나뉘면서 2014년부터 군사집단 간에 벌어진 내전이다. 2014년부터 2020년 휴전까지 두 단체가 대립하였는 바, 트리폴리(Tripoli)를 거점으로 활동하는 국민합의정부(GNA, Government of National Accord)와 리비아 동부 도시인 투브르크(Tobruk)를 중심으로 활동하는 대표자의회(HoR, House of Representatives)가 서로 리비아 정권의 정통성을 주장하며 대립하고 있다. 한편 혼란한 정치상황을 틈타 테러조직 IS(이슬람국가) 등이 세력확장을 위해 분쟁에 개입하고 있다.

리비아는 독재자 카다피를 축출한 이후 2012년에 과도정부로서 제헌의회인 총국민회의(GNC, General Nations Congress)를 창설하였다. GNC의 임기가 끝나가면서 2014년 6월에 새로운 선거를 실시하였는데, 선거결과는 HoR이 14%를 득표하면서 선거에서 패배하였다. 대표자의회(HoR)는 초기에는 이를 수용하였으나, 최고헌법재판소에서 리비아 과도정부의 로드맵과 관련된 수정조항을 무효화하였다는 이유로 GNC에서 탈퇴하였으며, 쿠데타를 일으키면서 리비아 2차 내전을 발생시켜, 트리폴리를 벗어나 투브르크를 중심으로 하는 새로운 정부를 만들게 된다.

국민합의정부(GNA)는 리비아의 트리폴리에 위치한 정부로, 실질적으로 제1차 리비아 내전 이후 정권을 장악하고 있었으며 UN과 유럽연합으로부터 합법적 정부로 인정받고 있다. GNA는 이슬람주의 성향의 정부로, 세속주의 정부인 투브르크의 대표자의회(HoR)에 대립하고 있으며, 테러조직 IS

에 대해서도 적대시하는 입장을 취한다. 대표자의회(HoR)는 리비아 동부 투브루크에 위치한 또 하나의 정부다. 리비아 정규 군대인 리비아 국민군(LNA, Libyan National Army)이 HoR 정부 소속으로 운용된다. HoR은 세속주의 성향의 정부로, 이슬람주의 정부인 트리폴리 정부 GNA에 대립하고 있으며 이슬람 극단주의 세력인 IS에 대해서도 적대적인 입장이다. 2018년부터 러시아 용병조직인 바그너그룹(Wagner Group)이 HoR 정부를 지원하고 있다.

한편, 두 개의 정부가 대립하는 가운데 이슬람 극단주의 무장단체인 이슬람 국가(IS)와 동부에서 활동하는 이슬람 극단주의 민병대인 '벵가지 혁명 슈라위원회'가 내전에 참여하였다. 테러조직에 대응하려는 국제사회의 노력에 부응하여 트리폴리 GNA 정부와 투브루크 HoR 정부 사이에 통일 합의가 이루어져 2016년 3월 GNA 중심으로 통일이 이루어졌다. 그러나 이후 HoR 정부가 합의를 파기하였고, 이로써 트리폴리 GNA 정부가 국제적으로 인정받는 리비아의 합법정부가 되었다. 그러나 아직까지 각 부족들이나 일부 종파, 정파들의 대립과 분쟁이 그치지 않고 있다. 2016년 12월 리비아에서 활동하는 IS 세력들을 무너뜨렸으나 잔존 세력들이 2017년 이후에도 테러를 벌이는 상황이다.

2018년 5월, 프랑스 마크롱 대통령이 리비아 국민군(LNA) 사령관 하프타르(Khalifa Belqasim Omar Haftar), GNA 지도자 세라즈(Fayez Seraj), 대표자의회(HoR) 등 3개파의 지도자들과 분쟁종식을 위한 회의를 주도하여 2018년 12월에 선거를 치루는 데 합의하기도 하였으나 총선이 연기되면서 분쟁은 지속되었다. 트리폴리의 GNA 정부는 UN 휴전이 발효된지 일주일도 안 된 2018년 9월 리비아의 수도 트리폴리에 비상사태를 선포했다. HoR과 GNA가 계속해서 권력 경쟁을 전개함으로써 결국 통합 정부를 만들려는 시도들은 실패했다. 양 통치 기관은 자체 중앙 은행을 만들고 유전에 대한 통제를 강화했다. 2019년 4월 4일 리비아 국민군(LNA)의 사령관 칼리파 하프타르는 리비아 서부에서 국민합의정부(GNA)가 통치하는 수도 트리폴리를 점령하기 위해 공세를 시작하기도 하였다. LNA 사령관 하프타르에 충성하는 민병대를 포함한 경쟁 무장 단체들과 GNA의 보안군은 지역 유전뿐만 아니라 리비아의 석유공사(NOC)에 대한 접근과 통제 문제를 둘러싸고 소유권 확보를 위해 지속 교전하고 있으며, 전투가 재개되면서 모든 유전이 차단된 상태다.

2020년 8월 GNA가 일방적인 휴전을 선언함에 따라 폭력이 완화되었고 하프타르는 곧 석유 봉쇄를 종료하여 10월에 서명된 전국적인 휴전을 위한 길을 열었다. 2020년 휴전은 GNA와 LNA의 장교들로 구성된 5+5 합동군사 위원회(JMC)를 설립하여 휴전 이행과 기타 보안 문제를 해결하기 위해 노력했다. JMC는 진전을 이루었지만 외국인 전투원들을 철수시키는 데 어려움을 겪고 있다. 그러나 가장 중요한 것은 신뢰 부족과 불안정한 휴전에도 불구하고 2020년 휴전 이후 폭력 수준이 낮게 유지되어 정치적 대화가 재개될 수 있다는 것이다. 2020년 4월 27일 LNA 사령관 하프타르(Haftar)는 TV 연설을 통해 LNA가 리비아 동부를 통치하는 임무를 맡게 되었다며, 사실상 자신을 HoR의 지도자로 선언하였다. 2021년 9월 21일, HoR은 GNA 정부에 대한 불신임안을 통과시키면서 선거를 통한 통일정부에 대한 희망은 사라졌다.

트리폴리 GNA 정부는 2021년 3월, 드베이바(Abdul Hamid Dbeibah)를 총리로 하는 과도정부(GNU, Government of National Unity)를 출범시키고 선거를 통한 국정 정상화를 추진하였으나, 정파 갈등이 지속되며 2021년 12월까지도 대통령 선거는 결국 실행되지 못하였다.

2022년 3월, 대표자의회(HoR)는 파티 바샤가(Fathi Bashagha)를 총리로 임명하고 새로운 내각을 승인했고, 사실상 시르테(Sirte)에 기반을 둔 경쟁 정부로 국가안정정부(GNS, Government of National Stability)를 설립하였다. GNS는 "과도 정부(GNU) 임기가 만료되었다"며 바샤가를 총리로 하는 새 정부를 출범시키고 수도 트리폴리 무력 입성을 시도하면서 새로운 내전발생 우려가 고조되었다.

경쟁적인 정부들의 구성은 영토와 자원에 대한 통제권을 장악하기 위한 투쟁을 재점화시켰다. 2022년 3월 LNA 하프타르의 군대는 과도정부 GNU 벵가지 본부를 점령했고, GNU의 수입을 박탈하기 위해 유전과 가스전에 대한 접근을 차단했다. HoR의 바샤가 총리는 트리폴리에 진입하여 그의 정부를 설치하려고 시도했으나 결국 실패했다. 수개월 간의 교전이 이어지면서 2022년 8월에도 경쟁적인 정부군 사이의 싸움이 수도에서 발발했다.

미국과 적대관계를 유지해 온 하프타르를 미국 정부는 전쟁범죄, 고문, 기타 인권침해 혐의로 고발하는 소송을 포함해 미국 연방법원에 3건의 민사소송을 제기했다. 2019년 버지니아주 알렉산드리아 미국 지방법원에서 하프타르를 상대로 제기된 소송은 피해자 가족들이 제기한 것으로, 원고들은 하프타르가 아랍에미리트, 이집트, 러시아의 지원을 받는 군사작전 과정에서 민간인을 무차별 살해하는 등 전쟁범죄를 저질렀다고 주장하고 있다. 이 소송은 1991년 고문피해자보호법에 근거한 것이다.

2022년 말 분쟁의 수준은 다소 낮아졌지만 정치협상이 결렬되면서 긴장이 아직도 고조된 상태다. 유엔 주도의 회담이 설득력을 얻지 못하자 HoR은 2023년 3월 선거를 위한 기반을 마련할 수 있는 헌법 개정안을 통과시키고 GNC와 HoR을 대체할 새로운 국가 집행위원회를 임명할 것을 제안하는 등 독자적인 길에 나섰다. 2023년 1월, 칼리파 하프타르는 리비아 대통령선거에 불출마 할 것을 선언하였는데, 그 대신에 자신의 아들인 사담(Saddam)과 벨카심(Belqasim)이 출마한다는 조건을 내걸었다. 사담 하프타르가 칼리파 하프타르의 후계자로 이어갈 것이라는 평가가 주류를 이룬다.

2. 2012년 미국 벵가지 공관 공격(2012 Benghazi attack)

2012년 벵가지 테러는 2012년 9월 11일과 12일 리비아의 이슬람 무장 단체인 안사르 알-샤리아(Ansar al-Sharia)가 리비아 벵가지 소재 두 곳의 미국 정부 시설을 대상으로 공격한 사건이다. 9월 11일 오후 9시 40분, 안사르 알-샤리아 조직은 벵가지의 미국 공관을 공격하여 크리스토퍼 스티븐스(John Christopher Stevens) 주리비아 미국 대사와 숀 스미스(Sean Smith) 미국 외무부 정보 관리관이 사망했다. 9월 12일 오전 4시경에는 약 1.6km 떨어진 CIA 별관에 대한 박격포 공격을 시작하여 CIA 계약 직원 타이론 우즈(Tyrone S. Woods)와 글렌 도허티(Glen Doherty)가 사망하였고 10명이 부상을 당하였다.

리비아 동부와 벵가지는 미국 정보 활동의 주요 정보 수집 중심지였다. 2011년 2월 리비아 혁명이 시작된 지 몇 달 만에 미국 CIA는 벵가지에 비밀리에 주둔하기 시작했고, 내전 기간 동안, 미국 델타 포스의 정예 대테러 요원들이 분석관으로 리비아에 배치되어 카다피 축출을 지원하기 위해 반군에게 무기를 제공하고 전술에 대한 구체적인 정보를 제공했다. CNN 보도에 따르면, 안사르 알-샤리아 공격 당시 벵가지의 외교 공관에서 약 35명의 미군이 근무하고 있었고, 그 중 약 21명이 CIA 요원인 것으로 알려졌다.

2013년 8월 6일, 미국은 민병대 지도자 아흐메드 아부 카탈라(Ahmed Abu Khattala)를 포함하여 벵가지 테러 공격에 연루된 혐의자들을 특정하고 추적하였다. 카탈라는 리비아와 미국 관리들에 의해 안사르 알-샤리아의 벵가지 지도자로 확인되었다. 미국 국무부는 2014년 1월 안사르 알-샤리아를 테러 조직으로 지정했고, 카탈라는 2014년 6월 미국 육군 특수 작전 부대에 의해 리비아에서 체포되었다. 또 다른 용의자 무스타파 알 이맘(Mustafa al-Imam)은 2017년 10월에 체포되었다.

벵가지 공관 테러 공격이 발생하기 전인 2012년 4월부터 리비아 이슬람 극단주의자에 의한 서방 국가 대상 테러 공격은 빈번하게 발생하였다. 미국

영사관에 급조폭발물(IED)이 투척되었고, 유엔 차량이 공격받았으며, 알-카이다 하부조직이 벵가지 적십자사를 공격하였다. 6월에는 리비아 주재 영국대사 도미니크 아스퀴트(Dominic Asquith)가 암살을 모면하기도 하였다. 영국대사가 탑승한 차량을 향해 로켓추진포(RPG) 공격이 발생하였으며, 이로 인해 영국대사는 무사하였으나, 경비원 2명이 부상을 당하였다. 영국 공관은 즉시 리비아에서 철수하였다.

한편, 벵가지 미국 공관 공격의 직접적인 원인은 2012년 6월 유튜브에 공개된, "무슬림의 순진함(Innocence of Muslims)"이라는 14분짜리 비디오 동영상이었다. 미국에서 제작된 반(反)이슬람 내용의 동영상으로 9월에 아랍어로 더빙된 비디오가 공개되었고, 이슬람교를 모욕하는 내용이라고 알려지면서 대다수 무슬림이 격분하였으며, 안사르 알-샤리아 조직은 이러한 반이슬람 비디오에 대한 복수로 공격하는 것이라고 언급했다.[26]

3. 안사르 알-샤리아(Ansar Al-Sharia)

안사르 알샤리아(AAS)는 제1차 리비아 내전 중인 2011년에 결성되었고 무아마르 카다피 살해 후에 두각을 나타냈다. 아부 오베이다 빈 알자라 여단(Abu Obayda Bin Aljarah Brigade), 말리크 여단(Malik Brigade), '2월 17일 순교자 여단' 등 여러 반군과 민병대로 구성된 이 조직은 살라피즘을 기본적 이념으로 추종하며, 시르테 전투에서 싸우는 비디오를 게시함으로써 그 명성을 널리 알리기 시작했다. AAS의 목표는 이슬람 율법인 샤리아를 세우고 리비아로부터 미국과 서양의 영향을 제거하는 것이다. AAS는 벵가지, 다르나, 시르

---

26 David D. Kirkpatrick, Attack by Fringe Group Highlights the Problem of Libya's Militias Archived April 16, 2017, at the Wayback Machine The New York Times September 15, 2012

테, 그리고 아주다비야와 같은 리비아의 도시들에서 가장 활동적이지만, 리비아 전역에서 활동하는 것으로 알려졌다. 안사르 알-샤리아(Ansar Al-Sharia)는 "이슬람 율법의 옹호자들(Supporters of Sharia)"이라는 의미이다.

AAS의 지도자는 사령관이라는 의미의 아미르(Amir)라는 호칭이 부여되는데, 2014년 9월 벵가지 공격 과정에서 사망한 무함마드 알-자하위(Muhammad al-Zahawi)가 아미르였으며, 2015년 6월 18일, AAS는 아부 칼리드 알-마다니(Abu Khalid al-Madani)를 후계자로 지명하여, 이 조직의 새로운 아미르로 명명하는 오디오 성명을 발표했다.

벵가지의 안사르 알-샤리아(AAS-B)와 다르나(Darnah)의 안사르 알-샤리아(AAS-D)는 2012년 9월 11일 벵가지의 미국 시설에 대한 공격에 가담하여 리비아 주재 미국 대사인 크리스토퍼 스티븐스와 다른 세 명의 미국 시민들을 사망에 이르게 한 주도적 단체로 알려져 있다. 미국은 2014년 1월에 AAS-B와 AAS-D를 외국인 테러 단체로 지정했다. 이 단체들은 또한 2013년 12월 벵가지에서 미국인 교사를 암살한 것을 포함하여 외국인을 대상으로 한 공격과 납치에 연루된 혐의를 받고 있다. AAS는 미국뿐만 아니라 이라크, 튀르키예, UAE, 영국 등에 의해 테러단체로 지정되었으며, 유엔 안보리의 제재대상에도 포함되었다.

2017년 5월 27일 리비아 AAS 조직은 대부분의 지도자들이 사망하였고 막대한 조직의 피해를 입었으며, 조직원들도 와해되어 공식적으로 해체한다고 선언하였다.[27] 미국 정보기관 DNI에 따르면 2017년 5월 이후 리비아 AAS의 테러 공격이 발생한 사례는 발견되지 않은 것으로 확인되었다.

한편, 튀니지의 안사르 알샤리아(AAS-T)는 2011년 사이팔라 벤 핫신(Ben Hassine)이 튀니지 혁명 중 출소한 후 설립한 단체다. 2015년 중반, 벤 핫신은

---

27 "Libyan Islamist group Ansar al-Sharia says it is dissolving". Reuters. 27 May 2017.: DNI Counterterrorism Guide

테러 활동에 대한 혐의에 대해 기소되어 튀니지 형사 법원에서 궐석재판으로 재판을 받고 유죄 판결을 받아 50년형을 선고받았다. AAS-T는 2012년 9월 14일 튀니지 주재 미국 대사관 습격을 선동한 혐의로 비난을 받았고, 이후 미국에 의해 대외 테러 조직으로 지정되었다. AAS-T는 튀니지의 안보 능력과 대테러 작전 증가에도 불구하고 여전히 서방에 대한 공격을 감행할 의도가 있는 것으로 평가된다. AAS-T는 2013년 10월 두 곳의 관광지를 대상으로 자살 공격을 시도했고, 2014년에는 튀니지의 유대인 표적과 서방 외교 공관에 대한 공격을 시도하였다.

4. 마그렙 알-카이다(AQIM, Al-Qaida in the Lands of the Islamic Maghreb)

마그렙 알-카이다(AQIM)는 북아프리카 지역의 세속적인 정부와 서방의 영향력을 제거하고 이슬람법인 샤리아를 기반으로 하는 국가를 건설하겠다는 목표로 투쟁하는 수니파 테러 집단이다.

AQIM의 전신 그룹은 1998년 알제리에 기반을 둔 이슬람 무장 단체의 한 파벌인 '설교와 전투를 위한 그룹(GSPC, Group for Preaching and Combat)'이라는 살라피스트 조직이다. GSPC는 2006년 9월 알-카이다와 연계하였고 2007년 1월 AQIM이라는 이름을 사용하기 시작했다. 비록 AQIM은 알-카이다에 충성하는 조직이지만, 주로 자율적인 지휘 체계와 자의적으로 공격표적을 선정하는 전략을 유지하고 있다. AQIM 구성원들은 2011년과 2017년 사이에 다양한 분열과 통합 등의 과정을 겪었다. AQIM은 역사적으로 알제리 북부 해안 지역과 리비아, 튀니지 등에서 활동했지만, 지역정부와 국제사회의 대테러 활동으로 말리를 포함한 사헬 지역으로 그 활동 영역이 이동되었다.

현재 AQIM 조직원은 1천여 명으로 추산되며, 대부분의 신병들은 알제리, 말리 그리고 모리타니에서 모집된다. AQIM은 소형 무기, 기관총, 로켓, 지뢰, 박격포, IED를 사용하여 관광지역과 UN 평화유지군 기지를 포함하는 군사 및 민간 목표물을 설정하고, 게릴라식 매복을 통한 공격을 실시한다. 조직원들은 외국인 및 현지 관료, 주민 등을 대상으로 몸값을 받기 위한 납치 작전을 수행해 왔으며 일부 경우에는 인질을 처형하기도 했다. 이 조직은 또한 마약 거래 조직과 연계하여 테러조직의 자금을 조달하고, 불법 무기 시장에 참여함으로써 수익을 얻기도 한다.

5. IS(Islamic State, ISIS, ISIL)

IS(이슬람 국가)는 초국가적인 살라피 지하디스트 조직으로 1999년 요르단에서 결성된 '유일신과 성전(Jama'at al-Tawhid wal-Jihad)'이라는 조직에서 기원한다. 2003년부터 미국의 이라크 침공으로 시작된 이라크 전쟁에서 미국에 대항해 투쟁하면서 단일화된 지도부의 구심점 없이 외국인전투원(FTF)들과 연계하면서 유지되어 왔다. 2004년 10월 17일 조직의 지도부 수장인 알-자르카위(al-Zarqawi)가 알-카이다 수장인 오사마 빈 라덴(영문 Osama bin Laden)에게 충성을 맹세하면서 알-카이다 이라크 지부로 알려지게 되었다. 알-자르카위 미국의 공습으로 사망한 후 몇 차례 조직의 변화가 있었으며, 2006년 ISI(Islamic State of Iraq)로 이름을 변경하였다가 1년쯤 지나 조직의 명칭을 ISIL(Islamic State of Iraq and Levant)로 바꾸면서, 세계적으로 조직된 칼리파(이슬람 제국) 조직이라고 스스로 선언하였다. 이 선언에 따르면 모든 무슬림은 칼리파 조직인 ISIL에 정치적, 종교적으로 복종해야 한다는 의미다. 이 조직의 명칭에 대해 단순히 IS로 호칭하기도 한다.

IS는 2014년 이라크 북서부와 시리아 동부의 넓은 영토를 점령하는 데 성공하면서 세계적인 명성을 얻었다. IS는 대규모 인권 침해와 전쟁 범죄로 악명이 높은데, 기독교인, 만다이아인, 시아파 무슬림 및 수피 수니파에 대한 박해에 가담했으며 언론인과 구호단체 직원에 대한 참수와 처형 영상을 게재했다. 2015년 말까지 이 단체는 국제적으로 가장 큰 테러 조직 중 하나로 여겨졌으며, 이슬람 율법 샤리아에 대한 극단주의적 해석을 적용하여 반인권범죄를 저지르고, 연간 10억 달러를 넘는 예산을 관리했으며, 인구 1,200만의 영토에서 30,000명 이상의 전투원을 거느리고 있었다.

리비아에서 활동하는 IS 조직원은 2016년 벵가지, 데르나 및 아즈다비야의 영토를 점령한 후 이 조직의 가장 중요한 요새였던 해안 도시 시르테를 점령했을 때 최고조에 달했다. 2018년 7월, 리비아 동부를 거점으로 하는 HoR의 소속 리비아 국민군(LNA)의 하프타르 사령관은 LNA가 리비아 동부에 있는 IS의 마지막 전초기지인 데르나시를 탈환했다고 발표했다. 그러나 IS는 물리적인 거점은 와해되었어도 리비아 전역에서 게릴라전으로 계속 활동하고 있다.

2017년부터 이라크와 시리아에서 패퇴한 IS는 풍부한 자금력과 정교한 조직체계를 지속적으로 운영하면서 이라크 바그다드 주변에서 그림자 정부를 이루고 있으며, 탈출된 죄수부터 외국인 전투원까지 많은 인력을 보유한 채, 전투경험이 풍부한 게릴라전 전략을 갖추고 있는 것으로 알려졌다. 2018년부터 리비아 IS 조직은 분산된 게릴라식 사막 "여단"에서 활동하고 네트워크화된 세포를 운영하면서, 군사 및 보안군, 석유 시설, 리비아의 경쟁 정부와 관련된 단체 및 개인을 대상으로 공격한다. 또한 리비아의 선거관리위원회 본부 및 외무부와 같은 상징적인 국가 조직 및 시설에 대해서도 공격하고 있다.

현재, 리비아 IS 조직은 리비아 중부와 남부 외곽지역에서 활동하고 있으며, 리비아 정부의 공권력이 미치지 못하는 사막 지역에 기지를 구축하고 활동중이다. 2016년 IS 조직이 최고조에 달할 때, 외국인전투원이 상당수 모집되어 최대 6천여 명까지 증가하였으나, 2020년 현재 500여 명의 전투원들이 남아 있는 것으로 알려졌다.

1. 튀르키예와 쿠르드 민족 문제

쿠르드족(Kurds)은 본래 이란계 민족으로, 튀르키예 남동부, 이란 북서부, 이라크 북부, 시리아 북부에 걸쳐 있는 서아시아 쿠르디스탄 산악지대에 거주하는 민족을 말한다.[28] 중앙 아나톨리아, 호라산, 코카서스 등에 쿠르드족이 거주하며, 튀르키예 서부와 서유럽 일부지역에도 쿠르드족 디아스포라 공동체가 있으며, 전체 쿠르드족의 인구는 3천만 명에서 4천 5백만 명 사이로 추정된다.[29]

튀르키예에서 살고 있는 단일민족으로서 가장 큰 소수민족이 쿠르드족으로, 튀르키예 인구의 15%에서 20% 사이를 차지하며, 2017년 집계에 따르면 2천만 명에 달하는 것으로 알려졌다.[30] 튀르키예의 여러 주에 쿠르드족이 살고 있지만, 쿠르드족이 튀르키예계 쿠르드족으로 간주하는 지역은 주로 동부와 남동부에 집중되어 있다.

쿠르드의 기원은 984년부터 1083년까지 시리아와 이라크의 일부를 포함한 디야르바키르의 영토를 지배했던 마르와니드(Marwanids) 왕조에

---

28 Bois, Th.; Minorsky, V.; MacKenzie, D.N. (24 April 2012). "Kurds, Kurdistān". Encyclopedia of Islam, Second Edition. Vol. 5. Brill Online. p. 439. The Kurds, an Iranian people of the Near East, live at the junction of (...).

29 The Kurdish Population by the Kurdish Institute of Paris, 2017 estimate. The Kurdish population is estimated at 15–20 million in Turkey, 10–12 million in Iran, 8–8.5 million in Iraq, 3–3.6 million in Syria, 1.2–1.5 million in the European diaspora, and 400k–500k in the former USSR—for a total of 36.4 million to 45.6 million globally.

30 The Kurdish Population by the Kurdish Institute of Paris, 2017.

서 비롯된다. 이어 쿠르드족 출신인 아유비드 왕조는 12세기와 13세기에 현재 튀르키예의 동남부 지역인 아나톨리아(Anatolia)의 일부를 지배했다. 14세기부터 오토만 제국(Ottoman Empire)의 지배를 받으면서, 제국은 튀르키예 쿠르디스탄, 이라크 쿠르디스탄, 시리아 쿠르디스탄, 그리고 이란 쿠르디스탄의 일부를 통치했다. 쿠르드족이 사는 지역은 1514년부터 자치제도로 통치되었고, 1800년대 중반 오토만 제국과 쿠르드족의 관계가 악화되기 시작하였으나, 1900년대까지 쿠르드족은 오토만 제국에 충성을 유지하였다.

1923~1924년 튀르키예에서 칼리프와 술탄국을 종식시킨 후 튀르키예 공화국이 설립되었고, 이후로 쿠르드족은 국가도 없으며, 민족 자치적 통치권도 없이 튀르키예에 통합되었다. 무스타파 케말(Mustafa Kemal Atatürk)은 공화국의 초대 대통령이 되었으며, 구 오토만 제국의 잔재를 털어내고 새로운 세속 공화국의 건설을 목적으로 여러 급진적인 개혁을 추진하였다. 1924년에 그는 632년 이래 1300년 동안 이어져 오던 칼리프제를 폐지하였고, 튀르키예 공화국의 기본 정신인 세속주의를 법으로 제정했다. 또한, 1924년 제정된 튀르키예 헌법은 공공장소에서 쿠르드족 언어를 사용하는 것을 금지하고, 쿠르드 지역의 토지는 튀르키예어를 사용하는 사람에게 귀속되는 법을 발표함에 따라, 쿠르드족에 대한 차별과 억압의 정책으로 나타났다. 쿠르드족의 튀르키예에 대한 저항은 1922년부터 시작되었다. 1923년 튀르키예 공화국이 수립된 이후 셰이크 사이드 반란, 아라라트 반란, 더심 반란 등 수많은 쿠르드족 반란이 폭력적으로 진압되는 동안, 쿠르드족에 대한 대량 학살이 수차례 자행되었는데, 그 중 한 가지 중요한 사건이 1930년 6월 12-13일 발생한 질란 대학살(Zilan massacre)이다. 동부 아나톨리아 지역의 이란과 접경지역인 질란 계곡에서 당시 튀르키예 정부가 토지수용을 위해 현지 주민인 쿠르드족과 충돌한 사건으로, 살리 오무트탁(Salih Omurtak) 사령관의 지휘로 해당 지역에서 저항하는 쿠르드족 5천 명에서 1만여 명을 살해한 사건

이다.[31]

1980년대 이후 쿠르드 운동은 튀르키예 내 쿠르드족을 위한 기본적인 시민권을 확보하기 위한 목적으로, 평화적인 정치적 활동뿐만 아니라 무력 공격도 감행하였다. 쿠르드 저항세력은 튀르키예 군사 기지를 타깃으로 공격하는 등 무장 반란과 게릴라전을 전개하면서, 쿠르드족의 독립과 완전한 자치통치를 요구하고 있다. 한편 1983년부터 쿠르드족 내부에서도 갈등이 확대되기 시작하였다. 이라크 쿠르드족 전반을 관할하는 쿠르디스탄 지역정부(Kurdistan Regional Government)와 게릴라식의 폭력적 투쟁을 주장하는 PKK와의 갈등이 두드러지기 시작했다. PKK는 이라크 쿠르드족의 자치군대인 페쉬메르가(Peshmerga)와도 갈등을 보이고 있다.

2. 쿠르디스탄 노동자당(PKK)

쿠르디스탄 노동자당(쿠르드어: Partiya Karkerên Kurdistan, PKK)은 1978년 11월, 압둘라 외잘란(Abdullah Öcalan) 주도로 결성된 분리주의 무장단체로, 역사적으로는 쿠르드족이 대부분인 튀르키예 남동부와 이라크 북부 산악지대에 주로 기반을 두고 있다. 1984년 이후 PKK는 쿠르드족과 튀르키예의 분쟁에서 비대칭 전쟁으로 참여해 왔다. PKK는 초기에 쿠르드족의 독립국가를 추구했지만, 1990년대에 목표는 자치권을 추구하고 튀르키예 내 쿠르드족을 위한 정치적, 문화적 권리를 증가시키는 것으로 전환하였다.[32]

PKK는 독립된 쿠르드족의 공동체를 창설한다는 목표를 설정하고 있으

---

31 Yusuf Mazhar, Cumhuriyet, 16 Temmuz 1930, ... Zilan harekatında imha edilenlerin sayısı 15.000 kadardır.

32 Stanton, Jessica A. (2016). Violence and Restraint in Civil War: Civilian Targeting in the Shadow of International Law. Cambridge University Press. p. 217.

며, 정치체제는 본래 쿠르드족 민족주의와 혁명 사회주의, 막스-레닌주의가 혼합된 체제를 추구한다. 1980년 튀르키예 군부의 쿠데타 성공 이후 장악한 군사정권은 튀르키예 민족주의를 강화하면서 쿠르드 소수민족을 튀르키예인으로 통합하려고 시도했다. 튀르키예 정부는 쿠르드 소수 민족에 대해 공식적으로 공공 생활과 사생활에서 쿠르드어 사용을 금지시켰고, 이로 인해 쿠르드어로 말하고, 출판하고, 노래한 많은 사람들이 체포되어 투옥되었다.

PKK는 1979년부터 튀르키예 군대와 무력적으로 충돌하기 시작하였으며, 1984년 8월 15일 PKK가 쿠르드족 봉기를 선언하면서 대규모의 반란으로 확전되었다. 이 분쟁으로 4만 명 이상이 사망했으며 대부분은 쿠르드계 민간인이었다. 1999년 PKK 지도자 압둘라 외잘란(Abdullah Öcalan)이 튀르키예 당국에 의해 체포되어 수감중이지만, 여전히 PKK의 정신적 지도자로 여겨진다. 2007년 5월 PKK의 조직원과 동조자들은 튀르키예, 이라크, 이란 및 시리아 쿠르디스탄에 있는 쿠르드족 단체의 산하 조직으로 쿠르디스탄 공동체 연합(KCK, Kurdistan Communities Union)을 창설하고 이 조직의 이름으로 활동하는 동향을 보이기도 하였다. 2013년 PKK는 튀르키예 정부와 휴전을 선언하고 튀르키예와의 평화이행의 일환으로 튀르키예에서 활동하던 PKK 전투원들을 이라크 쿠르디스탄으로 이동시키기 시작했다. 그러나 휴전은 2015년 7월에 결렬되었고, PKK의 튀르키예 정부에 대한 테러 공격과 튀르키예 정부의 쿠르드족 민간인 공격이 지속되고 있어 양측에 대한 국제사회의 비난은 지속되고 있다.

2022년 11월 튀르키예의 대표적 도시인 이스탄불에서 폭탄 테러가 발생하여 최소 6명이 사망하고 81명이 부상을 입었다. 튀르키예 정부는 폭탄 테러범을 체포하였고, 연계된 21명의 조직원을 파악하였으며, 이 테러 공격의 배후에 PKK가 존재한다고 발표하였다.[33] 현재 PKK 조직원은 5천여 명이 존

---

33 "Istanbul Attack: Suspect Arrested After Six People Killed, Govt Says PKK Responsible". The Wire. 15 November 2022.

재하며, 주로 이라크 북부에 거점을 두고 있는데, 약 3,500명이 이라크 북부에 주둔하고 있는 것으로 알려졌다. 2015년 이후 새로운 전투 분위기가 형성되어 튀르키예 남동부의 쿠르드족 대다수 도시에서 PKK에 대한 적극적인 지지활동이 나타나고 있으며, 상당 수의 현지 젊은이들이 PKK 계열의 지역 무장단체에 합류하는 것으로 파악되었다.

PKK 조직이 불법 마약거래에 개입하고 있다는 사실이 1990년대부터 국제사회에 알려지기 시작했다. 1992년 발간된 인터폴의 보고서에 따르면 PKK와 170여 개의 쿠르드 조직이 불법 마약 거래에 개입된 것으로 의심된다고 발표되었고, 미국 재무부는 PKK의 조직원들이 마약밀매업자로 활동하고 있다고 발표하였다.[34] 미국 재무부는 튀르키예의 요청을 수용하여 PKK의 고위층 지도부 인물들에 대해 해외 마약밀매업자로 지정하였으며, PKK의 마약밀매 개입 이유는 조직의 무기 및 물자를 조달하기 위한 것으로 파악되었는데, 이러한 경우 PKK는 나코-테러리즘에 해당된다고 볼 수 있다. 한편, 독일의 국내 정보기관인 연방헌법보호청은 2011년 헌법보호 연례 보고서에서 미국 재무부의 반복적인 주장에도 불구하고 "PKK 조직이 마약 밀매에 직접적으로 관여한다는 증거가 없다"고 발표하였다.[35] 전문가들의 평가에 따르면, PKK는 마약을 직접 생산하거나 유통하지는 않은 것으로 보이지만, 마약 조직과 연계되어 금전적 이득을 얻기 위한 협력을 해 온 것으로 알려져 있다.

PKK는 자살 폭탄 테러를 사용하고, 소년병을 모집하여 교사와 공무원을 살해한 사건에 대해 일부 국가와 인권 단체에 의해 비난을 받고 있다. 튀르키예 싱크탱크인 TEPAV에 따르면, 2001년에서 2011년 사이에 목숨을 잃

---

34 Press Center (14 October 2009). "Treasury Designates Three Leaders of the Kongra-Gel as Significant Foreign Narcotics Traffickers". U.S. Department of the Treasury.

35 Friedrich, Hans-Peter; Heinz Fromm (18 July 2012). "Verfassungsschutzbericht 2011". Bundesamt für Verfassungsschutz. p. 342.

은 1,362명의 PKK 전투원 중 42%가 18세 미만이었고, 약 9%가 15세 미만인 것으로 밝혀졌다. 2013년 PKK는 16세에서 18세 사이의 소년병을 모집하는 것을 금지한다고 공식적으로 발표하였으나, 국제적인 인권기관인 Human Rights Watch의 조사에 따르면, 2013년부터 PKK의 하부조직이 소년병을 모집한 사례가 29건 발견되었고, 일부 소년병은 15세 미만인 사례도 발견됐다고 발표되었는데, 이러한 소년병 모집은 국제형사재판소(ICC)의 로마규정(Rome Statute)에 따라 전쟁범죄(War Crimes)에 해당되는 행위라고 지적되었다.[36]

PKK는 튀르키예, 미국, 유럽연합 및 일부 국가들에 의해 테러 조직으로 지정되었으나, PKK가 더 이상 조직적인 테러 활동에 참여하지 않거나 조직적으로 민간인을 목표로 공격한다고 볼 수 없다는 국가들이 존재하면서 테러조직 지정에 대해 논란이 되고 있다. 유럽연합에서 PKK 조직을 테러조직으로 지정하였음에도 불구하고, 벨기에 정부는 2020년 대법원에서 PKK 조직이 테러조직이 아닌 것으로 판시하기도 하였다.

3. YPG와 SDF

YPG(People's Defense Units)는 시리아 북쪽 쿠르드족 공동체 자치지역에서 2011년 창설된 쿠르드족 민병대로, 실질적인 쿠르드족 군대라고 볼 수 있다. 시리아 내전때 확장되었다가 미국의 지원을 받으면서 2015년초부터 IS 격퇴에 앞장섰다. 쿠르드 자치지역의 민병대로서 주로 쿠르드족으로 구성되었지만, 아랍인도 모병하여 참여시키고 있다.

2012년 북진하는 시리아 정부군과 맞서 대응하기도 하였으나, 협상을

---

36 "Iraq: Armed Groups Using Child Soldiers". Human Rights Watch. 22 December 2016.

통해 시리아 정부군이 물러나고 쿠르드 자치지역은 YPG 관할하에서 보호되었다. 2012~2013년 시리아 반군에 속하는 알-누스라 프론트(ANF, Al-Nusra Front) 조직이 알-카이다와 연계하여 쿠르드족 자치지역을 공격함에 따라 YPG는 이에 맞서 싸워서 물리치기도 하였다. 쿠르드 자치지역의 수호를 위해 결성된 군사조직으로서 세력을 확장하려는 이슬람 극단주의 테러조직에 대항하여 맞서 싸우고 있으며, 쿠르드 민족을 위해 튀르키예에서 활동중인 PKK와 동맹관계를 맺고 있어 튀르키예에 대해 적대적 관계를 갖고 있으며, 시리아 반군에 대해서도 쿠르드 자치지역의 영토보전 차원에서 적대적인 입장이다. 그러나 2014년 테러조직 IS가 시리아 북부로 확장함에 따라, YPG는 시리아 반군인 FSA(Free Syria Army)와 동맹을 맺고 락까(Raqqa) 지역에서 IS에 대항하기도 하였다. IS의 확장이 거세짐에 따라 북부지역 쿠르드족 도시인 코바니(Kobanî)의 함락이 우려되자, 미군의 대규모 공습으로 이를 저지하였고 미군의 지원을 받아 2015년 초 YPG가 IS를 격퇴하고 쿠르드족의 도시를 수호하게 되었다.

2015년 10월 11일 시리아의 동북부에 위치한 하사카(Hasakah)라는 도시에서 '시리아 민주군(SDF, Syrian Democratic Forces)'이 결성되었다. 이 조직은 IS에 공동으로 대응하던 YPG와 시리아 반군인 FSA 조직이 통합되어 구성되었으며, 쿠르드 주도의 민족주의적 무장세력으로서, 현재 시리아의 북부와 동부지역의 쿠르드 자치주의 공식적인 군사세력으로 활동하고 있다. 세속주의와 민주주의를 표방하며, 시리아 반군 일원을 조직원으로 받아들이면서, 시리아 연방제를 목적에 포함시켜 시리아 정부군 및 튀르키예에 대해서는 적대적 관계이며, 쿠르드족 게릴라인 PKK를 지지한다. 2017년 10월 SDF는 IS 점령지의 사실상 수도였던 라까(Raqqa)를 탈환하면서 명성을 높였으며, 서방의 군사전문가는 시리아에서 IS를 물리치는 데 가장 효율적인 군사력을 갖췄다고 평가했다. 한편, 2015년 SDF 창설과 관련하여, 튀르키예가 미국에 대해 적대세력인 YPG에 대해 군사지원을 지속하는 데 대해 불만을 표출함에 따라, 미군 특수작전사령관 토마스(Raymond Thomas)는 YPG의 이름을 바꾸는 것을 요청하였고, 이를 받아들여 YPG가 SDF로 조직의 이름을 바꾸게 되었다는 배경 설명도 보도된 바 있다.[37]

2019년 3월, SDF는 시리아에서 마지막으로 남아 있던 IS 조직을 이들의 마지막 거점 바구즈(Baghuz)에서 몰아내고 완전한 격퇴를 선언하였다. 현재 SDF는 튀르키예가 난민촌 건설을 목적으로 시리아 북부지역을 점령하고 있어, 이에 대해 무력으로 맞서고 있다.

〈 아프가니스탄: 탈리반(Taliban) / IS-호라산(ISIS-KHORASAN) 〉

(출처: CIA, The World Factbook)

---

37 Ali, Sangar (22 July 2017). "We told YPG to change brand name in 2015: US General". Kurdistan 24.

1. 아프가니스탄 분쟁의 역사와 현황

아프가니스탄(Afghanistan)이라는 이름은 공식적으로 1855년에 사용되었으며, 당시 영국 지배하에서 도스트 모하마드 칸(Dost Mohammad Khan, 1792~1863)이 아프가니스탄의 국왕으로 인정받았다. 아프가니스탄의 현대 국가는 18세기 두라니 아프가니스탄 제국(Durrani Afghan Empire)에서 시작되었다. 도스트 모하마드는 아프가니스탄을 통합하기 위해 노력하던 중 1863년에 사망했고, 그 결과 아프가니스탄은 다시 내전에 소용돌이에 휘말리게 되었다. 이 시기 동안, 아프가니스탄은 대영제국과 러시아 제국 사이의 힘 겨루기 상황에서 완충국의 위치에 있었다.

1765년 인도를 차지한 영국은 이를 발판으로 아프가니스탄을 정복하려고 시도했지만, 제1차 영-아프간 전쟁(Anglo-Afghan War, 1838~1842)에서 카불 연합군에 의해 영국이 격퇴되었다. 그러나, 1878년 제2차 영-아프간 전쟁에서 영국이 승리하였고, 아프가니스탄에 대해 식민지배를 시작하였다. 1919년의 제3차 영-아프간 전쟁은 카불 연합군이 인도의 영국군을 침공하면서 시작되었으며, 라왈핀디 조약이 체결된 이후, 아마눌라 칸(Amanullah Khan, 1892~1960) 국왕은 아프가니스탄을 주권국이자 완전한 독립국으로 선언하였다. 영국과의 평화조약을 체결하면서 아프가니스탄은 외국의 정치적인 패권으로부터 자유로워졌고, 1926년 6월 아마눌라 칸 통치하에서 아프가니스탄은 독립 왕국으로 등장했다. 이 군주제는 아프가니스탄의 마지막 국왕인 자히르 샤(Mohammad Zahir Shah)가 40년 동안 통치한 후 1973년에 막을 내렸다. 1973년 국왕 자히르 샤가 이탈리아에 머무는 동안 사촌형제이자 전 총리였던 모하마드 다우드 칸(Mohammad Daoud Khan)이 쿠데타를 일으켰고 전제 군주제 형식의 공화국을 설립하였다.

1970년대 후반부터 아프가니스탄의 역사는 쿠데타, 침공, 반란, 그리고 내전을 포함한 광범위한 전쟁으로 점철되었다. 1978년 4월 27일부터 28일까지 아프가니스탄 인민민주당(PDPA)에 의해 '4월 혁명(Saur Revolution)'이 발생했으며 1973년 아프가니스탄 쿠데타로 정권을 잡고 독재적인 일당 체제를 확립한 아프가니스탄 대통령 모하마드 다우드 칸을 전복시켰다. 다우드와 그의 가족 대부분은 수도 카불의 아르그(Arg, 대통령궁)에서 PDPA 무장세력에 의해 처형되었고, 그 후 그의 지지자들도 숙청되어 살해되었다. 성공적인 PDPA 봉기는 PDPA 당수인 공산주의자 누르 무하마드 타라키(Nur Muhammad Taraki)가 혁명 평의회 사무총장을 맡고, 소련과 밀접하게 관계를 유지하면서 사회주의 아프가니스탄 정부를 탄생시켰다.

4월 혁명을 주도했던 하피줄라 아민(Hafizullah Amin)과 타라키 사무총장은 그들의 통치 기간 동안 토지와 결혼 개혁, 사회주의 증진과 함께 시행된 탈이슬람화 정책 등 논쟁의 여지가 있는 개혁을 추진하였다. 또한 탈이슬람화된 보편적인 교육과 여성에 대한 평등권 등 혁신적인 제도들을 시행하였다. 한편 타라키측 세력이 정권을 장악한 직후, 타라키와 아민이 이끄는 강경파와 바브락 카르말(Babrak Karmal)이 이끄는 온건파 사이에 권력 투쟁이 시작되었다. 결과적으로 온건파가 패배하고 이들은 동구권과 소련으로 추방되었으나, 곧이어 타라키와 아민 사이에 갈등이 발생하여, 타라키가 처형되고 아민이 집권하게 되었다. 그러나 아민의 통치 행위에 대해 아프간 국민뿐만 아니라 소련에서도 불만을 표출하게 되었고, 소련의 군사개입이 시작되는 요인이 되었다.

아민 정부는 1978년 12월 소련군을 불러들일 수 있는 조약을 체결한 뒤, 카불의 불안한 치안을 개선하고자 1979년 봄과 여름에 걸쳐 소련에 대해 아프가니스탄에 병력을 투입해 줄 것을 거듭 요청했다. 당시 아민 정부에 대항하는 반정부 시위와 이슬람 국가를 회복하려는 무자히딘(mujahideen) 반군과의 전투에 대항하기 위해 소련군의 지원을 요청한 것이다. 아프가니스탄의 서북부에 소재하는 헤라트(Herat)에서 반정부 폭동이 발생하여 소련 기술자 몇 명이 폭도들에 의해 살해된 후, 소련 정부는 탱크, 미그-21 전투기, Mi-24

헬리콥터 등을 아프간 정부에 제공하였고, 아프가니스탄 아민 정부의 요청에도 불구하고 소련군의 파병은 서두르지 않았다.

1979년 12월 27일 소련 정보기관 KGB와 군사정보기관 GRU 요원들을 포함하여 700명의 소련군은 아프간 군복을 입고 카불에 진입하였고, 정부 기관 및 방송국 등 주요 기관을 모두 장악하였다. 같은 날, 타즈벡 궁전(Tajbeg Palace)에 머물던 하피줄라 아민은 과거 소련으로 추방된 아프간 온건파에 의해 숙청의 타깃이 되었고, 이들이 동원한 소련군에 의해 암살당하였다.

온건파의 카르말(Babrak Karmal)이 아프가니스탄의 지도자가 되었으며, 1979년부터 1986년까지 지속된 카르말 정권은 아프가니스탄 민주공화국(DRA, Democratic Republic of Afghanistan)이라는 이름으로 소련에 의존하는 정부 형태를 운영해왔다. 이 시기는 소련과 아프가니스탄 정부군이 아프가니스탄의 이슬람국가 독립을 추구하는 무자히딘에 맞서 싸웠던 소비에트-아프간 전쟁의 시기로 알려져 있다. 카르말은 전쟁으로 황폐해진 아프가니스탄에 평화를 가져오지 못한 채, 1986년에 모하마드 나지불라(Mohammad Najibullah Ahmadzai)에게 PDPA 사무총장직을 승계하였다. 나지불라는 민족화합(National Reconciliation) 정책을 전개하면서 정치적 반대세력뿐만 아니라 무자히딘과도 대화를 통해 분쟁을 해결하고자 노력하였다. 1987년 새로운 아프가니스탄 헌법을 도입하여, 민주주의 국호를 삭제하고 다수 민족이 믿고 있는 이슬람을 공식적인 국교로 인정하였다.

한편, 1985년 소련 고르바쵸프 서기장의 개방과 개혁의 정책이 소련 내부에서 전개되었고, 경제적 곤란에 처한 채 무자히딘의 극렬한 게릴라식 전투로 인해 심각한 군사적 손실을 보게된 소련군은 1988년부터 1989년까지 아프가니스탄에서 철수하기에 이른다. 소련군의 철수 이후 나지불라 정권은 무자히딘 게릴라들이 카불에 입성하던 1992년 4월 15일까지 권력을 유지하였다. 나지불라는 인도로 도피하려다 실패하고 카불 소재 유엔 사무실에 은신하던 중 1996년 9월 26일 탈리반 무장세력의 급습으로 체포되어 살해되

었다.[38]

나지불라 정부의 붕괴는 아프가니스탄 내부에서 또 다른 내전을 촉발했고, 이슬람 근본주의 단체인 탈리반(Taliban)이 부상하였으며, 결국 1996년까지 탈리반이 아프가니스탄 대부분을 장악하였고 국가를 통제하였으며 실질적인 아프간 정부로 자리잡게 되었다. 그러나 2001년 9·11 테러사건이 발발하고 한 달 뒤인 10월 7일 미국이 아프가니스탄을 침공하면서 탈리반 정권은 축출되었으며, 20여 년간 반군으로 활동하던 중 2021년 8월 15일 다시 카불을 점령하고 아프가니스탄의 정부로서 권력을 장악하였다.

2. 탈리반의 과거와 현재

탈리반은 1990년대 초에 설립된 수니파 이슬람 민족주의 단체로, 주로 파슈툰(Pashtun) 민족으로 구성되어 파슈툰 민족주의 이념과 전통으로 지배되어 있으며 1996년부터 2001년 10월까지 아프가니스탄 대부분을 통치하였고, 20년간 반군으로 활동하다가 2021년 8월 미군이 철수한 직후 또다시 카불을 장악하였다. 탈리반은 파슈토(Pashto)어로 "학생"이라는 의미이며, 아프가니스탄과 파키스탄 이슬람 학교인 마드라사(madrasah)에서 이슬람을 공부하는 농민과 남성을 말한다. 이들은 이슬람 극단주의 근본주의자이며, 엄격한 샤리아 율법을 적용하면서 세속적인 무슬림이나 여성, 모든 유형의 정치적 반대자, 종교적 소수자에 대한 무자비한 적대적 정책을 실행하고 있다.

탈리반은 1994년 아프가니스탄 내전에서 가장 강력한 파벌로 부상했으며, 주로 아프가니스탄 동부와 남부 파슈툰 지역의 마드라사 학생들로 구성

---

38 "Explained: As Ashraf Ghani escapes, remembering Mohammed Najibullah, who couldn't". The Indian Express. 24 August 2021

되었다. 지도자 물라 오마르(Mullah Omar, 1996~2001년)의 통치 아래 이 세력은 무자히딘 군벌의 수준에서 아프가니스탄을 통치하는 세력으로 확대되어 발전하였다. 1996년 탈리반은 아프가니스탄 최초의 이슬람 에미레이트를 설립하여 이슬람 전체주의 국가를 건설하였으나, 탈리반 정부는 아프가니스탄 전체를 완전히 장악하지는 못하였으며, 탈리반과 적대관계에 있는 또 다른 무자히딘 세력인 북부 동맹군(Northern Alliance)은 현재 국민저항전선(NRF, National Resistance Front)이라는 이름으로 아프가니스탄 북동부 판지시르(Panjshir) 계곡을 거점으로 삼아, 탈리반에 저항하는 게릴라전을 이어가고 있다.

2001년 9월 11일 미국 뉴욕에서 테러가 발생하기 전까지 탈리반은 알-카이다에게 안전한 피난처를 제공하였으며, 이를 통해 알-카이다는 테러리스트를 자유롭게 모집, 훈련, 배치할 수 있는 기지를 확보할 수 있었다. 미국은 9·11 테러 공격을 당한 이후 가해자인 알-카이다를 공격하기 위해 2001년 10월 아프가니스탄을 침공하였고 탈리반 조직원들은 주로 파키스탄 지역으로 피신하였다.

탈리반의 이슬람 근본주의에 입각한 극단적인 조치는 국제사회의 많은 비난을 야기하였는데, 유엔 보고서에 따르면 1996년부터 2001년 사이 탈리반이 카불에서 정권을 장악하던 기간 중 아프가니스탄 민간인을 대량학살한 사건이 15회 발견된다고 밝혔다.[39] 탈리반과 알-카이다 수뇌부들은 인신매매 조직을 운영하기도 하였는데, 소수민족의 여성을 납치하여 아프가니스탄과 파키스탄에 성적 노예로 팔아넘긴 것으로 보도되기도 하였다.[40] 굶주린 민간인 16만 명에게 제공하려는 유엔의 식량 공급을 거부했으며, 광활한 지역의 비옥한 토지를 불태우고 수만 채의 주택을 파괴하는 초토화 정책

---

39 Gargan, Edward A (October 2001). "Taliban massacres outlined for UN". Chicago Tribune.

40 Lifting The Veil On Taliban Sex Slavery". Time. 10 February 2002. Archived from the original on 2 June 2011. Retrieved 16 July 2021.

을 시행하였다. 또한 탈리반은 아프가니스탄을 통제하는 동안 사람이나 다른 생물을 묘사한 그림, 사진, 영화 등의 활동과 미디어, 음악 활동을 금지하였고, 악기 반주가 있는 음악을 금지했다. 여성에 대한 학대와 차별을 심화하여, 여학생과 젊은 여성의 학교 출석을 금지시켰고, 여성이 의료 서비스 외의 직장에서 일하는 것을 금지했으며, 여성은 공공장소에서 항상 부르카를 착용해야 했다. 탈리반은 통치 기간 동안 다른 종교인과 소수 민족을 가혹하게 차별했으며, 1,500년 된 유명한 바미얀 불상을 비롯한 수많은 문화적 유산을 파괴하였다. 또한, 탈리반은 아편과 헤로인 등 마약을 생산하고 유통시키는 조직과도 연계하여 수익금을 벌어들여 조직을 운영하였으며, 납치 후 몸값을 요구하는 방식으로 자금을 조달하기도 하였다.

유엔 안전보장이사회는 테러조직을 지정할 수 있는 기능이나 권한은 없으나, 유엔헌장에 위배되는 행위를 하는 개인, 단체, 국가에 대해서 제재조치 대상으로 지정할 수 있다. 유엔 안보리는 1999년 10월 15일 결의안 1267호를 통해 탈리반에 대한 제재를 처음 시행했다. 이 결의안은 탈리반이 오사마 빈 라덴과 알-카이다를 아프가니스탄 영토에서 보호하고 있는 행위에 대해 제재를 취하는 것으로, 여행 금지, 자산 동결, 무기 금수 조치 등이 주요 골자였다. 이후 결의안 1333(2000), 1390(2002), 1988(2011), 2255(2015) 등을 추가하면서 탈리반에 대한 유엔 차원의 제재조치는 지속 이행되어 왔다.

한편, 2021년 8월 탈리반이 아프가니스탄을 장악한 이후 테러단체의 수준을 넘어서 한 국가의 실질적인 정부로서 기능함에 따라, 유엔은 신중론과 실용주의를 혼합하여 이 상황에 접근하고 있다. 유엔 안보리는 2011년 발족된 탈리반에 대한 제재위원회(Security Council Committee established pursuant to resolution 1988)를 여전히 운영하고 있다. 상기 결의안들에 따라 안보리는 자산 동결, 여행 금지, 무기 금수 조치 등의 제재를 계속 시행하고 있으며, 유엔 회원국에 대해 이행 및 조치결과 보고 등을 요구하고, 제재위원회는 이를 바탕으로 매년 연례보고서를 작성하고 있다. 유엔은 탈리반을 아프가니스탄의 합법적인 정부로 공식적으로 인정하지 않는 상태이나 인도주의적 지원과 아프가니스탄의 긴급한 인도주의적 요구를 해결해야 할 필요성 등 현실적인 이유로 탈리반과 소통하는 창구는 유지하고 있다. 유엔은 탈리반 통치하의 인권 침해, 특히 여성의 권리, 표현의 자유, 소수자 처우에 대해 우려를 표명해왔으며, 인권과 국제법에 대한 존중을 촉구하면서 탈리반 정권의 상황을 면밀히 모니터링하고 있다.

3. 알-카이다와 탈리반

2021년 8월 탈리반이 아프가니스탄에서 정권을 되찾은 후, 친미 아프가니스탄 공화국에 맞서 함께 싸웠던 수많은 테러 단체를 통합하였다. 2021년 5월 빈 라덴이 파키스탄 아보타바드(Abbottabad)에서 은신 중 미국 특공대에 의해 피살된 후 알-카이다의 수장은 알 자와히리(Ayman al Zawahiri)가 맡게 되었다. 2022년 7월 31일 알 자와히리는 아프가니스탄 카불에 소재하는 빌라 창문 옆에 서 있다가 미국의 드론 공격으로 사망하였다. 당시 알 자와히리는 탈리반 정부의 2인자 위치에 있었으며 탈리반 정부의 내무부 장관직을 맡아 국가보안업무를 관장하고 있었다. 이러한 관계는 탈리반과 알-카이다가 밀접한 관계를 유지하고 있다는 증거이며, 이에 대해 유엔 안전보장이사회와 미국 의회가 위임한 아프가니스탄 재건 특별감찰관(SIGAR)은 탈리반과 알-카이다를 포함한 수십 개의 테러 조직들이 공생관계를 유지하고 있음을 일관되게 보고해 왔다. 이 보고서에 따르면 탈리반은 알-카이다 사령관과 조직원들에게 무기뿐만 아니라 아내와 주택, 여권 등을 제공하며, 수십년에 걸쳐 구축된 방대한 밀수 네트워크에 포함시켜, 탈리반의 전쟁 자금으로 활용되었던 헤로인 등 마약밀수 네트워크를 운영하는 데 활용하고 있다고 밝혔다. 또한, 이 네트워크를 활용하여 최근에는 수익성이 높은 메스암페타민, 무기,

현금, 금괴 등을 밀수하고 있으며, 탈리반의 아프가니스탄 점령 이후 부활한 알-카이다 조직은 예멘, 리비아, 소말리아, 팔레스타인을 순회하면서 훈련 캠프를 운영하고 있고, 배후에는 탈리반 정보총국의 후원활동이 제공되고 있다는 것이다.[41]

2021년 탈리반이 카불을 다시 장악하면서, 알-카이다에 대해서는 다소 달라진 태도도 엿보인다. 2024년 유엔 안보리 제재위원회 보고서에 따르면, 탈리반이 알-카이다에 대해 일부 활동을 통제하기는 하지만, 알-카이다의 관계는 여전히 공고한 것으로 알려졌다. 이 보고서에 따르면, 알-카이다의 아프가니스탄에서의 활동과 위협 정도는 미국 등 해외에 대한 장거리 지역의 위협은 높지 않으나 아프가니스탄 주변지역에서의 위협은 여전히 높은 편으로 평가된다. 즉, 알-카이다의 현재 상황은 탈리반의 통제에 부응하면서, 해외에 대한 공격이나 모병활동은 자제하고 아프가니스탄 내부에서도 저자세(low profile)를 취하는 것으로 관찰된다.

현재 알-카이다의 실질적 수장은 사예프 알 아들(Sayf al Adl)이며, 이란에 체류중인 것으로 알려져 있다. 이슬람의 분파로서 순니파와 시아파의 적대적 관계 성향도 존재하지만, 시아파의 종주국인 이란은 알-카이다의 주요 인물들을 자국에 거주하도록 허용하고 있다. 알-카이다의 수뇌부 입장에서는 이란에 머무르면서 테러 공격을 모의하는 것이 안전하다고 판단한다. 한편, 이란 정부는 미국을 공격하려는 알-카이다 조직을 이란 내부에서 관장하면서, 미국과의 협상카드로 활용할 수 있다는 전략이다.

---

41 "Al Qaeda Is Back—and Thriving—in Afghanistan", Lynne O'Donnell, March 22, 2024

4. IS-호라산(ISIS-KHORASAN)

IS-호라산(ISIS-K)은 2015년 IS의 지부 중 하나로 설립되었으며, 가장 극렬하게 테러 공격을 전개하는 세력으로 아프가니스탄과 파키스탄에서 수천 명의 사망자와 부상자를 발생시켰다. 또한 이란, 파키스탄, 타지키스탄, 우즈베키스탄에서 공격을 자행하며, 미국과 유럽을 상대로 테러 공격을 자행하기도 한다. IS-호라산의 투쟁 이념과 목적은 역사적으로 알려진 호라산 지역에서 현재의 정부를 몰아내고 남아시아와 중앙아시아에 걸쳐 대(大)호라산(Greater Khorasan) 지역에 이슬람제국인 칼리파 제국을 건설한다는 것이며, 이렇게 건설한 제국을 중심으로 이슬람 율법인 샤리아법을 엄격하게 준수하는 이슬람을 주변 지역으로 확장시킨다는 것이다.[42]

ISIS-K는 2011년부터 시작된 시리아 내전 당시 알-카이다 조직원 중 아프가니스탄과 파키스탄 출신의 무장조직원이 시리아 내전에 참가했다가 호라산 지역으로 귀환하여 조직을 구성하기 시작했다. 이 조직의 전통적인 본거지는 파키스탄 국경과 접경지역인 아프가니스탄 동부지역으로, 남아시아 및 동서아시아 지역의 개인들뿐만 아니라 탈리반 조직에서 이탈한 사람들을 조직원으로 모병하고 있다. IS-K는 주로 아프가니스탄에서 탈리반과 싸우면서 아프간의 공권력을 약화시키고 부족간 폭력을 조장하며 열악한 경제 상황과 사회 분열을 악용하면서 조직원을 모집한다.

2015년 1월 ISIS-K 조직의 결성을 공식 선언한 당시, ISIS-K는 테흐리크-에 킬라팻 호라산(TKK), 킬라팻 아프가니스탄, 무슬림 도스트의 그룹 아지줄라 하카니의 그룹, 테흐리크-에 킬라팻 파키스탄(TKP) 등의 조직을 합병한 모습이었지만, 이 조직의 확장은 아프가니스탄의 지리적 변방에서 온 많

---

42 "Islamic State Khorasan (IS-K) | Terrorism Backgrounders | CSIS". www.csis.org.

(미국 정부가 추정하는 대략적인 大호라산 지역)[43]

은 무장 단체를 포함하여 다양한 다른 무장 단체를 끌어들였으며, 주로 파키스탄과 아프가니스탄 동부의 급진적인 마두라사 학생 단체 등이 포함되었다. 이외에도 ISIS-K는 우즈베키스탄 이슬람 운동(IMU), 투르크메니스탄 이슬람 운동(IMT), 위구르 동튀르키스탄 이슬람당(ETIP), 자마트 안사룰라, 하라카트 이슬라미 타지키스탄 이슬람 지하드 르네상스당(IJRP) 등 이 지역의 다른 수니파 지하드 운동과 밀접한 동맹을 맺고 있다.

2020년 7월 26일, 유엔 보고서에 따르면 아프가니스탄의 IS는 영토 확보 차원에서는 수세에 처해 있으나 카불을 포함한 아프가니스탄의 여러 지역에서 주목할 만한 공격을 수행할 수 있는 역량은 여전히 유지하고 있는 것으로 확인되었다. ISIS-K 공격의 대부분이 아프가니스탄 동부와 파키스탄의 카이버 파크툰크화 주(Khyber Pakhtunkhwa Province)에서 발생하는 가운데, 2022년 4월부터 ISIS-K는 전통적인 작전 지역을 넘어 외부 영역에서도 테러 공격을 수행하고 있다. 2022년 4월과 5월에 각각 ISIS-K는 아프가니스탄 영토에서 북부 이웃 국가인 우즈베키스탄과 타지키스탄으로 로켓을 발사했으며, 2024년 1월, 이란 케르만(Kerman)에서 거행된 이란 혁명수비대 지도자인 카셈 솔레이마니(Qasem Soleimani)의 장례식 행렬에서 두 명의 ISIS-K 조직원이 자살 폭탄 테러를 자행하여 94명이 사망한 사건도 발생하였다.[43] 2024년 3월, 타지크 IS-K 조직원 4명이 소총과 소이탄으로 무장하고 러시아 크라스노고르스크(Krasnogorsk)의 한 콘서트 홀에 난입하여 공격을 가해 145명이 사망하였다. 2024년 6월, 미국 관리들은 로스앤젤레스, 뉴욕, 필라델피아에서 8명의 타지크 남성을 체포하였고, 이들은 중부 유럽에서 ISIS-K 조직과 관련이 있는 것으로 알려졌는데, 이들은 모두 멕시코 국경을 넘어 미국으로 불법 입국한 것으로 확인되었다.[44]

한편 ISIS-K와 탈리반은 적대적 관계를 유지하고 있는데, 그 근본적 이유는 다음과 같다. 첫째, 이념적 차이를 보인다. 탈리반이 엄격한 이슬람의 견해를 견지하면서도 보다 민족주의적 의제를 바탕으로 통치하려는 이념에 비해 ISIS-K는 수니파 이슬람에 대한 보다 극단적인 해석을 고수한다. 둘째, 세력 투쟁이다. 두 조직 모두 아프가니스탄의 영토와 영향력을 통제하는 것을 목표로 함으로써 충돌하게 되는데, 특히 ISIS-K는 이슬람제국이라는 칼리파 제국 건설을 목적으로 하면서 탈리반을 방해세력으로 보고 있다. 따라서 칼리파 제국 건설을 내세우는 ISIS-K 조직이 아프가니스탄 지역에서의 주도권을 장악하고 지도력을 확보해야 한다는 생각이다. 실제, ISIS-K 조직은 탈리반이 보호하는 시아파 무슬림이나 다른 종교의 소수민족을 대상으

---

43 Russell, Ros, ed. (5 January 2024). "Iran arrests 11 suspects over bomb blasts, mourners demand revenge – state TV"

44 Ainsley, Julia (11 June 2024). "8 suspected terrorists with possible ISIS ties arrested in New York, L.A. and Philadelphia, sources say". NBC News.

로 테러 공격을 자행하면서, 탈리반보다 더욱 강한 이슬람 근본주의라는 의지를 보이고자 한다.

〈 소말리아: 알-샤바브(Al-Shabaab) 〉

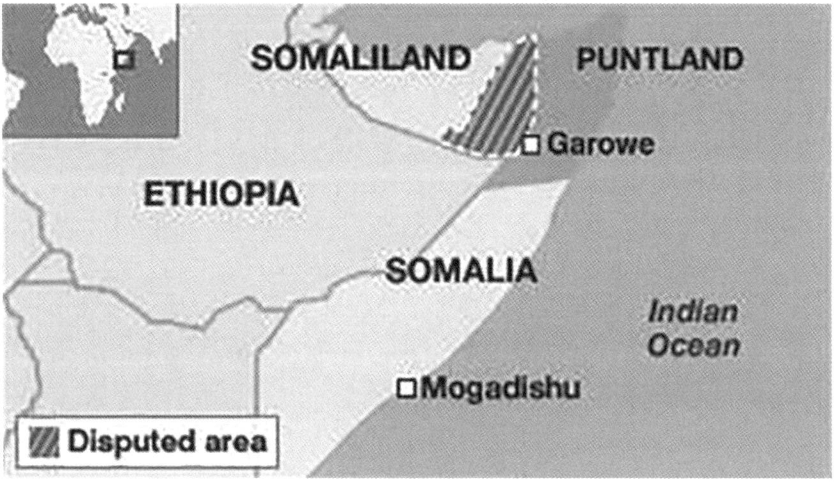

(소말리아, 푼틀란드, 소말리란드 지도, 출처: Mepa News, 2022)

1. 소말리아 분쟁 상황

7세기경 이슬람교가 아라비아 반도에서 확산될 때, 아랍 상인들이 아프리카 동부 해안 지역에서 교역하면서 소말리아의 해안 지역을 통해 이슬람 종교와 문화를 전파시켰다. 19세기까지 소말리아에는 여러 이슬람 왕국과 술탄국이 형성되었고, 대표적으로 아달 술탄국(Adal Sultanate)은 현재의 소말리아, 에티오피아, 지부티 지역을 포함하는 동아프리카의 호른 지역을 장악한 이슬람 왕국으로, 15세기 말부터 17세기까지 유지되었다. 아달 술탄국은 이슬람 상인과 지도자들의 주도로 형성되어 아프리카 동해안의 무역을 통해 번영하였으며, 인접한 기독교 국가인 에티오피아 제국과의 경쟁이 치열했다. 1529년부터 1543년까지 에티오피아 제국과의 성전(지하드)을 전개하여 비록 에티오피아를 점령하지는 못했지만, 아프리카에서 이슬람교의 방어선을 구축하면서 기독교 세력의 경계를 결정짓는 계기가 되었다. 19세기 후반 소말리아는 영국, 이탈리아, 프랑스에 의해 분할 점령되었고, 이 시기에 이슬람 지도자들은 저항 운동을 주도했다.

이탈리아와 영국 제국에 의해 식민통치를 받게된 술탄부족들은 모두 통합되어 이탈리아 소말리란드와 영국 소말리란드로 구분되었다. 1960년 7월 1일 두 식민지가 통합되어 사회주의 성향의 독립된 소말리아 공화국이 출범하였다. 그러나 그동안 분리되어 있던 소말리란드를 통합하면서 대(大)소말리아주의(Greater Somalia)를 추진함에 따라 내부 및 주변 국가와 갈등을 겪게 되었다.

1969년 10월 15일, 소말리아 공화국 대통령 알리 샤마르케(Abdirashid Ali Sharmarke)가 북부 라스 아누드(Las Anood) 지역의 가뭄상황을 시찰하던 중 경호원에 의해 암살되었다. 6일 후 시아드 장군(General Siad)이 이끄는 군사 쿠데타가 발생하였고 쿠데타 세력은 성공적으로 정권을 장악하였다. 쿠데타에 성공한 모하메드 시아드 바레(Mohammed Siad Barre)는 1969년 10월 21일 대통령에 취임하였고, 1991년 1월까지 22년간 독재정권을 유지하였다. 바레 대통령은 최고혁명위원회(Supreme Revolutionary Council)를 구성하고 소말리아의 정당으로 막스-레닌 공산주의를 지향하는 '소말리혁명사회당(Somali Revolutionary Socialist Party)'을 창당하였으며, 국호를 '소말리아 민주주의 공화국'으로 변경하고 '과학적 사회주의(Scientific Socialism)'를 적용하는 국정 방향을 발표하였다. 1977년 7월, 바레 대통령은 에티오피아에서 1974년부터 1987년까지 집권했던 군사 정권인 데르그 정권(Derg regime)을 공격하면서 오가덴 전쟁(Ogaden War)을 일으켰다. 전쟁 초기 바레 대통령이 소말리아 전 지역을 되찾으면서 국민들로부터 최고의 지지를 얻기도 하였으나, 이 전쟁으로 소련은 오히려 에티오피아를 지원하면서 에티오피아-쿠바 연합군의 반격을 맞게 되었고, 결국 에티오피아는 점령당한 지역을 되찾으면서 전쟁은 1978년 3월에 종료되었다. 이 전쟁으로 소말리아는 내부적으로 조직이 흔들리기 시작하였고 군대의 사기는 저하되었으며, 결국 소말리아 내전을 맞게 된다.

1980년대로 들어서면서 바레 대통령의 독재정권에 저항하는 반군들이 생겨나기 시작하였고, 소말리 구세군 민주주의 전선(Somali Salvation Democratic Front) 등의 무장단체가 소말리아 북동지역에서 분리주의 독립을 요구하면서 1988년부터 1990년까지 정부군과 맞서게 되었다. 민족과 혈연으로 구성된 반군들은 결국 1991년 바레 정권을 무너뜨렸다. 이때부터 여러 반군들이 정쟁과 전투를 벌이면서 소말리아 내전이 시작되었고 정부는 구성되지 못한 채, 진공상태의 국가가 되었다.

1990년대 무정부 상태의 사회는 이슬람교에 의한 치안 질서유지가 필요하였고, 무슬림 공동체에 의한 샤리아법원이 생겨나기 시작했다. 그러나 유엔 소말리아 파병군(UNOSOM, United Nations Operation in Somalia)은 이러한 무슬림 주민 주도의 사법부 운영을 인정하지 않았다. 2001년 9·11 테러사건을 겪은 미국정부 역시 소말리아의 이슬람화가 알-카이다 등 테러조직의 피난처가 될 것을 우려하면서 이슬람 단체에 맞서 싸우는 반군들을 지원하기도 하였다.[45]

2000년대 초반부터 법률적 정치적 기구로서, '이슬람법원연합(UIC, Union of Islamic Courts)'이 설립되어 운영되면서 수도 모가디슈(Mogadishu)를 중심으로 무법천지의 사회에 치안질서를 회복하려고 노력하였다. 2006년 중반부터 UIC는 소말리아 중부와 남부 지역까지 영향력을 미치면서 사실상 소말리아의 정부 역할을 담당하였다. 테러조직 알-샤바브(al-Shabaab)는 본래

45 "Efforts by C.I.A. Fail in Somalia, Officials Charge". New York Times. 8 June 2006.

UIC의 일부 조직으로 활동을 시작하였는데, UIC가 에티오피아 군대의 침공 개입으로 와해되면서 알-샤바브는 급진적인 무장 세력으로 독립하여 활동하기 시작하였고, 2008년부터 알-카이다와 연계하기 시작했다.

2012년 8월 1일 소말리아는 국민투표 없이 135명의 부족 원로에 의해 새 헌법을 제정하고 연방정부를 수립하며 정치적 안정을 추구하였다. 이 헌법에는 연방제 국가로의 전환을 명시하며, 국가의 법체계는 이슬람 샤리아를 기반으로 한다고 규정함으로써 소말리아는 이슬람이 국교인 국가로 명시되었다. 2022년부터 소말리아 정부는 지역 민병대와 협력하여 알-샤바브 축출을 목적으로 하는 대규모 군사 작전을 전개했으나, 알-샤바브는 여전히 상당한 지역을 장악하고 있으며, 알-카이다와 협력하면서 소말리아 외에도 케냐와 에티오피아까지 테러 공격을 자행하고 있다.

2024년 현재, 소말리아 정부에 맞서고 있는 대표적인 반군은 알-샤바브와 소말리아 IS(IS-Somalia) 조직이다. 알-샤바브는 알-카이다와 연계되어 소말리아 중부와 남부 지역 일부를 점령하여 활동 중인데, 수도 모가디슈에서도 테러 공격을 자행한다. 이에 비해, 소말리아 IS 조직은 소규모의 영향력을 보이고 있으며, 이 조직은 소말리아 연방국가에 포함되지만 자치지역으로 통치되는 푼틀란드(Puntland)에 거점을 두고 활동하고 있어서, 소말리아 정부의 진압공격이 어려운 상태다.

2. 알-샤바브(al-Shabaab)

알-샤바브(al-Shabaab)는 살라피즘을 추종하는 국제적 지하드 무장조직으로, 소말리아와 동아프리카 지역에서 활동하고 있다. 2000년대 초반 결성된 '이슬람법원연합(UIC, Union of Islamic Courts)'의 일부 조직으로 창설된 알-샤바브는 공식적으로 2012년 알-카이다 조직에 충성을 맹세하면서 연계된,

순니파 이슬람 극단주의 테러조직으로 여겨진다.

알-샤바브는(al-Shabaab)는 아랍어로 '청년(The Youth)'이라는 의미인데, 주로 젊은 층의 전투원으로 구성되었다. 2006년 12월 24일 에티오피아가 UIC의 세력 확대를 우려하면서 '소말리아 과도 연방정부(TFG)'를 지원하고, 테러단체인 UIC를 소탕한다는 명분으로 소말리아를 침공하여 수도 모가디슈를 함락하자, UIC는 와해되고 알-샤바브 등 소말리아 이슬람 무장단체들이 저항하였다. 2008년 말까지 소말리아에 주둔했던 에티오피아 군대는 철군하기 시작했으며, 이 기간 중 전투력을 과시하며 국제적으로 명성을 높인 알-샤바브는 에티오피아군이 철수한 지역을 장악하고 외국인테러전투원(FTF)까지 모집하면서 더욱 세력을 확대하였다. 알-샤바브 조직은 라디오 방송, 웹사이트, 소셜미디어 플랫폼 등을 이용하면서 현지 지역뿐만 아니라 국제적인 동조자와 전투원을 확보할 수 있는 선전 체계를 운용하고 있다.

2012년 소말리아 정부가 구성된 후, 정부군은 아프리카 연합(AU) 군대의 지원을 받아 수도 모가디슈를 포함한 알-샤바브의 거점을 공격하여 국가 영토를 상당부분 회복하였다. 한편 이 기간 동안 알-샤바브는 지도부 내에서 이념적 이견을 보이며 내부 갈등을 보였고, 2012년 알-카이다 조직과 연계한다는 결정에 대해 찬반 의견이 맞서면서 분열이 더욱 격화되었다. 2014년 정부군의 공격으로 알-샤바브는 주요 도시에서 후퇴했지만 여전히 많은 농촌 지역에서 영향력을 유지하고 있으며 영토 확보보다 게릴라 및 테러 공격에 집중하고 있다.

2013년 9월 21일, 알-샤바브(al-Shabaab)는 케냐 군대가 소말리아에서 알-샤바브를 공격했다는 이유로, 케냐 수도 나이로비의 쇼핑몰인 '웨스트게이트 몰(Westgate Mall)'을 공격하여 민간인 67명을 살해하였다. 사망자 중에는 케냐 국적인 외에도 영국, 프랑스, 캐나다, 중국 등 여러 국적의 외국인이 포함되었다. 2017년 10월 14일, 모가디슈 중심부 교차로에서 폭탄을 적재한 트럭들이 연쇄적으로 폭발하여 587명이 사망하는 대형 테러사건이 발생했는데, 배후에는 알-샤바브가 있는 것으로 지목되었다. 2022년 10월 29일, 모가디슈 소재 소말리아 교육부 건물 인근에서 두 차례의 폭탄 테러가 발생하였고, 121명이 사망하였다. 이 테러 공격은 알-샤바브가 자행하였다고 발표하였다. 한편 알-샤바브는 국내뿐만 아니라 해외에서도 테러를 자행하는데, 케냐에 거점을 둔 '아만의 전사들(Jaysh Ayman)'이라는 산하 조직이 케냐 국경 지역에서 테러 공격을 자행하고 있다. 2022년 7월, 알-샤바브는 조직원 800여 명을 동원하여 에티오피아에 거점을 확보하고자 오가덴 지역(Ogaden area)까지 침공하였다. 에티오피아 정부군과 지역방위군이 대응하여 영토를 회복하였으나, 이러한 공격은 알-샤바브의 세력이 재건되고 있으며, 세력을 초국가적으로 확장하겠다는 야심을 보이는 사건으로 분석된다. 최근 세력의 회복에 힘입어 2022년 전투원이 7,000~18,000명으로 늘어난 것으로 추정된다.[46]

2014년 이후 알-샤바브가 알-카이다보다 더 많은 미국인을 살상한 것으로 집계되며, 이에 따라, 미국은 2007년부터 소말리아에 미군을 파병하여 알-샤바브에 대응하고 있다. 미국, 영국, 아랍에미리트 연합국(UAE), 호주, 말레이시아, 싱가포르 등 국가들이 알-샤바브 조직을 테러단체로 지정하였다.

3. IS 소말리아 지부(ISS, Islamic State - Somalia Province)

IS 소말리아 지부(ISS) 조직은 소말리아 동북부 자치지역인 푼틀란드(Puntland)의 산악지역에 거점을 두고 활동하는 이슬람 극단주의 테러단체이다. ISS는 알-카이다와 연계하여 활동하다 이탈한 조직원, 알-샤바브 이탈

---

46 Bozkurt, Abdullah (February 9, 2022). "UN report indicates al-Qaeda and ISIS enjoy safe haven in Turkish-controlled Idlib". Nordic Monitor.

자들 중 2015년 IS에 충성을 맹세한 이슬람 극단주의자들이 중심이 되어 조직되었다. 이 조직은 2018년 'IS 소말리아 지부(ISS)'로 공식 발표하였으며, 아프리카 지역에서 엄격한 샤리아 법률을 적용하는 칼리파 제국 건설을 목적으로 한다.

2015년 창설되어 조직을 정비한 이후, 2016년 10월 푼틀란드(Puntland)의 북쪽 해안에 위치한 칸달라(Qandala) 항구를 점령하면서 세력을 과시하기 시작하였고, 북쪽의 산악지역을 거점으로 확보하게 되자 2017년 12월 IS 조직 지도부의 공식적인 승인을 얻어 IS 소말리아 지부(ISS)로 인정받게 되었다. 이 조직은 소말리아 남부 및 케냐에서도 테러 공격을 자행하고 있으나, 주로 푼틀란드의 북쪽 산악지역 알-마도우(Al-Madow) 산맥의 일부 지역에서 활동하고 있다. 2024년 9월 현재, 조직의 구성원은 소말리아 국적인보다 외국인이 많은데, 그 중 에티오피아 국적인이 주류를 이룬다. 한편, ISS는 알-샤바브 조직을 적대시 하는 입장을 취하는데, 소말리아 지하드 활동의 주도권을 쥐고 있는 알-샤바브 조직이 ISS를 위협세력으로 간주하면서 적으로 간주하기 때문이다.

ISS는 알-샤바브에 비해 소규모 조직이지만, 예멘의 IS 조직으로부터 무기와 자금을 지원받고 군사전문가 파견 및 교육 훈련 지원을 받고 있으며, 아덴만을 건너 전투원 교류와 밀수를 자행하면서 소말리아 해적들과도 연계되어 있어 그 영향력은 상당한 것으로 평가된다. ISS 조직은 거점의 산악지역 주민들과 접촉하면서 생필품을 조달하고 지역 공동체 주민들로부터 세금을 징수하기도 하며, 지역 아동들을 납치하고 거점에서 세뇌교육을 시켜 소년병으로 훈련시키는 것으로 알려졌다.[47] ISS 조직은 압둘 무민(Sheikh Abdul Qadir Mumin)의 지도력 아래 확대되는 추세인데, 2024년 현재 700여 명의 전

---

47 Bill Roggio (31 August 2016). "US adds Islamic State commander in Somalia to list of global terrorists". Long War Journal.

투원으로 구성된 것으로 평가된다.[48]

〈 나이지리아: 보코 하람(Boko Haram) 〉

1. 나이지리아의 분쟁 상황

나이지리아의 현대 역사는 19세기 영국의 식민지 시기부터 시작된다. 1914년 영국은 나이지리아의 남부지역과 북부지역을 통합하여, 나이지리아 전통적인 부족장 통치를 일부 포용하면서도 서구식의 법률과 행정을 도입하여 통치하였다. 1960년 10월 1일 나이지리아는 정식 독립국가가 되었으나, 1967년부터 1970년까지 내전을 겪은 후 군사독재가 시작되었고, 1999년에 들어서야 민주적인 절차에 따른 문민정부가 들어서면서 안정을 찾게 되었다.

나이지리아는 인구 2억 5천만 명의 국가로 인구 순위 세계 6위에 해당하며, 250개 이상의 소수민족이 500여 언어를 사용하는 다민족 국가이다.[49] 3개의 주류 민족으로, 북부에 하우사(Hausa), 서부에 요루바(Yoruba), 동부에 이그보(Igbo) 민족이 있으며, 이들이 인구의 60% 이상을 구성한다. 나이지리아의 헌법에는 종교의 자유를 보장하고 있으나, 북부지역은 무슬림이 거주하고 남부지역은 기독교도가 거주하는 종교적 세력이 형성되어 있고, 이 두 세력에 비해 서부와 동부에 거주하는 요루바, 이그보 민족은 소수민족으로

---

48 Weiss, Caleb; Webber, Lucas (2024). "Islamic State-Somalia: A Growing Global Terror Concern". CTC Sentinel. 17 (8). Combating Terrorism Center.

49 "Ethnicity in Nigeria". PBS. 5 April 2007. Archived from the original on 6 October 2017.

여겨진다.[50]

1960년 독립한 이후 나이지리아 정부는 분열이 시작되어 1966년에 군사 쿠데타가 발생하였으며, 이어 1967년에는 동남부에 자리잡은 이그보(Igbo) 민족이 중앙정부에 저항하면서 독립을 선언하고 국가명을 비아프라 공화국(Republic of Biafra)이라고 칭하기도 하였다. 그러나 정부군과의 전투에서 이그보 민족은 패하고 1970년 항복하였으며, 이 내전으로 인해 나이지리아에 심각한 인적, 경제적 피해와 민족 간의 불신이 심화되었다. 이후 1975년 발생한 군사 쿠데타를 비롯하여 1993년까지 5차례나 발생한 군사 쿠데타로 인해 정치적 혼란과 민족 간의 갈등, 경제적 피해, 인권 침해를 보게되었으며, 1998년 군사정권이 종식되고 1999년 문민정부가 정권을 이양받게 되었다.

나이지리아는 1999년 문민정부 출범 이후, 무슬림과 기독교도 간의 종교적 갈등이 심화되었는데, 이 갈등은 주로 북부의 이슬람 지역과 남부의 기독교 및 전통 종교 지역 간의 문화적, 정치적, 경제적 대립에서 비롯되었다. 대표적 원인을 살펴보면, 첫째, 1999년 이후 나이지리아 북부 12개 주에서 이슬람 율법인 샤리아법이 전면적으로 도입되었고, 기독교도들은 이러한 조치에 대해 국가를 이슬람화하려는 시도라고 여기며 강하게 반발하였으며, 이로써 폭력 사태까지 발생하게 되었다. 둘째, 2002년 이슬람 극단주의 단체인 보코 하람(Boko Haram)이 창설되고 2009년부터 무장 테러 활동을 본격화하며 수많은 민간인을 공격하였다. 보코 하람은 서구식 교육을 적대시하고 기독교 공동체를 주요 타깃으로 삼아 폭력적인 공격을 자행하였으며, 이로 인해 250만 명이 넘는 난민이 발생했다. 셋째, 북부 풀라니 민족(Fulani people)과 남부 농민 간 충돌이다. 풀라니 민족은 서아프리카 지역에 거주하는 목축 유목민으로, 나이지리아 북부에 거주하는 무슬림 풀라니 목자들이 기후 변

---

50 "Nigeria Fact Sheet" (PDF). United States Embassy in Nigeria. Archived from the original (PDF) on 18 October 2020.

화로 인해 남쪽 기독교 농업 지역으로 이동하면서 토지와 자원에 대한 분쟁이 격화되었고 이러한 충돌은 종교적 요소와 결합되어 심각한 폭력 사태를 발생시켰다.[51]

나이지리아에 이슬람교가 전파된 것은 11세기로 알려졌으며, 나이지리아 북동부 지역, 오늘날의 보르노(Borno) 지역으로 처음 전파되었다. 북아프리카 및 사하라 사막 지역의 무슬림 상인들에 의해 이슬람이 도입되었고, 무역 네트워크를 통해 이슬람이 북부 지역 전역으로 퍼져나갔다. 당시 카넴 제국(Kanem Empire)의 통치자였던 마이 우메 질미(Mai Ume Jilmi)가 이슬람교로 개종한 것이 최초의 공식적인 통치자 개종 사례로 기록되며, 이후, 이슬람은 북부의 여러 제국과 왕국으로 확산되었다.[52] 나이지리아 북부 지역에서는 카누(Kano)와 카치나(Katsina) 등의 도시 국가들이 이슬람을 받아들였고, 이들은 서아프리카 무역 네트워크의 중요한 거점이 되었다. 1804년 우스만 단 포디오(Usman dan Fodio)가 소코토 칼리프 제국(Sokoto Caliphate)을 창설하여 지금의 나이지리아, 카메룬, 부르키나 파소, 니제르 등의 지역을 다스렸으며, 나이지리아 북부 지역은 정치적, 종교적으로 더욱 강력한 이슬람 문화가 자리잡게 되었다.

나이지리아 북부 지역은 이미 오래된 전통과 역사의 무슬림이 살고 있었으며, 1999년 민주주의 정권이 회복되면서, 샤리아법에 따른 통치를 요구하여 나이지리아 연방정부에 의해 북부 12개 주에서 허용되었다. 현재 나이지리아 전체 인구의 50.5%가 무슬림이며, 대다수가 순니파로 북부지역에 거주하고 있다. 기독교도는 48.2%를 차지하며, 중부와 남부에 거주한다. 나이지리아 중부 지역의 조스(Jos)는 북부 무슬림과 남부 기독교도 간의 접경 지

---

51 Humanitarian Aid Relief Trust, "Religious Conflict in Nigeria: How it has Become a Threat to National Security and what can be Done to Stop it", 2021.3.5.

52 AfricaBib: The Spread of Islam in Nigeria

역으로, 종교적 및 민족적 이유로 여러 차례 폭력 사태가 발생하면서 긴장이 고조된 상태이며, 북부지역에서는 이슬람 극단주의 무장단체 보코 하람이 주로 기독교 공동체를 타깃으로 공격을 자행하면서 게릴라식으로 활동하고 있다.

2. 보코 하람(Boko Haram) / ISWAP(Islamic State's West Africa Province)

나이지리아 보코 하람은 나이지리아 북동부, 차드, 니제르, 카메룬 북부, 말리에서 활동하는 이슬람 테러리스트 지하드 조직으로, 보코하람의 명칭은 서양 교육을 금지한다는 표현에서 유래되었다. '보코'는 서양식 교육을 의미하며, '하람'은 아랍어로 죄, 금기의 의미를 가지는데, 이러한 의미에서 보듯이 나이지리아 테러조직 보코 하람은 서구식 교육과 정부체제를 반대하며, 이슬람 율법을 나이지리아 전역에 강제하려는 목적으로 테러활동을 이어가고 있다.

보코 하람은 2002년 모하메드 유세프(Mohammed Yusuf)가 창설하였다. 초기 단체 결성 시, 샤리아법(Shariah Law)에 기반하여 이슬람 국가 건설을 목표로 하였으며, 극단적이고 무차별적인 테러행위를 자행하는 등 지속적으로 테러활동을 이어오면서 점차 급진화되자, 나이지리아 정부군이 진압작전을 펼쳐 2009년 2월, 지도자인 모하메드 유세프를 살해하였다. 이후, 2대 지도자인 아부바카르 셰카우(Abubakar Shekau)가 조직을 이끌면서 더욱 폭력적인 테러조직으로 변모하게 되었다. 한편 2015년 보코 하람 조직을 이탈하여 '이슬람국가 서아프리카 지부(ISWAP)' 조직이 새로 결성되었는데, 셰카우는 2021년 5월 이 조직과의 교전 중에 궁지에 몰려 자폭하였다. 그동안 보코 하람이 자행한 대표적인 테러사건은 다음과 같다.

2010년 9월 7일, 바우치(Bauchi) 소재 교도소를 공격하는 사건이 발생했다. 보코하람의 무장세력들이 화기를 사용하여 교도소의 시설을 파괴하고 수감자들을 탈옥시킨 사건이다. 2009년 보코하람의 1대 지도자 요세프의 사망 이후, 세력 약화를 겪던 보코하람은 수감된 조직원들을 조직에 복귀시키고 나이지리아 내에 폭력적인 무장활동을 재활성화하기 위한 목적으로 나이지리아 교도소를 습격하였다. 이 사건으로 탈옥한 721명의 수감자 중 150명은 보코하람의 조직원이었으며, 탈옥에 성공한 보코하람 조직원들은 다시금 보코하람 조직 활동에 참여하며 세력을 확장하였다. 이 사건 이후 보코하람은 나이지리아 북동부 지역에서 급격히 세력을 확장하며 더욱 폭력적이고 파괴적인 활동을 본격화하였으며, 민간인을 대상으로 한 폭탄 테러, 납치 등이 빈번하게 발생하며 국제사회의 테러에 대한 위협으로까지 나타났다.

2011년 8월 26일 아부자(Abuja) 유엔 사무소 대상 폭탄 테러 사건이 발생하였고 21명이 사망하였다, 2013년 5월 이후 지역 내 폭력적 갈등으로 230만 명의 피난민이 발생하였고, 그 중 최소 25만 명이 나이지리아를 떠나 인근 국가인 카메룬, 차드, 니제르 등으로 도피했다. 2013년 11월, 미국 국무부는 보코 하람을 해외테러조직(FTO)으로 지정했다.

2014년 4월 14일 저녁, 보코 하람 무장세력은 나이지리아 치복(Chibok)의 공립 여자학교(Government Girls Secondary School)를 습격하여 276명의 여학생을 납치함으로써 전 세계에 충격을 주었다. 보코 하람 무장세력들은 차량을 타고 여학교에 침입하여 학교가 위험하니 피신해야한다고 알리면서 강제로 학생들을 차량에 태워 납치하였고, 나이지리아 보르노(Borno)주 밀림지대인 삼비사 숲(Sambisa Forest)에 끌려간 여학생들을 강제 결혼, 성노예, 자살폭탄 테러 전투원 등으로 강제하면서 심각한 인권 침해를 자행했다. 보코 하람은 이슬람 율법에 따라 서구식 여성 교육을 강력히 반대한 것에 동기가 있다며, 이들은 납치한 여학생들을 "이슬람 율법에 따라 결혼시켰다"고 주장하는 등 이 사건을 조직의 이념적 메시지를 전파하는 선전 도구로 활용했다.

2015년 1월 3일, 보코 하람은 나이지리아 북동부 국경지역 도시 바가(Baga)를 습격하여 2천 명 이상이 사망하는 대규모 학살사건을 자행하였다. 4일간 지속된 공격으로 바가 및 인근 16개 도시가 파괴되었고, 3만 5천여 명이 피난을 떠났으며, 상당수의 주민들이 보코 하람의 공격을 피하려 챠드 호수를 건너던 중 익사하기도 하였다.[53] 바가(Baga)는 1994년부터 테러조직에 대항하기 위한 다국적군(MNJTF, Multinational Joint Task Force)이 주둔해 있으며, 나이지리아 정부군의 기지가 있는 도시로, 보코 하람은 자신의 존재를 과시하기 위해 이 지역을 공격하였다.

한편, 2015년 3월 보코 하람의 분파 조직으로 'IS 서아프리카 지부(ISWAP, Islamic State's West Africa Province)'가 창설되었는데, 이 조직은 보코 하람과의 내부 분열로 보코 하람 조직을 떠난 수백명의 조직세력으로 구성되었다. 이 조직은 이름에서 보듯이 IS(Islamic State) 조직과 연계되어 있으며 차드 분지(Chad Basin)를 거점으로 나이지리아 정부군을 비롯하여 카메룬, 차드, 니제르, 튀르키예를 대항하여 싸우고 있다. 보코 하람 조직에서 분파된 조직이지만 현재는 보코 하람의 라이벌 적대세력으로 확장되었으며, 2021년 3월까지 서아프리카 지역에서 IS의 이름으로 활동하기도 하였다. 보코 하람의 2대 지도자 셰카우는 2009년 나이지리아 북부지역과 인근 국가 영토를 점령하여 이슬람국가(Islamic State)를 창설한다는 목적으로 소요를 일으켰으나 실패한 바 있다. 이후, IS 조직이 국제적으로 왕성하게 확장하기 시작하자, 2015년 3월 셰카우는 보코 하람 조직을 IS와 동맹관계로 맺으면서 확장하고자 하였다. 당시부터 보코 하람은 'IS 서아프리카 지부'로 활동하기 시작한 셈이다.[54]

---

53 "Boko Haram destroys at least 16 villages in NE Nigeria: officials". Business Insider. Agence France-Presse. 8 January 2015.

54 Thomas Joscelyn; Caleb Weiss (17 January 2019). "Thousands flee Islamic State West Africa offensive in northeast Nigeria". Long War Journal.

그러나, 셰카우는 IS 중앙조직의 지시를 수시로 거부하고 독단적으로 행동하면서 불화가 조성되기 시작하였고, 이에 반감을 갖기 시작한 조직원들이 셰카우의 보코 하람에서 이탈하여, IS에 철저하게 순응하는 조직을 만들게 되었고, 이로써 ISWAP가 창설되었다.

2021년 5월 셰카우 사망 이후, 보코 하람 조직은 내분에 휩싸이고 이탈자가 발생하면서 와해되는 모습이었다. 그러나 보코 하람의 추종자 바쿠라 도로(Bakura Doro)가 조직내 경쟁자들을 제거하고 지도자의 자리에 올랐으며, 보코 하람을 재건하고 있다. 2022년 5월 2일 보코 하람의 동영상에서 바쿠라를 새로운 지도자로 인정한다고 공식 발표하였다. 현재, 보코 하람은 북부지역에서 나이지리아 정부군과 싸우고 있으며, 동시에 지하드의 라이벌인 ISWAP와도 적대관계로 교전하고 있다. 나이지리아 정부 역시, 보코 하람 조직 외에 또 하나의 테러조직인 ISWAP와도 맞서야 하는 2중고를 겪게 되었다.

〈 콜롬비아: 콜롬비아무장혁명군(FARC) / 국민해방군(ELN) 〉

1. 콜롬비아 분쟁 상황

콜롬비아는 적도 부근의 안데스 산맥에 위치하고 있으며, 현재 인구 4천 900만 명의 대통령제 민주 공화국으로, 콜롬비아에서 테러조직이 발생한 배경에는 1902년 발생한 콜롬비아의 내전 '천일전쟁(Thousand Days' War, La Guerra de los Mil Días, 1899~1902)' 시기부터 비롯된 것으로 볼 수 있다. 당시 콜롬비아 전역에 걸쳐 일어난 이 내전은 콜롬비아의 두 정당인 자유당(Liberals)과 보수당(Conservatives) 간의 정치적, 경제적 갈등에서부터 비롯되었으며, 정부 집권세력인 보수당의 통치에 반대하는 봉기가 자유당 중심으로 산탄데르(Santander)지역에서 발생하며 시작되었다. 보수당은 가톨릭 교회와 긴밀한 관계를 유지하면서 전통적 농업 경제를 유지하려는 입장으로, 1886년 보수당이 중앙집권적 헌법을 제정하면서 자유당의 권력이 약화되었고, 이에 대한 반발로 내전이 발발하게 되었다.

자유당은 산탄데르, 톨리마(Tolima), 안티오키아(Antioquia)지역에서 민병대와 농민들의 지원을 받아 게릴라 전술로 정부군에 대한 투쟁을 이어갔으나, 보수당의 정부군은 현대식 무기와 군사력, 조직적 대응으로 군사적 우위를 점하면서 전쟁은 보수당의 승리로 끝났다. 1902년 10월 보수당과 자유당 지도자들이 '네르란디아 협정(Treaty of Neerlandia)'을 체결하고, 이어 11월 21일, 미국의 전함 위스콘신호에서 '위라 협정(Treaty of Wisconsin)'을 체결하면서 내전이 종식되었으나, 이 전쟁은 이후 콜롬비아의 정치적 불안정과 사회적 갈등을 지속시키는 계기가 되었다.

이로부터 36년 후, 1948년 4월 9일, 자유당의 대통령 후보 갈리탄(Jorge Eliécer Gaitán)이 암살당하였고, 이로 인해 1948년부터 1958년까지 10년 동안 폭력의 시대(La Violencia)라고 불리는 내전이 자유당과 보수당 간 발생하였다.[55] 이 내전은 보수당을 지지하는 콜롬비아 군부와 국가경찰에 대해 자유당의 게릴라 단체와 콜롬비아 공산당(CCP)이 맞서 싸우는 형태였고, 주로 농촌 지역에서 전투가 전개되었으며, 10년 동안의 사망자는 무려 20만 명에 달하였다. 1958년 국민전선(Frente Nacional) 체제가 출범하면서 보수당과 자유당이 권력을 4년씩 번갈아 가며 나누기로 합의하였고, 이를 통해 정치적 안정이 확보되었으며, 내전이 공식적으로 종결되었다. 그러나 이 내전의 여파로 FARC(콜롬비아 혁명군), ELN(민족해방군) 같은 게릴라 조직이 출현하면서, 새로

---

55 Livingstone, Grace; foreword by Pearce, Jenny (2004). Inside Colombia: Drugs, Democracy, and War. Rutgers University Press. p. 42.

운 형태의 무장 분쟁이 시작되었고, 콜롬비아는 이후 수십 년간 내전, 마약 카르텔과의 전쟁 등 지속적인 폭력 사태에 시달리게 되었다.

콜롬비아 서북부에 위치한 안티오키아(Antioquia) 주(州)의 수도인 메데인(Medellín)은 1950년대 말부터 섬유산업과 커피 수출을 기반으로 성장하였으나, 아시아 신흥 국가의 등장으로 섬유산업 등이 점차 몰락하여 최대 전체 인구의 55%에 달하는 7만 7천 명의 실업자가 발생하였다. 이후 농업을 중심으로 발전하던 콜롬비아의 경제적 몰락으로 지역 주민들은 생존을 위해 밀수와 같은 불법 활동에 급속하게 연계되었다. 콜롬비아의 주요 수출품인 농산물, 커피, 금, 에메랄드 등을 중심으로 밀수가 성장하였고, 내전 이후 지속된 농촌 지역의 불평등과 정치적 불안정으로 1960년대부터 좌익 게릴라 단체가 형성되는 토양이 만들어지게 되었다.

폭력의 시대(La Violencia)로 알려진 내전의 영향으로 1960년대 농촌 지역 등 외곽지역에서 반(反)공산군 활동이 강화되자, 자유당과 공산주의자 무장조직이 이끄는 게릴라 조직이 형성되기 시작하였는데, 대표적인 단체로 1964년에 설립된 막스-레닌주의를 지향하는 '콜롬비아 무장혁명군(FARC, Revolutionary Armed Forces of Colombia)'이다. FARC 등 게릴라 조직은 콜롬비아의 가난한 자들의 권리를 국가 폭력으로부터 수호하고 공산주의를 통한 사회정의를 구현하는 데 있다고 주장한다. 콜롬비아 정부기관의 통계에 따르면, 1958년부터 2013년까지 전개된 분쟁으로 인해 22만여 명이 사망하였고, 5백만 명 이상이 실향민이 된 것으로 발표되었다.[56]

1970년대 이후 콜롬비아에서는 마약 밀매를 기반으로 성장한 메데인 카르텔과 칼리 카르텔이 부상하며 콜롬비아의 조직범죄가 국제적 문제로 떠올랐다. 파블로 에스코바르(Pablo Escobar)가 이끄는 메데인 카르텔은 밀수를 통

56 Historical Memory Group (2013). "Enough Already!" Colombia: Memories of War and Dignity (PDF) (in Spanish). The National Center for Historical Memory's (NCHM).

해 미국으로 유통되는 코카인의 80% 이상을 공급했으며, 민간인을 대상으로 폭력을 일삼았고, 이러한 과정에서 정부기관과 관련자들에게 뇌물을 제공하는 부패구조가 형성되어 콜롬비아의 마약밀매가 점차 견고하게 발전하였으며, 발생한 수익금은 다시 테러조직의 활동 기반이 되었다.

1993년 메데인 카르텔의 수장 파블로 에스코바르가 피살되고, 1995년 칼리 카르텔 두목의 체포로 양대 마약 카르텔이 붕괴되면서, 1990년대 후반부터 마약 시장은 소규모 카르텔과 조직으로 분열되었다. 그러나 마약 생산과 밀매에 멕시코 카르텔이 적극 개입하였고, 콜롬비아에서는 FARC와 ELN 같은 반군 조직이 마약 거래에 개입하면서, 코카인의 생산과 국제적 유통은 지속 증가하였는데, 2023년 세계마약보고서(World Drug Report)에 따르면, 1998년 남미의 코카인 생산량은 1천 3백 톤(콜롬비아 7백 톤)인데 비해 2022년 생산량은 2천 7백 톤(콜롬비아 1천 5백 톤)으로 두 배 이상이 증가한 것으로 발표되었는 바, 콜롬비아의 나코-테러리즘은 지속 자행되고 있음을 알 수 있다.[57]

콜롬비아 내에서 활동하는 대표적인 반군 무장단체는 FARC와 국민해방군(ELN, Ejército de Liberación Naciona)으로 알려져 있으나, 이러한 좌파 게릴라 소탕을 목적으로 구성된 극우 민병대인 '콜롬비아연합자위대(AUC, Auto-defence Unidas de Colombia)'가 1997년부터 2006년까지 활동하였으며, 이 조직이 해체된 이후 조직원 다수가 조직범죄집단으로 유입되어 활동하게 되었는데, 이러한 조직범죄집단을 '범죄 갱단'이라는 의미의 '바크림(BACRIM, Bandas Criminales)'이라고 지칭한다. 콜롬비아의 마약 생산·유통 범죄활동의 주체를 구분하면, 1세대는 메데인 카르텔과 칼리 카르텔이고, 2세대는 여러 군소 카르텔들이 연합하는 공동체 형식이었으며, 3세대는 바크림 조직이다. 바크림

---

57 World Drug Report(UNODC, 2024), SPECIAL POINTS OF INTEREST, p.13.

(BACRIM)은 주로 콜롬비아의 마약 밀매, 불법 자원 채굴, 인신매매, 강도, 폭력적인 범죄 행위 등에 포괄적으로 관련된 군소 범죄조직들을 지칭하며, 대표적인 조직으로 'Clan del Golfo'가 활동하고 있다.[58]

2. 콜롬비아 무장혁명군(FARC)

콜롬비아 무장혁명군(FARC, Fuerzas Armadas Revolucionarias de Colombia)은 1964년에 결성된 콜롬비아의 좌익 게릴라 조직이다. 콜롬비아 정부를 전복하고 막스-레닌주의를 기반으로 하는 사회주의 국가를 수립하는 것이 목표이며, 농민과 노동자 계급을 대변한다고 주장한다. 초기에는 농업주의와 반제국주의 노선을 토대로 활동하였는데, 점차 민간인을 대상으로 지속적인 테러활동을 자행하였다. 납치와 몸값을 받아내는 방법, 불법 채굴, 주민에 대한 공갈협박, 지역의 지주와 외국 기업으로부터 '혁명세' 명목의 세금을 징수하는 등 다양한 형태의 세금을 거둬들이는 방법으로 테러조직의 자금을 충당하였고, 또한 불법마약의 생산·유통에도 개입하면서 조직의 재원을 조달하였다.[59]

조직의 지도자 로드리고 론도뇨(Rodrigo Londono)가 이끄는 FARC 조직은 민간인을 대상으로 납치, 살해 등의 테러활동을 자행하였는데, 2003년에는 안티오키아 주지사와 콜롬비아 국방부 장관과 8명의 군인을 살해하였으며, 2005년에는 남서부 지역에서 40명의 사상자를 냈다. 콜롬비아 국가 역사

58 Clan del Golfo 조직은 2006년 우익민병대 AUC가 해체되면서 이 조직의 수뇌였던 악명높은 우수가 형제(Úsuga brothers) 주도로 창설된 범죄조직이다.: "The BACRIM and Their Position in Colombia's Underworld." 2017.3.27. Insight Crime.

59 McDermott, Jeremy (17 June 2012). "Gold overtakes drugs as source of Colombia rebel funds". BBC News.

기록센터에 따르면, 1981년부터 2012년까지 분쟁으로 인한 전체 민간인 사망자 18만여 명 중 16% 이상인 2만 8천여 명을 살해하였으며, 1970년부터 2010년 사이 납치한 인원은 2만 명 이상인 것으로 밝혀졌다. 2007년 FARC 조직의 세력이 가장 막강하여 조직원이 1만 8천여 명에 이르기도 하였으며, 경찰서를 습격하는 등 정부군과 직접적인 교전을 전개하기도 하였으나, 점차 세력이 약화되어 2011년에는 조직원이 1만 명 이하로 감소했다.

2016년 FARC는 하바나에서 콜롬비아의 후안 마누엘 산토스 정부와 평화협상을 제안하였지만, 콜롬비아 국민은 민간인에게 피해를 입힌 무장 세력에게 특혜를 줄 수 없다면서, 10월 국민투표에서 다수의 반대표가 나옴에 따라 협상이 결렬되었다. 이에 따라, 콜롬비아 정부는 개정된 평화협정안을 상정하여 11월에 의회의 승인을 얻고 FARC와의 평화협정을 체결하였다. FARC는 공식적으로 무장 투쟁을 포기하고 'FARC-EP'라는 이름으로 정치적 활동을 시작하였으며, '공동체의 대안 혁명을 위한 힘(Fuerza Alternativa Revolucionaria del Comun)'이라는 정당을 창당하여 활동하고 있다.[60]

한편 일부 FARC의 잔존 세력은 무장 해제를 거부하고 여전히 무장 단체로 활동하고 있으며, 대표적으로 EMC(Estado Mayor Central) 조직은 병력 3천 5백여 명을 거느리며 정부군에 저항하고 있다. EMC 조직이 2016년의 평화협정을 거부하고 있어, 콜롬비아 정부도 2024년 8월, 휴전은 종식되었다고 선언하였고 전쟁 상태로 다시 돌입하면서 대치하고 있다.

---

60 연합뉴스, "정당으로 변신한 콜롬비아 최대반군…약자는 그대로 'FARC'", 2017.9.1.

3. 국민해방군(ELN)

국민해방군 ELN(Ejército de Liberación Nacional)은 막스-레닌주의를 표방하는 게릴라 단체로 쿠바 혁명의 영향을 받아 1964년 창설되어 활동을 시작했다. 이 조직은 1960년대 쿠바의 피델 카스트로 정부에서 훈련받은 카스타뇨(Fabio Vásquez Castaño) 등 혁명가에 의해 창설되었으며, 체 게바라와 피델 카스트로의 영향을 받은 '도시 지식인'들과 해방신학에 심취한 로마 가톨릭 사제들도 포함되었다. 즉, ELN은 주로 학생들과 도시의 젊은 활동가들이 주축이 되어 구성된 조직으로, 주로 농부들을 규합하여 조직된 FARC 게릴라 조직과는 차이가 있다.

ELN 게릴라들은 1973년 콜롬비아 정부군의 대규모 공격을 받아 타격을 받았으나 재규합하여 조직을 유지시켜 왔다. ELN은 콜롬비아 정부와 협상을 거부하였고, 같은 좌파 게릴라 조직인 FARC와도 협상에 응하지 않았다. 콜롬비아 정부는 ELN 조직에 대해 유화적인 정책을 전개하면서 볼리바르 지역(Bolívar Department)을 비무장 완충지대로 구성하려 하였는데, 극우 민병대인 AUC가 이 지역에서 반군에 대한 공격을 하면서 정부의 정책을 방해하였다.

ELN 조직은 원주민 보호지의 주요 통로인 우라리오세라강(Rio do Urari-ocera)을 통과하거나 보호를 명목으로 지역민들에게 세금을 징수하기도 하였고, 인질을 납치하여 몸값을 받아내는 식으로 조직의 재원을 충당하고 있다. ELN은 2019년 1월 콜롬비아 보고타의 국립 경찰아카데미에서 차량폭탄 테러를 자행하여, 트럭 폭발로 인해 21명이 사망하고 68명이 부상당하는 사건을 발생시켰다.

2022년 11월 좌파 게릴라 출신인 구스타보 페트로(Gustavo Petro) 콜롬비아 대통령 취임 이후 ELN은 정부와의 평화협상에 대한 의지를 보여주며 새롭게 평화회담이 시작되었지만, ELN의 민간인 납치와 그에 대한 몸값 요구로 2024년 8월 정부는 6개월 간의 휴전을 종료하고 다시 전쟁상태로 대치하고 있다. ELN은 현재 콜롬비아 정부뿐만 아니라, 미국, 캐나다, 뉴질랜드, 유럽연합 등에서 테러단체로 지정되어 있다.

〈 필리핀: 아부사야프 그룹(ASG, ABU SAYYAF GROUP) 〉

1. 필리핀 역사와 남부지역의 분쟁

1565년 2월 13일 스페인의 팽창정책에 따라 미구엘 로페즈(Miguel López de Legazpi)의 함대가 멕시코에서 출발하여 첫 번째 기항지로 필리핀 세부(Cebu)에 도착하였다. 스페인은 1571년 마닐라를 점령하여 스페인의 식민지 수도로 지정하였으며, 군도의 대부분은 스페인의 통치 하에 들어갔고, 필리핀(Philippines)이라는 최초의 통합된 정치 구조가 만들어졌다. 이 시기에 기독교가 전파되었고, 법률 체계를 도입하였으며, 아시아에서 가장 오래된 현대식 대학이 만들어졌다. 갈레온(Galeón de Manila)으로 알려진 무역선단은 태평양을 횡단하는 루트로, 마닐라와 멕시코 아카풀코를 연결하는 해상 무역로를 형성하였고 필리핀은 스페인 제국의 중요한 교역 거점이 되었다.

필리핀에 대한 스페인의 통치는 1898년 종료되었다. 1898년 4월부터 6월까지 전개된 스페인과 미국의 전쟁에서 미국이 승리함에 따라, 4세기 동안 장악했던 스페인의 미주지역의 식민지 활동이 종식되었으며, 동시에 필리핀도 미국의 점령지로 전환되었다. 미국은 1902년부터 1935년까지 필리핀 군도를 미국의 관할이지만 합병되지 않은 영토로서, 향후 독립을 준비하는 필리핀 민간정부인 자치정부(Insular Government)로 운용하였다. 미국은 경제적, 정치적 이유 등으로 장기적인 제국주의를 유지할 수 없다고 판단하였고, 1916년 존스법(Jones Law)을 제정하여 필리핀에 대한 독립을 공식적으로 선언하였다. 1934년 타이딩스-맥더피 법(Tydings-McDuffie Act)을 통해 필리핀은 10년 간의 과도기를 거쳐 독립국이 되는 절차를 마련할 수 있게 되었다. 1935년 필리핀 자치령이 설립되었고 10년 후 독립국가로 전환될 예정이었으나, 세계 제2차대전 기간인 1942년 일본이 필리핀을 점령하였고 1945년 미국이 다시 일본을 굴복시켰으며, 1946년 마닐라 조약이 체결되면서 필리핀 공화국 독립국가가 형성되었다.

한편, 현 필리핀 남부의 민다나오(Mindanao), 술루(Sulu), 팔라완(Palawan) 지역에 거주하는 '모로(Moro)족'[61] 은 스페인의 통치가 시작되기 이전부터 이슬람교의 정치적 지배자인 술탄(sultan)이 지배하는 이슬람식 통치구조가 확립되어 있었다. 이로 인해, 필리핀 남부에서는 스페인과 무슬림 세력 간 갈등이 지속되었으며, 스페인은 모로족을 기독교로 개종하지 않은 저항 세력으로 간주하여 사회적, 정치적으로 차별하였다. 한편 남부지역의 무슬림들은 민다나오 섬에 '국가'라는 의미의 방사모로(Bangsamoro)라는 이슬람 자치정부 구축을 추진하였다. 이처럼 무슬림 세력의 강력한 저항으로 인해 스페인은 필리핀 남부지역을 실질적으로 지배할 수 없었다.

한편, 미국 통치 시기에도 필리핀 남부에서 모로족의 저항운동은 계속되었다. 미국은 모로족을 기독교화하고자 하였고, 모로 사회를 필리핀 국가 공동체 안에 흡수시키려는 통합정책을 추진하였다. 이를 위해, 모로족에 대한 동화정책의 일환으로 많은 기독교인을 이주시켜 모로족에 대한 차별을 심화시켰다. 또한, 미국은 1902년 필리핀-미국 전쟁에서 승리한 후 필리핀을 통치하기 위해 해외 영토에 대한 자치 정부(Insular Government)를 설립하였고,

---

61 '모로(Moro)'는 영어로 '무어인(Moors)'을 의미하며, 스페인 사람들이 필리핀에 도착하기 전부터 일반적으로 무슬림과 관련하여 사용하던 외래어였다. 모로족은 필리핀에서 두 번째로 큰 민족이며, 필리핀 통계청의 2020년 인구 조사에 따르면, 필리핀 전체 인구의 6.4%인 690만 명이다.

미국 의회는 필리핀 조직법(Philippine Organic Act)을 통과시켜 필리핀 의회를 구성하였는데, 이 법률에서 '모로(Moro) 또는 비기독교 부족들이 살고 있지 않은 영토'라는 구절을 포함시켜, 필리핀 영토에서 모로와 다른 비기독교 부족들의 지역은 미국 정부의 직접적인 법적 통치에서 벗어나거나 특수한 법적 지위라는 의미로 구분하였고, 기독교화된 지역에만 한정된 자치를 허용하면서 차별화를 시도하였다.

필리핀 독립 이후 1968년, 필리핀 정부가 무슬림 군사 훈련생들을 학살한, 일명 자비다 학살사건(Jabidah massacre)을 계기로 모로족과의 갈등은 심화되었다.[62] 이 사건은 '자비다(Jabidah)'로 명명된 비밀 특공대를 결성하는 과정에서, 이 특공대의 공격 목표가 무슬림 거주지역인 말레이시아 사바(Sabah)임을 알게된 무슬림 훈련병들이 명령을 거부하자 필리핀 군대가 무슬림 훈련병을 살해했고 최소 11명 이상 피살되었다는 상황을 무슬림 생존자 1명이 증언함으로써 알려졌다. 이 사건 직후 코타바토(Cotabato) 지역의 주지사였던 다투 웃톡 마탈람(Datu Udtog Matalam)은 무슬림 독립운동(Muslim Independence Movement, MIM)이라는 단체를 결성하여 남부지역의 독립적인 이슬람국가 설립을 요구하는 선언문을 발표하였다.[63]

MIM 조직은 정부군의 공격으로 1972년 마탈람의 항복으로 와해되었고, 이후 소속 인원들은 모로 민족해방전선(Moro National Liberation Front, MNLF)을 결성하였다. MNLF는 필리핀 정치인 누르 미수아리(Nur Misuari)가 설립한 정치 조직으로써 모로족의 자치권을 주장하며 약 20년간 활발하게 무장투쟁을 지속하였다. 1976년 남부지역 자치권과 관련하여 필리핀 정부와 트리폴리 협정(Tripoli Agreement)을 체결하기도 하였지만, 당시 대통령이었

---

62 "Lone survivor recalls Jabidah Massacre". Philippine Daily Inquirer. March 18, 2008. Archived from the original on September 13, 2015.

63 Gowing, Peter G. (1979). Muslim Filipinos – Heritage and Horizon. New Day Publishers. pp. 190–192.

던 페르디난드 마르코스(Ferdinand Marcos)가 협정 내용과 다르게 이행하면서 파기되었다. 하지만 결국 트리폴리 협정의 완전한 이행을 약속하는 자카르타 협정(Jakarta Agreement)이 1996년 체결되었다.

한편 트리폴리 협정에 반대하였던 강경파 살라맛 하심(Salamat Hashim)은 MNLF를 이탈하여 1977년 모로 이슬람해방전선(Moro Islamic Liberation Front, MILF)을 결성하였다. MILF는 MNLF와 달리 철저하게 이슬람 정신과 법이 지배하는 이슬람 국가 건설을 목표로 삼았고, 지하드를 선언하며 자카르타 협정 이후에도 정부군과 싸움을 지속하였다. 특히, 필리핀 정부는 2003년 다바오 공항 폭탄 테러에 MILF가 연관되어 있다고 밝혔고, 인도네시아 기반 이슬람 무장단체 제마 이슬라미야(Jemaah Islamiyah)는 MILF에 훈련시설을 제공한 것으로 알려졌다. 또한, MILF는 아프가니스탄에 있는 알-카이다 훈련 캠프에 600명의 훈련병을 보낸 것으로 알려져 있다.[64]

2014년 1월 24일 필리핀 정부와 MILF 지도부는 쿠알라룸푸르에서 평화협정에 서명하였다. 이 협정에 따라, 방사모로(Bangsamoro)라고 불리는 새로운 무슬림 자치기구가 수립되었다. MILF 조직은 무기를 내려놓고 해산되었으며, 지역 자치 경찰이 구축되고 필리핀 군대는 이 지역에서 일부 철수하였다. 2020년 1월 필리핀 정부의 발표에 따르면, 2019년 남아 있던 12,000명의 전투원 중 8,879명이 퇴출되었으며, 이들 중 일부는 지역 경찰과 군대에 합류하였다고 밝혔다.[65]

---

64 Abuza, Zachary (2002). "Tentacles of Terror: Al Qaeda's Southeast Asian Network". Contemporary Southeast Asia. 24 (3): 427–465

65 Gotinga, J. C. (November 24, 2019). "150 More MILF Soldiers Join Bangsamoro Security Team". Rappler.

2. 아부 사야프 그룹(Abu Sayaf Group, ASG)

1990년대 초 모로 민족해방전선(MNLF)은 무슬림 민다나오 자치지역을 통치하는 기구로 자리잡으면서 필리핀 정부에 대해 온건한 입장을 취하였다. 1980년대 리비아, 시리아, 사우디아라비아에서 이슬람 신학을 공부하던 압두라작 아부바카르 잔잘라니(Abdurajak Abubakar Janjalani)가 아프가니스탄에서 무자히딘으로 참여하면서 오사마 빈 라덴으로부터 자금지원을 받아, 1990년 바실란(Basilan)으로 돌아온 후 MNLF 조직에서 이탈하여 강경한 대정부 투쟁을 벌이기 위해 ASG(Abu Sayyaf Group)를 결성하였다.[66]

아부 사야프 그룹(ASG)은 1991년 모로 민족해방전선(MNLF)과 모로 이슬람해방전선(MILF)에서 이탈하여 별도의 조직으로 구성되었고, 필리핀 남부의 술루(Sulu) 섬과 바실란 섬(Basilan)을 기반으로 활동영역을 구축했다. ASG의 투쟁목적은 이슬람 법률에 의해 통치되는 독립적인 이슬람 국가를 필리핀 남부의 무슬림 지역에 설립하는 것이다.[67] 압두라작은 1995년 잠보앙가 델 수르(Zamboanga del Sur)의 이필(Ipil) 마을에 대한 공격을 시작으로 1998년 필리핀 경찰에 의해 피살될 때까지 지도자 역할을 하며 폭탄 테러를 자행하였다.

압두라작 사망 이후 동생인 카다피 잔잘라니(Khadaffy Janjalani)가 ASG를 이끌었다. 이 시기의 ASG의 새로운 전략은 종교적인 동기보다는 인질을 확보하고 몸값을 받는 데 중점을 두었는데, 조직의 자금을 확대하려는 목적이

---

66 Abuza, Zachary (December 5, 2003). "Funding Terrorism in Southeast Asia: The Financial Network of Al Qaeda and Jemaah Islamiyah"

67 DNI, Counterterrism Guide, "ASG's stated goal is to establish an independent Islamic state, governed by Islamic law, in the Muslim-majority provinces of the southern Philippines"

었다.[68] 특히, 2000년 말레이시아 휴양지에서 외국인 관광객 등을 납치하였고, 2004년 필리핀 최악의 선박테러로 알려진 'MV Superferry 14' 폭탄 테러를 자행하였다. 이 선박은 마닐라 항구에서 민다나오 섬을 왕래하는 1만톤급의 훼리선박으로, 2004년 2월 27일 ASG 조직이 3.6kg의 폭탄을 텔레비전에 은닉시켜 적재시킨 후 폭파시켜, 116명이 사망하였다.[69] 또한, 2006년 필리핀에서 개최하는 ASEAN 정상회담 기간 동안 자동차 폭탄 테러를 기획하기도 하였으며, 같은 해 카다피 잔잘라니는 필리핀 정부군과 교전을 벌이다 사망하였다.

ASG 조직은 알-카이다, 제마 이슬라미야, IS 등 테러조직과 연계하여 활동해 왔다. 1990년 중반, 알-카이다 조직원으로서 1994년 필리핀 민항기 폭탄 테러를 자행하기도 하였던 람지 유세프(Ramzi Yousef)가 ASG 조직원을 훈련시켰던 사실이 있으며, 2002년 미국의 보고서에서도 ASG가 알-카이다와 연계되었다고 밝힌 바 있다. 2005년에는 인도네시아에서 활동하는 제마 이슬라미야(Jemaah Islamiyah) 조직이 60여 명의 ASG 훈련병에게 폭탄 조립 및 사용 방법을 훈련시키기도 하였다. 2014년 여름, ASG가 송출한 동영상에서, 지도자 하필론(Isnilon Hapilon)은 "이슬람 국가(IS)의 지도자 아부 바크르 알 바그다디(Abu Bakr al-Baghdadi)가 칼리프이며 오직 그에게만 충성한다"고 언급하였고, 2016년에는 필리핀에 IS 지부를 설립하기도 하였다. 그러나 ASG는 오래전부터 알-카이다와 연계하면서 다양한 루트를 통해 지원을 받아왔는 바, 이러한 태도 변화가 일시적인 IS의 부흥에 편승한 전략인지, 알-카이

---

68 Abuza, Zachary (December 5, 2003). "Funding Terrorism in Southeast Asia: The Financial Network of Al Qaeda and Jemaah Islamiyah"

69 Marhsall, Andrew (November 25, 2008). "Surge in piracy raises concerns over maritime terrorism". The New York Times. Archived from the original on October 2, 2013.

다와의 관계를 단절하였는지는 불분명하다.[70] 이와 관련하여 미국은 1997년 ASG를 테러조직으로 지정하였고, 유엔은 2001년 ASG와 알-카이다의 연계를 이유로 안보리 제재 대상으로 지정하였다.

ASG는 마우테 조직(Maute group)과 연계하기 시작하였는데, 마우테 조직은 IS와 연계된 조직이며, 2016년 필리핀 남부도시인 다바오市 폭탄 테러(Davao City bombing)를 자행한 이슬람 극단주의 테러조직이다. ASG 지도자 하필론은 필리핀 남부지역 마라위(Marawi)를 거점으로 하는 마우테 조직과 접촉하고자 마라위를 방문하였는데, 이러한 첩보를 수집한 필리핀 정부군은 하필론을 검거하기 위해 2017년 5월 마라위에서 마우테 조직과 ASG를 대상으로 공격을 감행하였다. 마라위 전투(Battle of Marawi)로 알려진 이 작전은 5개월간 지속되었으며, 같은 해 10월 16일 정부군은 마우테 조직의 수장인 오마르 마우테(Omar Maute)와 ASG 수장인 하필론을 사살하였고, 당시 두테르테 필리핀 대통령은 마라위 지역이 테러조직으로부터 해방되었다고 선포하였다.

필리핀 정부와 평화협정을 체결하고 ASG와의 결별을 선언한 모로 이슬람해방전선(Moro Islamic Liberation Front, MILF)은 ASG 잔당을 정부군에게 인계하기도 하였으며, 이로써 ASG의 활동은 더욱 위축되었다. 2023년 필리핀 정부는 술루 지역이 ASG 조직으로부터 해방되었다고 선언하였으며, 2024년 3월 22일 ASG는 완전히 해체되었다고 발표하였다. 그러나 2023년 12월 마라위에 소재하는 민다나오 국립대학교에서 폭탄 테러가 발생하여 4명이 사망하였는데, 배후에는 IS가 있었다. 2024년 4월 ASG 조직은 민다나오 자치지역인 바실란(Basilan) 섬의 하지 모하마드 아줄(Hadji Mohammad Ajul) 도시에서 경찰서에 총기를 난사하며 습격하기도 하는 등, ASG 조직의 활동은 여전히 목격되고 있다.

---

70 FlorCruz, Michelle (September 25, 2014). "Philippine Terror Group Abu Sayyaf May Be Using ISIS Link For Own Agenda". International Business Times.

〈 중국: 동튀르키스탄 이슬람 운동(ETIM) 〉

(출처: https://www.bbc.com/news/world-asia-pacific-16860974)

1. 중국 신장 위구르 지역 갈등상황

동튀르키스탄(East Turkistan)[71]으로도 알려져 있는 신장(新疆, Xinjiang)은 튀르크 민족인 위구르족(Uyghurs)과 중국 본토에서 이주해 온 한족 등으로 구성된 중국 자치구이다. 이 지역은 18세기 후반부터 청나라의 일부로 편입되었으며, 중국 국민당이 1944년에 통치하기 시작하였고, 중국 공산당이 1949년 10월 신장 위구르 지역을 장악하면서 공산당 관할의 통치가 시작되었다. 이어 1955년 10월에는 행정구역상 성(province)에서 자치구(autonomous region)로 공식화되었다.

중국은 이후 지역 경제 개발을 명분으로 1970년대까지 약 200만 명의

---

71 위구르족은 신장 지역이 중국의 일부가 아닌 독자적인 지역으로서의 정체성을 나타내고자 동튀르키스탄으로 부른다.(International Support for Uyghurs)

한족이 이 지역으로 이주하는 것을 지원하였다. 이는 1954년 마오쩌둥의 지시로 창설된 신장생산건설병단(新疆生产建设兵团, Xinjiang Production and Construction Corps)이 국경 지역으로 "한족을 이주시키라(populate the frontier)"는 임무를 부여받은 것을 통해 입증된다.[72] 또한, 중국은 이 지역 주류 주민인 위구르족의 문화적 정체성과 종교를 탄압하기 위한 정책을 도입하였다. 이에 대항하여 동튀르키스탄 인민혁명당(东突厥斯坦人民革命党, East Turkestan People's Revolutionary Party)과 동튀르키스탄 연합혁명전선(東突厥斯坦聯合革命陣線, United Revolutionary Front of East Turkestan) 등, 소련의 지원을 받는 위구르 독립 단체들이 중국 정부와 맞서 싸웠으나, 1970년대 초 중국은 동튀르키스탄 인민혁명당을 와해시켰고, 이로써 신장의 독립추진 세력은 심각한 타격을 받았다.

위구르족이 독립을 추구하는 이유는 위구르족은 신장 지역에서 오랫동안 스스로의 민족국가를 형성하여 살아왔고, 16세기 초 이 지역이 이슬람화되면서 모든 민족이 무슬림으로 살아온 역사가 있기 때문이다. 이러한 전통과 문화로 중국 한족과의 갈등이 필연적으로 발생하게 되는데, 첫째, 역사 문화적 갈등이다. 한족은 절대적인 대(大)한족주의 사상을 가지고 있기 때문에 신장 위구르족 역사도 중화민족의 역사로 취급하고자 한다. 그러나 위구르족은 신장에 위구르제국을 건설하였고, 이 지역에서 오랫동안 살아온 독립국가였다고 주장한다. 둘째, 중국의 사회주의 정책으로 형성된 갈등이다. 중국 정부는 신장편입 이후 신장으로의 한족 이주 정책, 위구르족 문자개혁정책, 이슬람종교 개혁정책을 추진하였고, 1950~60년대 계획적으로 한족을 대거 신장으로 이주시키고 심지어 한족이 신장을 이탈하지 못하도록 하였다. 1960년대 문자개혁정책이 실패하여 200만 이슬람민족이 신문맹으로 전락하면서 중국어와 위구르어 모두 완벽하게 하지 못하는 부작용이 나타나기

---

72 康小兰, ed. (5 October 2014). "新疆生产建设兵团的历史与发展". State Council Information Office. Archived from the original on 20 March 2017.

도 하였다. 이에 더하여 문화대혁명(无产阶级文化大革命, 1966~1976) 시기에는 이슬람 종교 존재를 부정하는 종교 말살정책을 펼치면서 그 갈등이 최고조에 달했다. 셋째, 국제정세의 개혁개방 변화 동향이다. 중국 정부가 한족을 신장 지역으로 이주시키면서 위구르족에 비해 한족을 우대하는 불평등 정책을 취하여 위구르족의 불만이 고조된 가운데, 1991년 12월 소련이 해체되고 중앙아시아의 이슬람 국가들이 독립함에 따라, 위구르족의 동튀르키스탄도 독립하고자 하는 열망이 강해졌다(오홍엽, 2009).

1980년대 덩샤오핑 정권은 위구르족의 불만을 완화하고자 문화 자유화 정책(cultural liberalization)을 추진하고 전국적으로 유연한 언어 정책을 채택하기도 하였다. 그러나, 신장 지역에서 위구르족의 문화와 언어를 자유롭게 허용하자, 오히려 위구르족의 독자적인 정체성이 강조되어 중국의 의도와는 반대의 효과가 나타났으며, 중국 정부는 이러한 다원적 언어 정책이 효과적이지 못한 것으로 판단하게 되었다. 따라서, 중국 정부는 신장 지역 소수민족의 독립적인 정체성을 약화시키기 위해 중국어 단일 언어 및 단일 중국문화 중심의 정책으로 변경하였다. 이는 위구르족의 반발을 야기하였고 그들로 하여금 그들만의 정체성을 고착화시키는 결과를 낳았다. 이로써, 1980년대에 신장 지역의 독립운동이 재개되었고, 이는 1990년대부터 과격화되기 시작하였다.

중국 신장(新疆) 지역의 인구는 2020년 기준으로 약 2,300만 명 정도이며, 위구르족은 1천 1백만 명 정도로 신장 지역 전체 인구의 약 45% 정도를 차지하고 있다. 한족은 1천만 명 이상 거주하고 있으며, 이는 신장 전체 인구의 약 40% 정도를 차지한다. 신장 지역에서 한족 인구는 지속적으로 증가하고 있으며, 이는 중국 정부의 이주 정책에 의한 것으로 한족의 비율 증가가 위구르족의 문화적, 정치적 상황에 영향을 미치고 있다.

2. 동튀르키스탄 이슬람 운동(ETIM, East Turkestan Islamic Movement)

동튀르키스탄 이슬람 운동(ETIM)은 1997년 하산 마숨(Hasan Mahsum)을 주축으로 위구르 민족 출신 무장세력들에 의해 설립된 단체로, 신장 위구르 자치구에서 독립된 이슬람 국가인 동튀르키스탄을 세우는 것을 목적으로 투쟁한다.[73] ETIM은 파키스탄에서 설립된 이후 탈리반과 알-카이다의 지원을 받아 세력을 키웠으며, 1998년 하산 마숨은 탈리반이 통치하던 아프가니스탄으로 이동하여 조직의 본부를 카불로 이전했다. 지도자 하산 마숨은 2003년 파키스탄군의 국경 주변 알-카이다 은거지 급습공격때 살해되었고, 2006년 창설된 튀르키스탄 이슬람당(TIP, Turkistan Islamic Party)은 ETIM을 계승한 무장조직으로 알려져 있으며, 중국 정부를 대상으로 테러 공격을 자행하는데, 중국은 여전히 TIP를 ETIM으로 명명하고 있다.[74] 초대 지도자 마숨이 2003년 살해된 후 압둘 하크(Abdul Haq)가 ETIM 조직의 리더로 활동하였으며, 2010년 파키스탄에서 살해되었다. 중국 정부는 2014년 8월, ETIM의 공동 창립자였던 메메투훗 메메트로지(Memetuhut Memetrozi)를 테러 혐의로 체포하였고 동명이 위구르 저항단체와 파키스탄 조직을 연결시켰던 장본인으로 판단하고 종신징역을 선고하여 복역중이라고 발표하였다.

ETIM은 1990년부터 2001년 사이에 약 200건의 테러를 자행하였으며, 그 결과로 최소 160여 명이 사망하고 440여 명 이상이 부상당하였다. 이후, 2001년 9·11 테러를 계기로 유엔은 이 단체를 안보리 제재 명단에 추가하였고(결의안 1390호). 유럽연합, 중국 등은 이 단체를 테러조직으로 지정했다.

튀르키스탄 이슬람당(TIP)은 1990년대에 아프가니스탄과 파키스탄으

---

73 Botobekov, Uran (29 September 2016). "Al-Qaeda, the Turkestan Islamic Party, and the Bishkek Chinese Embassy Bombing

74 China: The Evolution of ETIM". Stratfor. 13 May 2008.

로 이동하여 창설된 위구르족의 무장 독립단체로, 2008년 중국 쿤밍과 상하이 도시의 버스를 대상으로 폭탄 테러를 자행하기도 하였다. 미국의 정보분석 회사인 Stratfor는 TIP의 테러감행 주장이 다소 과장되기는 하였으나 이 조직이 인터넷을 활용하면서 신장지역의 위구르족들에게 지하드에 참전하도록 홍보하는 등 세력을 확대하고 있어 무시할 수 없는 존재라고 평가한다. 한편, TIP 조직이 ETIM 이후의 조직으로, 위구르 민족주의를 계승하고는 있지만 활동 지역과 방식이 다양해졌고 국제적인 이슬람 테러 단체와의 연계도 강화하는 동향을 보이고 있다. TIP 조직은 신장지역에만 국한하지 않고 알-카이다 및 우즈베키스탄 이슬람운동(IMU) 등 조직과도 연계하여 활동하고 있는 것으로 알려져 있다.

미국은 ETIM 조직이 알-카이다로부터 훈련과 재정 지원을 받고, 아프가니스탄에서 항구적 자유 작전(Operation Enduring Freedom)[75]을 전개하는 동안 미군에 대항하여 전투하였던 것을 근거로 양 단체 간 연계성이 있다고 밝혔다. 또한, ETIM과 알-카이다의 연계성에 대해서는 논란이 지속되었지만, 2016년 ETIM의 수장 압둘 하크(Abdul Haq)가 알-카이다에 대한 충성을 맹세한 것이 확인되었다.[76] 2018년 미국 군대는 아프가니스탄 바다흐샨(Badakhshan) 지역에서 탈리반과 ETIM 훈련 시설을 공습하여 군사력을 약화시키기도 하였으나, 2020년 미국은 ETIM이 계속 존재한다는 것에 대한 신뢰가능한 증거가 없다는 이유로 동 조직을 테러단체 지정 명단에서 제외하였다.

한편, 최근 중국은 신장 지역 위구르족 등 무슬림 소수민족에 대한 탄압과 수용소 문제 등 인권 문제로 국제사회에서 비난받고 있다. 유엔 인권최고대표사무소(OHCHR) 보고서(2022)는 중국의 대테러 및 종교적 극단주의 대

---

75 9·11 테러 이후 미국이 주도한 '테러와의 전쟁'의 일부로, 아프가니스탄, 사하라 일대, 카자흐스탄, 필리핀 등의 지역에서 진행되었다.(2001.10.7.~2014.12.28.)

76 Clarke, Michael (7 September 2016). "Uighur militants infiltrating Indonesia". The Diplomat.

응과정에서 소수민족의 권리를 억압하고 있으며, 직업교육시설 등 강제 구금 시설을 구축하였고, 교육생과 수감자에게 학대를 가하는 등 심각한 인권 침해가 있었다고 폭로하였다.[77]

〈 미얀마: 아라칸 로힝야구세군(ARSA) / 아라칸군(AA) 〉

1. 미얀마의 분쟁 상황

미얀마 연방공화국(Republic of the Union of Myanmar)은 인도차이나반도 북서쪽에 위치한 인구 약 5,450만 명의 다민족 국가이다. 미얀마 정부는 공식적으로 135개의 민족을 인정하는데, 대표적으로 버마족(68%), 샨족(10%), 카렌족(7%), 카친족(1.5%) 등이 있다. 16세기에 타웅우 왕조(Toungoo dynasty)에 의해 통일된 후 19세기 콘바웅 왕조(Konbaung dynasty)는 버마 왕국을 확장시키고자 전쟁을 일으켰다. 19세기에 들어서 영국과 버마 간 세 차례의 전쟁(Anglo-Burmese Wars)이 발생하였고, 이 전쟁에서 패배한 버마는 결국 영국의 식민지가 되었으며, 제2차 세계대전 이후 1948년에 독립할 수 있었다.

독립 이후 1962년 쿠데타로 인한 군사 독재가 시작되었고, 1988년의 대규모 민주화 운동(8888 항쟁)을 무력으로 진압한 군부는 국가 평화발전위원회(SLORC)를 설립하여 권력을 장악하였으며, 국명을 버마에서 미얀마로 변경하였다. 미얀마 군부는 민족 무장단체와의 갈등을 완화시키기 위해 일부 단체와 휴전 협정을 체결했지만, 카친족, 카렌족 등 주요 민족 무장단체들과의

---

77 「OHCHR Assessment of human rights concerns in the Xinjiang Uyghur Autonomous Region, People's Republic of China」(2022. 8. 31.)

(미얀마의 14개 구와 주, 출처: Gloyacks)

갈등은 지속되었다. 1990년 총선에서 민주주의민족동맹(NLD, National League for Democracy)이 압승했지만, 군부는 결과를 수용하지 않고 독재 권력을 지속 유지하면서 당시 NLD의 지도자인 아웅산 수치를 가택연금하기에 이르렀다. 군부는 일부 민족 단체들과 휴전 협정을 맺었으나, 카친독립군(KIA), 카렌민족해방군(KNLA) 등은 정부와 지속적으로 충돌하였고, 샨주, 카친주, 라카인주 등지에서 주 국경 지역 중심으로 내전이 격화되었다.

2003년 미얀마 군부는 민주주의로의 로드맵을 발표했으나, 실질적인 변화는 거의 없었다. 2007년 8월 군부정부는 예고도 없이 연료가격을 2~5배 인상하자, 일반 주민, 학생, 심지어 승려들까지 시위에 가담하였다. 승려의 옷 색깔이 사프란색이어서 사프란 혁명(Saffron Revolution)으로 불린다. 군부는 이 시위를 무력으로 진압하여 수백 명이 사망하고 1백여 명의 승려가 체포되기도 하였다. 결국, 2015년 총선에서 아웅산 수치의 NLD가 압승하면서 정권을 장악하였고, 아웅산 수치가 사실상 국가 지도자로 등장하였다. 그러나 군부는 여전히 헌법상 강력한 권한을 갖고 있었으며 국회의원 의석의 25%를 차지하고 주요 부처를 통제하고 있었다.

2020년 미얀마 연방공화국 연방의회의원 총선거에서 NLD는 476석 가운데 396석을 차지하여 이전보다 더 많은 의석 수를 확보하면서 압승을 거두였고, 미얀마 군부와 연계된 정당인 USDP(Union Solidarity and Development Party)는 33석을 차지했다.[78] 미얀마 군부는 부정 선거가 있었다고 주장하면서 선거결과를 인정하지 않았고, 2021년 2월 1일 군사 쿠데타를 일으켰다. 군부세력은 국가통치평의회(SAC, State Administration Council)를 구성하고 국가의 비상사태를 관장하는 기구로 운용하였다. 이에 대해 반대하는 무장 단체가 결성되기 시작하였으며, 쿠데타 이전에 재임중이었던 국회의원 중심으로 인민방위군(PDF, People's Defence Force)을 결성하였고, NLD 소속 전 국회의원 중심으로 미얀마 국민통합정부(NUG, National Unity Government of Myanmar)라는 망명정부가 조직되었다. 미얀마 군부는 2021년 5월 8일 이 두개의 조직을 모두 테러단체로 지정했다.[79] 쿠데타 이후 전 국토에서 무력 충돌이 발생하며, 군부와 민주화 세력 간의 갈등이 심화되었으며, 카친독립군(KIA), 카렌민족

---

78 Hannah Beech (2021년 1월 31일). "Myanmar's Leader, Daw Aung San Suu Kyi, Is Detained Amid Coup". 《The New York Times》

79 "Myanmar junta designates shadow government as 'terrorist' group". Deutsche Welle. 8 May 2021.

해방군(KNLA) 등 주요 민족 무장단체들은 반군부 세력인 PDF의 편에 서게 되었다.

한편, 오랜 기간동안 지속되어 온 로힝야(Rohingya) 무슬림 공동체와 불교도 주류의 미얀마 정부와의 갈등관계는 고조되어 왔는데, 2016년 10월 9일 로힝야족이 집단 거주하는 라카인(Rakhine) 주의 국경 경찰서가 습격을 받아 9명의 경찰이 피살되고 무기와 탄약이 탈취되는 사건이 발생하였다. 일주일 후 로힝야족의 게릴라 조직인 '아라칸 로힝야 구세군(ARSA, Arakan Rohingya Salvation Army)'이 이 공격을 자행한 것으로 발표하였다. 2013년 설립되어 활동중인 ARSA 조직은 로힝야족의 인권 수호를 위해 투쟁하며, 미얀마 정권의 억압으로부터 로힝야족을 해방시킨다는 목적을 갖고 있으며, 미얀마 정부는 ARSA를 테러단체로 지정한 바 있다. 이 사건을 계기로 미얀마 정부는 2016년 10월부터 2017년 8월까지 미얀마의 서북쪽 라카인 주에 거주하는 무슬림 소수민족인 로힝야 주민들을 공격하고 학살하였다. 로힝야족 70만 명 이상이 이를 피해 방글라데시로 이주하였고, 나머지는 인도, 태국, 말레이시아 등지로 피난을 떠났다. 이 기간 로힝야족 학살로 인해 로힝야 무슬림 5만여 명 이상이 피살당하고 18,000여 명의 여성이 성폭행을 당한 것으로 알려졌다.[80] 국제사회는, 이 당시 미얀마 정부가 군부 정권이 아니라 아웅산 수치의 NLD 정권이었음에도 불구하고, 불교를 우선시하는 미얀마가 로힝야 무슬림 민족에 대해 민족말살의 반인권 범죄를 자행하였다고 비난하였다.

미얀마의 자국내 분쟁 상황은 매우 복잡한 갈등관계로 얽혀 있는데, 요약한다면, 첫째, 국내 정치적 갈등으로, 군부 쿠데타 정권에 저항하는 반정

---

80 Habib, Mohshin; Jubb, Christine; Ahmad, Salahuddin; Rahman, Masudur; Pallard, Henri (18 July 2018). Forced migration of Rohingya: the untold experience. Ontario International Development Agency, Canada.

부 세력이 대치하고 있고, 둘째, 지역별 갈등으로, 버마 민족의 집권으로부터 자치권을 확보하려는 카친, 카렌, 샨족 등, 각각의 소수민족 무장단체가 정부군과 대치하고 있으며, 셋째, 종교적 갈등으로, 무슬림 민족인 로힝야 주민을 수호하려는 무장단체와 대치하고 있다.

2. 반정부 무장단체

인민수호군(PDF, People's Defence Force)

미얀마 정부는 반정부 단체로서, 인민수호군(PDF, People's Defence Force)과 국민통합정부(NUG, National Unity Government of Myanmar)를 테러단체로 지정하였다.

PDF는 2021년 2월 1일 발생한 군부 쿠데타에 대응하기 위해, 국민통합정부(NUG) 주도로 창설된 무장조직으로, 젊은 층과 민주주의 지지 활동가들로 구성되었다. 국민통합정부(NUG)의 국방부는 PDF를 전국적으로 운영하기 위한 소위원회를 구성하였다. 태국에 사무실을 두고 있는 미얀마 언론사, 'The Irrawaddy'에 따르면, PDF의 조직원은 2022년 11월 현재 6만 5천여 명이며, 무장 조직원 외에 동조자를 포함하면 10만여 명에 이른다고 밝혔다. PDF 조직은 중앙집권형 통제가 아니라 게릴라 형식의 전술을 사용하고 있으며, 미얀마 군부 정권은 이 조직을 2021년 5월 8일 테러단체로 지정하였다(Deutsche Welle, 2021).

2021년 8월 14일, PDF는 양곤 기차역을 출발하여 이동중인 미얀마 경찰분대를 습격하여 5명을 살해하였으며, 같은 해 5월 23일, 샨 주의 주도인 뮤즈(Muse)에서 13명의 미얀마 보안군을 살해하였고 또 다른 도시인 모에비엘(Moebyel)에서는 미얀마 경찰 20명을 살해하였다. 2021년 5월 카렌 주에서도 PDF는 20명 이상의 미얀마 군부 소속 군인들을 살해하였고 초소를 방화하였으며, PDF의 일부 병력과 카렌족 민병대가 연합하여 카렌 민족수호군(KNDF, Karenni Nationalities Defence Force)을 결성하기도 하였다.

또한, PDF 조직은 카친 주 반군인 카친독립군대(KIA, Kachin Independence Army)와 연합하여 2021년 5월 말 카타(Katha)에 주둔하고 있는 미얀마 군부 정부군을 공격하였고 21명의 사상자를 발생시켰으며, 같은 해 6월에는 이 두 조직이 합동으로 정부군을 공격하여 44명 이상이 살해된 것으로 알려졌다.[81] 이어서 2023년 11월 3일, PDF 및 KIA 연합 조직은 미얀마 중북부 사가잉 지역(Sagaing Division)에 소재하는 도시 카우린(Kawlin)에서 정부군을 공격하여 4일 만에 결국 정부군이 항복하였고, 국민통합정부(NUG)가 지역행정부서를 장악하였다고 선포하였다.[82] 현재 PDF 조직은 미얀마 군부 정부와 대항해서 싸우고 있는 반군들과 협력하여 반정부 무장투쟁을 지속 전개하고 있으며, 카친(Kachin), 친(Chin), 샨 주(Shan State), 사가잉(Sagaing), 카렌(Karen), 몽 주(Mon State), 양곤을 포함하여 수도 네피도(Naypyitaw)까지 작전을 전개하고 있다.

카친독립군(KIA, Kachin Independence Army)

카친족(Kachin people)은 미얀마 북부 카친 주(Kachin state)에 거주하는 소수민족으로, 주로 카친 고원(Kachin Hills)에서 살아온 고산족(Hill tribe)이다. 미얀마 정부가 공식적으로 인정하는 소수민족이며 인구 150만 명 정도가 살고 있다. 제2차 세계대전 이후 영국의 통치가 끝나고 카친족은 1947년 지방

---

81 "Dozens of regime soldiers reportedly killed in clashes with PDFs in eastern Sagaing". Myanmar Now. 29 June 2021.

82 "Residents says the KIA and PDF took over the town of Kawlin". RFA Burmese. 6 November 2023.

행정에 대한 자치권과 버마 국민으로서 국가로부터 동등한 처우를 제공받기로 하는 '삥룽조약(Panglong Agreement)'에 서명하였다. 하지만, 당시 협정을 주도한 버마의 지도자 아웅 산(Aung San) 장군이 암살당하자, 미얀마 정부의 약속은 준수되지 않았고 카친족은 정부에 대해 배신감을 느끼게 되었다. 또한, 새로운 카친족 지도자들이 저명한 지역사회 지도자, 학생들의 지지를 받기 시작하면서 반대 의견이 커졌고, 이에 1960년 카친족 반체제 인사와 미얀마 정부군 출신의 전직 군인이 모여 카친독립기구(KIO, Kachin Independence Organization)를 설립하였으며, 이 조직의 군사조직으로 '카친독립군(KIA)'이 1961년 창설되었다. 카친족은 주변의 6개의 소수민족과 동맹을 맺고 있는데, 중국의 연안지역과 인도 북동지역, 미얀마 카친 주에 살고 있는 민족들을 포함한다. KIO는 카친족의 재원을 마련하기 위해 중국과 무역을 하고 있으며, 주로 카친주에서 생산되는 옥, 목재, 금 등을 중국에 판매하고, 이에 더하여 카친 자치지역의 주민에게 세금도 부과한다.[83]

미얀마 정부군과 카친독립군(KIA) 사이의 분쟁은 1960년대 초반부터 지속되었다가 1963년 평화회담이 개최되기도 하였지만, 실패로 돌아갔고 1964년 미얀마 정부군의 공격이 성공적으로 수행되어 당시 377명의 KIA 조직원이 살해되고 2천여 명이 항복하기도 하였다. 이후 1994년 휴전에 이르러, 천연 자원이 풍부한 카친족은 미얀마 정부와 옥, 티크, 고무 등을 거래하며 협력관계를 유지하기도 하였으나, 미얀마 정부가 카친 지역을 차지하고자 시도하면서 2017년 또다시 휴전이 파기되고 분쟁이 재개되었다. 2021년 미얀마 군부 쿠데타 이후 KIA는 미얀마 군부 정권을 인정하지 않고 저항을 강화하였고 최근 미얀마 군사기지 10곳을 점령하기도 하였다.[84] 최근 KIA는

---

83 Leithead, Alastair (22 February 2010). "Burma's Kachin army prepares for civil war". BBC.

84 "Fighting Continues Between KIA, Tatmadaw in Northern Myanmar". 17 April 2021. Archived from the original on 3 May 2021.

카친주 희토류 광산 지역인 팡와 지역을 장악하였는데, 이로 인해 미얀마의 대중국 희토류 수출이 감소하고, 미얀마 군부의 자금 조달에 영향을 미칠 것으로 예상된다.[85]

한편, UNODC가 발간한 'Myanmar Opium Survey 2018'에 따르면, KIA의 통제 하에 있는 지역에서 가장 높은 밀도의 양귀비 재배가 이루어졌다고 밝혀지면서, 카친독립군이 아편 및 헤로인 마약의 생산, 유통에 관여된 것으로 확인되었다.[86]

카렌민족연합(KNU, Karen National Union)

카렌족(Karen people) 또는 카인족(Kayin)으로 불린다. 카렌족은 미얀마 남부, 남동부의 카인 주(Kayin state)에 거주하는 고산족(Hill tribes) 소수민족이다. 미얀마 정부가 공식적으로 인정하는 소수민족이며 버마족, 샨족에 이어 세 번째로 큰 민족으로, 미얀마 전체 인구의 약 7%인 3백 37만여 명이 살고 있다. 1813년 미국인 선교사들이 카렌 고산 지역을 중점적으로 전도하고자 이 지역에 도착하였고, 1828년 5월 16일 최초의 카렌족 주민이 기독교도로 개종한 것으로 기록되어 있다.[87] 19세기에 발생한 세 차례의 영국-버마 전쟁 기간 중, 1830년부터 영국 감리교 선교사들이 미얀마에 기독교를 포교하기 시작하였고, 다수의 카렌족 주민들을 기독교도로 개종시켰다. 또한, 영국은 행정적으로도 분할통치(divide and rule)의 지배원리를 적용시켜 소수민족을 우대

---

85 '세계 4위' 미얀마 희토류 광산, 소수민족 무장단체가 장악, 2024.10.24. https://www.hani.co.kr/arti/international/asiapacific/1164191.html

86 UNODC, 'Myanmar Opium Survey 2018', p.3 4번째 문단

87 Jorgensen, Anders Baltzer (2010). "Foreword". In Marshall, Harry Ignatius (ed.). The Karen people of Burma: a study in anthropology and ethnology. [BiblioLife]. p. V–XI.

하면서 버마 민족을 견제하는 정책을 전개하였는데, 이 정책에 적극적으로 활용된 소수민족이 카렌족이었다. 이처럼 카렌족 기독교도들은 영국 식민지 당국으로부터 우대를 받았으며, 카렌족은 심지어 19세기 발생한 영국-버마 전쟁에서 영국편에 서서 영국군을 지원하였다.[88]

1881년 카렌족 기독교도 중심으로 미얀마 최초의 근대적 정당인 카렌민족협회(KNA, Karen National Association)를 설립하여 영국에 대해 카렌족의 이익을 대변하고자 하였으나, 카렌족 전체 인구의 다수가 불교도이며, 이들이 1939년 불교도 KNA를 별도로 조직하는 등 카렌족 전체를 통합할 수 있는 역량은 부족하였다. 1947년에 이르러 기독교 침례교도 및 불교도의 대표와, 카렌중앙조직(Karen Central Organization), 카렌청년조직(Karen Youth Organization) 등 다양한 조직의 대표들이 참석한 가운데 카렌민족연합(KNU, Karen National Union)이 새롭게 결성되었다. KNU는 분산된 카렌족의 정치적 활동을 통합하고자 하였고, 초대 의장으로 소바우지(Saw Ba U Gyi)를 선출하였다.

1947년 카렌민족연합(KNU)은 군사조직 카렌방위군(Karen National Defense Organization, KNDO)을 결성하여 영국으로부터 독립을 추진중인 버마 신생정부와 맞서 싸우기 위한 준비를 하였다. 1948년 영국으로부터 독립한 버마 정부는 영국-버마 전쟁 당시 영국편에 섰던 카렌족에 대해 적대감을 갖게 되었고, 1948년 카렌족과 버마족의 충돌사건이 발생하면서 버마 정부의 카렌족에 대한 탄압이 시작되었다. 카렌방위군(KNDO)에 이어 카렌민족해방군(KNLA, Karen National Liberation Army)이 KNU의 군사조직으로 창설되었고, 1960년대부터 미얀마 정부와의 분쟁은 지속되었다.

2015년 11월 미얀마 총선으로 NLD가 압승하기 이전인, 3월 말에 미얀

---

88 Aung-Thwin, Michael; Aung-Thwin, Maitrii (15 October 2013). A History of Myanmar since Ancient Times: Traditions and Transformations. Reaktion Books.

마 군부 정권의 마지막 대통령인 테인 세인(Thein Sein) 대통령은 소수민족 반군들(EAOs, Ethnic Armed Organisations)과 평화협정을 체결하고자 협상을 추진하였고, 2015년 10월 15일 전국적 휴전협정(Nationwide Ceasefire Agreement)을 체결하였다. 2016년부터 아웅산 수치의 문민정부가 미얀마를 통치하면서 소수민족 반군과의 관계는 평화를 유지하고 있었으나, 2021년 미얀마 군부의 쿠데타가 발생하면서 '타트마도(Tatmadaw, Grand Armed Forces)'로 알려진 미얀마 정부군은 샨족 자치군(RCSS, Restoration Council of Shan State)을 공격하면서 협정을 파기하였고, 카렌민족연합(KNU)도 이 협정에서 탈퇴한 후 미얀마 정부와 전투를 재개하였다.

KNU는 마약조직과 연계하여 메스암페타민, 야바, 헤로인 등 마약을 유통시키고 있으며, 그 수입의 일부가 KNLA 조직활동을 위한 자금으로 사용되고 있다고 보도되었다.[89] 또한, 2024년 4월 KNLA 조직은 카렌주 띵간닝나운 지역을 공격하여 미얀마 정부군의 군사전략기지를 점령하였고, 현지 미얀마 군인과 경찰 500명 이상이 항복한 것으로 알려졌다.[90]

샨주군(SSA, Shan State Army)

샨족(Shan people)은 미얀마 정부가 공식적으로 인정하는 가장 인구가 많은 소수민족으로, 미얀마 인구의 약 10%를 구성하며, 약 5백만 명의 인구가 주로 샨 주(Shan state)에 거주하고 있다.(CIA Factbook) 샨족은 샨주 외에도 미얀마 여러 도시에 거주하고 있으며, 중국, 라오스, 캄보디아, 태국, 베트남에도 민족 공동체가 존재한다. 샨족은 버마 정부로부터 독립하기 위해 수십년

---

89 아시아투데이, "태국, 미얀마 접경지대에 '마약 주의보'…국경 경계 강화", 2023.3.27.

90 오마이뉴스, "미얀마 카렌민족해방군 공격에 쿠데타군-가족 617명 항복", 2024.4.7.

간 무장투쟁을 전개해 왔는데, '샨주군 3지역부대(Shan State Army/Special Region3)'와 '샨주군 RCSS(Shan State Army/Restoration Council of Shan State)' 등 2개 무장 조직이 최근까지 활동하고 있다.

1947년 2월 버마의 아웅산 장군은 소수민족 반군들과의 뼁룽조약(Panglong Agreement)을 체결하면서 샨족, 카친족, 친족 등소수민족의 완전한 자치통치를 약속하였다. 1948년 버마가 독립하였고, 이 협정이 유지되어 왔으나, 1960년대 버마 군사정부는 이 약속을 준수하지 않았으며, 샨주군(SSA)은 샨족의 완전한 자치통치를 요구하며 반정부 무력투쟁에 나서게 되었다. 샨주의 영토는 방대한 편인데, 샨주군의 분파인 샨주진보당(Shan State Progress Party, SSPP)은 당시 쿠데타로 정권을 차지한 미얀마 정부인 '국가평화개발위원회(State Peace and Development Council, SPDC)'와의 협상으로 1989년 휴전을 체결하였고, 샨 주의 중북부 지역(Special Region 3)에 대한 자치권을 획득할 수 있었다. 하지만, 2015년부터 미얀마 정부군인 타트마도(Tatmadaw)는 SSPP의 자치통제 지역에 대하여 공격을 지속하였고, 이 공격으로 수천 명의 샨족 주민들이 난민이 되어 인도주의적 위기가 발생하기도 하였다.

샨 주의 샨족 자치제도를 이끄는 두 개의 조직은 샨주회복평의회(RCSS)와 샨주진보당(SSPP)으로, 양 조직 간 갈등이 고조되어 한 때 무력 충돌도 발생하였으나 현재 휴전을 유지하는 상태다. 요약하면, 샨 주의 무장조직인 샨주군(Shan State Army)은 2개의 조직으로 구분되는데, 하나는 샨주진보당(SSPP) 산하 조직으로 샨주군 3지역부대(Shan State Army/Special Region3)가 있으며, 다른 하나는, 샨주회복평의회(RCSS) 산하 조직으로 샨주군 RCSS가 활동하고 있다.

한편, 샨 주에서는 아편, 헤로인, 메스암페타민 등의 마약이 생산되고 유통되며, 샨 주의 몽톤(Mong Ton)지역에서는 여전히 아편이 생산되는 것으로 알려져 있다. 2023년 샨 주의 아편 생산량은 미얀마 전체의 88%를 차지하며, 같은 해 미얀마의 헤로인 해외 유통량은 150톤 이상이므로, 샨 주에서

생산되는 헤로인은 연간 120톤 이상인 것으로 추산된다.[91]

와주 연합군(United Wa State Army)

와주 연합군(UWSA)은 샨 주의 동쪽에 소재하는 와 주(Wa State)를 자치통치하는 연합와주정당(UWSP, United Wa State Party) 산하 군사조직이다. UWSA는 2만~3만 명의 병력으로 조직되어 있는데, 2009년 2월 1일 와 주의 영토를 '와주정부특별자치지역(Wa State Government Special Administrative Region)'으로 선포하였고, 자치지역의 수반인 대통령과 부통령을 임명하였다. 미얀마 정부는 와 주 정부의 자치통제는 허용하면서 주권은 인정하지 않는다는 입장을 취하고 있다.

1989년 4월 와족의 군사들이 버마공산당에서 이탈하면서, 1948년부터 시작된 오랜 기간의 버마공산화 투쟁은 종식되었다. 1989년 5월 9일 미얀마 정부와 와주 연합군(UWSA)은 휴전협정을 맺고 공식적으로 분쟁을 종식시켰다. 동시에, 연합 와주 정당(UWSP)이 버마민족연합당과 비(非)공산권 와민족평의회 등을 통합하여 구성되었고, 같은 해 와주 연합군(UWSA)이 창설되었다. 이어, 미얀마 정부는 2013년에 UWSA와 평화조약을 체결하였는데, 미얀마 정부로서는 강력한 소수민족의 무장세력을 효율적으로 통제한 사례로 볼 수 있다. 와주 연합군(UWSA)은 미얀마의 다른 소수민족과 달리, 와족의 독립국가를 설립하겠다는 목적은 표출하지 않으며, 와족의 자치권을 온전히 유지하겠다는 입장이다.[92]

와주 연합군(UWSA)은 중국으로부터 무기를 무상으로 지원받거나 구매

---

91 Deutsche Welle, Myanmar's civil war drives up drug production, 2024.5.6.

92 Ong, Andrew (2023). Stalemate: Autonomy and Insurgency on the China-Myanmar Border. Cornell University Press.

하고 있는데, 실제 중국은 미얀마 정부에 대한 지원보다 UWSA에 대한 지원이 더 큰 것으로 알려져 있다.[93] 미얀마 정부의 군대인 타트마도(Tatmadaw, Myanmar Armed Forces)는 와 연합군(UWSA)과 우호적 관계를 유지하고 있으며, 접경하고 있는 샨 주의 샨주군에 대항해서 싸울 때, 와 연합군과 합동작전을 전개하기도 한다.[94] 2023년 11월, 와주 연합군(UWSA)은 중립지역임을 선포하고, 미얀마 내전에서 비롯된 분쟁에서 어느 편에도 서지 않으며, 미얀마 정부군 또는 반군이 와 주를 침공하면 무력을 사용할 것이라고 선언하였다.[95]

3. 종교적·민족적 테러단체

아라칸 로힝야구세군(ARSA, Arakan Rohingya Salvation Army)

로힝야족은 미얀마 서부의 라카인 주(Rakhine state)에 거주하며 이슬람교를 믿는 무국적 민족집단이다. 로힝야족은 현재 미얀마 라카인 주에 60만 명 정도 거주하며, 방글라데시에 130만 명, 파키스탄 50만 명, 사우디아라비아 19만 명, 말레이시아 15만 명 등 총 2백만 명 정도의 인구가 존재한다.[96] 로힝야(Rohingya)의 어원은 과거 아라칸(Arakan, 現 라카인) 지역을 무슬림들이 지

93 "UCDP Conflict Encyclopedia, Myanmar (Burma)". Archived from the original on 2 January 2014.

94 "The United Wa State Army's uncertain future". PROJECT AK-47. Strategic Forecasting Inc. 22 July 2013.

95 "Myanmar's Wa Army Vows Neutrality in Fight Between Regime, Ethnic Alliance". The Irrawaddy. 1 November 2023.

96 Mathieson, David (2009). Perilous Plight: Burma's Rohingya take to the seas. Human Rights Watch. p. 3

칭하였던 '로항(Rohang)'이라는 이름을 따서, "로항의 주민"이라는 의미이다.[97] 로힝야족은 자신들이 영국 식민지 시대 이전의 아라칸 지역에 거주하였던 사람들의 후손으로서, 천 년 이상의 유산을 가지고 있는 미얀마 서부 토착민이라고 주장한다. 하지만, 미얀마 정부는 로힝야족을 영국 식민지 시기에 방글라데시에서 이주해 온 방글라데시 출신의 불법 이민자로 간주한다. 또한, 1982년 미얀마 국적법(1982 Myanmar nationality law)이 제정되었을 때, 로힝야족은 미얀마가 공식적으로 지정한 135개 민족에 포함되지 않아, 아라칸 지역에 거주하는 무국적자가 되었다. 이로써, 이동, 교육, 직업 등에 대한 제한도 받고 있으며, 라카인 주에서 다수를 차지하고 있는 불교도와 무슬림 로힝야족 간 갈등도 지속되고 있다.

로힝야족은 1940년대부터 분리주의 운동을 추진하였는데, 당시 로힝야족은 아라칸 지역을 이슬람 기반의 동파키스탄(現 방글라데시)으로 합병하고자 하였다. 이후 1962년에 쿠데타로 집권한 버마의 네 윈(Ne Win) 정권이 로힝야족의 시민권을 박탈하는 정책을 시행하는 등 적대적인 태도를 취하였고, 이에 대응하여 1964년 로힝야 독립전선(Rohingya Independence Front, RIF)이 설립되었으며, 이후 로힝야 독립군(Rohingya Independence Army, RIA), 로힝야 애국전선(Rohingya Patriotic Front, RPF) 순으로 명칭을 변경하면서 조직이 이어졌다. 1978년 미얀마 정부군인 타트마도(Tatmadaw)는 나가민 작전(Operation Nagamin)을 통해 RPF 조직을 아라칸(라카인 주)에서 추방하고자 하였고, 이때 수십만 명의 로힝야족이 방글라데시로 피난을 가게 되었다. 당시 방글라데시의 지아우르 라만(Ziaur Rahman) 대통령은 로힝야족 난민을 미얀마로 송환하지 않을 경우 이들에게 무기와 훈련을 제공하겠다고 위협하였고, 이에 네 윈은 유엔난민기구의 감독 하에 미얀마로의 송환을 합의하면서 로힝야족의

---

97 "Rohingya etymology at Oxford Dictionary". Oxford University Press. Retrieved 11 February 2015.

미얀마 거주를 수용하였다.

나가민 작전을 계기로 일부 RPF 급진주의자들은 이탈하여 1982년 로힝야 연대조직(Rohingya Solidarity Organization, RSO)을 결성하였고, 로힝야 무장단체 중 가장 영향력 있고 극단적인 분파가 되었다. RSO 군사 확장으로 인해 1990년대에 이르러 미얀마 정부는 이들을 축출하기 위한 대규모 반격을 시작하였고, 이때 25만 명 이상의 로힝야족이 라카인 주에서 축출되기도 하였다. 1998년 RSO는 아라칸 로힝야 이슬람 전선(ARIF, Arakan Rohingya Islamic Front)과 합병하여 아라칸 로힝야 민족 기구(ARNO, Arakan Rohingya National Organization)를 결성하고, ARNO의 무장단체 로힝야족 국민군(RNA, Rohingya National Army)도 창설하였다. RSO는 2021년 민 아웅 흘라잉(Min Aung Hlaing)이 쿠데타로 미얀마 군사 정권을 장악하고 타트마도의 사령관으로 복귀한 이후, 무장을 강화하였다.

'아라칸 로힝야구세군(ARSA)'은 라카인 주 북쪽 도시를 거점으로 활동하는 로힝야(Rohingya) 무슬림 무장세력이다. 미얀마 정부의 반테러중앙위원회는 자국의 대테러법에 의거하여 2017년 8월 25일 ARSA를 테러단체로 지정하였다. 2020년 유엔 정기총회에서 미얀마 대표는 가장 우려되는 테러조직으로 아라칸 로힝야구세군(ARSA)을 지정하여 발표하였다. ARSA 조직이 라카인 주의 특정 거점 없이 게릴라식으로 정부군을 공격하고 있으며, 외국인테러전투원(FTF)으로 알-카이다, IS 등의 테러조직원과 연계되어 있다고 주장하였다.[98] 그러나 이 주장에는 2017년 로힝야 학살의 주범인 미얀마 정부군이 사건의 발단을 ARSA라는 민족적, 종교적 무장단체에게 전가하면서 국제테러조직이라는 의미를 부각시키려는 의도가 엿보이기도 한다.

---

98 Statement by Ambassador Hau Do Suan, Permanent Representative of Myanmar to the United Nations on Agenda Item 109"Measure to Eliminate International Terrorism" at the Sixth Committee of the 74rd Session of the United Nations General Assembly

아라칸 로힝야 구세군(ARSA) 대변인에 따르면, 2012년 라카인 주 폭동의 영향으로 2013년에 ARSA 조직이 결성되었다고 발표하였다. 초기의 이 조직은 죽창(bamboo sticks)으로 무장하고 로힝야족이 마을에서 안전하게 이슬람교를 믿도록 치안을 유지하는 정도의 역할을 맡았으나, 점차 여러 로힝야 마을에서 조직원을 모집하면서 세력을 확장시켰고, 방글라데시 국경지역에서 훈련캠프를 운영하기도 하였다. 2016년 10월, ARSA 조직은 방글라데시와 미얀마 국경 지역에 배치된 미얀마 군사시설을 공격하였고, 13명의 군경을 살해하는 사건을 발생시켰다. 미얀마 정부군 타트마도(Tatmadaw)는 반격을 가하여 2016년 11월 15일 69명의 ARSA 조직원을 살해하였고, 라카인 주에서 ARSA와의 전쟁이 시작되었다.

2017년 6월 22일, 미얀마 정부군은 ARSA 거점을 공격하여 조직원 2명을 살해하고 거점을 장악하였으나, ARSA는 게릴라식으로 반격하면서 미얀마 정부군의 초소를 공격하였다. 미얀마 정부군에 따르면, ARSA는 미얀마 정부에 협력하였다는 이유로 힌두교도와 무슬림들을 살해하였는데, 2017년 8월, 벵갈 힌두교도 99명을 집단 학살하였고,[99] 이후에도 여러 차례 힌두교도를 공격한 것으로 알려졌다.

미얀마 정부군의 로힝야 집단학살 사건은 2016년 10월 ARSA의 국경 초소 급습사건 이후부터 시작되었다. 언론 매체에 따르면 2016년 10월까지 수백명의 로힝야족이 피살되었고 다수의 로힝야족이 방글라데시로 피난을 떠났다.[100] 같은 해 11월, 미얀마 군부는 무장 헬리콥터를 동원하여 로힝야 마을 주민에 대해 총기를 난사하였으며, 언론과 인권단체의 진입을 차단함

---

99 Heidler, Scott (29 September 2017). "Fear as Myanmar violence hits Bengali Hindus". Al Jazeera. Al Jazeera Media Network.

100 Holmes, Oliver (24 November 2016). "Myanmar seeking ethnic cleansing, says UN official as Rohingya flee persecution". The Guardian.

으로써 민간인 사상자를 집계할 수 없도록 하였다. 2017년 2월 3일 유엔 인권최고대표사무소(OHCHR)에 따르면, 미얀마 정부군은 로힝야족에 대해 집단살해, 강간, 아동살해 등을 자행했으며, 집과 학교, 상점, 모스크 등을 포함하여 마을 전체를 불태웠다고 발표하였다. 2018년 8월, 연구보고서에 따르면, 2017년 8월 25일부터 1년 동안, 2만 4천 명 이상의 로힝야족이 미얀마 군부 및 불교도에 의해 살해되었고, 1만 8천 명 이상의 부녀자들이 강간당하였으며, 3만 6천 명 이상이 불속에 던져진 것으로 발표되었다.[101]

아라칸 로힝야 구세군(ARSA) 조직원은 방글라데시의 로힝야 난민캠프에서도 살인, 납치 등의 범죄를 자행하는 것으로 알려졌으며, ARSA를 반대하는 로힝야족의 지도자 모하메드 울라(Mohammed Mohib Ullah)가 2021년 9월 피살된 사건의 배후에도 ARSA가 있는 것으로 알려졌다. ARSA 조직은 방글라데시와 접경한 미얀마 라카인 주 주도인 마웅다우(Maungdaw)에 거점을 두고 활동 중이며, 로힝야족을 대변하는 또 다른 조직인 로힝야 연대조직(RSO)과 적대관계로, 충돌을 일으켜 전투를 벌이기도 한다.

한편 2024년부터 ARSA는 미얀마 정부군인 타트마도(Tatmadaw)와 협력관계를 유지하기도 하였는데, 로힝야족이 거주하는 지역에서 무슬림 주민들을 공격하는 불교도 무장조직 아라칸군(Arakan Army)에 대응하기 위해 미얀마 정부군이 ARSA를 지원하게 되었다.

---

101 Habib, Mohshin; Jubb, Christine; Ahmad, Salahuddin; Rahman, Masudur; Pallard, Henri (18 July 2018). Forced migration of Rohingya: the untold experience. Ontario International Development Agency, Canada./ "Dutch House of Representatives adopts motion for probe on Rohingya genocide". The Daily Star. 5 July 2019.

아라칸군(AA, Arakan Army)

아라칸군(AA, Arakan Army)은 아라칸 연합동맹(ULA, United League of Arakan)이라는 기구의 군사조직으로, 아라칸으로 불리는 라카인 주(Rakhine State)에 기반을 두고 활동한다. 현재 ULA 기구는 카친 주(Kachin State) 라이자(Laiza)에 임시정부를 두고 있다. 아라칸군(AA)은 2009년 4월에 창설되었으며, 테라바다 불교(Theravada Buddhism)를 믿는 불교도가 주류로 구성되어 있다. 아라칸군(AA)이 운영하는 홍보매체에 따르면, 무장혁명의 목적은 미얀마 정부로부터 아라칸 민족의 자치권, 민족평등권, 정의와 자유를 수호하기 위한 것이라고 주장한다.[102] 미얀마 정부는 2020년 이 조직을 테러조직으로 지정하였다가 해제한 바 있고, 2024년 재차 테러조직으로 지정하였다.

아라칸군(AA)은 불교도가 주류로 구성되어 있으나, 아라칸에 살고있는 여러 민족들이 통합하여 아라칸 민족의 이름으로 미얀마 정부에 맞서자는 주장을 하고 있으며, 이로 인해 이 지역에 거주하는 로힝야족 주민을 아라칸군에 편입하도록 강요하기도 한다. 한편, 미얀마 군부는 로힝야족이 아라칸군(AA)과 싸우도록 종용하면서, 로힝야족을 전투의 총알받이 역할로 이용한다는 비난을 받기도 한다.[103] 다수의 아라칸군(AA)은 카친독립군(KIA) 군사훈련소에서 훈련을 받고있으나, 2014년부터 라카인 주에 자체 훈련캠프를 설치하고 운영중이다. 2021년 12월 아라칸군과의 인터뷰에 따르면, 아라칸군은 3만 명 정도의 병력을 유지하고 있는 것으로 알려졌다. 아라칸군(AA)은 와주 연합군(UWSA)과도 동맹을 맺고 있는 것으로 알려졌는데, 2020년 인도의 주장에 따르면, 중국 정부가 아라칸군과 와주연합군에게 무기를 공급하

102 Arakan Army 홈페이지, https://www.arakanarmy.net/about-us

103 Uddin, Nasir. "The fate of the Rohingya may be in the Arakan Army's hands". Al Jazeera. Retrieved 8 September 2024.

고 인도 영토에서 은신처를 제공하고 있다고 밝혔다.[104]

아라칸군(AA)은 2015년부터 미얀마 정부군과 교전하기 시작하였는데, 라카인 주 지역뿐만 아니라 친 주(Chin State)에서도 전투가 발생하였다. 5년간의 전투가 지속된 후 2020년 11월에 아라칸군과 미얀마 정부 간 휴전을 체결하였다. 이 기간 동안 아라칸군은 전염병(COVID-19) 백신을 라카인 주 북부에 제공할 수 있도록 정부군과 협력하였다. 2021년 미얀마 군사 쿠데타 이후 미얀마 군부정권은 아라칸군에 대한 테러단체 지정을 철회하였다. 그러나 양측의 교전은 지속되었고 휴전은 파기되었다. 미얀마 군부에 맞서는 반정부 단체인 국가연합정부(NUG)가 소수민족 무장단체와 동맹관계를 맺으며 세력을 확대하는 데 편승하여 아라칸군(AA)도 라카인 남부로 세력을 확장하기 시작했기 때문이다. 라카인 주 북부와 친 주 서부지역에서 아라칸군과 미얀마 군부와의 교전은 치열하게 전개되었다. 이 전투를 통해서 아라칸군은 반정부 세력인 NUG와의 동맹이 공고해졌고, 이에 반해 미얀마 정부군은 심각하게 사기가 저하되었다. 아라칸군의 왕성한 무장투쟁이 가능한 것은 중국으로부터 무기지원을 받는 와주 연합군(UWSA)과의 동맹관계에서 기인된다고 분석할 수 있다.

요약해 보면, 아라칸군(AA) 조직은 다수가 불교도로 구성된 종교적 기반의 단체이나, 투쟁의 목적을 미얀마 정부의 억압에 맞서 아라칸 민족의 땅을 수호하고 민족의 자치권을 확보하겠다는 정치적 성향을 보이고 있다.

---

104 Ranjan Sen, Sudhi (7 December 2020). "India Accuses China of Helping Rebel Groups on Myanmar Border". Bloomberg.com.

제3부

—

한국의 테러위협과 대응전략

테러 위협은 시대의 변화에 따라, 그리고 동시대에 나타나는 상황의 변화에 따라 달라진다. 우리나라의 경우 2016년 3월 3일 '국민보호와 공공안전을 위한 테러방지법(약칭: 테러방지법)'을 제정하였으며, 이 법에 명시된 테러의 정의에 따라 테러사건과 그 외의 사건으로 구분할 수 있다. 이 법 제2조에서 "테러란 국가·지방자치단체 또는 외국 정부(외국 지방자치단체와 조약 또는 그 밖의 국제적인 협약에 따라 설립된 국제기구를 포함한다)의 권한행사를 방해하거나 의무 없는 일을 하게 할 목적 또는 공중을 협박할 목적으로 하는 다음 각 목의 행위를 말한다."라고 테러의 정의를 설명하였다. 우리나라의 테러위협을 이 정의에 적용시켜 도출해 보면, 첫 번째로 북한의 테러위협을 꼽을 수 있다. 북한은 우리나라의 국가기관 및 지방자치단체, 그리고 우리나라 국민에 대해 협박할 목적으로 도발을 자행하고 있다. 국제적으로는 유엔헌장을 위반하면서 국제평화에 위해로운 핵개발과 미사일개발을 지속하고 있으며, 유엔안보리 제재를 받으면서도 불법적으로 핵실험과 미사일 발사 실험을 지속하고 있다. 남북관계 차원에서는 1968년 1월 대한민국 대통령을 암살하겠다는 목적으로 청와대를 향해 북한 암살조원들이 남하하여 기습 기도한 사건을 비롯하여, 2010년 3월 천안함에 어뢰를 발사하여 폭침시킨 사건이 발생하였고, 같은 해 11월에는 대한민국 국민이 살고 있는 연평도를 향해 포격을 가하기도 하였다. 두번째로 고려되는 테러위협은 우리나라에 체류하고 있는 외국인 중에서도 외국인테러전투원(FTF)에 해당되는 외국인들이 국내에 잠행하고 있다는 점이다. 따라서, 본 장에서는 북한의 테러위협 사례와 특징을 분석해 보고, 이어 외국인테러전투원(FTF)에 대한 유엔 차원의 개념과 대응 전략을 설명하고, 마지막으로 국내 체류 외국인에 의한 테러위협을 고찰해 보겠다.

제1장

북한의 테러 연계 불법 활동과 한국에 대한 위협성 평가

1. 북한의 테러 위협 사례와 특징

(1) 북한의 대남(對南) 테러 도발 배경

북한은 정권의 창출자인 김일성에 의해 남조선혁명과 조국통일론의 기본구도로 "3대 혁명역량을 강화하여 남조선혁명을 이룩하고, 조국을 통일시켜, 한반도에서의 사회주의를 건설한다."는 혁명 이론이 제기되었으며, 이러한 대남혁명의 기본 목적은 김정일에 이어 김정은 정권에서도 지속 유지되고 있다. 비록 2010년 9월 28일 제3차 당 대표자회에서 개정된 당 규약 전문에서 과거와 달리 '공산주의'라는 용어가 모두 빠졌다 하더라도 막스-레닌주의의 공산주의 혁명 원칙을 결코 포기하지 않은 것으로 볼 수 있다. 즉, 개정된 노동당 규약의 전문에서 당면 목적이 '사회주의 완전한 승리'에서 '사회주의 강성대국'으로 변경되고, 최종 목적도 '공산주의 사회 건설'을 삭제하고 '인민대중의 자주성을 완전히 실현'하는 것으로 변경되기는 했지만 대남전략의 최종 목적은 과거와 다를 것이 없다고 봐야 할 것이다.[1] 김정일 사망 후 김정은 정권하에서 2012년 4월 11일 개최된 당대표자 회의에서 개정한 노동당 규약을 보면, "공화국 북반부에서 사회주의 강성국가를 건설하며, 전국적 범위에서 민족해방, 민주주의 혁명의 과업을 수행하는 데 있으며, 최종 목적은 온 사회를 김일성-김정일주의화하여 인민대중의 자주성을 완전히 실현하는 데 있다"[2]고 명시하면서 대남혁명의 목적은 여전히 대남 적화혁명임을 분명하게 의미하였다.

한편, 북한의 대남적화혁명 목표달성을 위한 실천적 행동차원인 대남혁명전술은 "지하당 구축전술, 통일전선전술, 대중투쟁전술, 적군 와해 사업" 등 4가지 전술로 구분된다.[3] 지하당 구축전술은 한국에 북한 '조선노동당'의 전위대 역할을 수행하는 조직을 구축하는 것이고, 통일전선전술은 북한 노동당이 자신의 세력만으로는 약세인 상황에서 필요한 동조세력을 얻어 동맹관계를 형성한 후 목표 달성시 다른 동조세력을 제거하는 수법이다. 대중 투쟁전술은 노동자와 민중을 동원하여 경제적인 투쟁을 전개시키고 파업, 시위, 폭동, 무장봉기 등의 폭력적 방법을 동원하는 것이며, "적군 와해 사업"은 우리의 국군을 와해시키고 북한군으로 전환시킨다는 전술이다.

북한의 3대 세습 정권은 위와 같은 혁명적 이론과 전략전술을 바탕으로 궁극적으로는 한국에 대해 정치적, 사회적, 군사적 혼란을 야기하고 폭력과 무력으로 대남적화를 성취한다는 기본적인 목표를 유지하고 있으며, 이러한 전술을 전개하는 과정에서 다양한 방법의 테러와 도발을 자행하고 있다. 즉, 북한의 대남 테러 도발은 일시적인 정치적 행태가 아니며, 북한의 기본 대남 전략전술이 성취되기 위해 지속되어야 하는 폭력적 과정으로, 이를 바탕으

---

1 이윤식, 북한의 대남전략전술, 2011

2 이윤규, "북한의 도발사례 분석", 軍史第91號(2014.6), p.67; 북한 노동신문, 2012.4.12字

3 『북한총람: 1983-1993』, 북한연구소, 1993, pp. 942~944

로 북한의 대남 테러의 의미는 자체적으로 정당화되는 셈이다.

(2) 북한 테러 사례 분석

가. 물리적 테러 도발

북한이 한국에 대해 물리적, 군사적 테러를 도발한 사례는 1968년 1월 김신조를 포함한 북한 124 군부대 31명이 남파되어 청와대를 기습하려다 실패한 사건부터 시작된다. 간첩 및 무장공비의 남파 침투, 서해와 군사분계선의 군사적 도발, 핵무기 실험 및 미사일 발사 등 군사적 위협의 행태도 빈번히 발생되었으나, 북한의 도발 사건 중 암살, 폭파 등 전형적으로 테러의 형태에 가까운 사례를 열거한다면 다음과 같다.

먼저, 요인 암살을 목적으로 북한 테러가 실시된 사건으로는, 청와대 기습 미수 사건(1968), 박정희 대통령 저격 미수, 영부인 피살(1974년), 러시아 블라디보스톡 최덕근 영사 암살(1996), 귀순자 이한영(김정일 처 성혜림의 조카) 암살(1997), 귀순자 황장엽 암살조 남파(2010), 탈북민 박상학(북한인권운동가) 암살 미수(2011), 조선족 한충렬 목사 암살(2016), 김정남(김정은 이복 형) 화학물질 이용 암살(2017) 등의 사례를 꼽을 수 있다. 최덕근 영사 피살 사건은 국가정보원 소속 해외정보관으로 파견된 최영사가 당시 러시아 블라디보스톡에서 북한의 마약 및 위조지폐 관련 정보를 수집하던 중 희생당한 사건으로, 비록 현지 수사기관은 미제 사건으로 종결하였으나, 부검결과 사체에서 독침의 독극물 흔적이 발견됨에 따라 우리 당국은 북한 암살조가 개입된 것으로 추정하고 있다.[4]

4 연합뉴스, "故최덕근 영사 피살 20년…'러시아 사건 수사 여전히 오리무중'" (2016.9.30.보도)

폭발물에 의한 테러 사례로는 국립묘지 현충문 폭파(1970), 버마(미얀마) 아웅산 묘소 참배 한국 대통령 일행 대상 폭파(1983), 대한항공 858기 공중 폭파(1987), 해군 제2함대 소속 천안함 어뢰폭침(2010), 북한 제4군단에 의한 연평도 포격(2010) 등을 대표적 사건으로 꼽을 수 있다. 1983년 미얀마에서 발생한 폭발물 테러 사건은 북한 공작원 강민철(본명 강영철), 김진수 등 3명이 당시 전두환 대통령 일행의 아웅산 묘소 참배 행사에 맞추어 실행한 것으로, 우리 정부 인사 17명이 현장에서 사망하였다.[5] 또한, 2010년 3월 백령도 서남방 해상에서 폭침되어 장병 46명이 희생된 천안함 사건은 국내외 합동 조사단의 조사결과 북한의 어뢰공격에 의한 테러 사건으로 밝혀졌다.

〈표-4〉 북한의 대남 테러 도발 일지[6]

1968.1.21	북한 124 군부대 31명, 청와대 기습 미수
1968.10.30	북한 무장공비 120명, 울진 삼척에 침투
1970.6.22	국립묘지 현충문 폭발물 설치 중 조작미숙으로 폭발
1974.8.15	재일 조총련계 문세광, 국립극장에서 대통령 저격 암살 미수, 영부인 피살
1976.8.18	핀문점 도끼 만행 사건 발생
1978.1/7월	영화배우 최은희, 영화감독 신상옥 납치
1983.10	버마(미얀마) 아웅산 묘소 폭파 - 부총리, 외무장관 등 17명 사망
1983.12.3	북한 간첩선 다대포 해안 침투 중 격침
1986.9.14	김포공항 1층 입국장 폭파
1987.11.29	대한항공 858기 폭파사건 발생, 탑승객 115명 사망
1989.1.28	제37 태양호 및 제38 태양호 선박 서해 백령도에서 피랍

5 라종일, 2013, 『아웅산 테러리스트 강민철』, p.76

6 아래 출처를 참고하여 최근의 사례를 추가하였다.
출처: 김선일, 2013, "북한의 대남 테러리즘에 관한 고찰", 군사연구 제133집, 〈표2〉 북한의 대남 테러리즘 주요사례, p.290

1990.3.3	제4땅굴 강원도 양구에서 발견
1996.9.16	북한 정찰국 소속 상어급 잠수함, 강릉 대포동 해안 침투
1996.10.1	러시아 블라디보스톡 총영사관 최덕근 영사 피살
1997.2.15	귀순자 이한영(김정일 처 성혜림의 조카) 피살
1998.6.21	노동당 소속 유고급 잠수정, 강원도 양양 수산리 해안 침투
1999.6.15	북한 경비정 NLL 침범, 제1연평해전 도발
2000.1	김동식 목사 실종 (납치)
2002.6.29	북한 경비정 NLL 침범, 제2연평해전 도발
2008.7.11	금강산 관광객(박왕자) 피격 사망
2009.11.10	대청해전
2010.3.26	백령도 서남방 해상에서 북한 어뢰공격으로 해군 제2함대 소속 천안함 폭침
2010.4.8	황장엽 암살조 남파
2011.8	김창환 선교사 암살, 강호빈 목사 피습
2011.9	탈북민 박상학(북한인권운동가) 암살 미수
2010.11.23	북한 제4군단 해안포 및 방사포, 연평도에 포격
2014.10/12월	김국기, 최춘길 유인 납치
2016.4	조선족 한충렬 목사 암살
2017.2.13	김정남(김정은의 이복 형) 말레이시아 공항에서 화학물질 이용 암살

나. 사이버 테러 도발

북한의 사이버공격은 사이버테러와 사이버범죄 등 2가지 유형으로 구분된다. 금전적 이익을 목적으로 하는 사이버범죄와 달리 사이버테러는 대상목표를 무력화 시키는 행위다. 북한의 사이버공격은 동일한 해커 집단이 필요에 따라 테러와 범죄를 동시에 또는 선택적으로 사용하고 있어, 그 범죄성의 구분을 동기적 차원에서 사전에 구분하기는 어려운 실정이다. 2003년 1월부터 북한이 자행한 대표적 사이버공격은 20여 건이며 그 중 2011년 8월 적발된 북한의 '오토프로그램' 개발 및 유포 사건과 2012년 6월 적발된 북한의 악성코드 게임프로그램 유포 등 2건은 금전적 이득을 목적으로 자행된 전형적인 사이버범죄로 구분된다.[7] 한편, 북한의 해커들은 본부의 지령에 따라 테러형으로 전환하여 대상 국가 및 기관에 타격을 가하는 형태를 취한다. 이들은 북한에서 양성되어 주로 중국과 동남아 국가를 거점으로 배치되어 활동 중이다.

〈표-5〉 북한의 대남 사이버 공격 및 적발 사례[8]

2009.7.7	청와대, 백악관 등 한미 35개 주요 사이트에 접속 장애 발생. 2009.10.29. 국가정보원은 사이버공격의 진원지가 북한 IP라고 확인
2011.3.4	청와대, 국가정보원, 금융기관 등 40개 사이트가 마비. 북한의 사이버 공격으로 추정
2011.4.12	농협 금융기관 전산망에 대해 DDoS 공격
2011.8	북한 해커 30여 명, 국내 불법게임업자와 연계하여 리니지게임 불법 자동동작 프로그램인, '오토프로그램'을 개발, 국내 게임업자에게 판매
2012.4.28	인천공항, 김포공항 GPS 교란 해킹
2012.6.9	중앙일보 전산망 마비, 신문제작 시스템 데이터 삭제 APT 공격
2012.6	북한 정찰총국에서 악성 코드를 한국 컴퓨터게임 사이트에 유포, 외화벌이 추진
2013.3	국내 주요 방송사와 금융회사 전산망이 악성코드에 감염되어 총 32,000여 대의 컴퓨터가 마비됨. 당국 조사결과 북한 해커의 악성코드 발견
2013.6.25	청와대와 국무조정실 홈페이지가 해킹당하는 사건이 발생, 사이버 공격을 역추적한 결과 북한 내부 IP 발견
2013.10	인천지방검찰청, 북한 해커와 연계된 불법 게임 개발 내국인 브로커 구속 기소, 브로커는 북한 해커에게 미화 5,500달러 송금
2014.4	캄보디아 경찰은 수도 프놈펜에 있는 북한 안가를 급습하여 도박사이트를 운영하는 불법 프로그램 개발 조직을 적발, 북한인 15명 체포
2015.12	북한은 김정은 암살 소재 영화 '인터뷰'를 제작한 '소니픽처스'사를 타깃으로 해킹, 미국은 이에 대해 비례적(proportional) 대응공격 실시

7 정민경, 임종인, 권헌영. 2016, "북한의 사이버 공격과 대응방안에 관한 연구", 『한국 IT서비스 학회지』, pp.67-79

8 출처: 함중영, 2017, "北韓의 국제조직범죄 활동과 대응방안 연구": 〈표 3-7〉 북한의 사이버범죄 관련 사례, 한국외국어대학교 대학원, pp.127-128

다. 북한 테러의 특징

북한이 자행한 테러 도발은 위 사례에서 보듯이 북한 정권이라는 국가 차원의 테러행위이며, 주로 한국을 대상으로 국가기관과 중요시설, 군사시설 및 장비, 한국 국적의 중요 요인 및 귀순자들을 대상으로 전개되었다. 이러한 특징은 북한의 대남혁명 이론과 대남적화통일 전술이 기본적 목표로 설정된데 기인한 것으로 이해할 수 있다. 또한, 북한의 대남 테러는 일시적인 현상이 아니라 궁극적으로 대남 적화를 실현시켜야 한다는 혁명적 목표를 달성하기 위해 지속적으로 전개되고 있다. 이러한 주장과 논리는 밖으로는 국제적 비난과 제재에 맞서 한반도의 적화통일이라는 목적을 달성해야 한다는 정당성을 내세우기 위함이고, 안으로는 정치적, 경제적, 사회적 빈곤에 의한 주민들의 불만을 잠재우고, 체제 결속을 강화하기 위하여 긴장감을 제고시키려는 의도로 분석된다.

한편, 북한은 국제사회의 반(反)테러 정책에 대해 표면상 동참하는 태도를 취하면서, 대남 테러행위에 대해서는 전면 부인하는 전술을 사용하고 있다. 북한은 2010년 3월 16일 유엔 안전보장이사회 '대테러위원회(Counter-Terrorism Committee)' 위원장에게 제출한 "대테러 활동 관련 결의안 제1624호(2005년 채택)에 대한 서한"에서, "안보리의 대테러 결의안에 부응하여 국제법을 준수하고, 테러범 입국차단을 위한 국경관리를 강화하며, 평화와 우호를 바탕으로 분쟁발생을 예방하기 위한 대화를 증진한다."고 명시하였다.[9] 이로부터 10일 후인 2010년 3월 26일 북한 어뢰에 의한 '천안함' 폭침사건이 발생하였다. 북한 어뢰에 의해 폭침된 천안함 사건임을 밝히는 국제조사단의 객

---

9 UN Security Council, 2010.3.17., "Letter dated 10 March 2010 from the Permanent Representative of the Democratic People's Republic of Korea to the United Nations addressed to the Chairman of the Counter-Terrorism Committee" (signed by Sin Son-Ho)

관적 조사결과와 증거제시에도 불구하고 북한은 부인으로 일관하며, "남북한이 공동으로 조사하자"고 주장하면서 도발 행위를 초동상황부터 흐리게 하는 전술을 구사하였다. 북한은 1970년대부터 드러나기 시작한 국제적인 불법 행위에 대해 일관되게 부인하는 태도를 유지해왔으며, 천안함 폭침 사건에 대해서도 북한의 도발을 인정하지 않은 채, 남남갈등을 조장하는 대남 심리전으로 지속 악용하고 있다.

2. 북한의 불법 외화벌이 활동과 테러 연계 동향

(1) 북한의 초국가적 조직범죄 활동

북한에서 해외와 연계되어 나타난 초국가적 조직범죄의 유형은 1970년대 중반부터 드러나기 시작하였는데, 가장 규모가 큰 범죄로 국제사회의 이목을 끌게 된 사건은 마약범죄였다. 이어 위조 미화지폐 및 가짜담배 생산, 밀수, 무기밀매, 사이버 범죄, 자금세탁, 인신매매 등 다양한 불법 활동을 전개하였는데, 1970년대 초부터 악화된 경제사정을 타개하고자 북한은 해외공관을 외화벌이의 전진기지로 활용하면서 해외 거래 영역을 확대시켜 왔다. 한편, 유엔에서는 전 세계의 마약범죄를 통제하기 위해 1991년 "유엔마약통제계획(UNDCP)"를 설립하였고, 마약 외 다른 유형의 초국가적 조직범죄들을 포함하면서 1997년 "유엔 마약 및 범죄 사무소(UNODC)"[10]로 통합하여 확대시켰으며, 전 세계 국가들을 대상으로 마약범죄와 여타 주요 초국가적 조직범죄를 예방하고 차단하기 위해 노력하고 있다. 본 연구에서는

10 UNODC(UN Office on Drugs and Crime): 오스트리아 비엔나에 본부를 두고 있으며, 21개의 현장 사무소와 2개의 연락 사무소를 브뤼셀과 뉴욕 시에 두고 있다.

UNODC의 연례보고서의 구분에 따라 북한의 불법 활동을 마약, 불법 무기 거래, 위폐, 가짜상품, 밀수, 인신매매, 사이버범죄 등 7가지 초국가적 조직범죄 유형으로 구분하여 설명한다.

첫째, 마약 범죄이다. 북한의 불법 활동이 국제적으로 알려진 사례는 1976년에 노르웨이 주재 북한공관 직원들이 모두 가담하여 마약류인 해시시(Hashish)와 담배, 주류 등을 밀거래하다 적발된 사건으로, 이로 인해 공관장을 비롯한 모든 북한 외교관들이 추방당하는 국가적 망신을 당하기도 하였다.[11] 1980년대에 들어서는 북한 공관원과 현지 조직 간에 연계하여 마약 밀매가 다소 큰 규모로 확대되었고 1990년대에 들어서면서 본격적으로 전개되었다. 1992년 8월 당시 국방위원장인 김정일은 소위 "백도라지 사업"을 지시하고 내각, 국가안전보위부, 인민보안성, 인민무력부 등 국가기관을 총동원하여 양귀비 재배를 대대적으로 실시토록 하여 아편과 헤로인을 대량 생산하였다.[12] 1990년대 중반 북한은 대홍수를 겪고 아편 생산이 부진해지자 1996년부터 향정마약인 메스암페타민[13] 생산을 늘리기 시작했으며 2000년 초부터 일본과 대만을 목적지로 해상 마약밀수가 대규모로 전개되었다.[14] 2003년 4월 호주 해역에서 적발된 봉수호 사건으로 국제적 압박이 가중되었고 이로 인해 북한 마약범죄는 2005년부터 위축되었으며 현재는 중국 루트를 통한 메스암페타민(일명 필로폰) 밀매가 지속 발견되고 있다.

---

11 "SCANDINAVIA : Smuggling Diplomats", Time (1976.11.1.); "Swedes Convinced North Korea Directed Smuggling", *The New York Times* (1976.10.22.)

12 NK조선, "마약 - 양귀비 재배와 제조 판매", 2013.10.28. http://nk.chosun.com/bbs/list.html?table=bbs_28&idxno=3212&page=4&total=,209&sc_area=&sc_word= (검색일: 2017.4.19.)

13 메스암페타민(Methamphetamine)은 1888년 일본에서 최초로 개발된 각성제 마약이다. 대일본제약에서 "히로뽕(Philopon)"이라는 상품명으로 유통시켰는데, 우리나라 일부 언론에서 "필로폰"으로 호칭하고 있어 "메스암페타민"으로 호칭되도록 개선이 필요하다.

14 함중영, 2017, "북한의 국제조직범죄 활동과 대응방안 연구", 한국외국어대학교, pp 56-67.

둘째, 불법 무기 거래이다. 미국 의회 산하의 의회조사국(CRS)이 미국 의회에 제출한 재래식 무기거래에 관한 연례 보고서에 따르면 북한은 지난 2000년부터 2003년까지 4년 동안 개발도상국가들을 대상으로 총 미화 8억 달러어치의 무기를 수출했다. 그 후 2004년부터 2008년까지 5년간은 3억 달러를 수출했다. 추정치로 보면 당시 북한이 음성적인 무기거래로 연간 2억~5억 달러 정도를 벌어들인 것으로 보인다. 2009년 8월에는 이란으로 향하던 호주 국적의 선박 'ANL Australia'에서 북한에서 제조된 122mm 로켓용 추진 폭탄 2,030개와 전자 회로, 로켓용 고체연료 추진제 등 무기류와 폭발물 관련 물품이 컨테이너 10개에 은닉되었으며, 또한 2009년 12월 태국 방콕의 '돈므앙' 공항에서 북한산 무기를 제3국으로 운송하던 그루지야 국적의 화물기가 억류되었고, 2013년 4월 터키(Turkey) 정부가 북한에서 출발한 선박 '알 엔티자(Al Entisar)'를 압수수색한 결과 1,400정의 소총과 권총, 3만 발의 탄약, 방독면 등이 적발되었다. 한편, 2013년 2월에는 북한에서 제작한 무기가 소말리아(Somalia) 모가디슈 상점에서 발견되었으며, 같은 해 7월에는 북한에서 생산한 14.5밀리미터 중기관총 탄약통도 발견되는 등 북한의 무기류가 아프리카 및 중동지역의 전장(戰場)에도 유통되고 있음이 목격되었다.

셋째, 미화 위조지폐 생산 및 유통 범죄다. 북한의 초정밀 미화 위폐와 관련된 사안은 1980년대 초부터 불법행위가 드러나기 시작했다. 1983년 북한 공작원이 미화 위조지폐 8천 달러를 오스트리아 비엔나 은행에 입금하는 과정에서 적발된 사례가 있었으며, 1984년과 1987년 적발된 사건의 배후에는, 북한 노동당 '101연락소'와 북한 평성 소재 '평성상표인쇄공장'에서 미화 위조지폐를 대량 생산한 것으로 나타난다. 1989년 필리핀 당국이 북한 공관원의 외교행낭에서 적발한 미화 위조지폐는 미국 당국(SS)의 관심을 끌기에 충분했는데, 이때 적발된 위폐는 보통 위폐와는 달리 초정밀 위폐였으며, 이때부터 '비밀수사국(SS)'은 1990년대 이후 발견된 위폐를 포함하여 "슈퍼노트"라고 명명하면서 이와 유사한 계열의 위폐를 수집하여 분석하기 시작하였다. 슈퍼노트를 조사해 온 미국 재무부의 타운센드(Bruce Townsend) 부국장은 2004년 조사결과를 통해 "이 위폐는 요판 및 활판 인쇄술 등이 적용된, 복잡하고도 고가의 인쇄기술로 제작되었고, 이 유형의 위조지폐는 북한으로부터 유통되고 있다."고 밝혔다.[15]

넷째, 가짜 상품이다. 북한은 주로 국제적으로 수익성이 좋은 유명 담배를 가짜로 생산하였으며, 가짜 의약품의 경우 특정 유명상품을 선정하고 가짜 제품을 생산하여 해외로 유통시키고 있다. 1990년대에 들어서 북한은 가짜 유명상표를 붙인 담배를 소규모로 수출하기 시작하였으며 2002년경 본격적으로 대량 수출한 것으로 관찰된다. 2002년도에 중국 당국은 자국 내 가짜담배 제조 조직을 적극적으로 단속하기 시작하였고, 이로 인해 중국 본토의 범죄조직에 의해 제조되었던 기술이 북한으로 이전되었으며, 중국 조직의 수가 줄어들자, 상대적으로 북한에서 제조하는 가짜담배의 수요가 증가하게 되었다. 가짜 담배의 생산 및 유통은, 북한으로서는 상당히 커다란 금전적 이득을 가져오는 사업이라고 할 수 있다. 북한은 나진과 남포항에서 가짜 담배를 선적하여, 중국이나 한국의 항구를 경유한 후 전 세계로 밀수출한 것으로 알려졌는데, 선박에 선적하는 40피트 크기의 컨테이너에 가득 채워지는 가짜담배는 미화 7만 달러 정도가 소요되며, 해외에서 팔리는 가격은 3~4백만 달러에 달한다. 즉, 가짜담배 사업은 50배의 수익을 올릴 수 있는 매우 수익성이 높은 불법 사업인 셈이다.[16]

다섯째, 인신매매 범죄이다. 북한의 인신매매 유형은 크게 두 가지로 나타난다. 첫째는 주로 북한여성들이 국경을 넘어 중국으로 팔려가는 사례이며, 두 번째는, 국가 차원에서 외화벌이를 위해 러시아 및 중국 등지의 건설

---

15 Ibid. 함중영, pp. 83-95

16 Ibid. 함중영, pp. 96-103

사업자 등과 계약을 맺어 북한인 노동력을 제공하고 그 임금에서 90% 이상을 북한 정권이 차지하는 국가 주도의 노동력 착취 형태이다. 2016년 미 국무부 보고서에 따르면, 북한 정권은 인신매매를 자행하는 주체로 볼 수 있는데, 북한 당국이 교도소 및 수용소에서 수감자들에게 강제노역을 부과하고 있으며, 북한 노동자들을 해외로 송출시켜 非인권적이고 열악한 조건하에서 근무토록 강요하면서 이들의 급여를 착취하고 있고, 중국에서 성적 노예 등으로 인신매매된 피해자들이 현지에서 적발되어 본국으로 송환될 때 이들을 피해자로 보호하지 않고 오히려 탈북 정치범으로 간주하여 처벌을 하고 있다는 점을 그 이유로 제시한다.

여섯째, 밀수 범죄이다. 북한의 밀수 유형은 크게 세 가지로 구분할 수 있다. 첫째는 북한 외교관들이 외교관 신분을 이용하여 면세품이나 현지 특정 상품을 구매하고 그 물품을 주재국 또는 타국에서 일반 소매가격으로 되파는 방식으로, 기본적이고 생계유지형의 형태라고 할 수 있다. 최근 적발된 사례를 보면, 주로 외교관 면세 특권으로 구매할 수 있는 주류와 담배이며, 국가 간 판매가격 차이가 크게 나는 의약품, 고급 시가와 같은 그 나라의 특산물도 포함된다. 둘째로, 생계형 밀수를 넘어 보다 거액의 차익을 보려는 밀수 행태인데, 외교관의 검색면제 또는 검색완화의 특권을 이용하여 고가의 귀금속이나 국제적으로 거래가 금지된 상아, 코뿔소 뿔 등 희귀한 특정 물품을 타깃으로 하는 밀수다. 이러한 밀수 형태는 단순히 북한 외교관 개인의 활동으로 성사될 수 없으며, 공관 차원의 협조와 북한 본부 차원의 지휘·조종을 통한 국제적 네트워크 운용이 동반된다. 세 번째로는 북한과 중국 간 길게 연결되어 있는 국경을 통한 北-中 간 밀수 형태라고 할 수 있다. 북-중 국경에서의 밀수는 북한 주민들의 생필품을 조달하기 위한 보따리상 형태의 거래부터 북한 정권 차원의 외화벌이 목적으로 전개되는 대규모 밀수까지 다양하며, 최근 국제사회의 제재로 인해 봉쇄된 "해상 루트"에 비교하여 "중국 루트"라고 칭할 수 있다.

일곱째, 사이버 범죄를 꼽을 수 있다. 해외에서 활동하는 북한 해커는 3만 명(지원인력 포함)에 이를 것으로 추정되며, 이들은 주로 중국 선양, 다롄, 칭다오, 광저우, 베이징을 거점으로 전 세계 100여 곳에서 활동하고 있다. 이들의 임무는 1차적으로는 외화벌이로, 주로 중국 및 한국의 불법 도박 사이트를 운영하는 범죄조직과 연계하여 이들 조직의 의뢰를 받아 불법 프로그램 제작 및 도박 사이트 해킹 및 조작을 하며, 의뢰인들은 이에 대한 대가를 지불한다. 그러던 중 북한 본부의 지령이 하달되면 곧바로 사이버테러 해커로 임무를 전환하게 된다.[17]

(2) 테러 연계 불법 활동

가. 국제 무기밀매

김영남 북한 국가최고회의 상임위원장이 대표단을 이끌고 2003년 시리아를 방문하여 협정을 체결한 이래, 북한의 무기류 수출은 시리아, 레바논, 이란 등 중동의 주요 국가를 대상으로 대규모로 이루어졌다. 유엔협약에서 한정된 소형화기 차원을 넘어 북한의 무기거래는 미사일 및 대량살상무기(WMD)로 확대되었고, 단순히 무기뿐만 아니라 전략무기를 보관하는 지하시설 및 기술이전 등의 관련 산업 수출로 외화벌이가 확대되었다. 즉, 북한의 무기거래는 국제조직범죄 차원의 범위를 벗어나 국가적 차원에서 지속 확대되었으며 2005년 이후에는 외화벌이의 중추적 역할을 담당하는 비중 있는 요소로 자리 잡기에 이르렀다. 2013년 7월과 8월에 북한이 해상 불법 무기거래를 실행한 정황이 포착되었다. 7월에는 북한 선박 '청천강호'가 쿠바에서 물

17 Ibid. 함중영, pp. 122-128

건을 선적하고 북한으로 향하던 중 유엔안보리 제재조치 위반과 파나마 운하 통과시 무기류 적재 신고 위반으로 파나마 당국에 의해 억류되었고 35명의 선원이 체포되었다. 당시 조사를 담당한 파나마 당국자 설명에 의하면 이 무기류는 구소련 시절 생산된 무기류로 수리 보수를 위해 북한으로 보내진 것으로 알려졌다.[18]

2013년 8월 터키 정부는 무기류를 적재하고 운항한 북한선박을 억류하고 조사 결과를 발표하였다. 북한에서 출발한 이 선박은 1,400정의 소총과 권총, 3만발의 탄약, 방독면 등을 적재하고 리비아로 운항 중이었으며, 미국으로부터 이 선박에 무기류가 적재되었다는 정보를 제공받은 터키 당국은 2013년 4월 보스포러스 해협을 통과하던 이 선박을 억류하였다. 대북 정보를 수집하는 언론매체에 따르면, "북한이 수출하는 경무기의 대부분이 소말리아로 나가고 있으며, 소말리아에서 상당한 금액을 벌어들이고 있다. 또한 미사일 수출은 대체로 이란과 시리아에 많이 나가고, 쿠바에 탱크와 자동소총, 탄약을 많이 팔았다"고 전했다.[19]

2015년 12월 영국의 '왕립 합동안보연구소(RUSI, Royal United Services Institute)'는 "북한의 무기 거래 고객들 가운데는 오랫동안 외교관계를 유지해 온 나라들 외에 비국가 무장단체도 포함되어 있다"고 연구 보고서(Andrea Berger, 2015)에서 밝혔다. 이 보고서에 따르면, 북한은 전 세계 62개 나라뿐만 아니라 비국가 단체에 대해 무기나 관련 부품, 서비스를 판매하였고 2006년 이후에는 시리아, 이란, 미얀마, 콩고민주공화국, 콩고, 우간다, 에티오피아, 에리트레아 등 십 수개 나라들이 북한으로부터 무기 및 부품, 서비스를 구매하고

---

18 Reuter, 2013.7.18. "U.S. concerned over North Korean arms ship, Panama awaits U.N", http://www.reuters.com/article/us-panama-northkorea-un-idUSBRE96H0VQ20130719 (검색일: 2016.8.17.)

19 송봉규, 2015, "북한의 국제범죄 확산과 전망", 『한국경찰학회보』17권 6호, p.167; 『데일리안』2013.7.2. "북 만든 위조지폐 진짜 돈으로 바꾸는 수법이..", http://www.dailian.co.kr/news/view/341106 (검색일: 2016.9.14.)

있다는 것이다. 북한이 판매하는 무기 목록은 다양한데, 소규모 무기와 탄알부터 탱크, 병력 수송 장갑차, 지대공미사일, 레이더, 잠수함, 고속초계정, 심지어 탄도미사일까지 포함된다. 또한 북한은 국가간 거래 외에도 스리랑카 반군세력인 '타밀엘람해방호랑이(LTTE)' 및 팔레스타인 무장단체인 '하마스(Hamas)'와도 거래한 정황이 드러났다.[20]

2016년 2월 9일 미국의 정보 수장인 제임스 클래퍼 국가정보국장은 미국 상원 군사위원회 청문회에 출석해 북한의 휴대용 지대공 미사일 확산에 대한 우려를 표명하였다. 클래퍼 국장은 "항공기에 커다란 위협이 되고 있는 휴대용 방공무기 시스템(MANPADS, man-portable air defense system)과 같은 실용적인 무기들이 북한에서 생산되어 세계로 확산되고 있는 것에 대해 우려하고 있다"고 증언하였다. 클래퍼 국가정보국장은 청문회에서 "무기 확산은 북한의 주요 수입원"이라며 유엔이 금지한 북한의 무기 밀매 시도를 계속 경계해야 한다고 강조하였다. 실제로 '미국과학자연맹(FAS)'의 2010년 보고서는, "이 미사일은 국제 암시장에서 수천 달러부터 수만 달러까지의 가격이 형성되어 있으며, 가장 저렴한 것은 1~2천 달러에도 판매된다."고 발표했다.[21]

나. 사이버 범죄

북한의 사이버 범죄는 2009년 7월 한국과 미국의 중요기관 인터넷 사이트를 공격한 이래, 다양한 방식으로 전개되고 있으며 2005년 이후에 나타난 북한 정권 차원의 대표적 국제조직범죄 차원의 불법 행위라고 할 수 있다. 북

---

20 백성원, 2015.12.10. "북한, 틈새시장 노린 무기 거래 활발, 조력자 네트워크 끊어야", 미국자유의소리(VOA), http://www.voakorea.com/a/3096176.html (검색일: 2016.9.20.) ; Andrea Berger, 2015, Target Markets: North Korea's Military Customers in the Sanctions Era, RUSI Publications.

21 김영권, 2016, "'클래퍼 미 국가정보국장, 북 휴대용 미사일 확산 크게 우려" (2016.2.12.) VOA(미국의소리), http://www.voakorea.com/content/article/3188229.html

한의 사이버 범죄는 중국과 동남아를 거점으로 확대되고 있으며, 북한 조선중앙통신의 보도에 따르면, 김정은은 2015년 6월 북한 국방위원회 산하 정찰총국 관계자 3천여 명을 불러 모아 '정찰 일군대회'를 열고 이들을 격려한 것으로 알려졌다.[22] 북한은 정찰국 예하 121국에 3천 명으로 구성된 사이버 부대를 운영하면서 인터넷 해킹과 사이버 공격을 하고 있는 것으로 국내 전문가들은 분석하고 있다. 북한은 국가적 차원에서 사이버 전문가를 양성하고 있으며, 이 중에서 해외에서 활동하고 있는 해커들은 생활에 필요한 지원 인력의 도움을 받아 해외 안가에서 거주하면서 범죄적 활동으로 수익을 올리고 있으며, 필요에 따라 북한 정권의 지시를 받고 사이버 테러로 전환하여 사이버 공격을 자행하고 있다.

북한의 사이버 범죄는 우리나라 불법 게임업자들과 연계하여 불법 프로그램을 개발해주고 경쟁 업자들을 대상으로 해킹해주는 등 다양한 수법으로 발전하고 있다. 지난 2015년 4월 캄보디아에서 현지 경찰이 북한 해커들의 불법 프로그램 개발 현장을 급습하여 적발한 사례가 있으나, 이는 빙산의 일각으로, 북한에 우호적인 중국의 광활한 영토 어디에서든지 북한의 사이버범죄가 자리 잡을 수 있으며, 이러한 체계를 바탕으로 더욱 교묘하게 발전하고 있는 추세다. 이에 더하여 최근 북한 지도층의 전폭적인 지원과 독려에 따라 북한의 사이버 범죄 수법은 지속적으로 첨단화, 다양화되고 있으며, 향후 여타 '불량 국가(Rogue Countries)'뿐만 아니라 국제테러조직과도 연계되어 범죄가 확대될 수 있는 가능성이 높다고 하겠다.

---

22 안윤석, 2015.6.18. "北 김정은, 제1차 정찰일꾼대회 참가자 격려", 『중앙일보』, http://news.joins.com/article/18050796 (검색일: 2016.8.18.)

다. 나코-테러리즘(Narco-Terrorism)

나코-테러리즘이란, 마약을 의미하는 나코틱(Narcotics)과 테러리즘이 합쳐진 합성어로, 마약조직과 테러조직이 연계하는 상태를 말한다. 남미 페루나 콜롬비아에서 마약범죄 집단이 정부의 공권력에 대항하여 테러를 자행하는 일을 묘사한 용어로 그 기원이 알려져 있다. 그러나 최근에는 테러조직을 중심으로 설명한 정의가 주류를 이루는데, 테러조직이 마약조직과 연계하여 마약을 생산하거나 유통하면서 테러조직의 자금을 조달하는 행위를 말한다. 즉, 나코-테러리즘은 테러조직이 마약재배, 생산, 운송, 판매활동에 직접 또는 간접적으로 참여하여 테러활동을 후원하고 테러자금을 마련하는 행위로 더 알려지게 되었다.[23] 미국은 9·11 테러사태를 통해 일부 테러조직이 국제 마약거래에 개입해 왔음을 파악하고, 이에 따라 '나코-테러리즘' 조직으로 아프가니스탄의 탈리반, 미얀마의 Wa부족(UWSA, Unted Wa State Army), 콜롬비아의 반군인 콜롬비아무장혁명군(FARC, Revolutionary Armed Forces of Colombia), 민족해방군(ELN, The National Liberation Army) 등을 지목한 바 있다.

북한 김일성 정권은 이미 1970년대 중반부터 마약을 생산하면서, "마약 유통으로 외화를 벌어들이는 한편, 마약의 해악을 적대세력에게 확산시킴으로써 와해시킬 수 있다"는 전략적 배경을 주민들에게 선전하였는데, 이는 마약을 이용한 테러 전술이라고 해석할 수 있다. 북한의 마약 생산은 2005년경부터 국제적 압박이 강화되고 북한주민들의 마약 남용 확산으로 인한 사회문제가 심각하게 발전하면서 무분별한 대량생산의 형태가 다소 위축된다.

---

23 한국마약퇴치운동본부, 『마약류용어사전』, http://www.drugfree.or.kr/information/index.html?contentsNum=2&category=DRUG_2&headNum=&seq=2234&tpage=1 (검색일: 2016.7.22.)

김정일 정권하에서는 아편과 헤로인의 생산을 감소시키고 주로 메스암페타민 생산에 집중하였으며, 최근 김정은 정권에서도 같은 형태의 마약생산 규모를 유지하면서, 다만, 국제사회의 감시를 피해 중국루트를 통한 유통을 지속하고 있다. 결국, 아프가니스탄을 일시적으로 장악했던 탈리반 정권이 현재 중동지역의 대표적인 나코-테러리즘 집단으로 낙인된 것처럼, 북한 역시 정권 차원에서 마약을 생산하고 이를 유통하여 수익금을 벌어들이고, 이 자금을 활용하여 핵 개발 및 미사일 실험 등을 통해 한국 등 북한의 적대세력에 대해 테러 위협을 자행하는 것으로 볼 때, 국가적 차원의 나코-테러리즘을 지속하는 것으로 볼 수 있다.

라. 위조지폐와 가짜담배

이 유형의 불법활동은 UNODC의 분류에 따르면 "위조상품(Counterfeits)"에 해당된다. 통상 위조상품은 유명상표의 담배나 의약품, 브랜드 등을 위조하여 가짜상품을 제조한 후 유통하는 범죄를 말하는데, 북한의 경우 초정밀 위조 미화지폐를 생산하여 유통한 사례가 발견되어 위조지폐(Counterfeit currency)도 이 범주에 포함시켜 설명한다.

첫째, 북한의 위조지폐 생산 및 유통 활동이다. 2005년 10월 미국 검찰은 전 IRA(Irish Republican Army) 출신으로 북아일랜드 노동당 당수였던 '션 갈랜드(Sean Garland)'를 북한산 미화 위폐 거래 혐의로 기소하였는데 갈랜드는 1980년대 초부터 러시아 舊 KGB 출신 조직원들과 연계하여 대량의 북한산 미화 위폐를 유럽으로 유통시킨 혐의로 아일랜드, 영국, 미국 당국에 의해 추적을 받고 있었다. 2002년 8월 영국 당국의 수사결과에 따르면, 당시 노동당 당수인 갈랜드와 연계되어 위폐유통을 담당한 前 KGB 요원이 검거되면서 갈랜드와 러시아 조직과의 연계관계가 드러나게 되었고, 검거된 前 KGB 요원이 유통한 위폐는 총 2천 7백만 달러에 달한 것으로 아일랜드 언론에 보도되었다.[24] 북한의 미화 위폐는 2004~2005년 미국 본토에서 적발된 이후 국제적으로 대규모 물량으로 적발된 사례는 발견되지 않는다. 그러나 위 사건들을 고려해 보면 북한의 위폐는 북한 외교관의 유통방법 이외에도 중국 및 동남아 조직범죄 집단과 구소련의 정보기관인 KGB라는 국가기관의 연계를 맺으며 이미 동남아, 미국, 유럽으로 널리 유통되어 테러조직과도 연계되면서 유통되고 있음을 짐작할 수 있다.

둘째, 북한의 가짜담배 유통이 해외 테러조직과도 연계되어 있다. 2011년, 뉴콤(William J. Newcomb) 前 美 재무부 선임자문관은 美 하원 외교분과위원회에서, "북한은 10~12개 정도의 가짜 담배 제조 공장을 운영하고 있으며, 이 공장에서 매년 20억 갑의 가짜 담배를 생산할 수 있고 이러한 규모로 볼 때, 북한은 세계에서 가장 큰 규모의 가짜담배 생산 국가이며, 연간 미화 5억 2천만~7억 2천만(한화 8,640억 원) 달러의 불법 수익을 올릴 수 있는 것으로 집계된다."고 밝혔다.[25] 또한 북한 내에서 가동되는 가짜담배 생산 공장은 두 가지 출처에서 자금이 지원되어 운영되는데, 해외의 범죄조직과 북한 자체 기관이라는 것이다. 북한 나진에 소재하는 3개 담배공장은 대만의 범죄조직이 자금을 충당하고 있으며, 여기서 생산되는 가짜 담배를 대만조직이 연계하여 대만으로 밀반출한 후 유통시키고 있다는 것이다.[26] 2015년 12월 미 국무부를 포함한 5개 기관에서 발표한 보고서에 따르면, 북한에서 제조된 '말보로(Marlboro)' 상표의 가짜담배가 미국 본토에서 유통된 것으로

---

24 Independent, 2002.8.18. "Workers' Party boss linked to counterfeit 'super dollars", http://www.independent.ie/irish-news/workers-party-boss-linked-to-counterfeit-super-dollars-26243360.html (검색일: 2016.8.17.)

25 Newcomb, William J., "North Korea's Sea of Fire: Bullying, Brinkmanship and Blackmail" (미 하원 외교분과위원회 증언, 2011.3.10.)

26 Greitens, Sheena Chestnut, 2014, "Illicit North Korea's evolving operations to earn hard currency", Washington D.C., The Committee for Human Rights in North Korea, pp.36-37.

확인되었는데, 이렇게 유통되는 가짜담배가 미국의 국익에 피해를 미칠 뿐만 아니라, 국제범죄조직은 물론 국제테러조직과도 연계되면서 국제적 안보위협으로 부각되고 있음을 강조하고자 하였다.[27] 이러한 보고서를 바탕으로, 미국 정계에서는 수익성이 높은 가짜담배 거래는 '헤즈볼라'나 '알-카이다' 등 국제테러조직들이 자금 조달을 위해 이미 2000년대 초반부터 북한의 가짜담배 사업과 연계되어 있다는 주장이 나타나고 있다.[28]

3. 북한테러의 국내 위협성 평가

(1) 사이버 테러와 심리전 공격

국내 영토를 침범하여 물리적 테러를 자행하는 것에 비해 보다 용이한 사이버 테러는 인터넷과 온라인 도구를 이용한 북한의 대남 심리전 공격을 포함하여 과거에 비해 더욱 왕성하게 전개되고 있으며, 그 영향력 또한 점차 확대되고 있다. 김정은 정권은 대남도발의 수단으로 "핵 전력"과 "특수전 전력"에 더하여 "사이버 전력"을 추가하면서 소위 "3대 전력"을 구축하였으며, 국내 널리 활용되고 있는 인터넷과 이동통신 기술을 활용하여 반미, 반정부 투쟁 등 사이버 대남혁명투쟁을 적극 지원하는 것으로 알려졌다.[29]

첫째, 사이버 테러의 국내 위협성 평가는 다음과 같다. 〈표2〉에서 보듯

---

27 미 국무부, 2015.12, The Global Illicit Trade in Tobacco: A Threat to National Security, http://www.state.gov/documents/organization/250513.pdf (검색일: 2017.4.23.)

28 미 하원 의원 Rick Saccone은 2016.7.13. 미 하원에서 가짜담배 조직과 테러조직 간의 연계 내용을 발표했다.: Cassie Owens, "The curious connection between illicit cigarette sales and ISIS", *Politifact.com* 2016.7.18

29 김정우, 2014, "김정은 3대 전력-"핵, 특수전, 사이버 배합 도발할 것", 월간조선(2014.3월호)

이 북한 정권은 2009년부터 우리나라 청와대를 비롯하여 국가정보원 등 주요 국가기관과 농협 등 금융기관을 해킹하여 사이트를 마비시킨 사례가 있다. 또한 2012년에는 인천공항과 김포공항에 GPS 교란해킹을 하였고, 중앙일보 등 언론사를 대상으로도 해킹 공격을 실시하여 전산망을 마비시키거나 데이터를 삭제하는 테러를 자행하였다. 2013년 3월에는 국내 주요 방송사와 금융회사 전산망이 악성코드에 감염되어 총 32,000여 대의 컴퓨터가 마비된 사례가 발생하였는데, 우리 당국의 조사결과 북한 해커의 악성코드가 발견되었다.[30] 또한 같은 해 10월, 인천지방검찰청은 북한 해커와 연계하여 불법 게임 개발을 의뢰하고 북한에 자금을 전달한 브로커를 구속 기소하였는데,[31] 이 사건은 금전적 획득을 목적으로 전개하는 북한 사이버 범죄의 전형적인 사례에 해당된다. 한편, 지난 3월 미국 국가안보국(NSA, National Security Agency) 레젯(Rick Ledgett) 前 부국장은 아스펜 연구소(Aspen Institutue)가 주최하는 토론회에서 "북한이 최근 방글라데시 중앙은행 전산망에 침투해 9억 5천 1백만 달러를 절취 시도했고 이 금액 중 8천 1백만 달러를 빼냈으며, 이 중 일부 금액은 환수되었다"고 밝혔다. 2016년 2월에도 방글라데시 은행이 해커 공격을 받았는데 이때도 북한의 해킹 연루설이 제기된 바 있었다. 레젯 부국장은 이번 은행털이에 사용된 악성코드가 2015년 12월 북한이 미국에 소재하는 소니 픽쳐스社 사이버 공격에 사용한 코드와 동일한 것이라고 밝혔다.[32] 최근 북한의 사이버범죄 흔적은 그 대상이 한국의 금융기관 및 미국(Bank of America), 세계은행(World Bank) 및 유럽(European Central Bank) 등 적대

---

30 신충근, 이상진, "북한의 대남 사이버테러 전략 분석 및 대응방안에 관한 고찰", 『경찰학연구』제13권 제4호(통권 제36호, 2013)

31 인천지방검찰청 보도자료, "북한 해커와 연계된 게임 개발 브로커 구속 기소", (공안부 보도자료, 131022, 2013.10.22)

32 Groll, Elias. "NSA official suggests North Korea was culprit in Bangladesh bank heist", FP(Foreign Policy), 2017.3.21.

적 대상뿐만 아니라 방글라데시 등 저개발국가 대상 은행털이에서도 발견되는데, 국내 금융기관 중 보안도가 취약한 제2 금융권과 암호화폐 등 가상화폐 거래소 등을 해킹하는 데 집중하고 있다. 북한의 사이버공격 집단은 우선적으로 사이버테러를 실시하기 위한 준비 차원에서 정보수집 활동을 폭넓게 전개하고 있는데, 2015년 좀비 PC 6만여 대에 이어, 2016년 1월에는 전 세계 120개국에서 좀비 PC 1만 대를 추가로 만들어 국내에 침투하고 있다. 또한 국내 금융전산망 대량 파괴를 목적으로 인터넷 뱅킹 보안 소프트웨어 제작업체 전산망을 장악하거나 금융권 보안솔루션 공급업체 전자인증서 탈취를 시도하였으며, 철도 교통관제시스템 마비 목적으로 2개 지방의 철도 운영기관 직원 대상으로 피싱 메일을 유포시켰으며, 메일 계정과 비밀번호 탈취를 시도하기도 하였다.[33]

둘째, 인터넷과 사회적 네트워크 서비스(SNS) 등의 도구를 통한 북한의 대남 심리전 공격은 한국 사회에 남남갈등을 조장하면서 궁극적으로 자유민주주의 국가를 파괴하려는 강력한 심리전 테러 도구로 활용되고 있다. 북한의 대남 사이버테러 집단은 2016년 초 우리 정부의 외교, 안보, 국방 분야 주요 인사 300여 명의 스마트폰을 해킹하여 이 중 40여 명의 통화내역과 문자메시지를 절취하기도 하였으며, 언론사 기자 등 83명에게는 대학교수를 사칭한 해킹메일을 발송하였고, 탈북민 및 반북인사 48명에게 경찰을 사칭한 해킹메일을 보내기도 하였다. 북한의 선전선동 전술은 오랜 전통을 유지하고 있다. 공산당의 전략전술이 기본적으로 통일전선전술을 이용해 왔으며, 물리적인 전투와 병행하여 이념적 투쟁 또한 주요한 무기로 이용되어 왔다. 북한 정권은 한국의 모든 방송과 언론을 모니터링한 후 이에 대한 대응논리와 입장을 '우리민족끼리', '구국전선' 등 해외 친북사이트와 각종 SNS

---

33 김광진, 2016, "북한의 테러위협과 우리의 대응전략-북한의 대남테러조직 및 테러전망", 블루투데이, p.10

를 활용하여 일관되게 제시하고 있으며, 국내 북한 추종자들은 국내 포털사이트 등을 통해 이 내용을 전파하고 있어, 최소한 일시적으로는 북한의 선동 전술이 유리한 상황에 놓여 있다 하겠다. 즉, 한국 정부가 객관적이고 과학적인 조사와 합리적인 추론을 바탕으로 언론에서 제시하는 내용을 관찰한 후 증명할 수 없는 허점을 파고들면서 북한은 항상 음모론을 생산할 수 있으며, 이를 유포하면서 남남갈등을 유발할 수 있는 유리한 위치에 있다. 이러한 음모론은 최근 언급되는 "가짜뉴스(Fake News)"에 해당될 수 있는데, 인터넷과 SNS의 이용 확대에 편승하여 무제한 확산이 가능한 실정이다. 북한의 사이버테러와 SNS 등 온라인을 이용한 심리전 공격은 공격자 은닉이 용이하고 비용 대비 효과가 매우 크다는 점에서 한국의 국가기능 마비 및 사회혼란 유발을 위한 수단으로 향후에도 적극 활용할 것으로 평가된다.

(2) 물리적 테러를 통한 위협 지속

"사이버 루트"를 이용하는 사이버 테러와는 달리 전통적으로 사용되어 온 북한 정권에 의한 물리적 테러 위협도 지속되고 있다. 물리적 테러의 유형은 주로 납치, 상해, 암살, 폭파, 파괴 등이며, 주요 대상은 북한의 중요인사 중 탈북하거나 귀순한 인물, 반북(反北)활동이 왕성한 내국인이 우선적으로 지목되고, 귀순자들을 보복하기 위한 조치로 해외 체류 중인 한국 국적인 대상 납치도 빈번 발생하고 있다. 북한 테러리스트가 국내 침투하여 주요 전략시설을 파괴하거나 교란시킬 가능성도 다분한데, 미사일 기지와 군 비행장 등 군사시설뿐만 아니라, 공항만, 원자력발전소, 변전소, 송전탑, 전력 송전시설, 국가통신 및 전산시설, 지하철, 철도, 운수시설, 유류 및 가스시설 등이 이에 속한다. 또한 사회혼란을 목적으로 백화점, 대형식당, 놀이시설, 극장 등 다중이용시설에 대한 타깃 설정도 가능하다.

북한 정권이 국내 대상 물리적 테러를 가하기 위해서는 국내 침투가 전제되어야 하는데, 이에 대한 국내 취약점은 다음과 같다. 첫째, 위조여권과 위조 신분증을 이용한 침투다. 북한 테러조직원은 남북한 단일민족의 특수성으로 인해 외관상 식별하기가 어려우며, 이들이 정교한 위조여권이나 위조 신분증을 소지하고 항공기나 선박을 이용할 경우 색출이 어려운 실정이다. 또한, 내국인의 협조를 얻어 타인 명의 여권이나 신분증을 이용한다면 더욱 완벽한 침투 방법이 될 수 있다. 북한 정권은 이미 위폐감별기를 통과할 수 있는 초정밀 미화 위조지폐를 생산하여 국제적으로 유통시킨 사례가 있는 바, 국가시설과 장비를 동원한다면 육안으로 식별하기 어려운 정밀한 위조 증명서의 제작 역시 가능하다고 볼 수 있다. 둘째, 제주특별자치도 등 무사증입국 지역을 이용한 침투 가능성이다. 우리 법무부는 지난 2006년 7월부터 제주특별자치도에 대하여 무사증으로 입국할 수 있는 국가를 180개 국가로 확대하였다. 이에 따라, 중국 및 동남아 국가 출신 여행객들은 제주도에 사증 없이 여권만으로 입국이 가능하고 90일 정도 체류가 가능한 실정이다. 이 제도의 시행 이후 특히 중국인들의 제주도 입국이 확대되었는데, 이에 편승하여 중국 여권을 소지한 탈북민의 귀순사례도 점차 증가하고 있다. 이들 탈북민들은 일단 제주도에 입국한 후 가까운 경찰서에 찾아가 탈북 사실을 자진 신고하고 귀순과정을 밟게 되는데, 북한 정권으로부터 테러의 임무를 부여받은 테러리스트의 경우 제주도 입국 후 자진신고 없이 내국인 또는 중국동포로 위장하여 비밀리에 국내에서 활동하는 데 어려움이 없는 실정이다.

해외 체류 중인 탈북민이나 우리 국적인에 대한 테러 위협도 우려된다. 2017년 2월 13일 말레이시아 공항에서 독극물에 의한 김정남 피살사건이 발생하였으며,[34] 1996년 10월 1일 주러시아 블라디보스톡 한국영사관 최덕근

34 한국 외교부는 "(중요) 북한의 테러 도발 가능성에 따른 우리 국민 신변안전 주의 안내(2017.2.16.)"를 전 해외공관에 배포하고 해외 교민들의 안전을 당부하였다.

영사의 피살사건 역시 사체에서 독침에 이용되는 독극물이 발견되었다. 지난 3월초 러시아 이중간첩 출신 "스크리팔(Sergei V. Skripal)"이 영국 자택에서 독극물에 의한 암살시도로 중태에 빠진 사건도 발생하였는데, 북한의 화학무기 개발에 러시아가 협력해왔던 역사를 상기한다면, 북한의 테러리스트는 국내외 어디서든 독침, 독가스, 독극물, 신경작용제 등 다양한 화학무기를 사용할 수 있으며, 사제폭발물 제조 등의 방법으로 테러를 감행할 수 있음을 짐작케 한다.

4. 대응전략

본 연구에서는 북한이 그동안 외화벌이를 목적으로 전개해 온 불법 활동 중 주요 범죄 유형으로 마약밀매 등 7가지를 구분하여 고찰하였다. 북한의 초국가적 조직범죄 활동은 국제테러조직과도 연계되어 있으며, 그 중 무기밀매, 사이버범죄, 위폐 및 가짜담배, 나코-테러리즘은 심각한 테러 위협으로 파악되었다. 현 시점에서 대남 테러도발의 주요 방법으로 활용되는 북한의 수법은 공격자를 은닉하기 용이하며 비교적 효과적인 결과를 보고 있다고 판단되는 사이버테러와 심리전 도발이며, 이에 더하여 국내 밀입국한 간첩을 통해 요인 납치, 암살, 주요시설 및 기관 파괴 등 물리적 도발도 우려되고 있음을 확인하였다.

북한의 김정은 정권은 핵무기 개발과 경제활동을 동시에 발전시킨다는 소위 "경제·핵 무력 병진 노선"을 표방하고 있으며, 강력한 국제사회의 경제적 제재에도 불구하고 2006년 제1차 핵실험을 시작으로 2017년 9월까지 6차에 이르는 핵 실험을 실시하였고 수십 회의 미사일 발사실험을 실시하였다. 이러한 실험에 소요되는 비용은 막대한 규모이며 이로 인해 김정일 정권에서 상속받은 비자금도 바닥이 났다는 속설이 유포되어 있고, 외화벌이 불법 행위도 점차 강해지는 국제사회의 예방과 단속 조치로 과거와 같이 활성화되지 못한 상태로 보인다. 결국, 유엔 안보리와 미국 등 강대국 중심으로 취해진 국제사회의 대북 제재는 효과를 보고 있다는 분석이 타당한 듯하다. 북한 정권은 대외적으로는 평화를 언급하면서 동시에 한국에 대한 테러를 감행하였던 사례는 빈번하다. 본 연구에서 살펴 본 것처럼, 북한의 대남혁명의 기본 이념과 대남적화통일이라는 궁극적 목적과 수단은 변화되지 않으며, 북한이 국제적으로 유화적인 태도를 취한다 해도 다만 전략전술의 변화만 다양하게 전개된 것임을 본 연구의 사례 분석을 통해 확인할 수 있다.

북한의 대남도발에 대한 대응전략과 방안은 우리나라 안보의 최대 중요 사안이며, 우리나라 모든 기관이 일사불란한 대응전략을 세우고 대응하고 있다. 본 연구에서는 국가정보기관 차원의 기본적인 대응활동을 제시해 보고자 한다.

첫째, 북한테러 위협을 우리나라 국가방첩 차원에서 총괄적으로 대응해야 한다. 최근 국제사회는 국가방첩이라는 개념을 외사방첩이라는 협의의 해석으로 벗어나 광의의 해석으로 확대시키고 있으며, 이에 따르면, 국가에 침투하여 테러와 범죄를 자행하는 모든 외부 위해세력에 대응하는 활동을 포함하고 있다. 따라서 우리나라도 북한의 테러와 불법 활동의 공세에 대한 우리의 대응제도를 국가방첩 차원에서 종합적으로 점검해 보아야 할 필요가 있다. 우리나라의 경우 대통령 직속으로 조직된 국가정보원에서 대테러업무와 방첩업무를 구분하여 대응하고 있으나, 실제 국내정보 담당인 2차장 산하 부서로 2개 부서가 함께 소속되어 있어, 차장과 국가정보원장의 통합적 운영하에 있다고 볼 수 있다. 다만, 구분된 업무로 인해 부서간 정보수집활동과 정보교류의 비효율성이 야기될 수 있는만큼, 국가방첩업무 차원에서 방첩, 대테러, 국제조직범죄를 총괄적으로 종합하고 분석하며 대응전략을 만들어내는 총괄적인 국내분석업무를 담당하는 체계가 필요하다.

둘째, 북한의 도발과 테러, 불법 활동을 구체적으로 분석하고 감당할 수 있는 법적 근거가 충분히 마련되어야 한다. 이를 위해서는 북한의 오물풍선 살포나 휴전선 일대의 소음공격 등 다양한 도발을 모두 열거하고 이에 대응하는 철저한 시나리오를 작성하여, 각각의 분야를 담당하는 역할구분을 구체적으로 명시하고 담당하도록 해야 한다. 이를 바탕으로 국가정보기관을 중심으로 북한의 테러도발 대응체계가 활발하게 작동되어야 한다.

셋째, 불법과 테러의 먹이는 부패(corruption)라는 사실을 인식하고 공직자와 국민들은 불법에 단호히 대처하는 문명화된 모습을 갖추어야 할 것이다. 국가안보는 이제 국가 존립의 단계를 넘어서 국가이익을 추구하는 단계로 발전하였으며 이를 위해 국가조직의 분야별 세분화와 전문화가 필수적이다. 따라서 정부와 국민 각각의 분야에서 국가안보와 국익에 대한 인식을 공고히하고 어떠한 작은 위협 징후에 대해서도 신고하고 대응조치를 취할 수 있도록 국민계몽 활동이 필요하다.

제2장

외국인테러전투원(FTF) 문제

1. 외국인테러전투원(FTF)의 개념과 현황

유엔 안보리 결의안 2178호(2014년)에서 명시한 '외국인테러전투원(FTF, Foreign Terrorist Fighters)'에 대한 정의는 다음과 같다. FTF란, "테러행위를 위한 범죄, 기획, 준비, 참가의 의도로, 또는 무장 분쟁에 참가할 목적을 포함하여 테러의 훈련을 받거나 지원하려는 목적으로 출신국 또는 체류국 외의 다른 국가로 여행하는 자"를 의미한다.[1] 이러한 설명은 유엔안보리 대테러위원회 집행위원회(CTED, Counter-Terrorism Committee Executive Directorate)에서 2015년 발표한 안보리 결의안 2178호의 이행활동 보고서에서 재차 인용되면서 FTF

1 UNSC Resolution 2178(2014.9.24.), p.2 : "Expressing grave concern over the acute and growing threat posed by foreign terrorist fighters, namely individuals who travel to a State other than their States of residence or nationality for the purpose of the perpetration, planning, or preparation of, or participation in, terrorist acts or the providing or receiving of terrorist training, including in connection with armed conflict, and resolving to address this threat"

의 정의로 사용되고 있다.[2]

최근 외국인테러전투원(FTF)라는 용어가 자주 등장하고 있지만, 이들은 새로운 현상은 아니다. 과거 역사를 보면 외국인전투원(FF, Foreign Fighters)은 이미 널리 활용되어 왔는데, 이들은 "해외에서 무력 분쟁을 벌이는 비국가 무장 단체에 가입하기 위해 자신의 출신 국가나 영주권이 있는 거주지를 떠나 주로 이념, 종교, 혈연적 동기로 참전하는 개인"으로 알려져 있다.

유럽인들이 유럽이 아닌 다른 지역의 분쟁에 가담하여 전투원으로 활동한 역사는 미국 독립전쟁 기간(1775~1783년) 중 스코틀랜드, 영국, 폴란드인들이 자발적으로 참전하기 위해 미국으로 입국하여 참전하였던 기록에서 발견된다. 냉전시기에는 공산주의 이념에 물든 유럽 출신의 외국인 전투원이 다양한 지역에서 참전하기도 하였다. 탈냉전 시기에 들어서도 1990년대 유고슬라비아, 1999년 코소보 전장 등지에서 유럽인들의 자발적 참전 사례는 지속 발견된다. 이슬람과 관련된 전쟁으로, 1979년 소련이 아프가니스탄을 침공하고 10여 년간 점령하던 시기에 세계 각지에서 모여든 지하디(Jihadi, 지하드 전투원)의 참전이 시작되었다. 그러나 2014년 '이슬람국가(IS)' 테러조직이 활동하기 이전에는 유럽 국가에 체류하는 무슬림 인구 2천만 명 중 이러한 전투에 가담한 인원은 수천 명에 불과하였으며, IS의 확장으로 인해 대규모 FTF가 확대되었고 국제적인 문제로 대두되었다.

2011년 4월부터 시작된 시리아 내전은 무슬림 국가에서 발생한 최초의 무슬림간의 분쟁으로 유럽의 무슬림들이 전투원 또는 동조자로서 대거 참가하고 있다. 2012년부터 현재까지 약 5천여 명의 유럽 국적인들이 시리아와 이라크로 이동하였으며 이 중 약 1,500명의 외국인테러전투원(FTF)들이 본

---

2 Implementation of Security Council resolution 2178 (2014) by States affected by foreign terrorist fighters, A. Defining foreign terrorist fighters, 2015, UNSC the Counter-Terrorism Committee Executive Directorate (CTED), p.18.

국으로 귀국하였다. 일부는 전장(戰場)에서 목격한 참상으로 실망과 회의를 느끼고 귀국하였으며, 또 다른 일부는 테러의 이념에 무장된 채, 더욱 위협적인 존재가 되어 귀국하기도 하였다. 귀국한 테러전투 경험자에 의한 유럽 내 테러는 2014년 벨기에 브뤼셀에 있는 유대인 박물관에서 최초 발생했다. 이어 2015년 11월 프랑스 파리와 2016년 3월 벨기에 브뤼셀에서 FTF에 의한 전투형 테러가 발생하면서 당시 유럽인들의 불안감을 고조시켰다.

유럽 출신의 테러전투원들은 알-카이다 등 국제적인 테러조직에 소속되어 시리아나 예멘 분쟁지역에서 활동하였고 현재도 활동중이다. 2015년 1월 파리 '샤를리 에브도(Chalie Hebdo)' 신문사에 난입하여 총기를 난사하고 12명을 살해하고 10명이 부상시킨 테러 공격의 주도자인 '사이드 코우아치(Said Kouachi)' 역시 프랑스 국적인으로, 예멘에서 활동하였고 알-카이다 아라비아반도 지부(AQAP) 소속으로 활동하였던 경력이 있었다. '지하디'라는 이름으로 국경 없이 떠돌면서 전쟁에 참전하고 있는 외국인테러전투원은 성전참여자라는 일종의 종교적 배경의 용병 형태가 되었는데, 현재 시리아 내전에 참전 중인 지하디는 4만여 명으로 집계되며, 그 중 유럽 출신의 전투원은 5천 명 정도로 추산된다.[3]

테러조직 IS에 가담한 외국인테러전투원의 경우 100여 개 국가 출신의 전투원 3만 명 이상이 참전하였던 것으로 알려져 있다. 한편, FTF 중에는 여성 참여 비율도 점차 증가하고 있는데 많은 경우 30% 정도를 차지하기도 하였다. 서유럽 출신의 여성으로 IS에 동참하기 위해 참여했던 인원은 550명에 이르기도 한 것으로 집계되었다. 서아프리카의 젊은이들은 나이지리아 테러조직인 보코하람(Boko Haram)에 가입하기 위해 이동하는데, 이들은 월 보수

---

3 David Malet, 2018, "The European Experience with Foreign Fighters and Returnees", Egmont paper 101. pp. 6-18

미화 560달러의 조건에 유혹되어 용병으로 활동하기를 희망하기 때문이다.[4]

IS와 알-카이다 등의 조직이 중동지역에서 물리적으로 와해되기 시작하면서 이 전장에서 활동했던 외국인테러전투원은 본국으로 또는 제3국으로 이동하게 되는데, 테러 전투에 참여한 경험이 있는 이들이 세계 각지로 여행한다는 것은 국가안보 차원에서 심대한 위협이 된다. 이들이 어느 곳에 있든지 인터넷과 미디어로 연결되는 네트워크는 여전히 활성화되어 있고 이 수단을 통해 IS와 알-누스라 전선(Al Nusra Front) 등의 조직은 시리아와 이라크 지역이 아닌 다른 어느 곳에서도 지속적으로 연락을 취하면서 테러 공격 지령하달과 수신, 테러조직원 모집활동 등을 할 수 있기 때문이다. 이미 본국으로 귀환한 외국인테러전투원(FTF)이라면 IS로부터 전수받은 전투 기술과 폭탄 제조 기술 등을 익힌 채, 서유럽 국가 등에 거주하고 있다는 의미이며, 이들은 테러조직의 지시를 받고 언제든지 자국에서 테러를 감행할 수 있는 잠재적 위협으로 존재한다.

프랑스의 경우 최근 발생한 테러 사건 중 72건이 시리아에서 귀국한 테러전투원 출신자들과 연계된 것으로 프랑스 당국은 밝혔다. 2015년 2월 23일 인도네시아 수도 자카르타에서 발생한 클로린 가스(chlorine gas) 테러 공격의 경우, 인도네시아 당국은 과거에 발생한 적이 없는 최초의 수법이라고 발표하였으며, 귀국한 FTF 일원이 시리아 전장에서 익힌 테러 수법을 사용한 것으로 정부 당국은 판단하고 있다.[5] 2014년 5월 24일 벨기에 수도 브뤼셀에서 발생한 유대인 박물관 테러사건 역시 IS에 가담하였던 FTF 출신 조직원의 소행인 것으로 밝혀졌다.[6]

---

4 Op. cit, "Foreign Terrorist Fighter" Laws, pp. 4-5.

5 Kate Lamb, "Indonesian police blame jihadis returning from Syria for chlorine bomb", Guardian, 25 March 2015.

6 BBC News, "Brussels Jewish Museum killings: fourth victim dies", 6 June 2014.

외국인테러전투원(FTF)은 용병이나 사적 계약으로 무장된 병력과는 구분된다. 용병이나 계약직 무장인원(employees of private military or security companies)은 국가나 정부에 의해 모집되며, 금전적 수익을 목적으로 전쟁상황에 참여한다. 일부 테러조직의 경우도 금전적 대가를 제시하면서 조직원을 모집하기도 하지만, 이슬람 극단주의 테러조직의 경우, 근본적으로 지하드에 참전한다는 종교적 이념이 주류를 이루며, IS의 경우, 이슬람제국인 칼리파 국가를 건설하는 데 참여하는 것을 목적으로 내세운다.

2. 외국인테러전투원(FTF) 구분에 관한 문제

유엔 안보리가 제재대상으로 지정하였던 테러조직은, '이슬람국가(IS)', 알-카이다, 알 누스라 전선(Al-Nusra Front), 알-샤바브 등 20여 개 조직이 발견된다. 그러나 이 조직은 테러조직으로 지정된 것이 아니라, 유엔헌장에 위배되는 활동을 하는 단체로서 제재대상으로 지정된 것이다. 유엔에서는 아직도 테러리즘의 정의를 명시하지 못하는 상황이다. 그럼에도 불구하고 유엔 안보리 결의안 2178호는 "테러행위와 테러훈련"이라는 개념을 명시하였다. 실제, UN에서 테러조직을 지정하지 않은 상태이고 개별 국가마다 테러조직의 인정 범위가 다르기 때문에 일관된 FTF를 규정하기도 어려운 실정이다. 즉, 어떤 나라에서는 테러조직으로 인정하지만 다른 나라에서는 테러조직으로 지정하지 않는 무장정파와 연계되어 활동하다 귀국한 자에 대해 FTF로 적용할 수 있는지는 의문이다. 예를 들면, 미국이나 서유럽 국가 출신자가 시리아 북부로 여행하여 쿠르드 민병대인 YPG(Kurdish People's Protection Units)에 가담하여 IS에 대항하여 싸웠다면, 이를 FTF로 간주하기는 어려운 상황이 된다. YPG 조직이나 쿠르드 게릴라인 PKK(Kurdistan Workers Party)가 미국 및 서유럽 국가들에 의해 모두 동일하게 테러조직으로 지정되지는 않았으며, 연합국과 공조하여 공공의 적인 테러조직 IS에 대항하여 싸웠기 때문이다.

또한, 예멘과 같은 복잡한 정치적 상황이 전개된 전장에 참여한 경우도 모호한 상황이 된다. 2015년 국제 언론에서는 아라비아 반도에서 활동하는 알-카이다 조직원(AQAP)들이 사우디아라비아 정부와 동맹을 맺고 예멘 정부의 반대 세력인 후티(Houthi)파에 대항하여 전투를 벌였다고 보도하였다. 이로부터 13개월 후 아랍에미레이트 연합국(UAE)이 제기한 주장에 따르면, AQAP가 예멘의 前 대통령 '알리 압둘라 살레(Ali Abdullah Saleh)'와 동맹관계를 맺고 있다고 하였는데, 살레 전 대통령은 반군을 지원하는 세력으로 알려져 있는 인물이다. 즉, AQAP의 활동이 고정된 동맹을 유지하지 않은 채, 정부군 또는 반군과 유동적으로 연합하여 활동하고 있어 예멘의 상황으로만 볼 때 AQAP를 테러조직으로 간주해야 할지 판단하기가 모호해진다.

한편, 해외로 이동하여 무장 조직에 가담하였다 해도 이들이 모두 국제규범상 위반행위를 한 것으로 볼 수 없다는 주장이 제기된다. FTF로 인정하는 정의에 따르면 테러조직 외에도 무장단체에서 훈련을 받거나 훈련을 제공한 경우, 즉 단체의 일원으로 활동한 경우를 폭넓게 보아 모두 FTF로 간주하는데, 국제적십자사(ICRC)는 이러한 정의에 대해 우려를 표명하였다. 예를 들면, 어떤 국가의 정부가 '국가 차원의 테러(state terrorism)'를 자행하는 경우, 이에 대응하여 민병대가 조직되어 주민의 안전과 구호를 위해 활동하는 사례도 발견되는데, 여기에 가담한 민병대 조직원이 모두 FTF로 간주되는 것은 무리가 있다는 주장이다.[7]

국가 차원의 대테러 활동에서 주로 상충되는 사안은 각 국가의 정권 차원에서 인권에 관한 범위를 어느 정도까지 고려하는가에 달려 있다고 할 수 있다. 외국인테러전투원(FTF)으로 특정하기 모호한 상황에서 모든 협의가

---

7 "Foreign Terrorist Fighter" Laws - Human Rights Rollbacks Under UN Security Council Resolution 2178, International Community Law Review, vol. 18, no. 5 (2016), p.6

있는 외국인 여행자를 테러혐의자로 간주하는 것은 반인권적 조치이기 때문이다. 이에 따라 국제연합 총회(UN General Assembly)에서는 결의안 2178호(2014년)에서 회원국들이 국가안보를 수행함에 있어 인권보호 활동의 중요성도 인식할 것을 요구하면서, 인권침해와 법질서의 부재는 테러리즘이 번성할 수 있는 환경이 된다는 점을 강조하였다. 결의안 2178호에서 설명하는 FTF 관련 내용은 국제적 수준의 규범으로 작용하며, 이를 바탕으로 개별 회원국가에서 외국인 또는 내국인 테러전투원에 대해 개별적으로 해외에서 활동한 테러 연계 범죄를 고려하면서, 각 개인을 기소하고 처분하는 것은 각 국가의 판단에 맡겨져야 하는 상황이다.

우리나라는 테러방지법 제2조 제4호와 제13조에서 외국인테러전투원을 다음과 같이 설명하고 있다.

제2조 제4호: "외국인테러전투원"이란 테러를 실행·계획·준비하거나 테러에 참가할 목적으로 국적국이 아닌 국가의 테러단체에 가입하거나 가입하기 위하여 이동 또는 이동을 시도하는 내국인·외국인을 말한다.

제13조(외국인테러전투원에 대한 규제)

① 관계기관의 장은 외국인테러전투원으로 출국하려 한다고 의심할 만한 상당한 이유가 있는 내국인·외국인에 대하여 일시 출국금지를 법무부장관에게 요청할 수 있다.

② 제1항에 따른 일시 출국금지 기간은 90일로 한다. 다만, 출국금지를 계속할 필요가 있다고 판단할 상당한 이유가 있는 경우에 관계기관의 장은 그 사유를 명시하여 연장을 요청할 수 있다. ③ 관계기관의 장은 외국인테러전투원으로 가담한 사람에 대하여 「여권법」 제13조에 따른 여권의 효력정지 및 같은 법 제12조의 2에 따른 재발급 제한을 외교부장관에게 요청할 수 있다.

제3장

국내 체류 외국인에 의한 테러 위협

1. 난민과 테러위협

2018년 5월 제주도의 무사증 입국이 가능한 상황을 노린 예멘인 500여 명이 특별한 제재 없이 제주도로 입국하였다. 2015년까지는 예멘인들의 제주도 입국은 없었지만, 2016년에 7명, 2017년에 42명으로 늘어나다가 2018년에는 500여 명까지 늘어난 것이다. 결국 출입국외국인정책본부는 2018년 6월 1일부터 예멘을 무비자 국가에서 제외했고, 제주도 내 예멘 난민들에 대해서는 제주도를 벗어나지 못하게 하는 제한 조치도 실시했다. 이들은 일단 대한민국에 입국한 이후에는 모두 난민신청을 하였고, 우리나라는 '난민의 지위에 관한 협약(1951)'에 가입한 국가이며 난민법을 제정하여 시행하는 국가로서, 이들에 대해 강제출국 조치는 고려하지 않고 있다. 예멘인들의 대규모 입국의 배후에는 제주도 무사증 입국의 제도적 허점을 이용하였던 알선조직이 있는 것으로 추정된다. 우리 정부는 무슬림 난민의 대거 입국에 당황하면서 서둘러 6월 1일부로 예멘에 대해 무사증 입국제도를 철회하고 비자요건을 부과하였다. 그러나 이미 입국한 520여 명의 예멘 출신의 외국인에 대한 문제는 이제부터 시작인 셈이다.

예멘은 2014년부터 내전이 발발하여 현재까지 진행중이며, 이 분쟁은 남예멘 주축의 라샤드 알-알리미가 이끄는 대통령 지도부 평의회(PLC)와 북예멘 후티파 지도자 마흐디 알-마샤트(Mahdi al-Mashat)가 이끄는 최고 정치위원회(Supreme Political Council)가 대립하여 그들의 지지자 및 동맹국들과 함께 시작한 다자간 내전이다. 요약하면, "자이디(Zaidism)"라는 시아파의 분파인 후티파와 순니파가 주류인 정부군이 대립하고 있으며, 별도의 세력으로 이슬람 극단주의 테러조직인 IS, 前 대통령 살레(Saleh)를 따르는 또 다른 순니파 등이 얽혀져 교전하면서 다자간 교전이 지속되고 있다. 또한, 아라비아 반도의 알-카이다(AQAP) 조직과 IS도 상호간 교전을 하고 있으며, AQAP는 내륙과 해안을 따라 뻗어 있는 영토를 통제하고 있다.

한편, 2018년 대규모 입국한 예멘인들은 40여 명이 여성이며 나머지 480여 명이 모두 20~30대의 건장한 남성들로, 다자간 전투가 진행되는 사회에서 입국한 젊은 층의 남성들이라는 점은 대테러 활동 차원에서 주목할 만한 사안이라고 하겠다. 이번 입국한 예멘인을 포함하여 2024년 현재 국내 체류 중인 이슬람권 이주민은 30만 명 이상으로 추산된다.[1] 무슬림의 종교적, 사회적 현상을 감안할 때 이들의 인구증가는 급속히 늘어날 것이며, 이제 우리 사회에도 무슬림 사회가 확산되는 것은 시간문제로 보인다. 이슬람은 어원에서 나타나듯이 "평화와 복종"을 의미하며, 무슬림이 우리 사회에 위협이 된다고 볼 수는 없을 것이다. 그러나 무슬림 사회를 이용하여 스며드는 외국인테러전투원(FTF) 등 이슬람 극단주의 바탕에서 초래되는 테러 위협에 대해서는 초동단계부터 치밀한 관찰과 폭넓은 정보수집을 통한 철저한 대응활동이 요구된다.

---

1 2024년 현재, 외국인은 246만 명이고, 불법체류자는 395,000명으로 집계된다. 그 중 이슬람권 국가 출신자는 총 32만여 명이 국내 체류하는 것으로 추정된다. (김동문, 2024, 한국 내 외국인 무슬림이주자 인구 추산에 관한 연구)

2. 유엔 보고서의 대한민국 테러위협 평가

유엔 안보리의 'IS 및 알-카이다 등 조직에 대한 제재 위원회'에서 작성한 보고서(2019.1.15) 내용 중 우리나라와 관련된 내용이 게재되었다.

"59항: IS는 중앙아시아에서 활동 영역을 확대하기 위해 노력하고 있으며, 주로 페르가나 계곡에서 공공 모임을 대상으로 한 테러 공격을 촉구하였다…(중략)…우즈베키스탄, 키르기스스탄, 타지키스탄 국적의 외국인테러전투원(FTF)들은 카자흐스탄을 환승 경로로 이용하고 있다. 2018년에는 중앙아시아 국가 국적자 50명이 카자흐스탄에 구금되었으며, 이 중 30명이 테러 관련 사유로 수배되었다. 2012년 이후 테러 단체에 가입했던 약 100명의 카자흐스탄 국적자(남성과 여성)가 카자흐스탄 본국으로 송환되었다."

"60항: 시리아에서는 주로 우즈베키스탄 국적으로 구성된 알-누스라 프론트(ANF)의 전투조직인 카티바 이맘 알-부카리(Khatiba Imam Al-Bukhari)와 카티바트 알-타위드 왈 지하드(Katibat al-Tawhid wal Jihad, KTJ)가 각각 약 200~300명의 전투원을 보유하고 있다. 카자흐스탄 출신 전투원 약 40~50명이 시리아에서 활동중이며, 이들은 테러조직 HTS(ANF 연계조직) 소속인 것으로 보고되었다…(중략)…튀르키예에 수감된 다수의 우즈베키스탄 국적인 FTF들이 튀르키예에서 대한민국으로 추방되기를 요청하고 있으며, 대한민국에 체류하는 우즈베키스탄인이 총 2만 명에서 3만 명 사이로 추정된다. 대한민국에 체류하는 일부 우즈벡 이주 노동자들은 급진화되어 우즈벡 이슬람 극단주의자들이 외국인테러전투원(FTF)으로서 시리아에 입국하는 데 여행 자금을 조달하고 있는 것으로 알려졌다."[2]

---

2 Security Council Committee pursuant to resolutions 1267(1999), 1989 (2011) and 2253 (2015) concerning Islamic State in Iraq and the Levant (Da'esh), Al-Qaida and associated individuals, groups, undertakings and entities: Twenty-third report of the Analytical Support and Sanctions Monitoring Team submitted pur-

2019년 7월, 유엔 안보리의 'IS 및 알-카이다 등 조직에 대한 제재 위원회'에서 작성한 보고서(2019.7.15) 내용 중 우리나라와 관련된 내용은 아래와 같다.

"52항: 중앙아시아 회원국들은 시리아, 이라크, 아프가니스탄으로 여행한 자국민들이 주요 테러 위협 요인이라고 평가한다. 외국인테러전투원(FTF)은 예년보다 훨씬 적은 규모이지만 분쟁 지역으로의 여행을 계속 시도하고 있다. 대한민국, 러시아, 튀르키예 등의 국가에 체류중인 우즈베키스탄 및 타키스탄 이주 노동자들은 테러조직의 온라인 선전 대상이며, 테러조직원 모집의 표적이 되고 있다."[3]

위 2건의 보고서 내용을 보면, 중앙아시아 중에서도 우즈베키스탄 국적의 외국인테러전투원이 우리나라에 입국하기를 희망하고 있으며, 이미 국내 체류중인 우즈베키스탄인 중 일부는 극단주의 테러조직과 연계하여 자금지원을 지속하는 것으로 판단된다. 현재 우즈베키스탄 국적인이 연계된 이슬람 극단주의 테러조직은 IMU(우즈베키스탄 이슬람 운동)와 IJU(Islamic Jihad Union, 이슬람 지하드 연합) 등 2개 조직이 활동중인 것으로 알려져 있다.

첫째, IMU는 우즈베키스탄 이슬람 원리주의를 추구하는 조직으로, 제정 러시아의 식민지배 시절 우즈베키스탄 페르가나 지역에서 시작되어 정통 칼리파 시대로 회귀하기를 추구하면서 급진주의 운동을 전개하였던 단체가 기원이 된다. 현재의 IMU는 1998년 아프가니스탄에서 결성되었으며, 지도자는 나망가니(Juma Namangani)와 율도쉬(Tahir Yuldosh)가 맡았다. 이들은 우즈베키스탄을 급진이슬람국가로 만들기를 원했지만 반대로 우즈베키스탄 정부는 이들을 탄압함과 동시에 정부 주도의 온건한 이슬람세력으로 흡수하

---

suant to resolution 2368 (2017) concerning ISIL (Da'esh), Al-Qaida and associated individuals and entities.

3 Ibid. Twenty-fourth report of the Analytical Support and Sanctions Monitoring Team submitted pursuant to resolution 2368 (2017) concerning ISIL (Da'esh), Al-Qaida and associated individuals and entities.

기 위한 여러 시도가 있었다. 1999년 2월 16일 우즈베키스탄의 수도에서 대통령을 암살할 목적으로 폭탄 테러를 시도한 적이 있으며 이때 우즈베키스탄 정부에서는 테러의 용의자로 율도쉬를 지목했다. 1999년 5월, 율도쉬는 탈리반의 허락을 받고 아프가니스탄 북부에 IMU 훈련캠프를 설립했으며 우즈베키스탄의 범죄인 인도요구에 불응하면서 탈리반의 보호하에 현재 아프간에 체류중인 것으로 알려져 있다.

둘째, 이슬람 지하드 연합(IJU)은 2002년 설립된 이슬람주의 무장단체 조직으로, 우즈베키스탄 이슬람 운동(IMU)의 분파로 창립되었다. 우즈베키스탄은 중앙아시아에 위치한 국가로 130개가 넘는 민족들이 살고 있고 공식 통계상으로는 80% 이상이 우즈베크인이며, 그 다음에 많은 민족은 타지크인[4]이다. 이슬람 지하드 연합은 탈리반과 알-카이다 두 단체의 같은 수니파 연계단체로도 잘 알려져 있다. 이슬람 지하드 연합의 테러 공격 사례를 보면, 2004년 3월 28일부터 4월 1일까지 우즈베키스탄에서 일련의 폭탄을 터뜨려 47명이 사망한 사건이 있으며, 2004년 7월 30일 우즈베키스탄 타슈켄트에 있는 미국 대사관과 우즈베키스탄의 검찰총장실을 대상으로 폭발물 테러 공격을 자행하기도 했다. 이슬람 지하드 연합은 알-카이다와 밀접한 관계를 유지하면서 파키스탄과 서유럽, 특히 독일의 테러 공격에 초점을 맞췄다. 2005년 6월 유엔 안전보장이사회는 이슬람 지하드 연합을 제재대상에 추가했다.

4 이란족계열의 아리아인 유목민이다.

3. FTF 관련 위협 및 대응

(1) 국제 테러리즘의 표적으로 부상

지난 수년간 테러단체 조직원으로 파악된 50여 명 이상이 우리나라에 입국했다가 강제 출국조치 당했으며, 자발적으로 '이슬람국가(IS)' 공개지지를 표명한 내국인도 10여 명이나 되는 사례를 볼 때, 우리나라 역시 IS 및 국제테러조직의 공격대상이 되고 있다는 사실을 알 수 있다. 그동안 IS는 한국이 미국 주도하의 연합군에 참여했다는 이유로 끊임없이 한국을 위협해왔으며, 2015년 8월 IS의 온라인 선전지 '다비크(DABIQ)'에 이슬람국가 건설 대항 세력인 국제동맹군 합류 국가를 '십자군 동맹국'으로 지칭하면서 'IS에 대항하는 세계 동맹국 60개국'에 대한민국을 포함시킨 사실도 있다.

2015년에는 인도네시아 국적의 불법체류자 무슬림 남성이 북한산에서 국제테러단체 깃발을 든 사진을 SNS에 올려 검거되기도 하였으며, 2015년 4월에는 리비아 IS 대원이 리비아 트리폴리 소재 한국 대사관 건물과 경비초소에 기관총으로 40여 발을 난사하고 도주한 적도 있다. 2016년 1월에는 국내에서 일하는 외국인 근로자 7명이 급진 무장단체인 IS에 가담한 사례가 있었고, 사제폭탄을 만들 수 있는 원료를 국내로 밀수하려던 외국인 IS 동조자 5명이 적발되기도 했다. 내국인의 경우에도 테러단체에 가입하거나 테러조직을 지지하는 움직임이 포착되었다. 2016년 2월 IS는 우리나라 공무원과 민간인 20명을 적시하고 "어디서든 발견되면 살해하라"며 테러 발생을 부추기는 내용을 인터넷 동영상 매체인 '유튜브(youtube)'를 통해 공개하기도 하였다. 2016년 6월에는 IS의 해커조직인 '유나이티드 사이버 칼리파(United Cyber Caliphate)'라는 단체가 한국의 오산과 군산의 주한 미 공군기지 상세 좌표를 공개하고, 우리나라 국민에 대한 개인정보를 공개하면서 테러 공격을 자행하라고 선동한 바 있다.

우리나라의 과거 테러 위협을 분석해 보면, 북한에 의해 자행된 사례가 주류를 이룬다. 버마 아웅산묘소 폭파(1983.10), 대한항공 858기 폭파(1987.11), 천안함 폭침(2010.3), 연평도 포격(2011.11) 등의 물리적 테러 사례와 다수의 북한 소행 사이버 테러 사례가 발견되며, 이슬람 극단주의 등 종교적 동기에 의한 심각한 테러 사례는 발견되지 않는다. 이러한 이유는 아직까지 국내 체류 무슬림 인구가 비교적 적은 수준이고, 우리나라의 대외적 활동 역시 이슬람권 국가에 대한 적대적 입장을 적극적으로 취하지 않는 데 기인한다고 볼 수 있다. 그러나 국내 체류 무슬림 인구의 증가현상과 미국의 우방으로서 대외적 태도를 견지하는 우리나라의 대외정책으로 인해 이슬람 극단주의 테러조직의 타깃으로 진화될 수 있는 가능성은 여전히 존재한다.

(2) 국내 입국 무슬림과 FTF 위협

국내체류 외국인 중 불법체류자, 난민인정자, 인도적체류지위 획득자 등 3가지 분야에서 무슬림이 국내 입국한 상황을 파악하면 다음과 같다. 첫째, 불법체류자의 경우 2023년 42만여 명으로 집계되며, 2022년말 국적별 통계에 따르면, 태국인이 14만 7천 명으로 가장 많고, 이슬람 국가 출신으로서 카자흐스탄 13,191명, 인도네시아 10,448명, 우즈베키스탄 9,549명 등 3만 3천 명이 넘는다. 둘째, 난민을 신청하여 난민인정자 자격을 획득하고 국내에 합법적으로 거주하는 외국인은 1994년부터 2023년말까지 총 1,439명으로 미얀마 출신이 450명이고, 방글라데시 123명, 이집트 115명, 파키스탄 105명 등이다. 난민인정자의 경우 우리나라 정부의 철저한 조사를 거쳐 인정됨에 따라 소수에 불과하다. 셋째, 난민신청을 하여 난민인정은 받지 못했지만 '인도적체류지위'를 획득한 경우다. '인도적체류지위'란 난민에는 해당하지 않지만, 고문 등의 비인도적 처우나 처벌 또는 그 밖의 상황으로 인하여 생명이나 신체의 자유 등을 현저히 침해 당할 수 있는 경우 보충적으로 부여되는 지위다. 현행 난민법상 인도적체류지위는 별도로 신청할 수 없고, 난민신청에 대한 불인정 결정 후 출입국 당국의 재량으로 부여되고 있다. 1994년부터 2023년까지 인도적체류지위 현황은, 시리아 출신 1,263명, 예멘 794명, 미얀마 55명, 파키스탄 32명 등으로 분쟁지역인 시리아와 예멘 출신이 2,057명에 달한다.[5]

국내 체류하는 무슬림 인구는 2024년 7월 말부로 31만 9,853명으로 집계된다. 전체 외국인의 11.2%에 해당한다.(김동문 2024) 한편 일부 기독교 매체에서는 국내 체류 무슬림 인구가 2015년 당시 40만 명이 넘으며, 2050년경이면 국내 이슬람 인구는 300~400만 명 정도 될 것으로 전망하기도 한다.[6]

독일 언론 'Die Zeit'는 워싱턴의 통계 조사기관 PEW의 최근 조사 결과를 인용하여, 이슬람교는 세계의 그 어떤 종교보다도 빠르게 늘어나고 있으며, 그 가장 큰 원인이 '높은 출생률'에 있다고 보도했다.[7] 국내 체류하는 무슬림도 산아제한과 개종이 거의 없는 무슬림 문화의 특징을 유지하고 있어 머지않아 이슬람 종교가 국내 주류 종교의 하나로 자리 잡는 현상이 예측되기도 한다.

이슬람을 믿는 무슬림의 인구 증가의 흐름은 이미 유럽 국가에서 나타난 현상이다. 2010년 유럽 국가에서 차지하는 무슬림의 인구는 3.8%이며 2016년에는 4.9%를 차지한다. 이러한 증가 추세를 감안하면 2050년 유럽 인구의 14%가 무슬림이 된다는 계산이다. 독일의 경우 2016년 총 인구의 6.1%인 495만 명의 무슬림이 체류하고 있다. 2050년에는 독일 총 인구의 19.7%를 차지하며 1천 749만 명의 무슬림이 독일에 거주할 것으로 추정된

---

5 https://nancen.org/2397

6 최윤식, 최현식, 〈2020-2040 한국교회 미래지도 2〉, 2015, 생명의말씀사. 출처 : 미주뉴스앤조이(https://www.newsnjoy.us)

7 유로저널, 2017.4.11., "무슬림 인구, 전 세계에서 가장 빨리 증가": http://eknews.net/xe/496963

다.[8] 독일은 1961년부터 터키인을 외국인근로자(Gastarbeiter)로 받아들였으며, 1973년 당시 75만 명의 터키인 중 절반은 터키로 귀환하였고 나머지 절반은 독일에 합법적으로 체류하게 되었는데, 당시 독일 체류 터키인은 37만여 명이었다. 40년이 지난 지금 독일의 터키계 무슬림은 4백만 명을 넘는다. 무려 10배 이상의 인구 증가를 보인 것이다.[9]

우리나라에서도 우리 국적자가 외국인테러전투원(FTF)과 연계되거나 FTF로 활동하기 위해 중동 분쟁지역으로 여행한 사례가 발견된다. 2015년 초 IS에 가담하기 위해 시리아로 출국한 당시 18세의 청년을 비롯하여, 2015년 11월 국회정보위원회에서 밝힌 내용에 따르면, 국내에 IS를 공개적으로 지지하는 10여 명이 있으며, 2010~2015년간 테러조직 가입자 50여 명이 출국조치된 것으로 알려졌다.[10] 지난 7월 16일 인천지검 공안부는 국내 외국인 노동자를 대상으로 테러조직인 IS에 가입할 것을 권유하고 홍보한 혐의로 국내체류 시리아인을 테러방지법을 적용하여 구속시킨 사건이 발생하였다. 조사결과 피의자는 이미 수차례 시리아 등 중동지역을 왕래하면서 실제로 IS에 가입하여 활동한 인물로, 외국인테러전투원(FTF)을 국내에서 적발한 사례가 되는 셈이다.

---

8 "Europe's Growing Muslim Population", Pew Research Center, 2017.11.29.
http://www.pewforum.org/2017/11/29/europes-growing-muslim-population/

9 "Turkish guest workers transformed German society", DW.com (2011.10.30.)
https://www.dw.com/en/turkish-guest-workers-transformed-german-society/a-15489210

10 KBS News, 2015.11.18., "국내 IS 공개 지지자 10여 명…테러단체 가입자 50여 명 출국조치"

⑶ FTF 등 테러위협인물 유입 대응방안

국제 테러조직이나 무장단체와 연계되어 활동한 외국인테러전투원(FTF)의 위협을 우리나라 차원에서 대응하기 위한 방안은, 국제적 수준으로서 유엔안보리의 최근 권고사항을 반영하였으며, 국가적 차원으로는 유럽연합(EU) 국가들의 효율적인 대응사례를 교훈으로 도출하였다.

1) 유엔안보리 결의안 2396호(2017)에 따른 검토

유엔은 안보리결의안 2178호(2014)에서 외국인테러전투원(FTF)의 위협을 부각시키고 테러대응 차원에서 모든 회원국이 FTF의 여행, 모집, 자금지원 등을 중대한 범죄행위로 법 규범을 확립토록 촉구한 바 있다. 3년이 지난 후 안보리결의안 2396호(2017)를 채택하면서, 그동안의 활동에 대한 평가에 이어, 더욱 구체적인 조치를 제시하였고, FTF의 예방과 차단에 효율성을 높이고 있다. 이 결의안에서 제시하는 4개의 조치사항[11]에 따라 우리나라의 법규범과 제도를 비교하여 검토한 내용은 다음과 같다.

첫째, 테러조직 또는 무장단체와 연계되어 활동할 목적으로 여행, 모집, 자금지원 등의 활동을 하는 행위를 자국의 실정법에 범죄행위로 명시해야 한다는 안보리결의안 2178호(2014)를 적극 실천해야 한다. 우리나라의 현행 테러방지법에는 제2조, 4항에서 외국인테러전투원의 정의를 명시하였고, 제13조(외국인테러전투원에 대한 규제)에서 필요시 출국금지 요청, 제17조(테러단체 구성죄 등)에서 외국인테러전투원으로 가입한 자에 대해 징역 5년 이상이라는 처벌사항을 명시하였으나, "가입"의 범위가 모호하고 연계활동의 구체적

11 Op. cit., UNSC Resolution 2396(2017), pp. 5-9.

종류가 명시되어 있지 않아 엄격히 규제하는 체제가 갖추어져 있다고 보기 어려운 실정이다.

둘째, 국경 통제와 정보 공유이다. 결의안 2396호(2017)에서는 테러연계 혐의자의 정보를 유관기관 및 국가 간 공유하면서 범죄의 예방을 촉구하고 있다. 이에 따라 혐의가 있는 개인의 정보를 수집하여 데이터베이스로 구축하고 이를 교류하도록 모든 회원국이 노력해야 하며, 인터폴(Interpol)에 정보를 제공하여 공유할 것을 요구한다. 또한 국제민간항공기구(ICAO)의 항공보안계획(GASeP)을 적극 실천하고 이를 바탕으로 탑승객 명단기록(PNR) 등 항공 탑승객의 정보를 수집하고 공유할 것을 촉구하였다. 유럽의 대부분 국가들이 이러한 제도를 실천하고 있으나 독일 등 일부 인권 중시 국가는 아직까지 동참하지 않은 상태이다. 우리나라의 경우도 인권문제를 고려하여 탐승객 정보의 국내 유관기관 간 교류가 원활하게 이루어지지 않는 편이나, 최근 국제적 조치의 추세에 따라 FTF 차단활동의 일환으로, 제도적으로 허용하는 방안을 적극 고려해야 할 시점에 도달했다고 볼 수 있다.

셋째, 사법적 조치와 국제적 협력 강화이다. 외국인테러전투원(FTF)으로 활동한 자 또는 해외에서 반인권범죄를 저지른 자에 대해 국내 실정법으로 엄격하게 처벌할 수 있는 법 규범 및 제도적 장치 마련이 필요하다. 이를 위해서는 대상자의 신원사항과 범죄내용을 파악하기 위해 국가 간 협력 및 국제기구와의 협력이 확대되고 활성화되어야 한다.

넷째, 인도적 차원에서 외국인의 국내 정착 전략이 필요하다. 국내에 입국하여 난민 또는 인도적 체류의 지위를 획득한 외국인에 대해 정착과 통합의 프로그램이 마련되어야 한다. 합법적으로 국내 체류 자격을 획득한 외국인의 경우 정치적, 종교적, 이념적으로 상이한 배경을 갖고 있으나, 인권의 존엄성과 민주주의 가치를 우선시하는 선진국형 사회 환경을 인지토록 유도해야 한다. 더불어, 우리 사회 역시 이들이 인권적으로 차별받지 않는 환경에서 잘 적응 할 수 있도록 통합정책을 전개해야 한다.

2) EU 국가의 대응 사례 교훈

중동 등 분쟁지역의 해외여행을 근거로 외국인테러전투원(FTF) 혐의자를 처벌할 수 없다는 입장을 가진 스웨덴처럼 인권 중시 국가도 있는 한편, 우범자의 국내 활동을 제한하고 가택연금을 허용하며, 여권을 규제하는 등 엄격한 대응활동을 전개하는 프랑스의 조치도 발견된다. 그럼에도 불구하고, EU 주요 국가의 공통점은 FTF에 대해서 매우 구체적인 법 규범과 대응 제도를 마련하고 있다는 점이다. 대부분 유럽 국가는 FTF에 대한 총체적 대응활동 차원에서, 우선 국내에서 모집하는 행위를 예방하고, 국내에서 해외로 출국하는 전투원을 차단하며, 해외 활동 후 몰래 귀국하는 전투원을 색출하고 처벌하며, 귀국 후 탈극단화 등을 통해 사회에 정착할 수 있는 통합정책을 적용하는 일련의 과정이 마련되어 있음을 알 수 있다.

독일의 경우 FTF 관련 법 규범은 형법에서도 명시하고 있으며, 정보기관 및 수사기관 간 정보교류를 확대할 목적으로 2016년 "대테러 정보교류 증진법"을 제정하는 등 법적 대응조치가 매우 구체적이다. 이 법을 통해 우범자 추적을 위해 대상자를 16세에서 14세로 낮추기도 하였고 통신법을 개정하여 통신자료 수집 영역을 확대하기도 하였다. 또한 FTF와 관련하여 독일에 가장 위협이 되는 터키와 긴밀한 정보협력 관계를 유지하면서 우범자 출입국 관련 정보를 공유하고 있다.

프랑스는 2012년 대테러법을 제정한 이후 빈번히 발생하는 FTF의 자국내 테러 공격에 대응하기 위해 2014년 추가 조항을 신설하고, 이어 2016년 6월 조직범죄와 테러리즘에 대한 대응 강화법을 신설하였다. 이 법을 통해 수사권 확대, 수사활동상 절차의 단순화 등의 조항을 포함시켜, 인권보호 측면을 다소 희생하면서도 테러대응활동에 중점을 둔다는 의지를 보였다. 또한 프랑스는 FTF 우범자에 대해서는 여권을 제한하고, FTF 활동 후 귀국자에 대해서는 사회복지 혜택을 정지시키는 조치도 취한다.

스웨덴의 경우 인권 중시 차원에서 FTF 우범자에 대해 비교적 느슨한 대응을 하고 있으나, 자국의 정보기관을 통해 중동 등 분쟁지역에서 활동하고 있는 자국민에 대한 사전조사를 실시하여 그 정보를 축적·공유한다.

스페인은 프랑스, 모로코 등 해외 유관기관 간 FTF 모집책 등 관련 범죄자를 색출하기 위한 합동공작을 실시하고 성과를 보이기도 하였으며, 이탈리아, 덴마크, 벨기에는 FTF 우범자와 이미 극단화된 FTF 귀국자에 대해서 탈극단화 프로그램을 마련하고 지역사회와 교도소 등에서 적용시키고 있다.

3) FTF의 난민 위장 국내 유입 대응방안

외국인테러전투원(FTF)의 정의에 따르면, 국내에서 해외 분쟁지역으로 여행하는 자와 해외에서 활동하다 국내로 잠입하는 자 등 두 가지 유형으로 구분됨을 알 수 있다. 우리나라의 경우 정치적, 종교적, 이념적 이유로 FTF에 가담하기 위해 해외로 출국한 사례가 드문 편이나, 최근 증가하는 이슬람권 국가 및 분쟁지역 국가에서 국내로 입국하는 추세를 보면, 해외 FTF 및 연계자가 국내 잠입할 가능성은 매우 농후하다.[12] 따라서 본 연구에서는 해외에서 FTF로 활동한 후 위장난민으로 가장하여 국내에 잠입을 기도하는 상황을 가정하여 대응방안을 고찰해 본다.

우리나라가 2013년 난민법을 시행한 이후 우리나라에 입국하여 난민지위를 신청한 자는 2018년 5월까지 총 40,470명이며, 파키스탄(4,740), 중국(4,253), 이집트(3,874), 카자흐스탄(3,069), 나이지리아(2,031), 인도(1,935), 방글라데시(1,745), 기타(18,823) 順이다. 우리나라의 난민신청자는 2010년 이후 꾸

---

12 중앙일보, 2015.9.30. "'IS 한국인 대원' 김군 "여기 온 것 후회"…동생에게 전한 말": 2015년 1월 8일 김군(당시 18세)이 터키를 거쳐 시리아로 입국한 사례가 발견되며, 그 외 우리 국적인이 해외에서 FTF로 활동한 사례는 발견되지 않는다.

준히 증가하였고, 특히 2013년 난민법 시행 이후로 난민인정신청 건수는 큰 폭으로 증가해왔으며, 2023년에는 18,838건으로 전년 대비 약 63.3% 증가하였다. 2023년 난민신청자는 총 18,837명이고, 국적별 현황을 보면, 러시아(5,750), 카자흐스탄(2,094), 중국(1,282), 말레이시아(1,205) 인도,(1,189), 기타(7,318) 順이다.[13] 2022년 2월 러시아-우크라이나 전쟁이 발발하면서 러시아 출신의 난민신청자가 급격히 늘어났고, 이어 무슬림 인구가 70% 정도의 이슬람 성향의 국가인 카자흐스탄, 말레이시아 출신의 난민 신청자가 3,200여 명에 달한다.

한편, 2017년부터 2023년까지 난민신청자 중 가장 많은 국적인은 카자흐스탄인데, 무려 11,108명이 난민신청한 것으로 나타나며, 중복 신청을 고려하면, 카자흐스탄인이 연간 2천 명 이상 난민을 신청하고 있으며, 말레이시아는 연간 1,200여 명이 신청하는 것으로 확인된다. 유엔의 외국인테러전투원(FTF) 보고서에서 나타났듯이, 카자흐스탄의 경우 중동지역의 내전과 테러에 참여한 FTF들이 환승하는 경로로 활용되고 있는 바, 이를 통해 국내로 입국하여 난민신청이 가능하다는 시나리오를 배제할 수 없다.

우리나라에 합법적으로 체류하고자 하는 외국인 중 난민으로 위장하여 체류허가를 획득하려는 대부분의 외국인은 보다 나은 삶을 살기 위한 이주를 목적으로 삼고 있다. 그러나 외국인테러전투원(FTF)의 경우 난민으로 위장하는 이유는 국제적 추적의 회피, 은신의 목적, 또는 아국 대상 테러의 목적으로 잠입한다. 특히, 중앙아시아 국가 및 말레이시아는 이슬람 극단주의 구성원들이 은신하는 곳으로 이용되는 바, FTF 및 연계자가 위장난민으로 가장하여 국내로 침투한다는 가정 하에, 이를 예방하고 색출·차단하는 대응방안을 다음과 같이 제언해 본다.

---

13 e-나라지표 자료

첫째, 법 규범의 보완이 필요하다. 난민법과 테러방지법에 나타난 조항은 최소한의 개념적 의미에 불과하다. 외국인테러전투원(FTF)으로서 국내에서 활동할 수 있는 모든 구체적 상황을 포함하여, FTF의 적용 범위, 가담활동의 구체적 예시 등 상세한 불법사항을 명시함으로서 실질적으로 적용 가능하도록 법률적 기반을 마련하는 것이 필요하다. 또한 안전한 제3국을 경유하여 국내로 입국한 후 난민을 신청하는 자에 대해서는, EU의 더블린 조약을 참고하여, 최초로 입국한 안전한 제3국이 곧 난민신청지가 되어야 한다. 즉, "난민 쇼핑(Asylum-Shopping)" 국가 중 하나로 우리나라가 이용되지 않도록 조치가 필요하다는 의미다. 최근 대표적 사례로 2018년 5월 500여 명의 예멘 난민이 말레이시아에 체류하다가 무사증입국이 가능한 제주도로 몰려와 단체로 입국한 상황은 여러 가지 문제점을 내포하고 있다. 예멘에서 분쟁을 피하여 말레이시아로 이주한 이들은 모두 이슬람권 국가 출신으로, 최초 이주했던 말레이시아가 같은 이슬람권 국가로서 안전한 제3국임에 틀림이 없다. 그럼에도 불구하고 예멘과는 종교적, 정치적, 지리적으로도 거리가 먼 제주도로 입국하여 난민을 신청한 것은 전문적인 알선책(브로커)을 통해 국내의 법 규범적 허점을 이용한 사례라고 볼 수밖에 없다.

둘째, 난민심사의 효율화가 필요하다. 현재 우리나라의 난민인정 절차는 전적으로 법무부라는 단일부서의 담당 업무로 한정되어 있다. 난민위원회와 난민심사관의 활용을 확대하려는 움직임도 있으나, EU 국가에서 보듯이 이 업무를 국내 유관기관으로 확대시키고, 시민단체 등 민간 전문가를 포함하여 사회 각계각층의 의견과 여론을 수렴하면서 의사결정이 이루어져야 할 것이다. 난민으로 인정된 외국인은 결국 우리 사회가 포용하고 통합하여 함께 살아가야 하는 우리 사회 공동체의 일원이 되는 만큼, 그 결정에 대한 책임도 사회에 상당부분 할애되어야하기 때문이다. 이를 위해 심사에 참여하는 전문가들이 다양하게 구성되어야 하며, 유관기관 및 민간분야 등을 폭넓게 포함시켜 대폭 확대시키고 체계적이며 조직화된 심사를 진행한다면 심사에 소요되는 시간은 오히려 단축시킬 수 있다.

셋째, 실질적인 정보수집과 공유가 필요하다. 유엔안보리 결의안 2396호(2017)에서 제시한 바와 같이, 테러 우범자 및 협의자에 대한 생체정보의 수집과 항공기에 탑승하는 모든 탑승객의 명단 사전 입수 및 배포 등의 조치가 필요하다. 또한 EU 국가에서 활용하듯이, 국내 및 국제적으로 활용할 수 있는 테러 우범자 블랙리스트 데이터베이스를 활성화시켜 다른 기관과의 정보 공유 및 비교·확인 등의 조치가 가능하도록 준비해야 할 것이다. 이를 위해, 국내 난민신청자의 출신국 정보, 제3국 여행 및 체류 정보 등을 수집하기 위해 현지 지역전문가 활용을 확대하고 우리 정보당국과 해당 국가의 유관기관 간 정보협력을 원활하게 하는 체계를 갖추어야 한다.

넷째, 난민인정 후 관찰과 교육이 필요하다. 우리나라에서 난민의 지위를 획득한 자가 이후 사회적응과 통합에 필요한 교육 및 프로그램은 부재하다고 볼 수 있다. 인권위와 난민위원회는 현행 난민법의 관련 법령이 추상적이고, 법령의 범위나 주무부처의 책임이 구체적이지 않다고 지적한 바 있다.[14] 난민인정자는 사회보장제도에 접근하기 위해 시민단체나 복지단체를 스스로 찾아다녀야 하는 실정이다. 이와 마찬가지로, 난민인정 이후 이들의 국내 활동은 정부당국의 관심에서 멀어지는 상황이다. EU 국가들의 "탈극단화" 프로그램 등을 준용하여, 사회정착과정의 일환으로 체계적인 교육과 통합을 위한 프로그램이 필요하며, 이 과정에서 우리 정보당국은 자연스럽게 테러 연계 징후 등을 포착하고 관리할 수 있을 것이다.

마지막으로, 난민불인정 결정자에 대한 적극적인 송환 조치가 필요하다. 제네바 난민 협약에 가입한 당사국들은 한번 입국한 난민신청자에 대해 난민불인정 결정이 내려졌다고 하여도 범죄사실이나 사회질서를 위해하는 행

---

14 "난민인정자 자녀는 한국에서 태어나도 '무국적'", 한겨레, 2018.9.19.: http://www.hani.co.kr/arti/society/society_general/862804.html#csidx66ba9b5e58b23c2832c210f4f7a0297

위가 없는 외국인에 대해 강제추방 하는 것은 인도주의에 반한 조치로서 실제 집행하기는 어려운 실정이다. 독일의 경우 "둘둥(Duldung)"이라는 관용적 조치를 취하여 합법적으로는 체류하되 복지 및 취업활동이 제한되는 체류 조건을 부여한다. 우리나라의 경우 10%의 난민인정 비율을 고려하면, 나머지 90%의 불인정 외국인도 국내에 체류 중인 셈이다. 이들 중 대부분은 이의신청을 통해 체류기간을 가능한 길게 확보하고 이 기간 중 취업하여 국내에서 돈을 번 후 체류기간이 종료되면 귀국하는 동향을 보인다. 이의신청 종료 이후 출국 유예기간이 지나면 불법체류자의 신분으로 바뀌고, 이들이 관계당국에 의해 적발되면 곧바로 강제 추방되는 시스템이다. 또한 유예기간 종료시점 즈음에 법무부 관리 제도에서 이탈하여 불법체류자로서 국내에 장기간 체류하는 경우도 있다. 2024년 현재 국내 불법체류자는 32만여 명으로 집계되며, 이들을 적발하여 강제 추방할 수 있는 적극적인 조치는 사실상 불가능하다. 따라서 FTF 연계 혐의가 있는 난민신청자를 구분하여 별도 관리하면서, 난민불인정 결정 이후 신속히 자진출국토록 유도하는 한편, 불법체류 기도자를 사전 파악하고 난민심사 종결 및 유예기간 초과 이후 불법체류자로 구분하고 적발하여 강제 추방시키는 체계를 철저히 이행할 필요가 있다.

제4부

—

에필로그 - 솔루션

제1장

테러조직 종식 사례

이 장에서는 테러조직이 와해되거나 테러 행위가 종식된 사례를 살펴보고, 이를 통해 테러리즘을 사전에 차단하거나 종식시킬 수 있는 요인이 무엇인가를 파악하는 데 그 목적을 둔다. 이를 위해 우선 주요 테러조직 중에서 국제적으로 잘 알려진 스페인 ETA, 북아일랜드 IRA, 스리랑카 LTTE 조직의 종식 사례를 소개한다. 이어, 이 조직들의 종식과정을 구체적으로 살펴보면서 일반적으로 드러난 특징을 관찰하고 보편적으로 생각해 낼 수 있는 시사점을 도출해 본다.

〈 스페인 바스크(ETA) 분리주의 조직 〉

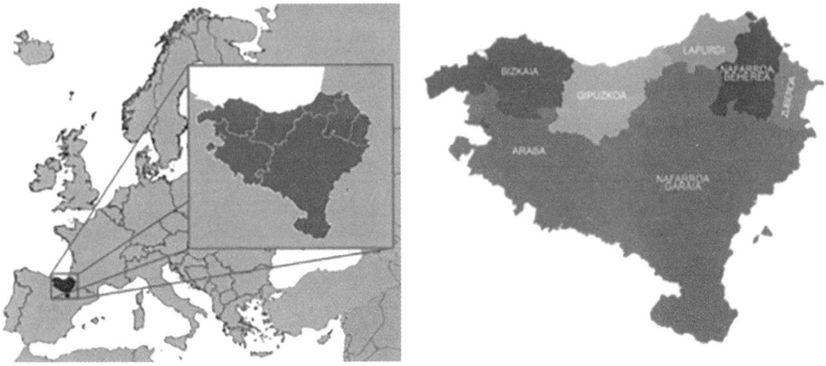

(바스크 민족 지역: 출처: Zorion, Euskal Herria Europa.png)

1. 개요

스페인 북부 빌바오(Bilbao) 도시를 중심으로 거주하는 바스크(Basque) 소수 민족을 기반으로 '바스크 조국과 자유(바스크어: Euskadi Ta Askatasuna, 영어: Basque Homeland and Liberty)'라는 극좌파 성향의 분리주의 조직이 결성되어 1959년부터 2018년까지 스페인 정부와 맞서 싸우면서 독립운동을 전개해 왔다. 초기에는 바스크 민족의 전통과 언어를 수호하기 위한 평화적인 운동을 전개하다가 점차 무장조직으로 발전하게 된다. 당시 스페인은 내전에서 승리한 프란시스코 프랑코(Francisco Franco)가 스페인을 전체주의 국가로 만들어 1936년부터 1975년까지 독재정치를 전개하였고, 이 기간 중 프랑코는 분리주의 운동에 대해 강력하게 진압하면서 바스크 조직과 충돌하게 되었다. 스페인 전역, 특히 바스크 민족 거주지역의 남부 지역에서 분리주의자에 적대적이었던 프랑코 정권에 맞서 폭탄 테러, 암살, 납치 등의 공격이 발생하였다.

1968년부터 2010년까지 ETA 조직은 테러 공격을 통해 민간인 340명을 포함하여 829명을 살해하였고, 2만 2천 명 이상을 부상당하게 하는 피해를 발생시켰다.[1] 이에 따라, 영국, 프랑스 등의 국가를 포함한 유럽연합(EU)뿐만 아니라 미국과 캐나다에서도 ETA 조직을 테러단체로 지정하였고, 유럽과 북미 지역의 언론에서도 ETA를 테러조직으로 언급하였다. 이 조직이 와해된 이후 2019년에 스페인과 프랑스 등 유럽 국가에서 수감중인 조직원은 260명이 넘는다.

ETA 조직이 스페인 정부에 대항하여 투쟁하면서도 몇차례 휴전을 선언하기도 하였고, 2011년 10월에는 무제한 휴전을 선언하기도 하였다. 그러다가 2012년 11월 모든 투쟁을 종료한다고 선언하였고, 2017년 4월에는 조직원이 모두 무기를 내려놓고 항복하겠다고 선언하였으며, 결국 2018년 5월에 공식적인 서한을 스페인 정부에 보내면서, 모든 투쟁을 완전히 종식하고, 조직을 해체하며, 정치적 활동을 종료하겠다고 선언하였다. 이 조직의 해체 이유는 2017년 4월 14일자 뉴욕타임즈 '바스크 테러의 조용한 종식(The Quiet End of Basque Terror)'이라는 제하의 사설 기사에서 나타난다.

"바스크 조직은 1950년대 스페인의 독재자 프란시스코 프랑코 장군에 의해 바스크 언어와 문화가 말살되고 잔인하게 진압당하면서 지속적인 폭력투쟁을 벌였으며, 수십 년간의 투쟁을 전개했으나 결국 독립을 얻지는 못했다. 투쟁 기간 동안 300명 이상이 투옥되고 조직의 리더십은 상실되었다. 바스크 주민들은 이제 독립보다는 가장 기본적인 경제 문제에 초점을 두게 되었고 결국 현명하게도 비무장을 선택하였다."[2]

---

1 "ETA has killed 829 people as of 19 January 2011". Ministerio del Interior (in Spanish). Gobierno de España. Archived from the original on 15 September 2010.

2 "The Quiet End of Basque Terror", New York Times, APRIL 14, 2017

2. ETA 해체

독재자 프랑코 장군이 사망한 이후 스페인이 민주주의 국가로 정착하게 되었으나, ETA 조직의 테러 공격은 여전히 지속되었다. 1985년 9월 마드리드에서 첫 자동차 폭탄 암살 사건이 발생하여 미국 국적인이 사망하고 16명이 부상을 입었으며, 1986년 7월 플라자 레푸블리카 도미니카에서 폭탄 테러가 발생하여 지역 시민군 12명이 사망하고 50명이 부상을 입었으며, 1987년 6월 19일 바르셀로나의 한 쇼핑 센터에서 폭탄 테러가 발생하여 21명이 사망하고 45명이 부상을 당하였다. 당시 발생한 테러 공격의 충격이 심각하여 바스크 민족 내부에서도 바스크 테러 공격에 대해 반대하는 목소리가 높아지기 시작하였다. 1986년 '제스토 포르 라 파스(Gesto por la Paz, 바스크 평화를 위한 협회)'가 설립되었으며, 이들은 폭력적인 살인 사건이 발생한 다음 날 바스크 전역의 지역사회에서 ETA 조직을 비난하는 침묵 시위를 소집하기 시작했는데, 이 시위는 바스크 지방에서 정치적 폭력에 반대하는 최초의 조직적인 시위였다. 또한 1986년 바스크 민족 거주지역의 동부 도시 오르디지아(Ordizia)에서 ETA는 어린 아들과 함께 걷던 마리아 돌로레스 카타레인(María Dolores Katarain)이라는 여성을 총으로 쏴 살해하였다. 그녀는 요예스(Yoyes)라는 별명을 가진 전직 ETA 조직 팀리더였는데, 무장투쟁을 포기하고 ETA를 떠났다는 이유로 암살당한 것이다. 이러한 폭력행위는 바스크 민족 다수가 분리주의 조직에 대해 실망하고 등을 돌리는 계기가 되었다. 1988년 1월 12일, ETA 계열의 헤리 바타수나(HB)를 제외한 모든 바스크 정당이 ETA의 폭력을 종식시키기 위해 아주리아-에네아 협정(Ajuria-Enea pact)에 서명하였고, ETA는 60일간의 "일시적인 휴전"을 발표하게 된다. 이후 여러 차례 휴전을 제안하면서 ETA 내부에서는 분열이 발생하면서도 폭력적 방법의 투쟁은 지속되었다.

2006년 12월 바스크 자치정부가 ETA의 '영구적' 휴전 기간 동안 실시한 여론조사에 따르면 바스크 민족의 88%가 바스크 국가의 정치적 틀에 대한 토론을 포함하여 모든 정당이 대화를 시작할 필요가 있다고 생각면서 테러 공격을 회피하는 견해를 보였다. 2009년 5월, 바스크 대학 '델 파이스 바스코(Universidad del País Vasco, 바스크 국가 대학교)'에서 바스크 민족을 대상으로 ETA 조직에 대한 찬반을 묻는 조사를 실시하였을 때, 64%가 ETA를 처음부터 완전히 거부했으며, 13%는 과거 ETA를 동조했으나 더 이상 지지하지 않는다는 반응이었고, 또 다른 10%는 ETA의 목적에는 동의했지만 방법과 수단에는 동조하지 않는다고 답변했다. ETA를 지지하는 여론은 1%에 불과했다.

결론적으로, ETA 조직이 해체된 이유를 살펴보면, 스페인과 유럽연합의 경제적 발전에 따라 바스크 민족 거주지역에서도 관광수익 등 경제적 발전이 예견되면서 테러를 통한 독립투쟁보다는 평화적 생활을 추구하고자 하는 여론이 주효했다고 볼 수 있다. ETA의 테러 공격 등 폭력적 방법에 대해 바스크 주민의 지지가 점차 감소하였고 평화적이고 정치적인 해결 방법을 추구하였다. 또한 2001년 미국의 9·11 테러 등 대규모 테러사건에 대해 국제사회가 대테러 활동을 강화하면서 ETA의 입지가 더욱 약화되었다. 이와 더불어, 스페인 정부의 강력한 법 집행 역량을 보이면서 프랑스 정부와의 협조를 통해 ETA 조직원을 체포하고 해체하려는 노력을 강화한 것도 효과를 보았다. 결국, ETA 조직의 와해는 내부의 비난과 분열이 크게 작용함과 동시에 국제사회와 스페인 정부의 외부적 압력이 강화되면서 가능하였다고 볼 수 있다.

〈 아일랜드공화국군 (IRA, Irish Republican Army) 〉

(Ulster 지역의 9개 지역 중 6개 지역이 북아일랜드에 속한다)

1. 개요

아일랜드공화국군(IRA, Irish Republican Army)은 1947년 조직된 북아일랜드의 무장 테러 단체로, 일반적으로 IRA로 알려져 있으며, 공식적으로는 임시 아일랜드 공화국 군대(Provisional Irish Republican Army)라는 의미로 PIRA로 지칭한다. IRA는 영국 영토인 북아일랜드에서 영국의 통치를 종식시키고 아일랜드와 합병하겠다는 목적을 갖고 영국 정부에 대해 투쟁하는 반정부 조직이다. 초기의 IRA는 이념적 방향으로 전 아일랜드를 민주주의적 사회주의 공화국으로 건설한다는 목표를 내세웠다. 1980년대에도 막시스트(Marxist) 이론을 신봉하면서 조직의 활동방향으로 정립하였는데, 1989년 동독의 붕괴를 목격하면서 사회주의의 이념은 약화되고 독립투쟁의 활동이 중시되었다. 영국은 이 조직을 테러단체로 지정하였고, 아일랜드 정부도 IRA를 불법적인 무장단체로 간주하였다. IRA는 초기에는 가톨릭 신자가 대다수인 북아일랜드 주민을 보호하기 위한 활동에 초점을 맞추었으나, 1970년부터 해외의 지원을 받으면서 무장 투쟁을 확대하기 시작했다. IRA는 영국 정부를 대상으로 게릴라 형태의 테러 공격을 자행하면서, 북아일랜드 및 영국 본토의 도시와 지방에서 폭탄 테러 등을 자행하였다. 영국 국내의 정치적, 경제적, 군사적 타켓과 유럽에 배치된 영국의 군사시설에 대해서도 공격하였고, 또한 영국 보안군의 민간 계약업체를 표적으로 삼았다. 북아일랜드뿐만 아니라 영국과 유럽 본토에서 벌어진 IRA의 테러 공격으로 1천여 명의 영국 군경과 6백여 명의 민간인을 포함해 1,700명 이상이 사망한 것으로 집계된다.

1997년 7월 임시 IRA는 최종 휴전을 선언했고, 그 후 정치적 성향의 신페인(Sinn Féin) 정당이 북아일랜드의 미래에 관한 다자 평화 회담에 참여했다. 이로 인해 1998년 성 금요일 협정(Belfast Agreement)이 체결되었으며, 2005년 IRA는 공식적으로 무장 캠페인을 종료하고 독립 국제 무장 해제 위원회(Independent International Commission on Decommissioning)감독을 받아 무기를 폐기했다. 그러나 IRA 내 분열의 결과로 여러 분열된 그룹이 결성되었으며, 여전히 반체제 아일랜드 공화주의 무장단체로 남아 영국 정부에 대항하여 투쟁하고 있는 대표적인 2개의 단체는 '컨티뉴이티 IRA(Continuity IRA)'와 '리얼 IRA(Real IRA)'이다. 영국 정부는 IRA 분파인 'The Continuity IRA(1986)' 및 'Real IRA(1997)' 등 조직은 여전히 평화협상을 거부한 채 준군사조직으로 활동 중이라고 발표하였다.

2. 북아일랜드의 분쟁

17세기 올리버 크롬웰의 아일랜드 침공으로 영국의 식민지가 된 아일랜드에 18세기 스코틀랜드 장로교인들이 이주하면서 종교갈등이 시작되었다. 현재 북아일랜드의 얼스터(Ulster)에 이주 온 장로교인들은 가톨릭 신자들을 밀어내고, 인구의 대부분을 차지했으며, 이들의 후손들은 지금도 정치, 사회, 문화 모든 영역에서 기득권을 갖고 있다. 따라서 아일랜드 사람들은 수백 년 동안 영국에서 온 개신교인들에게 차별과 억압을 받았고, 이들의 불만은 부활절 봉기(1916년), 아일랜드 공화국군 결성 등의 무장투쟁으로 폭발했다. 북아일랜드 분쟁은 영국에 대항하여 북아일랜드의 독립을 주장하는 북아일랜드 구교도 사이에서 발생한 분쟁이다. 17세기에 아일랜드를 식민지화한 영국은 전통적인 가톨릭 국가였던 아일랜드에 신교도들의 이주정책을 감행하였고, 이후 많은 신교도들이 아일랜드에 정착하게 되었다. 이후 끊임없는 아일랜드인의 독립 운동과 저항으로 1922년 아일랜드가 영국으로부터 독립하게 되었으나, 신교도들이 다수로 구성된 북아일랜드지역은 여전히 영국의 영토로 남게되었다. 본래 IRA는 영국으로부터 독립하기 위한 무장투쟁을 전개하고자 1913년 아일랜드 주민 민병대로 창설되었다. 1919년부터 아일랜드가 독립전쟁을 전개하기 시작하였고, 1920년 북아일랜드와 아일랜드로 분리되면서 IRA의 조직원 중 아일랜드 지역의 조직원은 아일랜드 군대로 편입되었다.

1922년 영국과 아일랜드가 국경을 확정지었을 때, 북아일랜드의 거주자 3분의 2는 영국에서 이주한 개신교도였으며, 나머지 3분의 1은 아일랜드 출신의 가톨릭교도였다. 결국 북아일랜드는 영국의 영토로 확정되었고, 가톨릭교도를 중심으로 하는 북아일랜드의 민족주의자들은 영국의 지배에 저항한 반면, 신교도들은 계속해서 영국 정부를 지지하면서 두 개의 민족간 갈등이 표출되었다. 북아일랜드가 영국 영토에 속한 후 북아일랜드 주민을 대표하는 정당은 사실상 1개의 정당만이 존재하게 되었는데, 얼스터 연합당(Ulster Unionist Party)이었다. 이들은 모두 가톨릭 신도였으며, 영국의 개신교 정당과 시민에 비해 2등 시민으로 여겨지게 되었다. 북아일랜드의 모든 사회에서 개신교도에 대해 우선적으로 집과 직업을 제공하는 차등 정책이 이행되었다.

북아일랜드의 영국 영토화에 반대하면서 IRA는 테러 공격으로 저항하였다. 1939년과 1940년에 영국 본토를 대상으로 폭탄 테러를 자행하였고, 1940년대에는 북아일랜드에서도 폭탄 테러를 자행하였다. 1956년부터 1962년까지는 국경공격(Border Campaign)이라고 알려져 있는 테러 공격을 자행하였는데, 주로 북아일랜드와 아일랜드 국경지역에서 전개된 무장투쟁이었다. 그러나 국경공격은 결과적으로 실패로 돌아갔고 IRA 조직 내부에서 무장투쟁보다는 정치적으로 문제를 해결하자는 분파가 생기면서 분열이 일어나기 시작했다. 1960년대부터 1990년대까지 북아일랜드의 가톨릭 교도들은 "The Troubles"로 알려진 영국 정부에 대한 기나긴 저항의 시기를 보냈다. 지속적으로 반정부 시위를 전개하였고 이에 편승하여 IRA는 무장투쟁도 전개하였으나, 영국 본토에서 파견된 정부군 병력이 체계적으로 진압하였으며, 이에 비해 IRA는 전투에 대응하기 위한 무장상태가 부족한 상태였고, 게릴라식의 테러 공격으로 저항하는 것이 전부였다.

3. IRA 해체

1994년 8월 31일 IRA는 무력투쟁을 완전히 종식하겠다고 선언하였으며, 신페인(Sinn Féin) 정당을 대표로 정치적 해결 방식을 추진하겠다고 발표하였다. 영국은 초기에 신페인과의 회담을 거절하였으나, 1997년 영국 총선에서 노동당의 토니 블레어(Tony Blair)가 총리로 당선되면서, 신페인 정당을 대화에 참여시켰다. 1997년 7월 신페인이 다자협상의 당사자로 활동하면서 결국 1998년 4월 성 금요일 협정(GFA, Good Friday Agreement)을 이끌어 내게 되었다.

IRA는 1998년 4월 10일, 성 금요일 협정(GFA) 또는 벨파스트 협정(Belfast Agreement)으로 알려진 이 협정을 계기로 영국에 항복하는 것으로 결정하였다. 이 협정은 1960년대 말부터 수십 년간 전개해 온 북아일랜드의 투쟁, 즉 The Troubles로 알려진 양 진영 간의 오래된 투쟁을 종식하고 평화를 가져온다는 협정이다. 북아일랜드의 대부분 정당 간의 다당제 협정과 영국과 아일랜드 정부 간의 영국-아일랜드 협정으로 구성되었으며, 현재 북아일랜드의 정부 시스템은 이 협정을 기반으로 존재한다.

이 협정에서 다루어진 내용은 북아일랜드의 주권, 거버넌스, 차별, 군사 및 준군사 단체, 사법권 및 치안과 관련된 문제가 주요 핵심이었으며, 북아일랜드에 대한 권력을 영국과 공유한다는 기반에서 북아일랜드에 자치권을 부여한다. 또한 이 협정을 통해 북아일랜드와 아일랜드, 그리고 아일랜드와 영국 간 다양한 여러 기관을 설립하여 문제해결을 도모하기로 하였다. 이 협정은 1998년 5월 22일에 실시된 두 차례의 국민투표에서 아일랜드 섬 전역의 유권자들에 의해 승인되었다. 또한, 북아일랜드에서는 1998년 성 금요일 협정 국민투표에서 유권자들에게 다자간 협정을 지지하는지 여부도 투표하여 승인을 받고, 아일랜드 유권자를 통해서 아일랜드 헌법의 수정을 허용하는 지도 문의하여 최종 승인되었다.

IRA의 지도부는 정치적 환경이 변화하고 있으며, 지속적인 무력 투쟁이 목표를 달성할 가능성이 낮다는 것을 인식하였다. 성 금요일 협정은 정치적 입지와 자치권을 위한 기반을 제공했으며, 많은 사람들이 당면한 문제에 대해 보다 평화롭고 민주적인 해결로 이어질 수 있다고 믿게 되었다. 또한 지속적인 군사적 압력, 변화하는 여론, 북아일랜드의 안정에 대한 열망이 IRA의 무장해제와 정치적 협상을 요구하게 되었고, 무장 해제와 정치적 과정에 참여하는 데 결정적으로 기여하였다. IRA 무장투쟁의 종료는 평화 프로세스에서 중요한 순간을 맞이했으며, 폭력에서 벗어나 협상과 대화로 나아가는 신호탄이 되었다.

한편, IRA 조직원 중 항복에 반대하는 조직원들이 모여 2012년 새로운 조직으로 새로운 IRA 분파 조직을 구성하였고 북아일랜드의 수도인 벨파스트 지역을 중심으로 간헐적인 총기난사와 폭탄 테러를 자행하고 있다.

〈 타밀일람해방호랑이 (LTTE, Liberation Tiger of Tamil Eelam) 〉

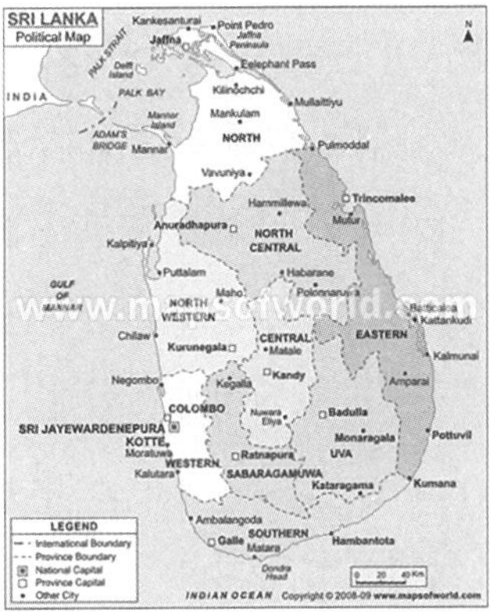

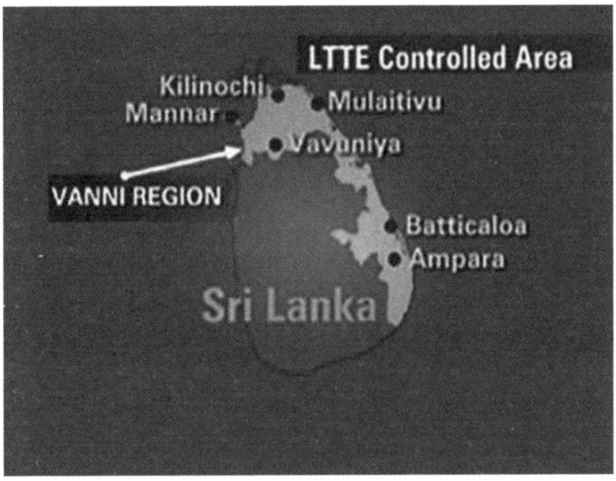

(LTTE 장악지역: 우측 그림 황색부분)[3]

1. 개요

인도 대륙에서 남쪽으로 떨어져 있는 섬나라 스리랑카(Sri Lanka)는 기원전 6세기경 인도 북동부에서 이주한 인도-아리아계 사람들이 정착하면서 역사가 시작된 것으로 알려져 있다.[4] 북부 인도, 지금의 벵갈(Bengal) 지역에서 이주해 온 인도-아리안 족은 스리랑카 중부에 싱할리(Sinhali) 불교왕국을 세웠고, 이들의 후손이 스리랑카의 다수민족인 싱할리족(Sinhalese)이다. 한편, 기원전 2세기경 인도 남부에서 이주해 온 타밀(Sri Lankan Tamils) 힌두교도들은 섬 북동부에 자리를 잡고 거주하기 시작했으며 북부 자프나 반도에 왕국(Jaffna Kingdom, 1215-1619)을 건설하기도 했다. 이들의 후손이 오늘날 '스리랑카 타밀족(Sri Lanka Tamils)'으로 이 민족을 기반으로 반군조직 LTTE가 구성

---

3 그림 출처: Jewish Institute for National Security of America, Jinsa.org

4 "The Coming of Vijaya". The Mahavamsa. 8 October 2011. Archived from the original on 30 October 2015.

되었다. 스리랑카에 거주하는 타밀족의 70%가 스리랑카 타밀족이며, 인도 남부에 같은 뿌리를 둔 타밀족이지만 뒤늦게 스리랑카로 이주해 온 '인도 타밀족(Indian Tamils)'이 30%를 구성한다. 이들은 1815년 스리랑카를 식민지로 차지한 영국인들이 19세기 후반 홍차 재배와 고무 채취를 위해 인도 남부에서 데려온 타밀족 노동자들의 후손이다. 이들은 스리랑카 남중부 고원지대에 밀집해 살고 있다. 현재, 스리랑카는 2억 2천만 명의 인구로, 다수 민족인 싱할리족이 75%를 차지하고 있으며, 타밀족은 15% 정도를 차지하고 있다.

'타밀일람 해방 호랑이(Liberation Tiger of Tamil Eelam, LTTE)' 조직은 스리랑카의 무장 반군 단체이다. 1970년부터 스리랑카 국가에서 탈퇴하여 스리랑카 북동부에 독립 국가를 건설한다는 목적으로 스리랑카 정부에 맞서 싸워왔지만, 2009년 5월 이 조직이 정부군에 항복하고 조직의 지도자 벨루필라이 프랍하카란(Velupillai Prabhakaran)이 스리랑카 정부군에 의해 사살되면서 스리랑카 내전은 종결되었다. LTTE는 스리랑카 북동쪽에서 1976년 5월 벨루필라이 프랍하카란에 의해 창설되어, 타밀 민족의 국가인 타밀 엘람 독립국가를 설립하려는 목적으로 활동하였던 민족적 바탕의 분리주의자들이다. 이러한 활동은 스리랑카 내전으로 확대되었는데, 1983년부터 시작하여 2009년 LTTE가 와해될때까지 이어졌다. 당시 중국의 자본과 무기 지원을 받은 스리랑카 대통령 마힌다 라자팍사(Mahinda Rajapaksa) 시기에 스리랑카 정부군이 LTTE를 와해시킬 수 있었다.

2. 테러발생의 원인과 경과

LTTE의 테러 공격은 역사적으로 발생한 민족 간 갈등으로 인해 비롯되었는데, 스리랑카 영토의 75%를 차지하는 주류 민족인 싱할라(Sinhala)인과 소수민족인 타밀 민족인 간의 분규가 원인이었다. 타밀 민족은 전반적으로 힌두교도들이지만, LTTE 조직은 세속적인 편이며 종교적 동기보다는 전통사회에서 폭넓은 변화를 이루기 위한 개혁적인 운동을 전개하는 조직이었다. 지도자 프랍하카란은 전통적인 힌두 타밀 사회의 억압적인 현상을 비판하면서, 인도의 전통적인 카스트제도를 해체하고 여성의 자유권리를 옹호하는 이념을 주장하였다. 이에 따라, LTTE는 타밀 사회내에서 폭넓은 혁명적인 변화를 추진하는 조직으로서, 단순히 스리랑카로부터 독립하는 것뿐만 아니라 카스트 제도의 차별에서 벗어나고 여성의 해방을 지지하는 이념 등을 추구하였다. 지도자 프랍하카란은 자신의 정치적 철학을 "혁명적 사회주의"라고 표방하고 "평등한 사회"를 건설하는 것이 목적이라고 주장하였다.

LTTE는 한때 인도 본토의 타밀족 지원을 받으면서 군사적으로 승전의 성과도 있었으며, 민족 자결의 정책적 추진력을 보이기도 하였다. LTTE의 전성기 시절에는 스리랑카 및 인도의 정치인 등 고위급 암살을 수행하는 등 군사적으로 잘 훈련된 조직을 보유하기도 하였다. LTTE는 인도의 총리인 라지부 간디(Rajiv Gandhi)를 1991년 암살하였고, 스리랑카 대통령 라나싱헤 프레마다사(Ranasinghe Premadasa)를 1993년 암살하였는데, 테러조직으로는 최초로 2개국가의 정상을 암살한 사례이다. 또한, 경비행기를 이용한 공중 폭격을 감행하기도 하였다. 2009년 조직의 수장인 프랍하카란이 사망하면서 조직이 와해될 때까지 유럽연합(EU), 미국, 인도 등을 포함하여 32개 국가에 의해 테러조직으로 지정되었다.

2002년 내전 종전을 위한 평화회담에서, LTTE 조직은 북동쪽 영토 15,000㎢를 장악하였는데, 2006년 회담의 결렬로 인해 결국, 스리랑카 정부군은 LTTE 거점을 공격하여 전역을 장악하였고, 2009년 5월 16일 정부군의 내전 승리를 선포하였다. 같은 해 5월 19일 LTTE의 수장인 프랍하카란이 정부군에 의해 처형되었고, 후계 지도자인 셀바라사 파스마나탄(Selvarasa Pathmanathan)은 말레이시아에서 체포되어 2009년 8월 스리랑카 정부군에 인도되었다.

1997년 말부터 북한은 LTTE에게 무기와 탄약, 폭발물 등을 제공해왔던 주요 국가 중 하나인 것으로 스리랑카 정부의 최종 보고서에서 밝혀졌다. 북한과의 무기 거래를 성사시킨 인물은 미국의 세계타밀조정위원회(World Tamil Coordinating Committee) 일원이었으며, 나중에 LTTE의 회계사로 활동하던 포니아 아난다라자(Ponniah Anandaraja, 일명 Aiyannah)인데, 1997년 말 태국 방콕 주재 북한대사관에서 근무한 경력이 있는 것으로 확인되었다.[5] 당시 LTTE는 일본에서 구매하여 파나마와 다른 라틴 아메리카 국가에 등록한 중고 선박을 20여 척 보유하고 있었는데, 이 선박들은 대부분 벼, 설탕, 목재, 유리, 비료를 포함한 일반 화물을 운송하는 데 사용되었다. LTTE는 이 선박들을 이용하여 북한으로 가서 무기 등 화물을 싣고 적도 지역으로 운반한 후 상선 유조선에 무기를 적재하여 스리랑카 배타적 경제 수역의 영해로 운송한 후 소규모의 LTTE Sea Tigers 팀이 화물을 해안으로 운반한 것으로 확인되었다.

3. LTTE 조직의 와해

LTTE 조직이 와해된 요인을 분석해 보면 다음 몇 가지 요인을 도출할 수 있다.[6]

첫째, LTTE 내부의 분열과 리더십의 부재이다. LTTE의 지도력은 출범 초기부터 벨루필라이 프랍하카란(Velupillai Prabhakaran)이라는 지도자의

---

5 "Transcript-Rohan Gunaratne". Lessons Learnt and Reconciliation Commission. 2010. Retrieved 28 July 2011.
(http://www.llrcarchive.org/2010/10/rohan-gunaratne/)

6 김재명 (2010), 「스리랑카 내전, 정부군의 승리 요인과 반군 LTTE의 궤멸 요인」, 『군사연구』, 제130권, 육군군사연구소, pp. 265-293.

강력한 지도력과 카리스마 아래에 존재하였다. 그는 조직을 이탈하려는 자에게 암살도 서슴지 않을 정도로 잔혹하게 대응하면서 통치해왔다. 그러나 2000년대 들어서면서 정부군과의 내전 말기에는 그의 지도력에도 틈새가 벌어지기 시작했다. 2004년 LTTE의 지역사령관이 조직에서 이탈한 카루나 암만(Karuna Amman) 대령이 타밀인민해방호랑이(Tamil Peoples Liberation Tigers, TMVP)란 별도의 당파를 조직하였고 스리랑카 정부군에 협조하면서 LTTE에 맞서 싸우기 시작하였다. LTTE의 분열은 조직 스스로의 전력을 약화시켜, 스리랑카 내전에서의 힘의 균형을 무너뜨리는 데 일조했다. 2009년, LTTE의 최고 지도자였던 프랍하카란이 정부군의 공격으로 사망하면서 조직의 리더십이 붕괴되었고, LTTE의 사기를 크게 떨어뜨렸으며, 다른 고위 간부들도 연이어 사망하거나 체포되면서 조직이 붕괴하게 되었다.

둘째, 스리랑카 정부와의 정치적 타결을 거부한 LTTE의 독단적인 입장이 문제였다. 스리랑카 정부군에 비해 모든 면에서 전력이 뒤쳐지는 LTTE는 그동안 몇 차례 휴전협정을 통해 내전을 중단하고 협상을 통한 정치적 독립의 기회가 있었으나 이를 거부하고 군사력의 승리만을 지향하였다.

셋째, 스리랑카 정부는 효과적인 정보력과 외교력을 활용하여 국제사회의 LTTE에 대한 제재와 지원 감소를 유발시켰다. LTTE는 테러 전술을 사용하며 민간인을 겨냥한 자살 폭탄 공격, 암살, 납치 등의 방식으로 전 세계의 비난을 받았다. 스리랑카 정부는 LTTE의 테러 공격 활동을 국제사회에 적극적으로 알리고, LTTE가 테러리즘을 자행하는 비인도적인 조직임을 강조하였다. LTTE는 테러 공격을 통해 어느 정도 군사적 효과를 보았지만 결과적으로 국제사회에서의 반감을 사게되었고 제재를 초래하게 되었다. 미국과 유럽연합이 LTTE를 '테러단체'로 지정하였고, 이에 따라 금융제재와 더불어 무기금수조치를 실시하였다. 특히, LTTE의 주요 후원자였던 인도는 LTTE가 라지브 간디 전 인도 총리를 암살한 사건 이후, LTTE에 대한 지원을 철회하고 스리랑카 정부를 지지하였다.

넷째, 2000년대 중반부터, 스리랑카 정부는 군사 전략을 강화하고 LTTE의 주요 거점인 북부와 동부 지역을 집중적으로 공격하기 시작하였다. 마힌다 라자팍사 대통령 정부는 군사 예산을 대폭 늘리고, 장비와 병력을 현대화하며 본격적인 군사 작전을 전개했다. 정부군은 공군, 해군, 육군을 동원해 LTTE의 공급선을 차단하고 주요 거점을 하나씩 점령하면서 조직을 압박하였다. 특히, 내전 말기에는 스리랑카 정부군에 대한 중국의 대규모 군사 지원이 주효하였다. 스리랑카 내전이 지속된 것은 정부군과 반군 사이의 군사력이 비등하기 때문이었는데, 중국이 스리랑카에 전투기, 고성능 레이더, 대공포, 탄약 등을 판매하고 지원함으로써 군사적 균형을 깨뜨려 내전을 종식시키는 데 결정적 역할을 하였다. 중국은 종전 후 스리랑카 남부의 항구도시 함반토타(Hambantota)의 대규모 공사를 맡게 되었고, 99년간 조차 운영권을 획득하여 이 곳을 통해 해외에서 중국으로 수입되는 석유의 70%를 유통시키고 있다.

다섯째, 타밀 지역 주민의 지지가 약화되었다. 26년이라는 오랜 내전으로 타밀 지역 주민들 또한 큰 피해를 입었고, LTTE가 그동안 강압적으로 주민을 지배해왔으며 병력을 강제 징집하는 데 대해 반감이 점차 증폭되었다. 이에 따라, 일부 주민들은 평화를 희망하면서 스리랑카 정부를 지지하게 되었고, 결국 LTTE의 입지를 약화시키게 되었다.

4. 테러조직 와해 이후 통합정책

LTTE 조직은 내전이 끝나고 적대관계가 종식되면서 소년병 595명을 포함한 11,664명의 조직원이 무장을 해제한 채 스리랑카 군부에 항복하였다. 150여 명의 극단파와 1,000명의 중간 간부들은 인도로 도주하였다. 스리랑카 정부는 항복한 조직원들에 대해 국가적 차원의 재통합 프로그램에 따라 통합시키는 조치를 취하였다. 국제적 인권단체의 보고에 따르면 이 과정에서 고문과 강간, 살인도 있었다는 주장도 있다.

항복한 조직원들은 3그룹으로 분류되었는데, 극단파, 비전투원, 강제동원된 병력 등이다. 24개의 통합센터가 자프나(Jaffna), 바티칼로아(Batticaloa), 바부니야(Vavuniya)에서 운영되었다. 체포된 핵심 간부들 중에는 700여 명의 핵심 멤버가 있었는데, 이들 중 일부는 스리랑카 정보기관에 편입되어 LTTE 조직의 국내외 활동을 와해시키는 데 협조하였다. 2011년 8월까지 스리랑카 정부는 8천 명의 조직원을 석방하였고, 2,879명은 수감중이다.

2009년 LTTE 조직이 와해된 이후 싱할라족과 타밀족 간의 갈등이 완전히 해소되지는 않았지만, 군사적 충돌은 종료되었고 정치적, 사회적 차원에서의 갈등 해결을 위한 노력이 지속되고 있다. 타밀족은 정치적으로 배제되고, 자치권 요구가 충분히 반영되지 않는 상황의 개선을 호소하고 있으며, 타밀족 대표 정당들은 타밀 지역의 자치권과 기본적인 정치적 권리를 요구하고 있다. 경제적으로도 타밀족 거주 지역의 재건과 지원은 부족하며, 내전 이후 북부와 동부 지역에 스리랑카 정부군이 주둔하면서, 타밀족은 정부군의 감시와 강력한 통제 아래에서 생활하고 있어 인권문제가 제기되고 있다.

제2장

테러리즘을 차단하기 위한 전략 – Solution

테러리즘에 대응하기 위한 전략과 방안은 각 국가별로 법규범과 경험적 판단에 따라 이미 각각 마련되어 있을 것이며, 시대적 상황변화에 따라 대응 방안도 변화될 것이다. 본 장에서는 지금까지 설명한 테러리즘 연구의 결론으로서, "어떻게 하면 테러리즘이 발생하지 않을 수 있겠는가?" 하는 근본적인 문제를 다룬다. 실제, 테러리즘을 종식시키는 아이디어는 이론적으로는 존재할 수 있겠으나 현실적으로는 불가능에 가깝다. 국제관계학 이론에서 현실주의(Realism) 이론을 적용해 보면, 토마스 홉스가 언급한 '만인에 대한 만인의 투쟁(Bellum omnium contra omnes)'을 바탕으로, 국가 간에도 모든 국가관계는 각자의 국가안보와 국가이익을 위해 갈등관계로 존재한다. 이에 대한 조건부 반대이론도 존재하는데, 그것은 자유주의(Liberalism) 이론이다. 즉, 어떤 조치를 취하면 협력이 발생하여 갈등이 해결될 수도 있다는 주장이다.

본 장에서는 테러발생의 근본적 측면에 접근하여 두 가지 해결방안(Solution)을 소개한다. 이 방법은 국가의 공권력으로 테러를 제압하는 방법을 배제하고 테러를 막아보려는 아이디어임을 강조하고자 한다. 첫째, 현실적인 측면의 방법론적 대응전략이다. 스위스의 경제학자 브루노 프레이(Bruno S.

Frey)가 제시한 아이디어를 참고하여 방법론적 대응전략을 제시해 본다.[1] 또한 경험적 측면에서 피터 베르겐(Peter Bergen)[2]의 의견도 참고하여 방법을 제시해 보고자 한다. 두번째로, 이론적 측면의 테러리즘 차단 방안이다. 테러리즘의 발생 원인에 접근하여 근원적인 문제를 해결하면 테러리즘이 발생하지 않을 것이라는 논리를 바탕으로 서술한다. 이 주장의 근거는 현실주의보다는 자유주의 이론을 따르면서, 어떤 조치를 취한다면 테러리즘을 차단하거나 감소시킬 수 있을 것이라는 아이디어를 제공한다.

1. 방법론적 대응전략

(1) 테러리즘을 포기한 대가로 인센티브를 제공한다.

이 방법은 테러리즘에 이미 개입되어 있는 테러단체 조직원들에게 상당한 인센티브를 제공함으로써 테러단체 내부에서 개인적 갈등을 조장하는데 목적을 둔다. 테러조직원에게 각자의 상황에 따라 다른 보상을 제시해야 하는데, 이를 위해서는 테러조직원이 외부의 개인이나 단체와 접촉을 하면서 자신이 테러조직에서 이탈할 경우 어떠한 인센티브(보상)를 받을 수 있는지 구체적으로 알 수 있도록 여러가지 방법으로 홍보해야 한다.

무력과 폭력을 자행한 테러단체 조직원인 경우, 그동안의 폭력에 대한 처벌을 면제하거나 감형해주는 인센티브를 제공할 수 있다. 정부에서 제공하는 전향 프로그램에 참여하겠다는 의지가 있을 경우에는 처벌을 감형해주거

---

1 Bruno S. Frey, Countering Terrorism: Deterrence vs More Effective Alternatives, Open Economics 2018; 1: 30-35

2 Peter Bergen, "Why Do Terrorists Commit Terrorism?", 2016.6.14., The New York Times

나 안전한 미래를 제공해주는 인센티브를 제공할 필요가 있다. 또한, 이념적 동기로 개입한 테러조직원은 대부분 학생 출신인 경우가 많으므로, 처벌면제와 더불어 학업으로 복귀할 수 있는 기회를 제공할 수 있다. 세뇌를 통한 맹목적 추종자의 경우 국가 교육기관에서 새로운 삶을 살 수 있는 직업훈련을 받는 등 갱생의 기회를 제공해 줄 수 있다. 이러한 인센티브가 충분히 공지되고 조직원들이 인지한 후에는 테러조직 내부에서 조직원 간 비밀이 생겨나고, 외부 유혹에 누가 굴복했는지, 또는 테러조직을 이탈하려는 배신자가 누구인지도 알 수 없다. 결과적으로 조직원의 신념과 목표가 개인 차원에서 새롭게 생겨나고, 전체 조직에서 이탈하게 되는 결과를 초래할 수 있다.

(2) 테러조직원을 테러조직 바깥으로 이탈시켜야 한다.

이 방법은 테러 조직원을 테러단체로부터 이탈시키는 데 중점을 둔다. 통상적으로 테러단체는 리더의 주도하에 테러단체의 내부에서 폐쇄적으로 훈련을 시키고 이념적 교육을 강조한다. 인간의 속성은 근본적으로 특정 공동체에 속해서 사람들과의 상호관계를 지속하고자 한다. 테러단체의 경우, 조직원들을 테러조직 공동체 내에서만 인간관계를 갖게하고 조직외부의 가족이나 친구들을 만나거나 교류하지 않도록 외부접촉을 차단하고자 한다. 이러한 외부접촉 차단의 목적은 테러조직 내에서 조직의 목적과 목표만을 신뢰하도록 세뇌하는 데 있다. 실제, 이러한 방식은 사이비종교나 극단주의 이념공동체, 또는 다단계식 판매조직 등에서 흔히 사용하는 수법이다.

테러리즘을 차단하는 효과적인 방법으로, 테러조직원이 이러한 고립에서 벗어나게 하는 것이다. 테러조직원이 이 단체에서 벗어나도 다른 외부에서 자신에게 관심을 갖는 사람들을 발견할 수 있고, 그들이 자신을 돌봐 줄 수 있다는 것을 깨닫게 해야 한다. 이를 위해서는 테러조직원의 외부 접촉을 확대해야 하는데, 테러조직원으로서 활동하는 상황과 국가기관에 의해 체포된 이후의 상황이 다르게 적용된다.

첫째, 테러조직원으로 활동하는 경우, 테러단체가 여러가지 이유로 외부로 나와서 외부기관 및 개인과 접촉할 수 있도록 기회를 제공해주어야 한다. 예를 들면, 정부기구와 대치 중인 테러조직에 대해, 중립지역인 언론이나 학교, 연구소 등지에서 테러단체를 초청하여 토론회를 갖거나 테러조직의 의사표시 기회를 제공하면서, 외부기관 및 개인의 의도와 관점을 인식하게 하고, 이를 통해 자신의 주장을 비교하여 오류를 발견하게 하는 것이다.

둘째, 국가기관에 의해 체포되어 구금 중인 테러조직원의 경우 민간 전문 상담사들을 활용하여 대화할 수 있는 기회를 제공해야 한다. 국가기관에서는 통상적으로 테러조직원에 대한 면담을 주로 경찰, 정보기관, 군인, 담당 공무원 등이 실시하는데, 테러조직원 입장에서는 이들이 공격대상이지 대화의 대상은 아니다.

(3) 테러에 대한 미디어의 정책을 바꾸어야 한다.

테러리스트와 미디어의 관계는 '공생적' 관계라고 설명할 수 있다. 테러리스트들은 공포를 확산시키고 자신의 대의를 알리기 위해 미디어에 의존한다. 그동안의 사건 사례를 보면, 테러조직은 미디어를 사용하여 최대한의 효과를 얻는 데 능숙해졌으며, 수백만 명, 심지어 수십억 명의 사람들에게 자신의 정치적, 종교적, 이념적 요구 등을 전파하기 위해 미디어를 활용하는 방법을 터득하였다. 한편, 미디어는 독자와 시청자의 관심을 끌기 위해서 테러 뉴스를 만들어내고, 이 뉴스는 결국 테러조직의 활동에 도움을 주는 셈이다.

미디어가 테러단체를 홍보하는 잘못을 저지르지 않도록 정책을 바꾸어야 할 필요가 제기된다. 구체적으로 방법을 제시해 본다면, 테러사건이 발생하였을 경우, 테러현장의 사건만을 보도하되 미디어가 테러의 주체를 보도하지 않거나 테러범이 원하는 특정 목적을 언급하지 않는 것만 해도 테러의 효과는 반감될 것이다. 이렇게 되면 테러범들은 자신들이 자행한 범죄행위에 대해서 공로로 인정받지도 못하며, 더 이상 대중의 관심을 끌지 못하게 된다는 사실을 인식하게 될 것이다. 이것은 마치 영국 축구 프리미어리그에서 1980년대 후반부터 훌리건이 경기장에 난입하는 장면을 미디어에서 보도하지 않는 조치를 취한 것과 같은데, 현재 영국 방송사들은 경기 중 훌리건이 난입할 경우, 빠르게 카메라를 다른 장면으로 전환함으로써 훌리건의 소행이 알려지지 않게 되고, 이에 따라 훌리건의 경기장 난입 사례는 현격히 줄어들었다.

미디어의 테러사건 보도 정책을 바꾸는 것은 미디어 검열, 법적 규제, 미디어의 자발적 통제 행위 등으로 가능한데, 국가별 상황에 맞게 정부와의 협조를 통해 이루어져야 할 것이다. 바람직한 방법으로는 미디어 단체가 자발적인 내규를 제정하고 이행하는 것이다. 테러사건이 발생하였을 경우, 테러조직이 원하는대로 사건을 보도하지 않는다는 방침을 설정하고, 테러를 자행한 주체를 보도하지 않거나 또는 테러주체를 소개하면서도 사건보도는 배제한 채, 조직에 대한 광범위하고 포괄적인 정보만을 제공함으로써, 테러조직의 본래의 목적을 이루지 못하도록 하는 것이다.

테러 공격을 자행한 특정 조직을 미디어가 밝히지 않는 전략은 테러리스트의 행동에 체계적인 영향을 미칠 것으로 예상할 수 있는데, 테러 행위를 저질렀을 때 얻을 수 있는 이익이 없으며, 해당 테러단체가 대중의 관심을 끌지 못한다는 관례를 만들어 줄 수 있다. 현대 테러가 본질적으로 미디어를 통한 세력의 과시 및 홍보에 의존하고 있으며, 미디어의 정책 전환은 테러행위를 어느 정도 무의미하게 만드는 효과를 가져온다. 또는, 테러행위를 자행한 특정 조직만을 보도하지 않고 여러 테러조직들을 함께 소개함으로써 다른 테러단체가 무임승차하도록 하는 방법을 사용할 수도 있을 것이다. 실제, 테러범들은 죽음의 위험까지 감수하면서 자신이 속한 테러조직을 홍보하고 테러의 목적을 전파하여 동조자를 확대시키려는 목적을 갖고 있는데, 미디어의 정책변화로 인해 사건의 주체를 밝히지 않거나 여러 단체의 여러가지 목적을 함께 추정할 경우, 테러단체의 세력과시는 더 이상 나타나지 않거나 현격하게 줄어들 수 있을 것이다.

2011년 7월 22일 노르웨이에서 발생한 브레이비크(Anders Behring Breivik)의 테러사건은 미디어의 정책을 바꾸어서 적용시킬 수 있는 사례다. 테러범 브레이비크는 다문화 캠프에 참여한 77명을 살해하고 법정에서 자신의 정당성을 홍보하고자 스스로 변론하는 기회를 얻어 극우주의 폭력의 당위성을 홍보하였다. 이 테러범은 법정에서 심지어 나치식의 경례로 팔을 들어 예를 표한 뒤 자신이 순혈 노르웨이와 유럽을 위해 오염된 이주민이 진입하는 것을 막았으며, 자신과 타협하지 않으면 이후에도 이러한 전쟁은 지속될 것이라고 언급했다. 이 내용은 모두 미디어를 통해 대중에게 전달되었고, 전 세계의 극우주의자들이 시청하였다. 이 사건을 단순히 기행적인 테러범이 단독으로 77명을 살해한 사건으로만 보도한다면 대중의 공분을 사는 것으로 충분히 마무리될 수 있었을 것이다.

(4) 사회적 관찰과 제도적 대응 활동이 필요하다.

미국 뉴욕타임즈 피터 베르겐(Peter Bergen)은 2001년 9월 11일 이후 미국에서 지하드 테러 혐의로 기소된 300건 이상의 사건에 대한 법원 기록을 검토하였고 테러범의 원인과 동기를 분석해 보았다. 주로 이슬람 극단주의자를 대상으로 분석한 내용으로, 결론적으로 지하디스트 테러범이 "미친" 또는 "나쁜" 사람이라고 단정하는 것은 잘못되었다는 판단이다. 이 테러범들은 무장 이슬람주의 이념, 이슬람 국가 차원에서 미국 외교 정책에 대한 반감, 목적의식을 주는 이념이나 조직에 집착하려는 욕구, 그리고 종종 부모의 죽음과 같은 개인적 좌절 등 여러 요인의 혼합으로 동기를 부여받았으며, 지하디스트 집단에 가담하거나 공격을 수행함으로써 스스로가 자신의 인생 이

야기의 주인공으로 사람들에게 보여줄 수 있다고 믿었다.

예를 들어, 2013년 보스턴 마라톤 폭탄 테러를 자행한 타메를란 차르나예프(Tamerlan Tsarnaev)는 세속적인 무슬림이었으며 올림픽 권투 선수가 되겠다는 꿈이 사라지자 이슬람 극단주의 테러범이 되었다. 2009년 텍사스주 포트 후드(Fort Hood)에서 13명을 살해한 육군 소령 니달 하산(Nidal Hasan)은 미국 외교 정책에 반대하는 엄격한 무슬림으로서 전형적인 지하드 테러범으로 보였으나, 그는 미혼이었고, 부모님은 모두 돌아가셨으며, 진정한 친구도 없었고, 본인이 원치않는 아프가니스탄에 배치된데 대해 두려움을 느꼈던 것으로 파악되었다. 2008년 인도 뭄바이에서 160명 이상이 사망한 테러를 기획하였던 미국 시카고 거주자 데이비드 헤들리(David C. Headley)는 독실한 무슬림도 아니었으며, 여러 아내와 여자친구들을 거느렸는데, 평소 인도에 대한 강한 증오심을 갖고 있었으며, 자신이 지하디스트 제임스 본드 역할을 하고자 했던 것으로 파악되었다.

철학자 임마누엘 칸트(Immanuel Kant)가 말했듯이 "굽어진 나무 모습의 인간적 존재가 똑바로 펴질 수는 없을 것"[3]이라는 표현처럼, 사회적 체계에 순응보다는 저항하려는 성향의 사람은 항상 존재할 것이다. 이러한 점을 고려하여 행동 분석에 초점을 맞추는 예방책이 필요하다. 테러라는 폭력 형태로 접근하는 행동을 관찰하는 방식으로, 테러를 자행하려는 사람의 이념이나 아이디어보다 우선해서, 행동에 대응해야 한다는 논리다. 이 접근 방식은 "왜 테러를 자행하는가?"에 대한 관점보다는 "무엇을 할 것인가?"에 초점을 맞춘다. 즉, 테러 공격을 준비하는 사람은 대상을 탐색하거나 테러 공격용 무기와 폭발물 등을 확보하고자 할 것이다. 이러한 행위에 초점을 맞추어서, 미래의 테러범을 사전에 관찰하고 차단하려는 노력이 필요하다.

---

3 임마누엘 칸트가 1784년 자신의 수필 "Idea for a Universal History with a Cosmopolitan Purpose"에서 언급한 내용이다. 원문: "Out of the crooked timber of humanity, no straight thing was ever made," (저자 번역)

피터 베르겐의 분석내용을 감안하여 볼 때, 특이동향의 개인에 대한 주민들의 신고체제를 확대하는 한편, 테러위험인물을 폭넓게 선정하고 이들의 개인적인 문제와 동향을 관찰하여 사회적 차원에서 예방하는 것이 필요하다. 이와 더불어, 테러에 이용될 수 있는 방법과 장비를 대상으로 원천적으로 통제할 수 있는 법규범적, 제도적 대응이 필요하다.

2. 이론적 대응전략

(1) 자유주의적 접근

자유주의(Liberalism) 이론은 2,500년간 지속되어 온 현실주의 이론, 즉, "만인의 만인에 대한 투쟁(Bellum Omnium Contra Omnes)"이라는 갈등관계에 대해 도전하는 주장으로, 기본적으로 인간의 이성과 합리성이 존재한다는 신뢰를 제시한다. 자유주의는 모든 국가가 민주주의 체제일 경우, 또는 국제적 제도와 규범이 기능할 경우 등, 어떠한 조건이 있으면, 인간은 싸우지 않을 것이고, 국가 간 또는 비국가 행위자 간 갈등과 긴장을 저지할 수 있다고 믿는다. 국제사회는 무정부 상태이고, 국제사회의 행위자는 단지 국가만이 아니라 국제적 테러조직이나 초국가적조직범죄 단체와 같은 비국가 행위자도 존재하며, 이에 따라, 각 상황에 대응해야 하는 복잡하고 정교한 안보체계가 요구된다.

본 연구에서는 국제테러리즘이라는 갈등관계를 자유주의적 관점에서 접근하여 근본적인 대응방향을 제시해 보고자 한다. 즉, 현실주의 측면에서 볼때, 테러리즘은 필연적으로 발생하는 것으로 여기지만, 자유주의적 관점에서 보면, 어떠한 조치를 취한다면 테러리즘이 근본적으로 발생하지 않거나, 테러의 원인을 줄일 수 있을 것이라는 포괄적 접근방향을 모색한다. "어떠한 조치들"을 도출해 내기 위해서는 테러리즘 발생의 동기와 목적에 접근해야 하는데, 1995년 유엔 총회에서 결의안으로 채택한 "국제테러리즘을 제거하기 위한 조치들"에서 찾아 볼 수 있다. 이 결의안은 "정치적, 철학적, 이념적, 인종적, 민족적, 종교적 또는 어떠한 명분이라도 테러의 행위는 정당화될 수 없으며, 범죄 행위"라고 명시하였는데, 여기에서 열거된 테러발생의 이유들이 국제적으로 공감하는 테러의 원인으로 볼 수 있을 것이다.

첫째, 정치적 갈등 문제의 해결이다. 앞서 살펴 본 테러발생의 동기와 목적 중 정치적 목적은 대표적으로 "자유 투사(Freedom Fighters)"를 의미한다. 빼앗긴 영토를 되찾기 위해, 또는 독립운동을 위해, 민족의 문화와 전통을 유지하기 위한 투쟁 등이다. 이러한 정치적 목적의 테러리즘을 종식시키는 방법은 정부 공권력을 활용한 완전한 테러조직의 진압이거나 아니면 테러단체와의 타협이다. 앞서 살펴본 바와 같이, 스리랑카의 LTTE 조직의 와해는 스리랑카 정부군의 우월한 공권력을 활용한 완전한 진압 사례다. 그러나 많은 지역에서 아직도 정부와 반정부 세력 사이의 갈등이 존재하는데, 중국 신장 위구르족 및 튀르키예의 쿠르드족에서 보듯이 한 국가의 국적인으로 통합시키기 위해 강압적인 조치를 취하고는 있지만 한 민족의 전통과 문화 말살이란 비난에 직면하게 된다. 영국 정부와 대치하던 북아일랜드의 테러조직 아일랜드공화국군(IRA)의 종식 사례에서 보듯이, 어느 정도의 자치통치를 허용하면서 협력하는 방법이 자유주의적 접근 방법이다. 자치통치 지역의 주민보다는 강력한 국가의 국민이 되고자 주민 스스로가 선택하여 국가통합에 참여하는 방식으로 유도함으로써 비폭력 사회적 통합이 완성될 수 있다.

둘째, 철학적·이념적 갈등 문제다. 콜롬비아의 테러조직 '콜롬비아무장혁명군(FARC)'의 사례를 들 수 있다. 이 조직은 1964년 좌파 게릴라로 구성되었으며, 당시 콜롬비아 우파 보수정권을 전복하여 좌파정권으로 구축하겠다는 목표를 갖고 투쟁해왔다. 2012년부터 중도 우파 성향의 후안 마누엘 산토스(Juan Manuel Santos) 대통령은 FARC와의 오랜 내전을 종식시키고자 노력하였는데, 좌파세력이 요구하는 사회적 개혁에도 관심을 기울여, 보수층과 차별화된 면모를 보이면서 협상을 지속하였고, 마침내 2016년 11월 24일, 산토스 대통령과 FARC 지도부는 평화 협정에 서명했으며, FARC는 무장을 해제하고 정당으로 전환하겠다고 약속하였다. 이후 FARC는 무장투쟁을 포기하고 "콜롬비아의 대안적 혁명적 힘(Fuerza Alternativa Revolucionaria del Común)"이라는 정당을 창설하여 평화적 정치 활동으로 전환하였다. 현재, FARC 일부 극단적 무장세력 파벌은 평화 협정을 거부하고 정글의 거점으로 돌아갔으나, 2022년 8월, 좌파 게릴라 조직 출신의 정치인 구스타보 페트로(Gustavo Petro)가 대통령으로 당선되면서 잔존하는 좌파 게릴라의 명분이 퇴색한 상황이다. 위의 사례처럼 이념적 동기의 무장투쟁을 정치권으로 유도하여 비폭력 정당을 구성하도록 하고 정부와의 협력을 유도하는 방법도 자유주의적 접근 방법이라고 할 수 있다.

셋째, 인종적·민족적 갈등 문제다. 이러한 동기와 목적을 갖고 활동 중인 테러조직은 대표적으로 미국의 쿠 클룩스 클란(Ku Klux Klan, KKK)과 네오-나치그룹(Neo-Nazi Groups)을 꼽을 수 있다. KKK의 경우, 1865년 미국 남북전쟁 이후 흑인들의 권리를 억압하고 백인 우월주의를 강화하기 위해 결성되었으며, 주로 흑인 및 다른 소수 인종을 대상으로 폭력과 테러를 자행해왔고, 현대에 들어서도 여전히 일부 극단주의자들 사이에서 영향력을 유지하고 있다. 네오-나치는 제2차 세계대전 후 나치 이데올로기를 계승하고 백인 민족주의를 고취하는 극우 성향의 조직으로, 유대인, 이민자, 흑인 등 소수 인종에 대한 폭력과 테러를 자행한다. 해결방법으로는 인종적·민족적 극단주의 이념에 물든 조직원들에게 교육적인 대안을 제시하는 것이 효과적인데, 국가는 극단주의에서 벗어나도록 돕는 재사회화 프로그램을 운영하며, 상담과 교육을 통해 기존 신념을 바꾸고 제도권으로 들어와 생활하도록 지원해야 한다. 또한, 국가에서 고용 및 교육 기회를 제공하면서 조직원들이 사회로 복귀할 수 있는 기회를 제공하고 폭력적 이념에서 벗어나도록 유도해야 한다.

넷째, 종교적 갈등 문제다. 종교적 동기를 가진 테러 조직을 와해시키기 위해서는 그들의 종교적 이념에서 극단적인 사상을 배제시키고, 극단주의 조직의 영향력을 줄이며, 조직원들의 포용적인 태도를 확대시키는 다각적인 접근이 필요할 것이다. 종교적 테러 조직은 신념에 기반하여 결속력이 강하기 때문에 단순한 물리적 대응만으로는 효과가 제한적이며, 종교와 민족이 어우러져 살아가는 공동체를 완전히 전환시키는 방법은 현실적으로 존재하기 어렵다. 가장 대표적인 종교적 갈등은 이슬람 극단주의 테러조직과 비이슬람권의 갈등이다. 심지어, 아프가니스탄의 극단주의 테러조직인 탈리반 등 이슬람 극단주의 조직은 같은 이슬람 종교 내에서도 근본주의자와 세속주의를 구분하여 세속주의 무슬림을 대상으로 테러를 자행하기도 하였다. 자유주의적 접근방법으로 제시되는 전략은 해당 종교의 온건한 성향 지도자들과의 협력을 확대하는 것이다. 국가는 이러한 온건 성향의 종교지도자들과 접촉 기회를 제도적으로 구축하고 이들과의 협력관계를 공고하게 발전시켜 나가야 한다. 이들을 통해 왜곡된 종교적 테러단체의 해석과 활동을 비판하고, 대안적인 해석을 제시할 수 있도록 유도해야 한다. 이러한 조치는 테러행위를 수단으로 삼는 극단적인 종교적 테러조직의 정당성을 약화시키는 데 기여할 것이다.

(2) 제도주의적 접근

국제관계학 이론에서 제도주의(institutionalism)란 신자유주의자가 주도하였던 이론으로, 국제적으로 운용되는 제도와 법규범을 활용하여 국가 간 협력과 평화 유지가 가능하다는 주장이다. 여기서의 제도란 무형의 규칙과 법률 등의 제도뿐만 아니라 건물과 기구, 인원을 갖고 있는 기관도 포함한다.[4]

---

4 Robert Keohane, 1984,『After Hegemony』

테러리즘의 발생을 근원적으로 차단하기 위해 연구하였던 자료는 유엔의 대테러 교육자료에서 찾아 볼 수 있는데, 국제적 또는 국내적 법규범과 대응체계를 구축하는 데 참고가 될 것이다. 국가 차원의 공권력으로 테러리즘을 막아내는 대응체계를 갖추고 있겠으나, 여기서는 제도주의적 차원에서 테러발생의 원인에 접근하여 근본 문제를 해결하려는 방안을 고찰해 볼 것이다.

앞서, 유엔의 대테러 전략은 4개의 기둥으로 구성된다고 소개하였다. 첫째, 테러리즘이 발생하고 전파될 수 있는 원인에 접근하고, 둘째, 테러리즘을 예방하고 대응하여 맞서 싸우기 위한 조치를 마련하며, 셋째, 테러 예방과 대응활동을 위한 각 국가의 역량을 확립하고 유엔의 대응활동 역할을 강화하며, 넷째, 법적 질서를 준수하며 인권존중을 확립한다는 내용이다. 유엔의 대테러 전략은 곧 국제레짐(International Regime)의 제도주의적 바탕이므로, 위의 4가지 전략에 해당되는 세부 조치내용 중에서 테러리즘의 제도주의적 해결방안을 모색해 본다. 다만, 보다 분명한 구분을 위해 두 번째 항목은 국가 차원의 테러리즘 예방 및 대응활동으로 한정하고, 세 번째는 국가 간의 협력과 유엔을 중심으로하는 국제협력으로 구분한다.

첫째, 테러 발생의 원인에 접근하는 조치들이다. 이 전략은 보편적이고 포괄적인 내용으로, 테러를 자행할 수 있는 주체가 개인, 단체, 국가 등 모든 분야의 주체에게 적용되는 조치이다. 분쟁지역에서 발생하는 갈등을 예방하기 위해, 협상, 조정, 화해, 법 절차에 따른 통치, 평화유지활동 등이 요구된다. 또한, 서로 다른 문화, 인종, 종교 등을 이해하고 관용적으로 수용하며, 상호 존중을 증진하고, 서로 다른 종교의 가치, 신앙, 문화를 폄훼하지 않도록 교육과 공공 인지 프로그램 등을 모든 사회적 분야에 설치하고 확대 운영해야 한다. 빈곤, 차별, 교육 부족 등 사회적 불만이 테러 조직에 동조하는 원인 중 하나가 될 수 있으므로, 공정한 사회 안전망과 복지 제도를 통해 소외된 집단이 테러 조직 대신 국가와 제도에 의존하도록 유도할 수 있다. 유엔 및 국가 간 회의를 통해 빈곤퇴치, 소외된 지역의 개발, 청소년 실업의 해소 정책을 전개하고, 이를 통해 극단화, 고립화를 예방하며 테러조직원으로 모병되는 유혹을 차단할 수 있다. 테러는 국제적인 위협이므로, 테러 예방활동의 선진국은 후진국에 대한 제도적 지원을 적극 전개해야 한다.

둘째, 국가 차원에서 테러예방 및 대응활동을 강화하는 조치이다. 제도주의적 대응조치로 최우선에 둘 것은 테러조직이 형성될 수 있는 기반을 없애는 것이다. 먼저, 국제법의 규정과 의무에 따라 테러를 지원, 설비지원, 참여, 또는 자금지원, 기획 등에 관련된 자들에 대해 피난처 제공을 거부하고 사법적 조치를 받을 수 있도록 국내법을 제정 또는 개정해야 한다. 또한, 테러조직의 모병활동, 선전선동, 후원금요청 등을 저지하기 위해 각 국가 상황에 맞는 법 규범적 조치를 마련해야 하는데, 최근 사이버공간을 통한 활동이 증가추세임을 고려하여 국가 차원과 국제적 차원의 대응규범을 구체적으로 마련해야 한다. 종교 단체, 비영리 단체 등 지역 사회조직 및 시민단체와 협력하여 테러 조직이 기반으로 삼고 있는 지역 사회의 지원을 차단하고, 이러한 단체와 협업하고 통제할 수 있는 국내 실정법 제정도 고려되어야 한다. 다만, 테러범에 대해 조사, 체포, 기소, 추방을 실시하되, 국제법, 인권법, 난민법 등 법적 근거에 의거하여 실시하는 것이 중요하다.

셋째, 국가 간 정보협력 및 유엔 체계의 역할을 강화해야 한다. 대응활동의 제도적 장치로서 국가 간 정보협력은 필수적이다. 테러위험인물에 대한 정보뿐만 아니라 테러에 관련되어 사용될 수 있는 범죄, 총기 및 폭발물 관련 범죄, 마약거래 등에 대한 대응활동의 정보를 교류하는 양자 또는 다자협력의 체계를 갖추어야 한다. 테러방지를 위한 국제적 레짐(International Regime)으로서 유엔이 기능할 수 있도록, 테러리즘의 정의보다는 현상에 중점을 두고 모든 회원국이 공감하는 실질적인 법 규범을 마련하고 실천해야 한다. 현재 유엔에서 제정한 실질적인 대테러 도구인 19개의 국제협약에 모든 회원국이 가입하여 이행함으로써 테러조직의 활동을 효과적으로 차단할 수 있다.

넷째, 대테러 활동의 기본요소로서 법 질서 및 인권 존중을 우선해야 한다. 2005년 12월 16일 채택한 유엔 총회 결의안(General Assembly resolution 60/158)에 따라서 대테러 활동 중에도 근본적인 인권 보호 및 자유 보호의 조항을 준수해야 한다. 대테러 활동을 이유로 자국민의 인권을 침해하거나, 외국인에 대한 차별과 불법적 조치가 발생되지 않도록 모니터링을 통해 개선시키는 제도적 장치를 마련해야 한다. 위 결의안에서 명시한 대로, 대테러 활동 수행 중에도 기본적으로 국제법, 특히, 인권법 및 난민법, 인도주의 법을 준수해야 한다. 이를 위해서, 각 국가의 대테러 활동은 국가적 차원의 통제 기구가 설립되어 운영되어야 하며, 이와 더불어 국제적 인권 기구의 통제와 감독을 받는 체계도 구축해야 한다.

부록

이슬람에 관한 25가지 질문
(25 Most Frequently Asked Questions About Islam)

_written by Dr. Shahid Athar[1]

1. 이슬람이란 무엇인가?

"이슬람"이란 평화와 복종을 뜻한다. 평화란, 나 자신과 나를 둘러싸고 있는 모든 것이 평화롭다는 것을 의미하며, 복종이란, 하나님의 의지에 순종한다는 것이다. 따라서 "이슬람"의 포괄적 의미는 "하나님의 의지에 복종함으로써 평화를 얻는다."는 뜻이다.

이슬람은 인간의 도덕적 자세와 삶의 방식을 중시하는 의미의 이름을 가진 유일한 종교이다. 유대교(Judaism)는 유다 부족(Tribe of Juda)의 이름을 따서 명명되었고 기독교(Christianity)는 예수 그리스도(Jesus Christ)의 이름으로부터, 불교(Buddism)는 고타마 부다(Goutam Buddha)의 이름에서 만들어졌으며 힌두교는 인더스강의 이름을 따서 만들어졌다. 그러나 이슬람은 인간인 선지

1 Dr. Athar는 미국인으로 의사이며 이집트의 알 아즈하라 대학교에서 이슬람에 대해 수학한 후 이슬람에 대한 글을 쓰고 대변인 역할도 하고 있다. 여기에 실린 25가지 질문과 답은 Dr. Athar가 2005년 작성한 글이며 알 아즈하라 대학교의 홈페이지에 게재되어 있다. (全文 번역 : 함중영)

자 무하마드의 이름을 따서 "무하마단스(Muhammadans)"라고 명명하지 않고 그 이름의 원천을 이슬람의 메시지로부터 찾았다.

What is Islam?

The word "Islam" means peace and submission. Peace means to be at peace with yourself and your surroundings and submission means submission to the will of God. A broader meaning of the word "Islam" is to achieve peace by submitting to the will of God. This is a unique religion with a name which signifies a moral attitude and a way of life. Judaism takes its name from the tribe of Juda, Christianity from Jesus Christ, Buddhism from Goutam Buddha and Hinduism from Indus River. However, Muslims derive their identity from the message of Islam, rather than the person of Muhammed(Pbuh), thus should not be called "Muhammadans".

2. 알라는 누구인가?

알라는 아랍어로 "유일한 하나님"이란 뜻이다. 알라는 무슬림들만의 하나님이 아니며 모든 피조물의 하나님이다. 왜냐하면 하나님은 만물의 창조자이며 모든 피조물을 생육하는 분이기 때문이다.

Who is Allah?

Allah is the Arabic word for "one God". Allah is not God of Muslims only. He is God of all creations, because He is their Creator and Sustainer.

3. 무슬림은 누구인가?

“무슬림(Muslim)”은 하나님의 의지에 복종하는 자를 의미한다. 무슬림의 이러한 정의는 “유일한 하나님 외에 다른 신은 없으며 하나님의 전달자는 무하마드이다”라고 선언한 것에 의해 이루어진다. 좀 더 포괄적으로 생각하면, 하나님의 의지에 기꺼이 복종하는 자는 누구든지 무슬림이라고 할 수 있다. 그러므로 선지자 무하마드 이전의 모든 선지자들은 무슬림으로 간주되어진다.

꾸르안은 특히 모세나 예수 그리스도보다 더 이전에 있었던 아브라함에 대해 언급하는데, “그는 유대인도 아니고 기독교인도 아니며 무슬림이다”라고 기록하고 있다. 왜냐하면 그가 하나님의 의지에 복종하였기 때문이었다. 그러므로 하나님의 의지에 전혀 복종하지 않는 무슬림도 있으며 이슬람적 생활을 하려고 최선을 다하는 무슬림도 있다. 이슬람을 평가하려 할 때 어떤 사람이 무슬림 이름을 갖고 있다고 해서 무조건 무슬림으로 여겨서는 안되며 그 사람이 무슬림으로서 행동과 생활을 제대로 하고 있는지 그들의 행동을 보고 판단해야 한다. 진정한 무슬림이 될 수 있는 범주는 그 사람의 신념과 행동에서 하나님의 의지에 복종하려는 정도에 따라 정해질 수 있다.

Who is a Muslim?

The word “Muslim” means one who submits to the will of God. This is done by declaring that “there is no god except one God and Muhammad is the messenger of God.” In a broader sense, anyone who willingly submits to the will of God is a Muslim. Thus, all the prophets preceding the prophet

Muhammad are considered Muslims. The Quran specifically mentions Abraham who lived long before Moses and Christ that, "he was not a Jew or a Christian but a Muslim," because, he had submitted to the will of God. Thus there are Muslims who are not submitting at all to the will of God and there are Muslims who are doing their best to live an Islamic life. One cannot judge Islam by looking at those individuals who have a Muslim name but in their actions, they are not living or behaving as Muslims. The extent of being a Muslim can be according to the degree to which one is submitting to the will of God, in his beliefs and his actions.

4. 선지자 무하마드는 누구인가?

요약하면, 선지자 무하마드는 AD 570년에 아라비아의 메카에서 한 귀족 부족의 자손으로 출생하였다. 그의 조상은 선지자 아브라함의 아들인 선지자 이스마엘로 거슬러 올라간다. 선지자 무하마드의 아버지는 그가 출생하기 전에 사망하였으며 6세가 되던 해에 어머니도 사망하였다. 당시의 풍습대로 유모의 손에서 키워지면서 정식적인 학교를 다니지는 못하였으며 후에 그의 할머니와 삼촌에 의해 양육되었다. 청년 시절에 그는 동굴에 들어가서 묵상을 하곤 했던 의로운 사람으로 알려졌다.

그의 나이 40세가 되어 동굴에서 가브리엘 천사를 만나게 되었으며 그의 선지자 역할이 시작되었다. 그 이후로 23년간 그의 전파활동이 이루어졌으며 꾸르안이라고 불리우는 책이 완성되었는데 이 책이 무슬림에게는 더 이상 나타날 수 없는 하나님의 마지막 말씀이라고 여겨진다. 꾸르안은 원형 그

대로 변하지 않은 채 보존되고 있으며 토라(Torah),[2] 시편, 복음서에서 나타난 진리를 재확인하고 있다.

Who was Muhammad?

In brief, Muhammad (Peace be upon him) was born in a noble tribe of Mecca in Arabia in the year 570 AD. His ancestry goes back to Prophet Ishmael (Pbuh), son of Prophet Abraham (Pbuh). His father died before his birth and his mother died when he was six. He did not attend a formal school since he was raised first by a nurse as it was the custom those days, and then by his grandfather and uncle. As a young man, he was known as a righteous person who used to meditate in a cave. At age 40, he was given the prophethood when the angel, Gabriel, appeared in the cave. Subsequently, the revelations came over 23 years and were compiled in the form of a book called the Quran which Muslims consider as the final and the last word of God. The Quran has been preserved, unchanged, in its original form and confirms the truth in the Torah, the psalms and the Gospel.

5. 무슬림은 선지자 무하마드를 숭배하는가?

아니다. 무슬림은 선지자 무하마드뿐만 아니라 어떤 선지자들도 숭배하지는 않는다. 무슬림은 아담, 노아, 아브라함, 다윗, 솔로몬, 모세, 예수 그리스

---

2 유대교의 율법, 구약 성서 권두의 5편

도 등 모든 선지자들을 믿으며 선지자 무하마드를 마지막 선지자로 믿는다. 그러나 무슬림은 단지 하나님만을 숭배의 대상자로 믿으며 어떠한 인간도 무슬림에게는 숭배의 대상이 아니다.

Do Muslims worship Muhammad?

No. Muslims do not worship Muhammad(Pbuh) or any other prophets. Muslims believe in all prophets including Adam, Noah, Abraham, David, Solomon, Moses and Jesus. Muslims believe that Muhammad (Pbuh) was the last of the prophets. They believe that God alone is to be worshiped, not any human being.

6. 무슬림은 예수 그리스도를 어떻게 생각하는가?

무슬림은 예수 그리스도와 그의 모친 마리아를 매우 고귀하게 여긴다. 꾸르안은 예수가 동정녀 마리아에게서 출생하였다고 언급하고 있다.(Quran 3.59) 선지자로서 예수 그리스도에 대한 많은 기적들이 보여졌는데 그 중 그의 모친 마리아의 경건심을 보호하기 위해 출생에 대한 계시가 있었다. 하나님은 예수 그리스도에게 맹인과 병자를 고치고 죽은 자를 다시 살리게 하며 진흙에서 새를 만드시는 능력을 주셨으며 무엇보다도 중요한 것은 말씀을 전파하는 능력을 주신 것이었다. 하나님께서 예수 그리스도에게 부여하신 이러한 능력은 하나의 선지자로서 세우기 위함이었다. 꾸르안에서는 예수 그리스도가 십자가에 못 박혀 죽은 것은 아니며 다만 하늘나라로 승천하였다고 기록되었다.

What do Muslims think of Jesus?

Muslims think highly of Jesus (Pbuh) and his worthy mother, Mary. The Quran tells us that Jesus was born of a miraculous birth without a father. "Lo! The likeness of Jesus with Allah is the likeness of Adam. He created him of dust, and then He said unto him: Be and he is" (Quran 3.59). He was given many miracles as a prophet. These include speaking soon after his birth in defense of his mother's piety. God's other gifts to him included healing the blind and the sick, reviving the dead, making a bird out of clay and most importantly, the message he was carrying. These miracles were given to him by God to establish him as a prophet. According to the Quran, he was not crucified but was raised into Heaven. (Quran, Chapter Maryam)

7. 무슬림은 많은 분파가 있는가?

무슬림은 분파가 없다. 사상적으로 2개의 부류가 있다고 할 수 있는데 시아와 순니이다. 이 두 분야는 많은 점에 있어서 공통점이 있다. 공통적으로 꾸르안을 신봉하고 있으며 선지자 무하마드를 똑같이 신봉하고 있다. 시아와 순니 모두 하루에 다섯 번 기도하고, 라마단 시기에는 금식하며, 하즈(hajj)를 실천하기 위해 메카로 순례의 길을 떠난다. 선지자 무하마드의 말과 실천에 따라 삶을 사는 무슬림을 순니파라고 하고 여기에 더하여 무하마드의 사위인 '알리'의 말씀과 견해를 추가하여 신봉하며 '알리'가 선지자 무하마드의 정통파 후계자라고 믿는 무슬림을 시아파라고 부른다. '시아'란 분파(알리의 파)라는 뜻이며 '알리'가 정적들과 갈등이 있을 때 알리를 돕기 위해 구성된 정치적 당파로서 출발하였다. 대부분의 시아파 무슬림은 이란과 이라크에 살고 있으며 무슬림의 주류는 순니파이다. 시아파는 전체 무슬림 인구의 16%를 구성하고 있다.

Do Muslims have many sects?

Muslims have no sects. In Islam, there are two major schools of thought, the **Shia** and **the Sunni**. Both have many things in common. They follow the same book – Quran. They follow the same prophet Muhammad (Pbuh). Both offer their prayers five time a day. Both fast in the month of Ramadan. They both go for hajj, pilgrimage to Mecca.

Those who follow Prophet Muhammad (Pbuh), in accordance with his sayings and actions, are called Sunni and those who in addition follow the sayings and views of Ali (Muhammad's son-in-law), as the rightful successor to Prophet Muhammad (Pbuh), are called Shia. Shia means a partisan (party of Ali) and it started more as a political party to help Ali in his conflict with his political adversaries. Most Shias live in Iran and Iraq while the rest of the Muslim world is mostly Sunni. Shias comprise about 16-percent of the Muslim population.

8. 이슬람의 기둥(支柱)은 무엇인가?

이슬람의 믿음의 항목으로서 이슬람을 떠받히는 5가지 지주가 있다. 1) 이만(Iman) - 하나님과 선지자 무하마드에 대한 믿음이다. 2) 기도(Salat) - 하루에 5회 기도하도록 되어 있다. 3) 금식(Siyam) - 라마단의 달에 실행한다. 4) 자선(Zakat) - 부자가 가난한 자들에게 베푸는 것이다. 5) 하즈(Hajj) - 신체적 금전적으로 허락된다면 일생에 한번 메카를 순례지로서 방문하는 것이다. 마치 집을 떠받치는 기둥 각각이 모두 적절하게 모양과 힘의 분배를 갖듯이 여기 5가지 기둥은 높이와 힘의 정도가 모두 동등하게 중요하다. 즉, 하즈(순례)는 하면서도 금식이나 날마다 해야 하는 기도를 하지 않는다는 것은 있을 수 없는 일이다. 기둥이 하나만 있는 건물을 생각해 보라. 그것은 건물이라고 불리울 수 없는 것이다. 또한 건물을 이루기 위해서는 지붕이 있어야 하고 벽이 있어야 하며 문과 창문이 있어야 한다. 이러한 것들을 이슬람에서는 이슬람의 도덕적 규범이라고 할 수 있는데, 그것은 정직, 진실, 부동함, 그리고 다른 많은 인간의 도덕적 성품들을 말한다. 따라서 무슬림이 되기 위해서는 이슬람의 기둥만을 이행해서는 안 되며 선한 인간이 되기 위한 가능한 최선의 자세를 갖도록 해야 하는 것이다. 그때서야 비로소 건물이 완성이 되고 아름답게 보이는 것이다.

What are the pillars of Islam?

There are five major pillars of Islam which are the articles of faith. These pillars are (1) **the belief** (Iman) in one God and that Muhammad (Pbuh) is His messenger, (2) **prayer** (Salat) which are prescribed five times a day, (3) **fasting** (Siyam) which is required in the month of Ramadan, (4) **charity** (Zakat) which is the poor-due on the wealth of the rich and (5) **hajj** which is the pilgrimage to Mecca once in a lifetime if one can afford it physically and financially. All the pillars should be of equal height and strength in a building in order to give the building its due shape and proportions. It is not possible that one would do hajj without observing fasting or without practicing regular prayers. Now think of a building which has pillars only. It would not be called a building. In order to make it a building, it has to have a roof, it has to have walls, it has to have doors and windows. These things in Islam are the **moral codes** of Islam such as honesty, truthfulness, steadfastness and many other human moral qualities. Thus in order to be a Muslim, one should not only be practicing the pillars of Islam but should also have the highest possible attribute for being a good human being. Only then the building is completed and looks beautiful.

9. 이슬람에서 경배의 목적은 무엇인가?

이슬람에서 경배의 목적은 하나님을 의식하는 것이다. 즉, 경배는 그것이 기도이든 금식이든 또는 자선행위로 표현되든 사람이 하나님의 존재를 의식하게 되는 수단이며 하나님을 思考나 행동을 통해 의식하게 되었을 때 그는 현세와 내세에서 하나님의 은혜를 받는 더욱 좋은 자리에 서게 되는 것이다.

What is the purpose of worship in Islam?

The purpose of worship in Islam is to be God conscious. Thus the worship, whether it is prayer, fasting, or charity, is a means to achieve God consciousness so that when one becomes conscious of God, in thought and in action, he is in a better position to receive His bounties both in this world and the hereafter.

10. 무슬림은 내세를 믿는가?

하나님은 의로우시며 하나님의 정의를 드러내신다. 그는 책임의 체계를 만드셨다. 선을 행한 사람은 보상을 받을 것이요 악을 행한 사람은 벌을 받을 것이다. 그러므로 그는 천국과 지옥을 만드셨고 이 곳으로 분류되기 위한 판단의 기준이 있는 것이다. 무슬림은 현세가 잠시 머무르다 가는 곳으로 믿고 있다. 이것은 마치 시험하는 것과 같다. 우리가 이 시험을 통과하면 우리는 하늘나라에서 선한사람들과 함께 영원한 기쁨의 삶을 받게 될 것이다.

Do Muslims believe in the hereafter?

God is Just and manifest His justice, He established the system of accountability. Those who do good will be rewarded and those who do wrong will be punished accordingly. Thus, He created Heaven and Hell and there are admission criteria for both. Muslims believe that the present life is a temporary one. It is a test and if we pass the test, we will be given a life of permanent pleasure in the company of good people in Heaven.

11. 이슬람을 믿지 않는 자들은 선한 일을 행하여도 헛된 것인가?

그렇지 않다. 꾸르안에 "누구라도 티끌만한 선한 가치를 가지고 있다면 보게 될 것이요, 누구라도 티끌만한 악의 가치를 행하였다면 그것 또한 보게 될 것이라"(꾸르안 99:7-8)고 기록되었다. 이에 의하면, 이슬람을 믿지 않는 자가 선을 행하였다면 이들의 선한 행동 때문에 이 땅에서 보상을 받게 될 것이다. 다른 한편으로는, 무슬림이 선한 행동을 하였다면 그들은 이 땅에서 보상을 받는 것은 물론이고 내세에 가서도 보상을 받게 될 것이다. 그러나 마지막 심판은 하나님에게만 달려 있다(꾸르안 2:62).

Will the good actions of the non-believers be wasted?

No. The Quran clearly says that, "anyone who has an atom's worth of goodness will see it and anyone who has done an atom's worth of evil will also see it" (Quran 99:7-8). By that it is meant that those who are non- believers but have done good will be rewarded in this world for their good deed. On the other hand, those who do good if they are Muslims, they will be rewarded not only in this world but also in the world hereafter. However, the final Judgment is up to God himself. (Quran 2:62)

12. 무슬림은 어떻게 옷을 입어야 하는가?

이슬람은 겸양을 강조한다. 어떤 사람도 섹스의 대상으로 느껴져서는 안된다. 남자나 여자에게 맞는 형식이 있는데, 이들의 옷은 몸체가 드러날 정도로 얇아서도 안되며 너무 딱 달라붙어도 안된다. 남자들은 최소한 무릎에서 배꼽까지는 덮어야 하고 여자들은 손과 얼굴을 제외하고 모든 신체를 덮어야 한다. 얼굴을 가리는 것은 필수사항은 아니다.

What is the dress code for Muslims?

Islam emphasizes modesty. No person should be perceived as a sex object. There are certain guidelines both for men and women that their dress should neither be too thin nor too tight to reveal body forms. For men, they must at least cover the area from the knee to navel and for women, their dress should cover all areas except the hands and face. The veil is not essential.

13. 이슬람에서 금지하는 음식은 무엇인가?

꾸르안에 따르면, 무슬림은 돼지와 돼지고기 가공품, 사전에 도살되거나 육식동물에 의해 살육된 동물의 고기를 먹지 못하게 되어 있으며 피를 마실 수 없고 와인이나 불법마약의 남용과 같은 취하게 하는 것을 마실 수가 없다.

What are the dietary prohibitions in Islam?

Muslims are told in the Quran not to eat pork or pork products, meat of the animals who died before being slaughtered or the carnivorous animals (as they eat dead animals), nor drink blood or intoxicants such as wine or use any illicit drugs.

14. "지하드"란 무엇인가?

"지하드"는 투쟁이란 뜻이다. 좀 더 자세히 말하자면 하나님의 명분을 위해 싸우는 것이다. 일상생활 속에서 하나님을 기쁘게 하는 어떠한 투쟁도 모두 지하드로 간주될 수 있다. 가장 지고한 지하드의 모습은 압제자를 물리치고 그 위에 서서 진리의 말씀을 전하는 것이다. 자기 자신의 잘못된 행위를 극복하고 이겨내는 것도 역시 위대한 지하드이다. 이슬람이 공격을 받았을 때 이슬람과 무슬림 국가를 방어하기 위해 무기를 들고 나아가 싸우는 것도 지하드의 하나의 형태이다. 이러한 형태의 지하드의 경우, 이슬람 종교 지도자나 꾸르안과 순나를 따르는 무슬림 국가의 수장이 전쟁을 선포하게 된다.

What is Jihad?

The word "Jihad" means struggle, or to be specific, **striving in the cause of God**. Any struggle done in day-today life to please God can be considered Jihad. One of the highest levels of Jihad is to stand up to a tyrant and speak a word of truth. Control of the **self** from wrong doings is also a great Jihad. One of the forms of Jihad is to take up arms in **defense of Islam** or a Muslim country when Islam is attacked. This kind of Jihad has to be declared by the religious leadership or by a Muslim head of state who is following the Quran and Sunnah.

15. 이슬람력(Islamic Year)은 무엇인가?

이슬람 원년은 선지자 무하마드가 메카에서 메디나로 이주(Hijra)한 AD 622년을 말한다. 이것은 음력으로 354일이다. 첫 번째 달은 Muharram이라 불린다. AD 1996년은 이슬람력 AH 1416년이다.

What is the Islamic Year?

The Islamic year started from the migration (**Hijra**) of Prophet Muhammad (Pbuh) from Mecca to Medina in 622 AD. It is a lunar year of 354 days.

The first month is called Muharram. 1996 AD is in Islamic year 1416 AH.

16. 이슬람의 주요 행사는 무엇인가?

"Idul Fitre"는 라마단 금식의 마지막을 기념하는 것으로 일반 기도자들과 함께 축하하며 연회가 베풀어지고 선물을 주고받는다. "Idul Adha"는 Hajj(순례) 또는 메카를 방문하는 연례 순례의 마지막을 기념한다. 아브라함이 하나님께 순종하고 그의 아들 이스마엘을 제물로 드리려고 하였던 의미를 되새기며 기도자들은 상황이 허락된다면, 양이나 염소를 제물로 삼아 번제를 드린다.

What are the major Islamic festivals?

Idul Fitre, marks the end of fasting in the month of Ramadan and is celebrated with public prayers, feasts and exchange of gifts. **Idul Adha** marks the end of the Hajj or the annual pilgrimage to Mecca. After the public prayers, those who can afford, sacrifice a lamb or a goat to signify Prophet Abraham's obedience to God, shown by his readiness to sacrifice his son Ishmael.

17. 샤리아(Sharia)란 무엇인가?

Sharia는 다음 세 가지에서 유래된 포괄적인 무슬림의 법이다. 그 하나는 '꾸르안'이고 다른 하나는 '순나', 즉 선지자 무하마드의 전통이며, 세 번째는 '이즈마(이슬람 공동체가 이슬람 법에 관해 합의한 것)'이다. 이 법은 일상적인 생활과 집합적인 삶에 대한 모든 것을 망라하여 적용된다. 이슬람 법의 제정 목적은 생존권, 재산권, 정치·종교적 자유권, 여성과 소수계층이 안전하게 살아가야할 권리 등을 포함하여 개인의 기본 권리를 보호하기 위한 것이다. 무슬림 사회에서 범죄율이 낮은 것은 바로 이러한 이슬람 법을 적용시킨 덕택이다.

What is Sharia?

Sharia is the comprehensive Muslim law derived form three sources, a) **the Quran** b) **the Sunnah** or traditions of Prophet Muhammad (Pbuh) and c) **the ijma** (consensus). It covers every aspect of daily individual and collective living. The purpose of Islamic laws are protection of individuals' basic human rights to include right to life, property, political and religious freedom and safeguarding the rights of women and minorities. The low crime rate in Muslim societies is due to the application of the Islamic laws. Muslims also use the consensus(*ijma*) of Muhammad's(Pbuh) companions(*sahaba*) and Islamic jurists (*ulema*) on certain issues, and drawing analogy from the essence of divine principles and preceding rulings(*qiyas*). In situations where no concrete rules exist under the sources, law scholars use *qiyas* — various forms of reasoning, including by analogy. The consensus of the community or people, public interest, and others are also accepted as secondary sources where the first four primary sources allow.

18. 이슬람은 劍으로 확장되었는가?

꾸르안에 따르면 "종교를 믿는 데 있어서 어떠한 강요도 없다(꾸르안 2:256)"고 기록되었다. 따라서 아무도 무슬림이 되도록 강요받을 수는 없다. 물론, 많은 곳에서 무슬림 군대가 그 지역의 백성과 땅을 해방시키기 위해 칼을 들고 진입한 것은 사실이나, 이 당시의 무기는 바로 칼이었을 뿐이다. 그러나 이슬람은 칼로 정복하고 확대시켰던 종교는 아니다. 왜냐하면 무슬림 군대가 쳐들어가지도 않은 인도네시아나, 중국, 아프리카 대륙의 여러 나라에서도 무슬림도 생겼기 때문이다. 이슬람이 칼로 이루어진 종교라고 말한다면 기독교는 총과 F-16 전투기, 원자폭탄 등으로 이루어진 종교라고 말할 수 있을 것이다. 그러나 그것은 잘못된 주장이다. 기독교는 선교사들의 노력으로 전파되었다. 현재 아랍국가의 국민들 중 10%가 기독교인들이다. "이슬람의 칼"은 무슬림 국가에서 살고 있는 비무슬림인들 모두를 무슬림으로 개종시킬 수가 없었다. 무슬림이 700년간 통치한 인도에서는 아직도 무슬림이 소수민족에 불과하다. 미국에서는 이슬람이 가장 빠르게 확대되어 가는 종교이며 이슬람의 칼을 휘두르지 않아도 이미 이슬람을 믿는 자가 6백만 명이 넘는다.

Was Islam spread by the sword?

According to the Quran, "There is no compulsion in religion" (2:256), thus, no one can be forced to become a Muslim. While it is true that in many places where Muslim armies went to liberate people or the land, they did carry the sword as that was the weapon used at that time. However, Islam did not spread by the sword because in many places where there are Muslims now, in the Far East like Indonesia, in China, and many parts of Africa, there are no records of any Muslim armies going there. To say that Islam was spread by the sword would be to say that Christianity was spread by guns, F-16's and atomic bombs, etc., which is not true. Christianity spread by the missionary works of Christians. Ten-percent of all Arabs are Christians. The "Sword of Islam" could not convert all the non-Muslim minorities in Muslim countries. In India, where Muslims ruled for 700 years, they are still a minority. In the U.S.A., Islam is the fastest growing religion and has 6 million followers without any sword around.

19. 이슬람은 폭력과 테러리즘을 촉발시키는가?

아니다. 이슬람은 평화와 순종의 종교이며 인간 삶의 신성함에 중점을 두고 있다. 꾸르안 5장 32절에 의하면 "하나의 생명을 살린 사람은 인류 전체를 살린 것과 같으며 다른 사람을 살해한 자는(이 땅에서 살해의 위협 또는 해악을 당할 때를 제외하고) 인류 전체를 살해한 것과 같다"고 명시되었다. 이슬람은 과거 십자군의 침략때나 스페인 침략때 또 세계 제2차 대전 당시 행사했던 폭력, 그리고 「짐 존스(Jim Jones)」 목사,[3] 「데이빗 코레쉬(David Koresh)」, 「바루크 골드스타인(Baruch Goldstein)」박사[4] 등이 저지른 만행, 또 세르비아 기독교인들에 의해 보스니아에서 자행된 잔학무도한 행위 등을 비난한다. 폭력을 행하는 사람은 그 순간 바로 그의 종교를 떠나 있는 것이다. 그러나 때로는 팔레

---

3 1970년대 나타난 Jim Jones 목사는 자신이 예수와 레닌의 화신으로 여기고 핵 폭발로 인한 인류의 멸망을 예언하면서 The People's Temple을 운영하였다. 인종주의와 파시즘에 저항하는 표시로 신도들을 자살로 유도하는 예식("White Night")을 치루기도 하였으며 1977년 남미 구이아나로 이동하여 신도들에게 청산칼리를 먹게하여 908명이 자살하고 자신도 총기로 자살하였다.

4 Baruch Goldstein (1956-1994), 유대인 의사로 무슬림이 예배하고 있는 모스크에서 총기난사를 하여 수십명의 무슬림을 살해하였다.

스타인의 경우에서 보듯이 억압받는 자들의 대응활동으로 폭력이 있을 수 있다. 비록 이것은 잘못된 것이기는 하나 이들은 자신들의 문제를 세계로부터 주목 받기 위한 유일한 방법이라고 생각하고 있다. 무슬림과 관계없는 지역에서도 많은 테러리즘과 폭력이 발생하고 있다. 예를 들면 아일랜드, 남아공, 남미, 스리랑카 등의 지역이다. 때로 폭력은 가진 자와 가진 것이 없는 자, 그리고 억압받는 자와 억압하는 자간의 투쟁으로 발생하기도 한다. 사람들이 테러리스트들이 되고자 하는 이유를 밝혀낼 필요가 있다. 불행하게도 폭력을 행사한다고 하여 팔레스타인 국민들을 테러리스트로 부르고 있으나 같은 폭력을 행사하고 때로는 같은 유대인에 대해서도 폭력을 행사하고 있는 무장한 이스라엘 정착민들에 대해서는 그렇게 부르지 않는다. 미국의 오클라호마에서 폭탄 테러가 발생하였을 때, 그 사건은 비(非)무슬림이 자행하였음에도 불구하고 일부에서는 무슬림이 이미 사건의 범인으로 비난을 받기도 하였다. 물론 같은 종교를 믿는 자들 가운데도 평화를 원하는 사람과 평화를 반대하는 사람이 있기도 한 것이다.

Does Islam promote violence and terrorism?

No. Islam is religion of *peace* and *submission* and stresses on the sanctity of human life. A verse in the Quran says, [Chapter 5, verse 32], that "anyone who saves one life, it is as if he has saved the whole of mankind and anyone who has killed another person (except in lieu of murder or mischief on earth) it is as if he has killed the whole of mankind." Islam condemns all the violence which happened in the Crusades, in Spain, in WW II, or by acts of people like the Rev. Jim Jones, David Koresh, Dr. Baruch Goldstein, or the atrocities committed in Bosnia by the Christian Serbs. Anyone who is doing violence is not practicing his religion at that time. However, sometimes violence is a human response of oppressed people as it happens in Palestine. Although this is wrong, they think of this as a way to get attention. There is a lot of terrorism and violence in areas where there is no Muslim presence. For example, in Ireland, South Africa, Latin America, and Sri Lanka. Sometimes the violence is due to a struggle between those who have with those who do not have, or between those who are oppressed with those who are oppressors. We need to find out why people become terrorists. Unfortunately, the Palestinians who are doing violence are called terrorists, but not the armed Israeli settlers when they do the same sometimes even against their own people. As it turned out to be in the Oklahoma City bombing, sometime Muslims are prematurely blamed even if the terrorism is committed by non-Muslims. Sometimes those who want Peace and those who oppose Peace can be of the same religion.

20. "이슬람 근본주의(Islamic Fundamentalism)"는 무엇인가?

이슬람 종교에 "근본주의"라는 개념은 없다. 이러한 용어는 서구의 미디어가 기본적이고 근본적인 이슬람의 원칙으로 돌아가 그 원칙에 맞게 살고자 하는 무슬림들을 부각시켜 각인화한 것일 뿐이다. 이슬람은 온건한 종교이며 하나님을 경외하는 종교로, 무슬림이 광신주의자나 극단주의자가 될 수는 없는 것이다.

What is "Islamic Fundamentalism"?

There is no concept of "Fundamentalism" in Islam. The western media has coined this term to brand those Muslims who wish to return to the basic fundamental principles of Islam and mould their lives accordingly. Islam is a religion of moderation and a practicing God fearing Muslim can neither be a fanatic nor an extremist.

21. 이슬람은 '일부다처제'를 조장하는가?

아니다. 이슬람에서 일부다처제는 반드시 지켜야 하는 수명(受命)사항이 아니고 허가사항일 뿐이다. 역사적으로 보면, 결혼하지 않은 예수(Jesus Christ)를 제외하고는 모든 선지자들이 한 명 이상의 부인을 가지고 있었다. 무슬림 남자가 한 명 이상의 부인을 가질 수 있는 것은 허가사항인데, 이는 꾸르안에서 나타나있듯이 정욕을 채우기 위해서가 아니라 전쟁으로 인한 과부와 고아들을 돌보기 위한 것이다. 이슬람이 나타나기 이전의 시절에는 남자들은 다수의 부인을 거느리고 살고 있었다. 어떤 사람은 11명의 부인을 거느리고 살고 있었는데 그가 무슬림이 되고 난 후에 선지자 무하마드에게 질문하였다. "이렇게 많은 부인을 데리고 어떻게 살아야 합니까?" 무하마드는 "4명만 남기고 이혼하라"고 대답하였다. 꾸르안은 "너는 2명, 3명, 4명까지 결혼할 수 있다. 단, 그 모든 부인을 똑같이 대해 줄 수 있어야 한다."(4:3)고 씌어 있다. 실제 여러 부인을 똑같이 대해주기는 어려운 일이기 때문에 대부분의 무슬림들은 한 명보다 더 많은 부인을 취하지는 않는다. 선지자 무하마드 자신도 24세에서 50세까지는 단지 한 명의 부인, 「카디자(Khadija)」와만 살고 있었다. 서구 사회에서는 일부일처제로 살고 있는 남자들이 많은 혼외정사(婚外情事)를 하고 있다. "USA Today"(1988.4.4字 Section D)가 4,700명의 정부(情婦)를 대상으로 설문 조사를 하였는데 "당신의 신분이 사회적으로 어떤 위치가 되길 원하는가?"라는 질문에 대해, "어떤 다른 여자가 되느니 차라리 두 번째 부인이 되길 원한다. 왜냐하면 우리는 어떠한 법적 권리도 없는 상태이고 결혼한 부인과는 달리 금전적 동등성도 없으며 결국 남자들에 의해 이용만 당하게 되기 때문이다"라고 대답하였다.

Does Islam promote polygamy?

No, polygamy in Islam is a permission not an injunction. Historically, all the prophets except Jesus, who was not married, had more than one wife. For Muslim men to have more than one wife is a permission which is given to them in the Quran, not to satisfy lust, but for the welfare of the widows and the orphans of the wars. In the pre-Islamic period, men used to have many wives. One person had 11 wives and when he became Muslim, he asked the Prophet Muhammad (Pbuh), "What should I do with so many wives?" and he said, "Divorce all except the four." The Quran says, "you can marry 2 or 3 and up to 4 women if you can be equally just with each of them"(4:3). Since it is very difficult to be equally just with all wives, in practice, most of the Muslim men do not have more than one wife. Prophet Muhammad (Pbuh) himself from age 24 to 50 was married to only one woman, Khadija. In the western society, some men who have one wife have many extramarital affairs. Thus, a survey was published in "U.S.A. Today" (April 4, 1988 Section D) which asked 4,700 mistresses what they would like their status to be. They said that "they preferred being a second wife rather than the 'other woman' because they did not have the legal rights, nor did they have the financial equality of the legally married wives, and it appeared that they were being used by these men."

22. 이슬람 종교는 여자들을 억압하는가?

아니다. 오히려 이슬람은 여자들에게 1,400년 전부터 이혼할 권리, 재정적으로 독립하고 지원할 수 있는 권리, 위엄을 갖춘 여성으로서 인식될 수 있는 권리(Hijab 사용)를 주면서 그들의 권리를 향상시켰는데 당시 유럽을 포함한 다른 나라에서는 여자들에게 이러한 권리는 없었다. 여자들은 모든 신앙생활에서 남자와 동등하다(꾸르안 33:32). 이슬람 종교는 여자들에게 결혼 후에도 처녀시절의 이름을 그대로 사용하도록 허용하고 혼전(婚前)에 벌은 돈은 그들이 원하는 대로 사용할 수 있으며, 또한 거리에서 여자들이 괴롭힘을 당하게 될 때 남자들에게 보호자가 되어달라고 도움을 요청할 수 있도록 허용하고 있다. 선지자 무하마드가 무슬림 남자들에게 말하길 "너희들 중에 가장 훌륭한 자는 너의 가족에게 가장 훌륭하게 대하는 자이다"라고 하였다. 이슬람이 아니라 어떤 일부 무슬림이 오늘날에도 여자들을 억압하는 자들은 있다. 이것은 그들의 문화적 관습에서 비롯되거나 이슬람 종교를 제대로 알지 못한 무지의 소산인 것이다. 여성의 생식기를 절단하는 행위는 이슬람과는 아무런 관계가 없다. 이것은 이슬람 발생 이전에 아프리카에서 행해지던 관습이며 이집트 기독교인(Coptic Christians) 등을 포함하여 비(非)무슬림인들에 의해 자행된 것이다.

Does Islam oppress women?

No. On the contrary, Islam elevated the status of women 1,400 years ago by giving them the right to divorce, the right to have financial independence and support and the right to be identified as dignified women (Hijab) when in the rest of the world, including Europe, women had no such rights. Women are equal to men in all acts of piety(Quran 33:32). Islam allows women to keep their maiden name after marriage, their earned money and spend it as they wish, and ask men to be their protector as women on the street can be molested. Prophet Muhammad(Pbuh) told Muslim men, "**the best among you is the one who is best to his family.**" Not Islam, but some Muslim men, do oppress women today. This is because of their cultural habits or their ignorance about their religion. Female Genital Mutilations has nothing to do with Islam. It is a pre Islamic African Custom, practiced by non Muslims including coptic Christians as well.

23. 이슬람은 다른 종교를 믿는 소수계층에 대해 관대하지 못한가?

이슬람은 소수의 권리도 인정하고 있다. 그들의 복지와 안전을 확보하기 위해 무슬림 지도자들은 소수계층에게 세금(Jazia)을 거두었다. 선지자 무하마드는 무슬림에게 교회나 유대교 회당(Synagogues)을 파괴하는 것을 금지시켰다. 심지어 칼리프 「우마르」는 무슬림에게 교회에 들어가서 기도하는 것을 허용하지 않았다. 유대인들은 다른 유럽지역에서 박해를 받고 있던 때 스페인의 무슬림들에게는 환영을 받았으며 거기서 번성하기도 하였다. 유대인들은 그때를 역사적으로 황금의 시기(The Golden Era)로 여기고 있다. 무슬림 국가에서 기독교인들은 번성하며 살고 있고 정부 관료의 직위에 있으면서 자신들의 교회를 참석하고 있다. 기독교 선교사들이 그들의 학교와 병원을 짓고 운영하는 것도 허용되고 있다. 그러나 다른 종교에서도 소수 무슬림에게 똑같이 관용을 베풀지는 않는 경우도 있는데 과거 스페인에서 이단자 탄압이 자행된 경우나 십자군 전쟁 때, 또한 보스니아 내전 당시와 이스라엘 및 인도에서 발생한 사건을 보면 그렇다. 무슬림도 때로는 지도자의 통치가 이슬람의 가르침을 그대로 반영하고 있지 못한 경우가 있음을 인정한다.

Is Islam intolerant of other religious minorities?

Islam recognizes the rights of the minority. To ensure their welfare and safety, Muslim rulers initiated a tax(Jazia) on them. Prophet Muhammad(Pbuh) forbade Muslim armies to destroy churches and synagogues. Caliph Umer did not even allow them to pray inside a church. Jews were welcomed and flourished in Muslim Spain even when they were persecuted in the rest of Europe. They consider that part of their history as the Golden Era. In Muslim countries, Christians live in prosperity, hold government positions and attend their church. Christian missionaries are allowed to establish and operate their schools and hospitals. However, the same religious tolerance is not always available to Muslim minorities as seen in the past during Spanish inquisition and the crusades, or as seen now by the events in Bosnia, Israel and India. Muslims do recognize that sometimes the actions of a ruler does not reflect the teachings of his religion.

24. 이슬람의 견해

(1) 이성교제와 혼전 성행위

이슬람은 이성 간의 정을 주고받는 교제(육체적 관계)를 허용하지 않으며 혼전 성행위나 혼외 성행위를 금지한다. 이슬람은 결혼이 바로 이러한 유혹을 막아주는 방패로 생각하며 상호 간의 사랑, 자비, 평화를 가지는 하나의 방법으로 여긴다.

(2) 낙태

이슬람은 낙태를 살인행위로 간주하며 산모의 생명을 구하기 위하는 것이 아닌 낙태는 모두 허용하지 않는다.(꾸르안 17:23-31, 6:15)

(3) 동성애와 에이즈(AIDS)

이슬람은 절대적으로 동성애를 반대하며 이것을 죄악으로 여긴다. 그러나 무슬림 의사들은 에이즈 환자에 대해 다른 일반 환자를 대하듯이 동정을 갖고 돌보아 주도록 권고를 받는다.

(4) 안락사와 자살

이슬람은 자살과 안락사 모두 반대한다. 무슬림은 시한부 삶을 살고 있는 고통받는 환자의 삶을 연장시키기 위한 어떠한 과장된 조치를 따르지 않는다.

(5) 장기 이식

이슬람은 생명을 구하는 것을 강조한다.(꾸르안 5:32) 그러므로 일반적인 장기 이식은 기증자가 동의하는 경우에 한해 허용된다. 그러나 장기의 판매는 허용되지 않는다.

What is the Islamic view on contemporary issues

(1) Dating and Premarital sex:

Islam does not approve of intimate mixing of the sexes, and forbids premarital or extramarital sex. Islam encourages marriage as a shield to such temptations and as a means of having mutual love, mercy and peace.

(2) Abortion:

Islam considers abortion as murder and does not permit it except to save the mother's life (Quran 17:23-31, 6:15 1).

(3) Homosexuality and AIDS:

Islam categorically opposes homosexuality and considers it a sin. However, Muslim physicians are advised to care for AIDS patients with compassion just as they would for other patients.

(4) Euthanasia and Suicide:

Islam is opposed to both suicide and euthanasia. Muslims do not believe in heroic measures to prolong the misery in a terminally ill patient.

(5) Organ transplantation:

Islam stresses upon saving lives (Quran 5:32); thus, transplantation in general would be considered permissible provided a donor consent is available. The sale of the organ is not allowed.

25. 무슬림들은 유대인과 기독교인들을 어떻게 대하는가?

꾸르안은 유대인과 기독교인들을 "책속의 인물(People of the Book)"이라고 일컫는데, 무하마드 이전에 성경을 받았기 때문이다. 무슬림들은 이들을 존경과 정의로 대하도록 교육받고 있으며 이들이 무슬림에게 적대시하거나 무슬림의 신앙을 조롱하지만 않는다면 이들과 싸우지 않도록 교육받고 있다. 무슬림의 궁극적인 희망은 유대인과 기독교인도 모두 함께 모여 하나의 하나님을 숭배하고 그의 의지에 복종하는 것이다. 힌두교, 바하이교, 불교 등 다른 종교인에 대해서는 어떠한가? 이슬람은 이들에게도 사랑과 존경, 이해로 대하도록 되어 있으며 이들이 이슬람을 이해하고 받아들이도록 초청한다.

How should Muslims treat Jews and Christians?

The Quran calls them "People of the Book", i.e., those who received Divine scriptures before Muhammad(Pbuh). Muslims are told to treat them with respect and justice and do not fight with them unless they initiate hostilities or ridicule their faith. The Muslims ultimate hope is that they all will join them in worshipping one God and submit to His will. "Say (O Muhammad): O people of the Book (Jews and Christians) come to an agreement between us and you, that we shall worship none but Allah, and that we shall take no partners with Him, and none of us shall take others for Lords beside Allah. And if they turn away, then say: Bear witness that we are those who have surrendered(unto Him)."(Quran 3:64) What about Hindus, Bahai, Buddhists and members of other religions? They should also be treated with love, respect, and understanding to make them recipients of Invitations to Islam.

함중영 한국외국어대학교에서 국제관계학 박사학위를 취득했다. 국가공무원으로 30여 년간 재직하던 기간 중 오스트리아 빈 소재 국제기구 UNODC(유엔마약및범죄사무소) 마약통제관, 독일 주재 한국대사관 정무 참사관 등을 보직하며 해외에서 10여 년간 근무하였다. 국내에서는 국제범죄·대테러·방첩·보안 분야에서 근무하였고, 국가정보대학원 교수로 보직하기도 하였다. 현재 한국외국어대학교와 한양대학교 국제대학원에서 외래교수 및 겸임교수로 강의하고 있으며, 국제 NGO인 GI-TOC(Global Initiative against Transnational Organized Crime) 전문가 그룹에 소속되어 연구와 집필활동에 참여하고 있다. 저서로 『초국가적 조직범죄 연구 — '국제범죄'에서 '초국가적 조직범죄'로』(2021)가 있다.

국제 테러리즘 연구

펴낸날 2025년 3월 10일 초판 1쇄
지은이 함중영 · **펴낸이** 이기정
펴낸곳 한양대학교출판부 · **출판등록** 제4-7호(1972.2.29)
주소 서울 성동구 왕십리로 222 · **전화** 02.2220.1432-4 · **팩스** 02.2220.1435
홈페이지 press.hanyang.ac.kr · **이메일** presshy@hanyang.ac.kr
본문디자인·편집 김민지 · **표지** 안광일 · **인쇄** 네오프린텍

ISBN 978.89.7218.828.5 (93350)